D1734680

STÖGER / DAS EVANGELIUM NACH LUKAS

GEISTLICHE SCHRIFTLESUNG

Erläuterungen zum Neuen Testament
für die Geistliche Lesung

Begründet von
Karl Hermann Schelkle, Heinz Schürmann
und *Wolfgang Trilling*

3/1

DAS EVANGELIUM
NACH LUKAS

DAS EVANGELIUM
NACH LUKAS

1. Teil

erläutert von

Alois Stöger

PATMOS-VERLAG DÜSSELDORF

CIP-Titelaufnahme der Deutschen Bibliothek
Geistliche Schriftlesung. – Düsseldorf : Patmos-Verl.
Erläuterungen zum Neuen Testament für die geistliche Lesung /
in Zusammenarbeit mit Karl Hermann Schelkle und Heinz
Schürmann hrsg. von Wolfgang Trilling.
NE: Trilling, Wolfgang [Hrsg.]; Abt.

3. Stöger, Alois: Das Evangelium nach Lukas.
Teil 1. – 5. Aufl. – 1990

Stöger, Alois:
Das Evangelium nach Lukas / erl. von Alois Stöger. –
Düsseldorf : Patmos-Verlag
(Geistliche Schriftlesung: Erläuterungen zum Neuen Testament für
die geistliche Lesung ; 3)

Teil 1. – 5. Aufl. – 1990
ISBN 3-491-77104-8

Kirchliche Druckerlaubnis: Bautzen, den 23. November 1963
Dr. Hötzel, Generalvikar
© 1964 Patmos Verlag Düsseldorf · Alle Rechte vorbehalten
5. Auflage 1990 · Umschlag- und Einbandentwurf: Leo Werry
Herstellung: Lengericher Handelsdruckerei, Lengerich/Westf.
ISBN 3-491-77104-8

1. Lukas hat der Menschheit zwei Bücher hinterlassen, das Evangelium und die Apostelgeschichte. In der Einleitung dieser zweiten Schrift heißt es: „In meinem ersten Wort handelte ich über alles, Theophilus, was Jesus zu wirken und zu lehren begann bis zu dem Tag, an dem er den Aposteln, die er auserwählt hatte, im Hinblick auf den Geist den Auftrag gab und aufgenommen wurde" (Apg 1,1 f.). Er nennt Evangelium und Apostelgeschichte „*Wort*". Was beide Bücher verbindet, ist das Wort Gottes. Dieses ist die Klammer, die auch beide Epochen, von der die zwei Schriften berichten: die Zeit Jesu und die ihr nachfolgende Zeit der Kirche, zusammenschließt. Das „lukanische Geschichtswerk" will die Geschichte des Wortes Gottes, das durch Jesus ergangen ist und in der christlichen Missionspredigt fortwirkt, darstellen. Diese Idee ist etwa in dem Satz ausgesprochen: „Wir verkünden euch das Evangelium von der an die Väter ergangenen Verheißung, daß Gott sie für uns, ihre Kinder, erfüllt hat, indem er Jesus auftreten ließ . . ." (Apg 13,32 f.)

Das Evangelium ist Ausgang und Basis für das Geschehen, das sich in der Apostelgeschichte entfaltet hat; denn das Wort, das Gott sandte, ist das Heilswirken Jesu Christi in Judäa (Apg 10,36 f.). Die Geschichte Jesu Christi ist also das Wort Gottes. Das *Christus-Geschehen* ist ein Wort, das in der apostolischen Verkündigung zur Sprache kommt. Lukas hat das Christus-Ereignis als Erfüllung des prophetischen Wortes, das an die Väter ergangen ist, und als Ausgang der Missionspredigt in der Apostelgeschichte dargestellt. In Jesus Christus ist bereits alles vorgezeichnet, was die Apostelgeschichte vom Wort Gottes erzählt. Der Evangelist hat ein Christusbild gezeichnet, das Jesus als das Wort Gottes schildert. Der Schlüssel für das Verständnis des Evangeliums findet sich in der Apostelgeschichte.

Jesus ist als *Prophet,* „mächtig in Werk und Wort" (24,19), geschildert. Er ist mehr als Prophet; er ist der endzeitliche Prophet, der Heilige Gottes, der Sohn Gottes. Sein Wort ist darum letzte Offenbarung, entscheidendes, endgültiges Wort. Die Kraft aus der Höhe, der Heilige Geist, ist die endzeitliche Ausrüstung der aller Mund und Herzen öffnenden Sprache der Rettung (Apg 1,8; 2,4). Mit diesem Geist ist Jesus von Anfang an gesalbt, ihn empfangen die Apostel vom erhöhten Christus. Durch ihn wirken die Zeugen mit großer Kraft und bekräftigen das Wort durch Zeichen und Wunder, die der Herr durch ihre Hand geschehen läßt (Apg 4,33 f.; 14,8 f.), wie Jesus zuvor, gesalbt vom Geist, Vollmacht über Krankheiten, Dämonen, Tod und Sünde hatte.

Das Wort des Herrn verbreitet sich durch das ganze Land (Apg 13,49). Es „*wächst*" (Apg 6,7), „wächst und mehrt sich" (Apg 19,20) und erweist sich als kräftig. Die Apostelgeschichte will nichts anderes darstellen als die Erfüllung der Verheißung des Auferstandenen: „Ihr werdet Kraft empfangen, wenn der Heilige Geist über euch herabkommen wird, und werdet meine Zeugen sein in Jerusalem und in ganz Judäa und Samaria und bis an die Grenzen der Erde" (Apg 1,8). Den Anfang dieser Wanderung des Wortes Gottes, dieser Ausbreitung bis an die Grenzen der Erde stellt schon das Evangelium dar. Das Wort Gottes kam vom Himmel in eine Stadt Galiläas, nach Nazareth, dort fing es nach der Taufe zu wirken an und erfüllte das ganze Land Palästina. Lukas wiederholt immer wieder, wie sehr es das Streben hat, überall hin sich auszubreiten. Der Ruf Jesu ging über Palästina in die angrenzenden Gebiete der Heiden hinaus; die Volksscharen kommen aus allen Gegenden zu Jesus.

Lukas hat Jesus als *Wanderer* dargestellt. Er ist ein Wandernder in der Kindheitsgeschichte, in seiner Wirksamkeit in Galiläa, auf der großen „Reise", selbst als Auferstandener (24,13 ff.). Jesus wandert von Galiläa nach Jerusalem, wo er in den Himmel aufgenommen wird, um die Kraft des Heiligen Geistes zu senden, der die Apostel zu wandernden Zeugen ausrüstet.

Das von Gott durch Jesus Christus verkündete Wort ist *das Wort der Apostel*. Gottes Knechte reden Gottes Wort (Apg 4,29). Sie bezeugen, was sie gesehen und gehört haben (Apg 1,8.22). Das Evangelium berichtet über diese Zeugen, daß sie in Galiläa gewonnen wurden und Jesus begleiteten, bis er in den Himmel aufgenommen wurde. Die Abschnitte, in denen von der galiläischen Wirksamkeit berichtet wird, schließen jeweils mit Jüngerberufungen (5,1 ff.; 5,27 ff.) und Jüngerwirken (8,1 ff.; 9,1 ff.; 9,49 ff.). Alle, die das Wort Gottes aufgenommen haben, werden selbst zu Aposteln und Kündern des Wortes. So mehrt sich mit dem Wachsen des Wortes Gottes auch die Zahl der Jünger.

Nach der Apostelgeschichte ist das Wort Gottes „*Wort des Heils*" (Apg 13,26), des Lebens (Apg 14,3; 20,32). So ist es auch Wort der „Umkehr und des Glaubens an unseren Herrn Jesus" (Apg 20,21) und des Sündenerlasses (Apg 3,19; 13,38; 26,18). Das Wort ist Anruf Gottes wie das Jesus-Geschehen; ihm soll durch Glaube und Buße Antwort gegeben werden. Diesen Anruf muß der einzelne hören, vernehmen, glauben (Apg 4,4). Tut er das, so erfährt er Rettung, Trost und Frieden. Die Vorgeschichte und Grundlegung dieses Wirkens des Wortes in der Missionspredigt der Apostelgeschichte bietet das Evangelium, das von der Macht und Heilskraft des Wortes Jesu erzählt.

2. Die Christen der ersten Generation waren überzeugt, daß

der Auferstehung Jesu bald seine Wiederkunft und die allgemeine Auferstehung der Toten folgen werde (Röm 13,11; 1 Thess 4,15).

Diese Naherwartung hat sich nicht erfüllt. Als Lukas sein Evangelium und die Apostelgeschichte schrieb, hatte bereits die Neronische Christenverfolgung gewütet, Jerusalem war erobert, der Tempel in Flammen aufgegangen, die Wiederkunft Christi aber war ausgeblieben. Die Apostelgeschichte gibt zu denken: „Es ist nicht eure Sache, Zeit oder Stunde zu wissen, die der Vater in der ihm eigenen Vollmacht festgesetzt hat" (Apg 1,7). Zwischen der Himmelfahrt Jesu und seiner Wiederkunft muß ein längerer Zeitraum eingeschoben werden, als man ursprünglich gedacht hatte, ein Zeitraum, der im Ablauf der Heilsgeschichte Sinn haben muß. Die Christen können nicht dastehen und nur zum Himmel schauen: „Ihr Männer von Galiläa, was steht ihr da und schaut zum Himmel? Dieser Jesus, der von euch weg in den Himmel aufgenommen wurde, wird ebenso wiederkommen, wie ihr ihn habt hingehen gesehen zum Himmel" (Apg 1,11). Ein großer Auftrag Jesu ist zu erfüllen: „Ihr werdet Kraft empfangen, wenn der Heilige Geist über euch herabkommen wird, und ihr werdet meine *Zeugen sein* in Jerusalem und in ganz Judäa und Samaria und bis an die Grenzen der Erde" (Apg 1,8). Die Heilsgeschichte vom Anfang der Welt bis zur Wiederkunft Christi verläuft nach dieser Auffassung des Lukas in *drei Epochen*. Die erste ist *die Zeit der Verheißung*, in der Gott sein Volk durch das Gesetz und die Propheten auf das kommende Heil vorbereitet hat (16,16). Sie ist mit Johannes dem Täufer zu Ende gegangen. Die zweite Epoche ist die Zeit der Erfüllung, das „willkommene Jahr des Herrn" (4,18), *die Zeit Christi*, die vom Beginn seines Erdenlebens bis zur Zeit der Himmelfahrt dauert. Sie kann auch „die Mitte der Zeit" genannt werden. In dieser Zeit hat sich auf kleinem Raum und für kurze Zeit innerhalb der Weltgeschichte zwischen den römischen Kaisern Augustus und Tiberius wenigstens anfangsweise erfüllt, was die Zeit der Verheißung vorausgesagt hatte. Was Gott durch die Propheten gewirkt hat, ist erfüllt und weit übertroffen. Die Dämonen sind besiegt, Krankheit und Tod werden überwunden, den Armen wird die frohe Botschaft verkündet, die Sünde wird vergeben, die Liebe Gottes ist da. Dieser Mitte der Zeit folgt eine Zeit, für die Jesus Kraft und den Heiligen Geist gesandt hat. In dieser Zeit wächst das Wort Gottes bis an die Grenzen der Erde. Es ist *die Zeit der Kirche,* die bereits in der Mitte der Zeit grundgelegt wurde und die sich jetzt entfaltet.

Die drei Epochen stehen miteinander in Beziehung. Die Mitte der Zeit ist Erfüllung der Zeit der Erwartung; sie wird darum durch die Heilige Schrift vorbereitet und gedeutet (24, 44–47). Lukas zitiert selten die Heilige Schrift, aber seine Darstellung ist vielfach in den nur von ihm gebrachten Stücken (Sondergut) ein Gewebe, in das viele Fäden des Alten Testamentes eingewoben sind. Die Ereignisse der Zeit Jesu werden im Licht des Alten Testamentes gedeutet. Von dem Wort Gottes her erhalten sie den Sinn, den ihnen Gott zugedacht hat, wird der Plan Gottes sichtbar, den er mit der Heilsgeschichte verwirklicht. Während die Zeit der Erwartung auf die Mitte der Zeit vorausschaut, schaut die Zeit der Kirche auf die Mitte der Zeit zurück. Diese enthält alles, woraus die Zeit der Kirche lebt. Der Heilige Geist, der die Kraft der Kirche ist, war auch die Kraft Jesu; mit ihm war er gesalbt, durch ihn hat er gebetet, gelehrt und gewirkt; durch ihn angetrieben, ist er durch das Land gewandert. Das Leben Jesu wird für die Kirche das Urbild des Lebens. Sein Leidenslos ist auch das Leidenslos der Jünger, seine Erfahrungen sind

auch die Erfahrungen der Kirche. Das Evangelium deutet
Lehre und Leben der Kirche. Lukas schreibt sein Evangelium,
damit Theophilus sich geschichtliche Gewißheit über das machen kann, worüber er unterrichtet worden ist (1,4). Was Jesus
gelebt und gelehrt hat, gilt es Tag für Tag zu verwirklichen
(9,23).

3. Der durch alle Epochen der Geschichte *Handelnde* ist Gott.
Lukas will die Großtaten Gottes in der Geschichte erzählen,
so wird er Geschichtsschreiber und Erzähler. Jesus „muß" den
Heilsplan Gottes durchführen. Lukas betont mehr als die
anderen Evangelisten dieses „muß". Der Auferstandene
spricht zu den Jüngern: „Ihr Unverständigen und Schwerfäl-
ligen im Herzen, um all dem zu glauben, was die Propheten
gesagt haben! Mußte nicht der Messias das alles leiden und
so eingehen in seine Herrlichkeit?" (24,25 f.) Jesus handelt in
der Vollmacht Gottes. Sein Werk ist Erscheinung Gottes. Es
fließt aus dem *Gebet*, aus der Unterredung des Sohnes mit
dem Vater, der ihm alles übergeben hat: Macht und Lehre.
Aus dieser Vereinigung mit Gott empfängt Jesus Weisheit,
Entscheidung in der Wahl der Jünger, die Herrlichkeit der
Gottessohnschaft in der Taufe, Verklärung und Auferstehung.

Gott will sich durch alle Epochen der Heilsgeschichte als der
Handelnde erweisen. Das Heil kommt nicht aus den Menschen, sondern von Gott. „Friede den Menschen auf Erden
des göttlichen Wohlgefallens" (2,14). Was der Mensch mitbringt
und mitbringen muß, ist das *Armsein*. Das Programm des Heilswirkens Jesu ist in der Schriftstelle enthalten, die in der Synagoge von Nazareth gelesen wurde und von der Jesus sagte, daß
sie in dieser Stunde erfüllt wurde: „Geist des Herrn auf mir,
weil er mich gesalbt hat; die frohe Botschaft zu verkünden den
Armen, hat er mich gesandt, zu verkünden den Gefangenen

Erlösung und den Blinden, daß sie aufschauen, zu entlassen die Niedergebeugten in Freiheit, zu verkünden ein willkommenes Jahr des Herrn" (Is 61,1f.; 58,6). Daher kommt es, daß das Lukasevangelium das Evangelium der Armen ist, die in sozialer Armut leben, der Sünder, der Schuldner, der Frauen, die niedergebeugt sind und gesellschaftlich nicht vollwertig gelten, der Weinenden. Jesus selbst gehört zu den Armen. Er kommt aus Nazareth, wird in einem Stall geboren, hat nicht, wohin er sein Haupt legt... Das Magnifikat der niedrigen Magd (1,46–55) ist Deutung der Heilszeit, die mit Jesus anbricht. Gott tritt für die Demütigen, Machtlosen und Armen ein. Das Pochen auf eigene Macht verschließt das Herz gegen Gott, und Gott verschließt sich gegen den Verschlossenen. Durch alle Epochen der Heilsgeschichte verlangt Gott, daß die, die sein Heil erfahren sollen, klein seien.

Der Mensch wird klein durch die *Buße*. Jesus ist gesandt, das Heil zu bringen. Die Heilszeit ist Zeit des Erbarmens mit allen. Voraussetzung für den Empfang des Heils aber ist die Buße: „Ich bin gekommen, nicht Gerechte zu rufen, sondern Sünder zur Buße" (5,32). „Zur Buße" fügt Lukas bei. Zum Bewußtsein seiner Situation kommt der Mensch durch das Wort Gottes; es teilt ihm das kommende Gericht mit und deckt ihm auf, daß er Sünder ist. Die Vorbereitung auf das Kommen Jesu ist Buße und Geduld.

Wenn Gott der Handelnde in der Heilszeit ist, gebührt ihm *Lobpreisung*. Wiederholte Male enden die Berichte von den Machttaten Christi mit dem Lobpreis Gottes. Die ausführlichsten Lobpreisungen Gottes auf sein Heilswirken sind das Benediktus und Magnifikat. Aber auch das Volk, das von der Geburt Jesu hört, (2,20) und Elisabeth (1,41ff.) preisen Gott. Die Werke Jesu werden mit dem Lobpreis Gottes beantwortet (4,15; 13,13; 18,43). Nach der Erweckung des Jünglings von

Naim spricht das Volk einen Lobpreis, der lautet: „Ein großer Prophet ist auferstanden unter uns, und heimgesucht hat Gott sein Volk" (7,16; vgl. 1,68). Jesus hält es für geziemend, daß die Geheilten Gott preisen (17,15.18). Die Heilswerke Gottes durch Jesus haben die Anerkennung Jesu und letztlich den Lobpreis Gottes im Sinn. „Als der Hauptmann aber sah, was geschehen war, pries er Gott und sagte: Wahrhaftig, dieser Mensch war gerecht" (23,47). Die Verbindung zwischen Heilswerk Gottes durch Christus, Buße und Lobpreis hebt auch die Apostelgeschichte hervor: „Wenn nun Gott jenen (den Heiden) dieselbe Gabe mitteilt wie auch uns, weil sie an den Herrn Jesus Christus geglaubt haben, hätte ich dann Macht gehabt, Gott zu hindern? Als sie aber dies gehört hatten, verstummten sie und priesen Gott und sagten: So hat auch den Heiden Gott die Bekehrung zum Leben gegeben" (Apg 11,17f.). Im Tempel beginnt das Lukasevangelium, im Tempel endet es. Der Gottesdienst des Rauchopfers ist die Einleitung des großen Heilsgeschehens, der Synagogen-Gottesdienst in Nazareth eröffnet das öffentliche Wirken Jesu, die Versammlungen der jungen Kirche finden im Tempel zu Jerusalem statt. „Und sie waren allezeit im Tempel, lobend und preisend Gott" (24,53).

ÜBERSICHT

TEXT UND ERLÄUTERUNG

Lukas beginnt sein Werk mit einem Vorwort, das sich dem schrift-stellerischen Brauch seiner Zeit[1] anpaßt. In einem langen, sorgfältig durchdachten Satzgebilde wird über Anlaß, Inhalt, Quellen, Methode und Zweck gesprochen. Ein Tor zur gebildeten Welt des Hellenismus soll aufgetan werden.

[1] *Da viele es unternommen haben, eine Darstellung der Geschehnisse zu geben, die sich unter uns vollendet haben,* [2] *sowie es die überliefert haben, die von Anfang an Augen-zeugen und Diener des Wortes geworden sind,* [3] *habe auch ich mich entschlossen, nachdem ich von Anfang an allem genau nachgegangen bin, es für dich, hochgeehrter Theo-philus, geordnet aufzuschreiben,* [4] *damit du die Zuverläs-sigkeit der Worte erkennen kannst, über die du unterrich-tet worden bist.*

Das Evangelium des Lukas hat Vorgänger und Vorbilder. Es hat das Evangelium des Markus benützt, und mit dem Evan-gelium des Matthäus hat es Verwandtschaft. *Viele haben es unternommen* – das ist wohl eine Formel, welche die litera-rische Gestalt des Vorwortes gebot. Wer ein Evangelium schreibt, unternimmt ein großes Werk. Lukas wagt dies nur, weil es vor ihm andere gewagt haben.

Worüber geschrieben werden soll, sind *Geschehnisse,* die Gott verheißen hat und die jetzt bei den Christen, an die Lukas schreibt, in Erfüllung gehen. Gott „hat das Wort den Söhnen Israels geschickt und durch Jesus die Frohbotschaft vom Frie-den verkündet" (Apg 10,36). Dieses Wort, das Heil verkündet und bringt, hat seinen Anfang durch Jesus Christus genom-men (Hebr 2,3), der die Mitte der Geschichte und *die* Heilstat Gottes ist. Angefangen von Galiläa, ist das Wort durch ganz Judäa (Palästina) ergangen (Apg 10,36); die Apostel haben es nach der Aufnahme Jesu in den Himmel in der Kraft des Heiligen Geistes in Jerusalem und in ganz Judäa und Samaria und bis an die Grenzen der Erde verkündet (Apg 1,8). Seitdem ist der Lauf dieses Wortes nicht zur Ruhe gekommen und hat heilverkündend und heilbringend erfüllt, was Gott verheißen hat.

Die Quelle für die Erzählung des Lukas und seiner Vorgänger ist die *Überlieferung* der Kirche, die auf *Augenzeugen* zurückgeht. Sie haben die großen heilsgeschichtlichen Ereignisse miterlebt. Verkünder der Botschaft Christi konnte nach der Himmelfahrt Jesu nur sein, „wer zu jeder Zeit, in der der Herr Jesus bei uns ein und aus gegangen ist, angefangen von der Taufe des Johannes bis zu dem Tag, an dem er von uns weggenommen wurde, Zeuge war" (vgl. Apg 1,21 f.). Diese Zeugen „von all dem, was Jesus im Lande Judäa und in Jerusalem getan hat" (Apg 10,39), sind auch Diener des Wortes geworden. Gott hat sie dazu ermächtigt und ausgerüstet, daß sie sich der göttlichen Größe des Wortes zur Verfügung stellten. Hinter dem Wort, das die Augenzeugen und Diener des Wortes verkünden, steht das Wort Jesu, in dem Gott zu uns spricht.

Matthäus beginnt sein Evangelium mit den Worten: „Buch der Abstammung Jesu Christi", Markus: „Anfang des Evangeliums Jesu Christi". Die Verfasser halten sich hinter ihrem Werk verborgen. Lukas bekennt sich offen: *Ich habe mich entschlossen.* Sein Werk will der Literatur zugezählt werden, Raum in der Bücherwelt einnehmen. Sein Verfasser hat auch stärker als die beiden Vorgänger der Überlieferung sein persönliches Gepräge gegeben, wenngleich er die ursprüngliche Form der Verkündigung Jesu gewahrt hat. Er schreibt als gebildeter Hellenist, Arzt und Paulusjünger (Kol 4,14). Die Evangelisten wollen mit der Glut ihres Glaubens Glut des

Glaubens entfachen – aber immer in der Treue zum Überlieferten.

Der Geschichtsforscher muß mit *Genauigkeit* an sein Werk gehen. Er verfolgt die Ereignisse bis an den *Anfang* zurück und *geht allem nach*, was die Augenzeugen verbürgen. Er muß schließlich, was er gesammelt hat, der Reihe nach, in Ordnung erzählen. Lukas hat sich um das alles gemüht. Sein Evangelium nähert sich am meisten unter den Evangelien der Form einer geschichtlichen Darstellung des Lebens Jesu. Er ist „Geschichtsschreiber Gottes". Aber auch er will nicht bloß eine Lebensgeschichte Jesu schreiben, sondern Frohbotschaft verkünden, die dem Heil dient.

Das Werk ist dem *hochgeehrten Theophilus* gewidmet. Wer war dieser „Gottlieb"? Hieß er so? Erhielt er diesen Namen von Lukas, weil er ein „Freund Gottes" war? Welche Persönlichkeit steht hinter diesem Namen? Jedenfalls war er ein einflußreicher Mann, ein hoher Beamter; sonst trüge er nicht den Titel: „hochgeehrter" (vgl. Apg 23,26). Er hat Ansehen und Vermögen gehabt. Das Evangelium wurde ihm gewidmet, damit es seinen Schutz genieße, damit jemand für die Kosten des Abschreibens und der Verbreitung aufkomme. Wie sich das menschgewordene Wort in die Abhängigkeit von Menschen begab, lebt auch das Wort Gottes im Buch von menschlichen Diensten.

Die Glaubensverkündigung der Kirche hat in Theophilus den Glauben geweckt. Lukas will durch sein Evangelium diesem Glauben geschichtliche Sicherheit und *Zuverlässigkeit* geben. Unser Glaube baut nicht auf Mythen und erfundenen Legenden, sondern auf geschichtlichen Ereignissen auf. Was in der Kirche geglaubt und gelebt wird, hat seinen Urgrund in Jesus Christus, der in geschichtlicher Stunde in dieser Welt wirkte.

I. TEIL

DER ANFANG DES HEILS
(1,5 – 4,13)

Die Zeit, in der das Heil verheißen wurde, geht mit Johannes dem Täufer zu Ende; die Zeit, in der die Verheißungen erfüllt werden, beginnt mit Jesus. Johannes ist „der Größte unter den vom Weib Geborenen, aber der Kleinste im Reiche Gottes ist größer als er" (7,28). Jesus überbietet den Täufer.
Dreimal wird mit Johannes begonnen, dreimal mit Jesus fortgesetzt. Jeder Beginn Johannes' dient Jesus: die Verheißung (1,5–56), die Geburt und Kindheit (1,57 – 2,52), das öffentliche Wirken (3,1 – 4,13). Die Erzählungen verlaufen ähnlich, aber die Berichte über Jesus übertreffen schon äußerlich, an Länge gemessen, die Berichte über Johannes. Jesus muß wachsen, Johannes abnehmen (Jo 3,30).
Jesus ist durch den Täufer vorbereitet, der Täufer ist Erbe großer Persönlichkeiten der Geschichte Israels: Samsons, Samuels, Elias'. Worte des Alten Testamentes, in denen diese Persönlichkeiten gezeichnet sind, dienen auch für die Darstellung des Johannes und Jesu. Die Heilsgeschichte zerstört nicht, was sie geschaffen hat, sondern greift auf, was da ist, und vollendet es. Das Licht leuchtet immer heller, bis der Tag anbricht. Gott handelt immer mächtiger: „Siehe, deshalb werde ich noch wunderbar handeln an diesem Volk, ja fremd und unbegreiflich; daraus wird die Weisheit seiner Weisen vergehen und die Klugheit seiner Klugen sich verbergen" (Is 29,14). Ziel und Erfüllung der Heilsgeschichte aber ist Christus.

I. VERHEISSUNG (1,5–56)

Durch den gleichen Gottesboten Gabriel wird verkündet, daß Johannes (1,5–25) und Jesus (1,26–38) geboren werden; beide begegnen sich in der Begegnung der Mütter (1,39–56).

1. VERKÜNDIGUNG DES JOHANNES (1,5–25)

a) Aus heiligem Boden (1,5–7)

⁵ Es geschah in den Tagen des Herodes, des Königs von Judäa, da lebte ein Priester namens Zacharias aus der Dienstklasse des Abia, und er hatte eine Frau aus den Töchtern Aarons, und ihr Name war Elisabeth. ⁶ Beide waren aber gerecht vor Gott, wandelnd in allen Geboten und Rechtssatzungen des Herrn untadelig. ⁷ Und sie hatten kein Kind, weil Elisabeth unfruchtbar war, und beide waren vorgerückt in ihren Tagen.

Die Heilswerke Gottes vollziehen sich in der Geschichte der Menschen. Ähnlich wie hier die Kindheitsgeschichte Jesu, beginnt auch das Buch Judith: „In den Tagen des Arphaxad" (Jdt 1,1). Heilige Geschichte erfordert biblischen Stil. Die *Tage des Herodes* fallen in die Zeit von 40 bis 4 v. Chr. Während die Geburt des Johannes mit der Zeit des Herodes, des Königs von Judäa (Palästina), verbunden wird, fällt die Geburt Jesu in die Zeit des Kaisers Augustus, der über „die bewohnte Erde" herrschte (2,1). Johannes bleibt noch in der Enge Judäas, Jesus bringt der ganzen Welt das Heil.

Die Verkündigung des Johannes ist vom Leuchten der Heiligkeit umflutet. Er steht an der Schwelle der Heilszeit und ist das Morgenrot der kommenden Heiligung. Wenn Gott in Christus seine Herrschaft ergreift, heiligt er seinen Namen (11,2; Ez 20,41). Die Offenbarung der Herrlichkeit Gottes ist auch die Offenbarung seiner Heiligkeit.

27

Die Eltern des Johannes gehören zu den Heiligen des Landes. Der Vater ist *Priester aus der Priesterklasse des Abia,* und die Mutter hat den ersten Hohenpriester *Aaron* zum Ahnherrn. Die Ehe der beiden entspricht den heiligen Forderungen priesterlichen Gesetzes: Der Priester heiratete die Tochter eines Priesters.[2] In Israel wird das Priestertum durch Abstammung weitergegeben. Johannes ist Priester, dem Dienst Gottes geweiht, heilig. Wie anders aber wird er diesen Dienst Gottes verwirklichen als sein Vater!

Zacharias („Gott ist eingedenk") und *Elisabeth* („Gott hat geschworen") sind heilig, weil sie *gerecht vor Gott* sind. Sie halten alle Gebote des Gesetzes Gottes. Die heilige Abstammung und Berufung wird im Gehorsam gegen den göttlichen Willen gelebt. Heiligkeit ist Gehorsam gegen Gott.

Große Gestalten der Heilsgeschichte waren Kinder *unfruchtbarer Mütter,* Geschenk des heiligen Gottes, Eingreifen Gottes in die versagende Natur: Isaak (Gn 17,16), der Richter Samson (Ri 13,2), Samuel (1 Sm 1 – 2). Auch Johannes sollte zur Reihe dieser Gestalten gehören. Die Darstellung von der Verkündigung des Johannes ist von der Verkündigungsgeschichte dieser Männer inspiriert. Johannes war ein Kind der Gnade Gottes, Gott in neuer Weise geweiht und geheiligt.

b) Verkündet in heiliger Stunde (1,8–12)

[8] *Es geschah aber, während er in der Ordnung seiner Klasse den Priesterdienst vor Gott vollzog,* [9] *traf ihn nach dem Brauch der Priesterschaft das Los, das Rauchopfer darzubringen, sobald er in den Tempel des Herrn eingetreten war.* [10] *Und die ganze Gemeinde verharrte draußen im Gebet zur Stunde des Rauchopfers.* [11] *Es erschien ihm aber ein*

Engel des Herrn, der zur Rechten des Rauchopferaltares stand, [12] *und Zacharias erschrak, als er ihn sah, und Furcht befiel ihn.*

Die Geschichte des Vorläufers Jesu beginnt *im Heiligtum des Tempels.* Nur Priester dürfen dort eintreten, das Volk betet draußen. Auch der Priester tritt nur ein, wenn ihn das Los trifft, den heiligen Dienst in der Nähe Gottes zu verrichten. Gott ist seinem Volk im Tempel nahe. Ihm zu nahen ist aber nur dem gestattet, den er ruft: durch Erwählung und Los. Der heilige Gott ist der ferne, unnahbare Gott.

Johannes wird verkündet, während feierlich gebetet wird. Das *Rauchopfer* ist Sinnbild des zu Gott emporsteigenden Gebetes. „Als Rauchopfer gelte dir mein Gebet. Erhebe ich meine Hände, sei dies ein Opfer am Abend" (Ps 141,2). Der Priester schüttet auf die glühenden Kohlen des goldenen Altars Räucherwerk und wirft sich zur Anbetung nieder. Draußen betet das Volk: „Es komme der Gott der Barmherzigkeit in das Heiligtum und nehme mit Wohlgefallen das Opfer seines Volkes an."[3] Große heilsgeschichtliche Augenblicke, auch im Leben Jesu, vollziehen sich während des Gebetes: Erscheinung bei der Taufe, Verklärung, Apostelwahl, Leidensübernahme am Ölberg, Tod.

Ein Engel des Herrn erscheint. Der Anfang der Frohbotschaft kommt vom Himmel. Der Engel wird zur Rechten des Rauchopferaltares sichtbar. Die rechte Seite verheißt Heil (Mt 25,33 f.). Alles, was da geschieht, zwingt zu heiligem Schweigen, regt zum Nachdenken an, ist uralte religiöse Sprache, schon Deutung dessen, was sich nun vollziehen soll.

Die Erscheinung löst in Zacharias *Verwirrung und Furcht* aus, das numinose Gefühl vor dem Göttlichen. Gott ist der

Andere, der Unnahbare. „Weh mir, ich muß sterben; denn ich habe Gott geschaut" (Is 6,5). Der Bote Gottes ist von der ehrfurchtgebietenden Herrlichkeit und Heiligkeit Gottes umstrahlt. Die Verkündigung des Johannes vollzieht sich in der heiligen Unnahbarkeit des Tempels, in der strengen Ordnung des Gottesdienstes, umwittert von der ehrfurchtgebietenden Macht des Heiligen, in der geistigen Welt des Alten Testamentes.

c) Ein heiliges Kind (1,13–17)

¹³ *Der Engel aber sprach zu ihm: Fürchte dich nicht, Zacharias, denn dein Gebet wurde erhört, und deine Frau Elisabeth wird dir einen Sohn gebären, und du wirst seinen Namen Johannes heißen.* ¹⁴ *Und Freude wird dir sein und Jubel, und viele werden sich über seine Geburt freuen.*

Wenn eine himmlische Gestalt oder Erscheinung – Gott selbst, ein Engel, Christus – einen Menschen anredet, leitet er seine Worte ein mit der Ermunterung: *Fürchte dich nicht!* Gott will Menschen aufrichten, nicht niederdrücken.

Die *Gebete* des Zacharias sind jetzt *erfüllt:* das Gebet um Nachkommenschaft und das Gebet um Erfüllung der messianischen Verheißung. Die Endzeit ist die Vollendung aller menschlichen Hoffnung und Sehnsucht. Die Gebete des Menschen finden letzte Erfüllung in der Endzeit.

Gott bestimmt den Namen des Kindes; mit ihm gibt er seine Sendung und Macht. Der Name, den das Kind tragen soll, bedeutet: *„Gott ist gnädig".* Die Zeit der gnadenvollen Heimsuchung Gottes steht bevor, und Johannes wird die Nähe der Heilszeit verkünden.

Seine Geburt wird *Endzeit-Freude* und Heils-Jubel auslösen. Nicht die Eltern allein werden sich freuen, sondern viele, die große Menge der gläubigen Gemeinde. Johannes hat eine heilsgeschichtliche Sendung: Er beschließt die Zeit der Verheißung und ruft die neue Zeit des Heils aus, die Jubel und Freude bringt. Die urchristliche Gemeinde in Jerusalem feiert den Gottesdienst „in Jubel und Einfalt des Herzens, Gott lobpreisend" (Apg 2,46).

15 *Denn groß wird er sein vor dem Angesicht des Herrn, und Wein und Berauschendes wird er nicht trinken und wird vom Heiligen Geist erfüllt sein schon vom Schoß seiner Mutter an.*

Er wird groß sein vor Gott. Seine heilsgeschichtliche Stellung hebt ihn über alle Größen der Heilsgeschichte hinaus. Diese lebten in der Erwartung des Gottesreiches und des Heils, Johannes steht unmittelbar davor und ruft seinen Anbruch aus (vgl. Lk 7,28).

In seinem Leben wird Johannes den Großen der Vergangenheit nicht nachstehen. Die Gottgeweihten trinken *nichts Berauschendes:* nicht Samson (Ri 13,2–5.7), nicht der Prophet Samuel (vgl. 1 Sm 1,15 f.). Von den Priestern, die Gott geweiht sind, heißt es: „Wein und Rauschtrank dürft ihr, du und deine Söhne, nicht trinken, wenn ihr in das Begegnungszelt geht, sonst müßt ihr sterben; dieses Gesetz gilt ewig, in allen euren Geschlechtern" (Lv 10,9). Das Leben des Johannes ist Gott geweiht, Gott, der zu seinem Volk kommt.

Weil Johannes *mit Heiligem Geiste erfüllt* wird, ist er Prophet, der Wort und Willen Gottes verkündet. Andere empfingen die prophetische Ausstattung im reifen Alter, wenn sie berufen wurden, Johannes ist vom ersten Augenblick des Lebens an Prophet, schon im Mutterleib. Die Heilszeit kündet sich auch durch die Fülle des Heiligen Geistes an. Von Samson über Samuel zu Johannes schreitet Vergeistigung und

31

Vertiefung fort. Samson schert nicht das Haar, Samuel trinkt nichts Berauschendes. Johannes bewahrt nur das zweite, aber sein ganzes Leben ist vom Geist erfüllt.

16 *Und viele der Söhne Israels wird er hinwenden zum Herrn, ihrem Gott.* **17** *Und er wird einhergehen vor seinem Angesicht in Geist und Kraft des Elias, die Herzen der Väter Kindern zuzuwenden und Ungehorsame zur Gesinnung Gerechter, zu bereiten dem Herrn ein wohlgerüstetes Volk.*

Gott zeigt sich in Johannes gnädig. Er schickt ihn als Bußprediger der Endzeit. Johannes wird viele Söhne Israels, Gottes auserwähltes Volk, das sich von seinem Herrn und Gott abgewandt hat, zu ihm wieder *zurückwenden*. Sie werden ihn als ihren Herrn anerkennen. Die Wendung zu Gott wird von der Sünde abbringen, die Gesinnung ändern, das Leben nach dem Willen Gottes ausrichten. Johannes wird Vorläufer, Herold des kommenden Herrn sein. Das Alte Testament erwartet das Kommen Gottes. Jetzt geht in Erfüllung, was der Prophet Malachias vorausgesagt hat: „Siehe, ich sende euch den *Propheten Elias,* bevor der große und furchtbare Tag des Herrn kommt" (Mal 3,23). Das Kind, das geboren werden soll, ist nicht der wiedererstandene Elias (vgl. Jo 1,21), sondern er wird nur mit dem Geist und in der Wirkungskraft des Elias seine Sendung erfüllen.

Der Sohn des Zacharias wird die Erneuerung des Bundes anbahnen. Er wird erfüllen, was Malachias für die Endzeit voraussagt: „Siehe, ich sende meinen Boten voraus, daß er einen Weg vor mir bereite. Er wird die Väter mit den Söhnen und *die Söhne mit den Vätern aussöhnen,* damit er nicht kommen muß, das Land mit Bannfluch zu schlagen" (Mal 3,1.24). Die Menschen sollen mit ihm zu einem Volk verbunden und dieses eine Volk mit Gott vereinigt werden. Gott ist in Johannes gnädig; denn er will sein Kommen durch ihn zur Heilszeit und nicht zum strengen Gericht machen. Darum schickt er Johannes, daß er dem Herrn ein *wohlgerüstetes* Volk bereite. Die Verwandlung der Abgefallenen Israels zu echten Gliedern des Volkes und der Ungerechten zu Gerechten ist Bereitung eines für den Herrn gerüsteten Volkes.

d) Heilige Verheißungstreue (1,18–23)

¹⁸ *Und Zacharias sprach zum Engel: Woran soll ich dies erkennen? Denn ich bin ein Greis, und meine Frau ist vorgerückt in ihren Tagen.* ¹⁹ *Und der Engel antwortete und sagte ihm: Ich bin Gabriel, der vor Gottes Angesicht steht, und er sandte mich, daß ich zu dir spreche und dir diese frohe Botschaft verkünde.*

Wie die Männer der israelitischen Vorzeit verlangt Zacharias ein Zeichen. So fragt Abraham nach der Verheißung, daß er Kanaan zum Erbteil erhalten werde: „Herr, Herr, *woran soll ich erkennen,* daß ich es erben werde?" (Gn 15,7f.) Gideon will ein Zeichen, daß Gott sein Wort halten werde (Ri 6,36ff.), und ähnlich auch der König Hiskia, als ihm Gott versprach, sein Leben zu verlängern (2 Kg 20,8). „Die Juden fordern Zeichen" (1 Kor 1,22). Der Mensch fürchtet die Täuschung. Gott gewährt Zeichen, will aber, daß der Mensch warte, welches Zeichen Gott ihm gibt, daß er zum Glauben auch ohne Zeichen bereit sei. „Selig, die nicht sehen und doch glauben" (Jo 20,29).

Für die Wahrhaftigkeit der Verheißung bürgt der Bote der Verkündigung. Er heißt *Gabriel,* „Gott ist mächtig". Er kann erfüllen, was sein Wort verheißt. Die Botschaft kommt aus der nächsten Nähe Gottes. Gabriel ist einer von den sieben

Thronengeln, die vor dem Angesichte Gottes stehen (Tob 12,15; Apk 8,2). Dieser Engel war es, der zu Daniel in der Stunde des Abendopfers (Dn 9,21) die Offenbarung über die siebzig Jahreswochen sprach, nachdem dieser glühend zu Gott gebetet hatte (9,4–19): „Siebzig Jahreswochen sind über dein Volk und deine heilige Stadt bestimmt, bis dem Frevel ein Ende gemacht, die Sünde weggenommen, die Missetat gesühnt, ewige Gerechtigkeit herbeigeführt, Gesichte und Weissagungen erfüllt und der (das) Allerheiligste gesalbt wird" (Dn 9,24). Jetzt soll dies alles verwirklicht werden. Johannes wird die Heilszeit einleiten. Die Macht der Sünde wird gebrochen, der Wille Gottes hergestellt, die Verheißungen erfüllt, ein neues Allerheiligstes gesalbt, Christus selbst.

[20] *Und siehe, du wirst stumm sein und nicht sprechen können, bis zu dem Tag, an dem dies eintritt, weil du meinen Worten nicht geglaubt hast, die zu ihrer Zeit Erfüllung finden werden.*

An dem plötzlichen *Verlust der Sprache* und des Gehöres (1,62 f.) wird Gottes Eingreifen erkennbar. Die Heilsverkündigung wird durch die ungläubige Zeichenforderung, die Gott herausfordert, zum Strafgericht. An solcher Zeichenforderung scheitert das Heilsangebot Gottes an sein Volk durch Jesus und wird zum Gericht (11,29 f.). Alle Menschen der Kindheitsgeschichte, die gläubig die Heilsbotschaft annahmen, jubeln und werden zu Boten der Heilsfreude. Die zweifelnde Zeichenforderung tötet die Freude und verschließt den Mund des Jubels und des Apostolates.
Das Strafzeichen nimmt ein Ende, wenn die Verheißung erfüllt ist. Der Zweifel des Zacharias und die ungläubige Zeichenforderung des jüdischen Volkes können das Kommen des Heils nicht verhindern. Wenn Johannes geboren wird, er-

lischt die *Schuld des Zacharias*. Wenn Christus am Ende der Zeiten wiederkommt, wird auch Israel als Volk Gottes zum Heil kommen und lobpreisend sprechen, nachdem es die Zeit der Kirche hindurch stumm geblieben war (Röm 11,25 f.).

[21] *Und das Volk erwartete Zacharias, und sie wunderten sich über seine Verzögerung im Heiligtum;* [22] *als er aber herauskam, konnte er nicht zu ihnen sprechen, und sie erkannten, daß er eine Erscheinung im Heiligtum gesehen habe; und er winkte ihnen zu und blieb stumm.*

Der Herr gebot Moses: „Befiehl Aaron und seinen Söhnen: Mit diesen Worten soll Israel segnen: Der Herr segne dich und behüte dich. Der Herr lasse sein Antlitz über dir leuchten und sei dir gnädig. Der Herr wende dir sein Antlitz zu und schenke dir Frieden" (Nm 6,23–26). Der *Segen* ist Antwort Gottes auf das Gebet. Das Volk hatte gebetet und erwartet den Segen. Es wird nicht mehr gesegnet. Eine neue Segensquelle bricht auf, das messianische Heil birgt allen Segen in sich (Eph 1,3 f.). Gott selbst segnet sein Volk mit der Heilszeit.

Die Priester pflegten die heiligen Handlungen nicht zu verzögern, damit sich das Volk nicht ängstige. Die Nähe Gottes dünkt den Menschen des Alten Testamentes gefahrvoll. Aus der Stummheit des Priesters wird auf eine *Erscheinung Gottes* geschlossen. Gottes Offenbarung ist Heil und Verderben. Für den Zweifelnden Verderben, für den Glaubenden Heil. Die neutestamentliche Offenbarung beginnt aber mit Johannes: „Gott ist gnädig".

Das Volk erkennt an Zacharias, daß Gott zu ihm gesprochen hat. Den Sinn der Offenbarung erfaßt es nicht, weil er nicht sprechen konnte. Die Heilsereignisse bedürfen des klärenden und deutenden Wortes. Gott schenkt das Heil und das deutende Wort: über die Geburt Jesu, über seinen Tod, über seine Sakramente . . .

23 Und es geschah, als die Tage seines heiligen Dienstes erfüllt waren, ging er in sein Haus weg.

Nicht alle Priester haben in Jerusalem ihr Heim; viele wohnten in den Städten Palästinas. Die Woche des Dienstes war vorüber. Zacharias *verließ die Heilige Stadt.* Er trug ein großes Geheimnis in sich, die Erfüllung seiner Sehnsucht, das Zeichen, daß er sich nicht getäuscht hat und daß Gott Wort halten wird. Auch als ein von Gott Gestrafter ging er heim mit Vertrauen: Gott ist gnädig.

Die Verkündigung vollzog sich während der Liturgie des Tempels. Gott hat auf das Flehen dieses Tempels, seiner Priester und seines Volkes Antwort gegeben. Nur noch kurze Zeit: der Tempel wird seinen höchsten Glanz erfahren. Gott selbst wird kommen und ihn mit seiner Herrlichkeit erfüllen. Werden die Priester des Tempels dem Volk diese Freude künden? Oder werden sie stumm sein, weil sie nicht glauben?

e) Heilige Erfüllung (1,24–25)

24 Nach diesen Tagen aber empfing seine Frau Elisabeth und hielt sich fünf Monate lang verborgen; sie sagte sich: 25 So hat mir der Herr getan in den Tagen, an denen er auf mich sah, um meine Schmach unter den Menschen wegzunehmen.

Elisabeth steht in der Reihe der Frauen, die unfruchtbar waren, die aber *durch Gottes Fügung auf natürliche Weise* empfingen: der Sara, die Mutter Isaaks wurde (Gn 17,17), der Manoach, der Mutter Samsons (Ri 13,2), der Anna, der Mutter Samuels (1 Sm 1,2.5). Gott öffnete ihren Mutterleib (Gn 29,31), der vorher geschlossen war (1 Sm 1,5). Maria wird ohne Mann durch Heiligen Geist empfangen. Elisabeth steht noch im Alten Testament, mit Maria hebt die „neue Schöpfung" Gottes an, in der der Mensch nichts vermag, als gläubig das Heil zu erwarten und aufzunehmen.

Gott ordnet die Geschehnisse der Geschichte zusammen, ohne daß er den Menschen die Freiheit nimmt. Elisabeth hielt sich *fünf Monate verborgen*. Niemand wußte um ihren Zustand. Im sechsten Monat wurde Maria von Gottes Boten auf Elisabeth verwiesen: „Dieser Monat ist der sechste für sie, die unfruchtbar genannt wird" (1,36). Sie war für Maria Zeichen, das ihr Gott gewährt hat.

Warum hielt sich Elisabeth verborgen? Die Mutter des Gottgeweihten *lebt als Gottgeweihte*. Für die Mutter des Samson war dies Wille Gottes: „Ein Mann Gottes kam zu mir; er war wie ein Engel Gottes anzuschauen, Schauder erregend ... Er sagte zu mir: Siehe, du wirst schwanger werden und einen Sohn gebären! Trinke von nun an weder Wein noch Rauschtrank und iß nicht etwas Unreines; denn ein Gottgeweihter sei der Knabe vom Mutterschoß bis zum Tage seines Todes" (Ri 13,6 f.). Solches Leben verlangt Zurückgezogenheit. Elisabeth greift in großer Stunde zu biblischer Erinnerung, um den Willen Gottes zu erkennen.

Die Tage der Hoffnung und Erwartung sind mit Gebet erfüllt. Elisabeth dankt Gott: *So hat mir Gott getan*. Sie erinnert sich immer wieder der Tat Gottes: Er hat auf mich gesehen. Sie gedenkt ihrer Erniedrigung: Er hat die Schmach der Kinderlosigkeit weggenommen. Die Geschichte ihres Volkes hat sie selbst erfahren: „Denk daran, wie dich der Herr, dein Gott, den ganzen Weg vierzig Jahre lang in der Wüste geleitet hat: In Drangsal hat er dich geraten lassen, auf die Probe gestellt, um zu erfahren, wie du im Herzen denkst . . . Der Herr, dein Gott, bringt dich in ein herrliches und weiträumiges Land, voll von Wasserbächen, Quellen und Grundwassern, die in den Tälern und Bergen entspringen". (Dt 8,2–7).

2. Verkündigung Jesu (1,26–38)

Die Erzählung von der Verkündigung Jesu ist ein Kunstwerk in der Form, ein „goldenes Evangelium" im Inhalt. Dreimal spricht der Engel, dreimal äußert sich Maria. Dreimal wird gesagt, was Gott mit Maria vorhat, dreimal, wie sie sich zum Angebot Gottes stellt. Der Engel tritt bei Maria ein (1,26–29), verkündet die Geburt des Messias (1,30–34) und offenbart die jungfräuliche Empfängnis (1,35–38).

a) Voll der Gnade (1,26–29)

26 *Im sechsten Monat wurde der Engel Gabriel von Gott gesandt in eine Stadt Galiläas mit Namen Nazareth, 27 zu einer Jungfrau, die verlobt war mit einem Mann, dem der Name Joseph war, aus dem Hause Davids, und der Name der Jungfrau war Maria.*

Die Verkündigung Jesu blickt auf die Verkündigung des Johannes zurück. *Im sechsten Monat . . .* Johannes dient Jesus. Die Empfängnis der Unfruchtbaren weist auf die jungfräuliche Empfängnis Mariens. Wenngleich Jesus später kam, ist er doch vor ihm (Jo 1,27).
Der Bote der Verkündigung ist wieder *Gabriel*. Er kommt vom Antlitz Gottes her. Bewegung vom Himmel auf die Erde setzt ein. Er wurde von Gott gesandt. Er erscheint nicht bloß wie in der Verkündigung des Johannes, sondern kommt. Was jetzt beginnt, ist Kommen Gottes zu den Menschen – in der Menschwerdung.
In der Verkündigung des Johannes endet die Sendung des

Engels im Tempel, im heiligen, abgeschlossenen, unzugänglichen Raum Gottes. In der Verkündigung Jesu endet sie *in einer Stadt Galiläas,* in dem „Galiläa der Heiden" (Mt 4,15), in dem Teil des Heiligen Landes, der als der unheilige galt, den Gott vernachlässigt zu haben schien, aus dem „nie ein Prophet hervorgegangen ist" (Jo 7,52). Der Name der Stadt wird zunächst nicht genannt, wie wenn er nicht über die Lippen kommen wollte. Schließlich fällt ihr Name: *Nazareth.* Die Stadt ist geschichtlich ruhmlos. Die Heilige Schrift des Alten Testamentes hat diesen Namen nie genannt, die Geschichtsschreibung der Juden (Josephus Flavius) weiß über diese Stadt nichts zu berichten. Ein Zeitgenosse Jesu sagt: „Kann denn aus Nazareth etwas Gutes kommen?" (Jo 1,46). Gott erwählt das Unscheinbare, Niedrige, von den Menschen Verachtete. Das Gesetz der Menschwerdung heißt: „Jesus . . . hat sich selbst entäußert" (Phil 2,7).

Die Geschichte des Johannes beginnt mit dem Priester Zacharias und seiner Frau Elisabeth, die aus Aarons Geschlecht war, die Geschichte Jesu mit einem *Mädchen* von vielleicht 12–13 Jahren. Sie war *verlobt,* wie es sich für ein Mädchen in diesen Jahren ziemte. Der Verlobte Mariens hieß *Joseph.* Noch war sie nicht von ihm heimgeführt, und noch hatte nicht das eheliche Zusammenleben begonnen. Die Verlobte war Jungfrau. Joseph war aus dem Hause Davids. Gott hat alles so geordnet, daß der Sohn Mariens Sohn der Jungfrau, gesetzlicher Sohn Josephs, Nachkomme des königlichen Geschlechtes Davids sein konnte. Gott fügt alles in seiner Weisheit.

Der Name der Jungfrau war Maria. So hieß auch die Schwester des Aaron (Ex 15,20). Wir wissen nicht, was der Name bedeutet: Herrin? Von Jahwe geliebt? – Aber der Name hat Weihe und Glanz, sobald er zum erstenmal in der Heilsgeschichte aufklingt. Die Sendung des Engels, der vor Gott steht, endet bei Maria.

²⁸ *Und eintrat er zu ihr und sprach: Freue dich, Begnadete; der Herr ist mit dir, Gesegnete unter den Frauen.*[4]

Zur Verkündigung des Johannes erscheint der Engel und ist einfach da, zu Maria *trat er ein* und grüßt. Die Geburt des Johannes wird im Heiligtum des Tempels verkündet, die Geburt Jesu im Haus der Jungfrau. Im Alten Testament wohnt Gott im Tempel, im Neuen Testament schlägt er seine Wohnung unter den Menschen auf. „Das Wort ist Fleisch geworden und hat unter uns sein Zelt aufgeschlagen" (Jo 1,14).

Der Engel grüßt Maria, Zacharias hat er nicht gegrüßt. Er grüßt dieses Mädchen aus Nazareth, obwohl in Israel ein Mann einer Frau keinen Gruß entbietet. Der Gruß wird in zwei Grußformeln entboten. Jede besteht aus Gruß und Anrede. „Freue dich, Begnadete" ist die erste. Wer griechisch spricht, grüßt mit dem Worte: Freue dich! (Mk 15,28) Wer aramäisch spricht, grüßt, wie Jesus nach der Auferstehung seine Jünger gegrüßt hat: „Friede mit euch!" (Jo 20,19.26; Lk 10,5; 24,36) Was hat Lukas im Sinn, wenn er den Engel mit dieser Formel grüßen läßt: „Freue dich"?

Die lukanische Kindheitsgeschichte (1–2) ist voll von Worten und Erinnerungen an die alttestamentliche Bibel, mit Farben gemalt, die dem Alten Testament entnommen sind. Auch Matthäus verwendet für seine Kindheitsgeschichte den alttestamentlichen Schriftbeweis. Er führt die Texte mit feierlichen Formeln ein, Lukas *erzählt in Texten aus dem Alten Testament.* Er gibt seine Quelle nicht an, sondern läßt uns die Freude der Entdeckung und lädt uns ein, die Ereignisse, die er aus der Überlieferung erfahren hat, im Lichte des Wortes Gottes zu erkennen.

Mit dem Zuruf: „*Freue dich!*" begrüßt der Prophet Sophonias die Stadt Jerusalem, als er die messianische Zukunft schaute: „Freue dich, Tochter Sion, stimme Jubel an, Israel, freue dich und frohlocke von Herzen, Tochter Jerusalem!" (Soph 3,14) Ähnlich auch Joel: „Fürchte dich nicht, o Land, frohlocke und juble; denn es tat Großes der Herr" (Joel 2,21; vgl. Zach 9,9). „Freue dich!" war eine festgeprägte, prophetisch-liturgische Formel, die bisweilen benutzt wurde, wenn der Prophetenspruch günstigen Ausgang hatte. Jetzt grüßt der Engel Maria mit diesem messianischen Zuruf.

Der Engel nennt sie *Begnadete*. Die Eltern des Johannes sind untadelig, weil sie das Gesetz Gottes halten, Maria hat das Wohlgefallen Gottes, weil sie von ihm mit Huld überschüttet ist. Gott hat ihr seine Huld, sein Wohlwollen, seine Gnade zugewendet. Sie hat „Gnade gefunden bei Gott". In dem prophetischen Zuruf, mit dessen Anfangsworten der Engel Maria begrüßt hat, wird diese göttliche Huld entfaltet: „Der Herr hat deine Widersacher entfernt, deine Feinde beseitigt; der Herr ist in deiner Mitte... Fürderhin schaust du kein Unheil... Fürchte dich nicht... Der Herr, dein Gott, ist in deiner Mitte, ein Held, der da hilft. Er freut sich voll Lust an dir. Er erneuert seine Liebe. Mit Jubel frohlockt er über dich..." (Soph 3,15–17).

Maria ist die Stadt, in deren Mitte (Schoß) Gott wohnt, der König, der hilfreiche Held. Sie ist der Rest, dem Gott die Verheißungen erfüllt, sie ist der Keim des neuen Gottesvolkes, das Gott in seiner Mitte hat (vgl. Mt 18,20; 28,20).

Der zweite Grußvers beginnt mit den Worten: *Der Herr mit dir*. Große Gestalten der Heilsgeschichte hatten das gleiche Wort vernommen, damit sie gestützt und ermutigt seien: Moses, als er in der Wüste von Gott zum Führer seines Volkes und zum Retter gerufen wurde. Der Engel des Herrn erschien ihm in einer Feuerflamme, die aus einem Dornbusch hervorloderte (Ex 3,2). Als er sich der Berufung nicht fähig erachtete, sprach Gott zu ihm: „Ich will mit dir sein! Dies soll dir zum Zeichen sein, daß ich mit dir bin ..." (Ex 3,12). Ähnlich war es mit dem Richter Gideon: „Diesem erschien der Engel des Herrn und rief ihm zu: Der Herr mit dir, du starker Held. Darauf sprach er zum Herrn: Womit soll ich denn Israel retten? Siehe, mein Geschlecht ist das geringste in Manasse, und ich selbst bin der Unbedeutendste in meiner Familie! Darauf entgegnete ihm der Herr: Wenn ich mit dir bin, so wirst du Midian schlagen wie einen Mann. Er sprach: Habe ich in deinen Augen Gnade gefunden, so gib mir ein Zeichen, daß du es bist, der mit mir redet" (Ri 6,12.15–17). Maria steht durch diesen Gruß in der Reihe der großen heilsgeschichtlichen Rettergestalten. Ihr hat Gott seine besondere Gnade und seinen Schutz zugeteilt.

Dem Zuruf folgt wieder die Anrede: *Gesegnete unter den Frauen.* Auch diese Worte sind durch alte biblische Überlieferung ehrwürdig und geheiligt. Die Heldin Jahel, die den Feind ihres Volkes vernichtet hat, wird mit den Worten gepriesen: „Gesegnet ist Jahel unter allen Frauen" (Ri 5,24). Zu Judith, welche den Bedränger ihrer Vaterstadt erschlagen hat, spricht der Fürst des Volkes, Ozias: „Gesegnet bist du, Tochter, unter allen Frauen auf Erden von dem Herrn, dem erhabenen Gott ... Heute hat er deinen Namen so verherrlicht, daß nie schwinden wird dein Lob aus dem Mund der Menschen, die der Macht des Herrn gedenken in Ewigkeit" (Jdt 13,18 f.). Maria steht unter den großen Heldenfrauen ihres Volkes; sie hat den Erlöser von allen Feinden gebracht (vgl. Lk 1,71).

[29] *Sie aber erschrak über das Wort. Und sie dachte nach,*
von welcher Art dieser Gruß sei.

Der Gruß war verklungen, Maria erschrak über das Wort des
Grußes. Zacharias erschrak über die Erscheinung des Engels,
Maria erschrickt über das Wort. Die kleine Magd erschrickt
über die Größe des Grußwortes.
Sie dachte nach, was dieser ungewohnte Gruß bedeutet. Weil
sie in den Gedanken der Heiligen Schrift betete und lebte,
mußte ihr ein Ahnen über die Größe dessen aufsteigen, was
sich in diesem Wort ankündete.

b) Gnadenvolle Verheißung (1,30–34)

[30] *Und der Engel sprach zu ihr: Fürchte dich nicht, Maria,*
denn du hast Gnade gefunden bei Gott. [31] *Und siehe, du*
wirst empfangen in deinem Schoß und gebären einen Sohn,
und du sollst seinen Namen Jesus nennen.

Moses (Ex 3,11 f.) und Gideon (Ri 6,15 f.) und Sion (Soph
3,16 f.) und Israel bedurften der Ermutigung: daß Gott retten
will. „Fürchte dich nicht, denn ich bin mit dir" (Is 43,5). Sie
alle fürchten sich vor dem Auftrag Gottes, weil sie sich ihrer
Schwäche bewußt waren. Maria nicht anders. Gottes Gnade
wird ihr beistehen. Durch Maria ergreift Gott die Initiative
zur Vollendung der Heilsgeschichte. *Du hast Gnade gefunden*
bei Gott. Gott ist es, der das Große gerade in den Kleinen
schafft. „Wenn ich schwach bin, dann bin ich stark" (2 Kor
12,10).
Die Macht der Gnade wird Überraschendes wirken: *Und*
siehe. Der Engel verkündet, wozu Gott Maria erwählt hat.
Die Worte der Verkündigung klingen an die Weissagung an,
mit der der Prophet Isaias den Emmanuel („Gott mit uns")

verheißen hat: „Siehe, die Jungfrau wird empfangen und einen Sohn gebären und seinen Namen Emmanuel nennen" (Is 7,14; vgl. Mt 1,23).

Die Verkündigungsworte, die Johannes galten, waren an Zacharias gerichtet und sprechen über die Frau. Jetzt spricht der Engel nur zu Maria: Sie wird empfangen und gebären und den Namen geben. Ein Mann und Vater wird nicht genannt. Das Geheimnis der jungfräulichen Empfängnis wird vorbereitet.

Du wirst *im Schoß* empfangen. Warum dies sagen? So spricht auch die Heilige Schrift nicht. Der Prophet Sophonias aber hat zweimal gesagt: Der Herr in deiner Mitte. In einer nie gehörten Weise wird sich dies erfüllen. Gott wird im Innern, im Schoß der Jungfrau, wohnen. Er wird mit ihr sein (Emmanuel). Maria wird der neue Tempel sein, die neue Heilige Stadt, das Volk Gottes, in dessen Mitte er wohnt.

Das Kind soll *Jesus* heißen. Gott bestimmt diesen Namen, Maria wird ihn geben. Der Name wird nicht gedeutet, wie auch der Name Johannes nicht gedeutet wurde. Alles, was über die beiden gesagt ist, deutet ihre Namen. Im Namen liegt die Sendung Gottes ausgesprochen. Gott will durch Jesus Retter sein. „Der Herr, dein Gott, in deiner Mitte, *der hilfreiche Held*" (Soph 3,17).

³² *Dieser wird groß sein und Sohn des Höchsten gerufen werden, und ihm wird Gott der Herr den Thron seines Vaters David geben.* ³³ *Und er wird herrschen über das Haus Jakob in Ewigkeiten, und seines Herrschens wird nicht sein ein Ende.*

Johannes ist „groß vor Gott", Jesus ist groß ohne Einschränkung und Maß. Er wird Sohn des Höchsten genannt werden und sein. Der Name gibt das Wesen wieder. Der Höchste ist

Gott. Die Kraft des Allerhöchsten wird Maria überschatten, ihr Sohn wird darum Sohn Gottes heißen.

An dem Kind, das verkündet wird, geht die Weissagung in Erfüllung, die Gott durch den Propheten Nathan dem König David gegeben hat, die wie ein leuchtender Stern Israel in seiner Geschichte begleitete: „Sind deine Tage erfüllt und legst du dich zu deinen Vätern schlafen, dann werde ich Samen aus deinen Lenden erwecken und diesem sein Königtum bestätigen. Er wird meinem Namen ein Haus bauen, und ich werde seinen *Königsthron auf immer* begründen. *Vater will ich ihm sein,* und er ist mein Sohn ... Dein Haus und dein Königtum soll immer vor dir bestehen; dein Thron soll für ewige Zeiten befestigt werden" (2 Sm 7,12–16). Jesus wird Herrscher aus dem Hause Davids und zugleich Sohn Gottes, Davidssohn und Gottessohn sein. Sein Königtum währt ewig.

Er wird herrschen über das Haus Jakob in Ewigkeit. An ihm wird in Erfüllung gehen, was vom Knecht Gottes gesagt ist: „Zu wenig ist's, daß du mein Knecht bist, um Jakobs Stämme wieder aufzurichten und Israels Versprengte wieder heimzuholen. Ich machte dich vielmehr zum Licht der Heiden; mein Heil reicht bis ans Ende der Welt" (Is 49,6). Jesus wird das Gottesvolk sammeln, auch die Heiden werden einbezogen sein. Er wird ein Welt, Völker und Zeiten umspannendes Reich begründen.

³⁴ *Maria aber sprach zum Engel: Wie wird dies sein, weil ich einen Mann nicht erkenne?*

Die Antwort auf die Gottesbotschaft ist eine Frage. Zacharias fragt (1,18) und auch Maria. Zacharias fragt nach einem Zeichen, das ihn von der Wahrheit der Botschaft überzeugt, Maria glaubt an die Botschaft, ohne die Frage nach dem

Zeichen zu stellen. Zacharias will erst glauben, wenn seine Frage gelöst ist, Maria glaubt, und dann erst sucht sie für die auftauchende Frage Lösung.

Die Frage Mariens macht die menschliche Unmöglichkeit bewußt, Mutterschaft und Jungfrauenschaft zu vereinen. Maria soll Mutter werden, wie sie aus der Engelsbotschaft vernommen hat: Du wirst in deinem Schoß empfangen und einen Sohn gebären. Aber zugleich ist sie Jungfrau: *Ich erkenne keinen Mann,* ich habe keinen ehelichen Umgang. Die Frage Mariens leitet zugleich auch die göttliche Erklärung ein, die dieses Geheimnis finden soll (1,35). Wir wollen nicht so sehr fragen, aus welcher äußeren und inneren Lage, aus welcher seelischen Verfassung Maria diese Frage gestellt hat. Das Evangelium wurde so befragt.[5] Was wurde aber erreicht? Statt einer eindeutigen Lösung neue Rätsel! Die Frage darf nicht zum Ausgangspunkt einer psychologischen Analyse der verlobten Jungfrau unter dem Eindruck der Verheißung ihrer Mutterschaft gemacht werden. Lukas hat die Frage nur aufgeschrieben und keine Erklärung gegeben. Die Frage schien ihm wichtig; denn diese läßt aufhorchen. Wir haben auch selbst die Frage: Wie kann Jungfrauenschaft und Mutterschaft vereinigt werden?

c) Gnadenhafte Empfängnis (1,35–38)

[35] *Und der Engel antwortete und sprach zu ihr: Heiliger Geist wird auf dich herabkommen und Kraft des Allerhöchsten wird dich überschatten; deshalb wird auch, was geboren wird, heilig, Sohn Gottes genannt werden.*

Unerhört neu ist das göttliche Handeln. Bisher waren es alte und unfruchtbare Menschen, denen auf wunderbare Weise gegeben wurde, was die Natur allein versagt hatte. Jetzt soll eine Jungfrau Mutter werden, ohne jedes Mitwirken eines Mannes. „Nicht aus dem Blut (von Mann und Frau) und nicht aus dem Begehren des Fleisches (Triebhaftigkeit) und aus dem Willen des Mannes, sondern aus Gott" (Jo 1,13)[6] soll Jesus Leben erhalten – aus der Jungfrau. In dieser Empfängnis und in diesem Wirken Gottes ist alles übertroffen, was bisher an den Großen der Heilsgeschichte geschah: an Isaak, Samson, Samuel, Johannes dem Täufer. Wer ist Jesus?

Heiliger Geist wird auf dich herabkommen. Kraft Gottes, nicht Kraft aus Menschen, wird den Mutterschoß Mariens erwecken. Heiliger Geist ist belebende und ordnende Kraft. „Die Erde war wüst und leer, und Gottes Geist wehte über den Wassern" (Gn 1,2). „Sendest du aus den Hauch (Geist), werden sie (die Lebewesen) geschaffen" (Ps 104,30). Der Geist ist Schöpferkraft Gottes, die Jesus ins Dasein ruft. Das Wunder der vaterlosen und jungfräulichen Empfängnis des Christus ist höchste Offenbarung der schöpferischen Freiheit Gottes. Mit ihr beginnt Neues, das ganz und gar Machterweis Gottes ist. Ein neuer Stammvater ersteht durch Gottes freie Schöpfertat, aber unter dem Mitwirken der alten Menschheit durch Maria. Jesus ist Sohn Gottes wie sonst niemand (3,38).

Kraft des Allerhöchsten wird dich überschatten. Die Wolke, welche die Sonne verdeckt, überschattet und ist zugleich Zeichen der Fruchtbarkeit, weil sie Regen in sich birgt. Vom Offenbarungszelt des Alten Testamentes heißt es: „Die Wolke hatte sich darauf niedergelassen, und die Herrlichkeit des Herrn erfüllte die Wohnung" (Ex 40,34). Als der Tempel unter Salomon geweiht worden war, überschattete ihn eine Wolke: „Der Wolke wegen konnten die Priester nicht Dienst tun; denn die Herrlichkeit des Herrn erfüllte das Haus" (3 Kg 8,11). Die Herrlichkeit des Herrn ist strahlendes Licht und tätige Kraft. Gott wohnt im Tempel nicht untätig, sondern als wirkender Gott. Die Herrlichkeit Gottes, die Kraft ist, erfüllt Maria und wirkt in ihr das Leben Jesu. In Jesus offenbart sich die Herrlichkeit Gottes durch die Menschwerdung aus Maria. Sie ist der neue Tempel, in dem sich Gott durch Jesus seinem Volk offenbart, Maria ist das Offenbarungszelt, in dem der Messias wohnt, das Zeichen der Gegenwart Gottes unter den Menschen.

Die jungfräuliche Empfängnis durch den Geist und die Kraft des Allerhöchsten weist darauf hin, daß Jesus, *das, was geboren wird, heilig*, Sohn Gottes ist. Jesus wird der Heilige genannt (Apg 2,27), er ist der Heilige Gottes (4,34). Als durch Geist Empfangener und Geborener ist Jesus von seinem Anfang an, seit der Empfängnis, Besitzer des Geistes. Johannes besaß den Geist vom Mutterschoß an, die Propheten und Pneumatiker werden vom Geist für gewisse Zeit ergriffen. Jesus übertrifft alle Geistträger. Weil er den Geist von Anfang an voll besitzt, kann er auch Spender des Geistes sein (24,49; Apg 2,33).

Jesus wird *Sohn Gottes* genannt und ist es. Weil er aus der Kraft des Allerhöchsten geboren wird, darum ist er Sohn des Allerhöchsten (1,32; 8,28), Sohn Gottes. Er ist nicht Sohn Gottes, wie Adam Sohn Gottes ist (3,38) durch Erschaffung Gottes, sondern durch Zeugung, nicht wie die Liebenden, die als großen Lohn erhalten, daß sie Söhne des Allerhöchsten sein werden (6,35), sondern vom Anfang an, seit seiner Empfängnis.

[36] *Und siehe, Elisabeth, deine Verwandte, auch sie hat einen Sohn empfangen in ihrem Alter, und dieser Monat ist der sechste für sie, die unfruchtbar genannt wird;* [37] *denn nicht kraftlos ist von Gott her jedes Wort.*

Maria hat anders als Zacharias für ihre schwerer glaubbare Botschaft kein *Zeichen* verlangt und glaubte ohne Zeichen; aber Gott gewährte ihr ein Zeichen. Er verlangt nicht blinden Glauben. Die gläubige Bereitschaft unterstützt er durch das Zeichen.

Gott gibt ein Zeichen, das Maria angepaßt ist. Für nichts hatte sie in dieser Stunde so viel Aufgeschlossenheit und Verständnis wie für die Mutterschaft. Auch Elisabeth hat empfangen, sie, die als unfruchtbar galt. *Dieser Monat ist der sechste.* Die Zeichen der Mutterschaft sind offenbar, Zeichen des wunderbaren Eingreifens Gottes.

Nicht kraftlos ist von Gott her jedes Wort. Bei Gott ist kein Ding unmöglich. Was der Engel zu Maria sagt, sprach Gott zu Abraham: „Warum lacht denn Sara und denkt dabei: Sollte ich noch wirklich Mutter werden, nachdem ich alt geworden bin? Ist etwa für den Herrn etwas unmöglich?" (Gn 18,13f.) Gottes Wort ist kraftgeladen, wirksam. Mariens Glaube ist gestützt vom Heilsgeschehen an Elisabeth, vom Zeugnis der Schrift über Abraham. Die ganze Heilsgeschichte und das Leben der Kirche ist Zeichen.

Von Abraham und Isaak über Elisabeth und Johannes spannt sich ein Bogen zu Maria und Jesus. Die tragende Kraft der Heilsgeschichte und des Heilswirkens Gottes, das in Abraham begonnen hat, in Johannes den alttestamentlichen Höhepunkt erreicht hat, das in Jesus Vollendung findet, ist immer das *Wort Gottes, das nicht kraftlos ist.* Abraham erhält einen Sohn von Sara, weil er in den Augen Gottes Gnade gefunden hat (Gn 18,3), Maria erhält einen Sohn, weil sie Gnade gefunden hat (1,30). Maria weiß sich im Glauben und in der Gnade als Tochter Abrahams; an ihrem Sohn gehen alle Verheißungen in Erfüllung, die an Abraham und seinen Samen ergangen sind (Gal 3,16).

Maria ist mit Elisabeth *verwandt*. So muß auch Maria aus dem Stamm Levi kommen und mit Aaron, dem Hohenpriester, verwandt sein. Jesus gehört seiner Abstammung von Maria nach dem Stamm Levi an, nach seiner rechtlichen Stellung gilt er als Sohn Josephs und darum als Nachkomme Davids (und Judas). In den Tagen Jesu war die Hoffnung lebendig, es kämen zwei Messiasse: einer aus dem Stamm Levi, und dieser würde Priester sein, und einer aus dem Stamm Juda, und dieser würde König sein.[7] Gottes Plan aber war es, daß Jesus die *priesterliche und königliche Würde* in seiner Person vereinigt. Wieweit Lukas daran dachte? Jedenfalls trägt sein Christusbild mehr priesterliche als königliche Züge, sein Christus ist Heiland der Armen, der Sünder, der Geplagten...

[38a] *Siehe, die Magd des Herrn, geschehen möge mir nach deinem Wort.*

Die Botschaft Gottes ist überbracht, Mariens Überlegung zur Ruhe gekommen, das Zeichen angeboten – jetzt wird die *Antwort erwartet*. Gott erweckt Sehnsucht, zieht, wirbt, beseitigt die Widerstände, überzeugt – aber zwingt nicht. Maria soll in freier Entscheidung ihr Jawort sagen.

Maria hat aus der Botschaft Gottes Willen erkannt. Diesen Willen erfüllt sie als *Magd des Herrn*. Gottes Wille ist ihr alles. Die Geschichte des Heils beginnt mit dem Gehorsamsakt Abrahams. Zu ihm sprach der Herr: „So gehe denn aus deiner Heimat ... in das Land, das ich dir zeigen werde. Ich will dich zu einem großen Volk machen ... Abraham brach auf, wie der Herr ihm geboten hatte" (Gn 12,1–4). Nach einer jüdischen Überlieferung sprach Gott zu Abraham: „Abraham!" – Und Abraham sprach: „Siehe, ich dein Knecht". Vom Anfang bis zum Ende verlangen Gottes Heilsgebote den Gehorsam. Mit einem Gehorsamsakt trat Christus in die Welt ein (Hebr 10,5–7), mit einem Gehorsamsakt verließ er sie (Phil 2,8). Der Mensch kann nur zum Heil kommen, wenn er gehorcht: „Nicht jeder, der mir sagt: Herr, Herr, wird eingehen in das Reich der Himmel, sondern wer den Willen meines Vaters tut, der im Himmel ist" (Mt 7,21).

In dem Satz Mariens findet sich kein Ich. Gott ist für Maria alles. Das Ende und die Vollendung der Heilzeit unter Herrschaft ihres Sohnes wird eintreten, wenn Christus, dem der Vater alles unterworfen hat, alles dem unterwirft, der ihm alles unterworfen hat, daß „Gott alles in allem sei" (1 Kor 15,28).

38b *Und wegging er von ihr.*

Das Wort: *wegging er* verbindet das Doppelbild der Verkündigungen miteinander; denn auch von Zacharias heißt es: wegging er – in sein Haus (1,23). Beide Bilder haben gemeinsamen Aufbau, beide reizen zum Vergleich wegen ihrer Ähnlichkeit und Verschiedenheit. Die Auslegung hat versucht, auf sie einzugehen. Immer klingt aus diesen Überlegungen das eine auf: Jesus ist der größere.

Als Maria ihren Gehorsam ausgesprochen hatte, war die Sendung des Engels vollendet. Wie sich die Empfängnis vollzogen hat, wird nicht gesagt. Vor dem Größten geziemt sich das Schweigen. Was Lukas nicht aussprach, faßte Johannes in die Worte: „Und das Wort ist Fleisch geworden" (Jo 1,14).

3. BEGEGNUNG (1,39–56)

Die Begegnung zwischen Maria und Elisabeth verbindet die beiden Erzählungen von der Verkündigung des Johannes und Jesu, aber auch die beiden Erzählungen von Geburt und Kindheit. Durch die Begegnung mit Elisabeth erfährt Maria tieferes Verstehen der Botschaft Gottes an sie (1,39–45) und singt voll Dankbarkeit einen Lobpreis auf Gottes heilbringendes Walten (1,46–55). Ein kurzes Wort über das Bleiben Mariens bei Elisabeth und ihre Rückkehr (1,56) schließt diesen Bericht ab, der wundersame Innigkeit und religiöse Wärme atmet.

a) Die begnadeten Mütter (1,39–45)

[39] *Maria aber machte sich in diesen Tagen auf und wanderte ins Gebirge mit Eile in eine Stadt Judas.* [40] *Und sie kam in das Haus des Zacharias und begrüßte Elisabeth.*

Der Aufbruch geschah *in diesen Tagen*, bald nach der Verkündigung. Der Weg führt von Nazareth in eine Stadt Judas, die im Bergland liegt, das von Negeb, der Wüste Juda und der Sephela begrenzt wird. Nach einer alten Überlieferung lag die Stadt an der Stelle des heutigen en-Karim, ungefähr sechseinhalb Kilometer westlich von Jerusalem. Der Weg, den Maria zurückzulegen hatte, war in drei bis vier Tagen zu bewältigen.

Maria ging ins Bergland *mit Eile.* Die Reise war beschwerlich, und dennoch ging sie mit Eile. Das große Wandern, das das lukanische Geschichtswerk, Evangelium und Apostelgeschichte, erfüllt, nimmt seinen Anfang. Das Wort Gottes wandert vom Himmel auf die Erde, von Nazareth nach Jerusalem, von Jerusalem nach Judäa und Samaria bis an die Grenzen der Erde – ohne Rücksicht auf Schwierigkeiten, immer mit Eile.

Am Ziel der Wanderung tritt Maria in das Haus des Zacharias ein und *grüßt* Elisabeth. Auch dies geschieht mit Eile. Sie grüßt nur Elisabeth, an die sie Gott gewiesen hat. Auf dem Weg grüßt sie niemand. Sie handelt wie die Boten, die Jesus aussenden will und die den Auftrag erhalten: „Grüßt niemand auf dem Weg" (10,4). Die Kindheitsgeschichte enthält die Grundlinien des Wirkens Jesu, das Wirken Jesu wird Vorbild für das Leben der Kirche.

41 *Und es geschah, als Elisabeth den Gruß Mariens hörte, hüpfte das Kind in ihrem Mutterschoß auf, und Elisabeth wurde mit Heiligem Geist erfüllt.*

Im Gruß Mariens, die den Messias in ihrem Schoß trägt, begegnet Elisabeth und durch seine Mutter Johannes dem messianischen Heil. Das Kind *hüpft im Mutterschoß auf.* Die natürliche Bewegung des Kindes wird zum Zeichen der Freude, welche die Begegnung mit dem Heilsbringer auslöst. So hatte es auch tiefere Bedeutung, als die Zwillinge im Schoße Rebekkas, Esau und Jakob, sich bewegten. „Die Kinder stießen einander im Mutterleib. Da sprach sie: Wenn dem so ist, wozu lebe ich dann noch? Sie ging hin, den Herrn zu befragen. Der Herr antwortete ihr: Zwei Völker sind in deinem Schoße, zwei Nationen werden sich von dir scheiden; die eine wird stärker sein als die andere, die ältere wird der jüngeren dienstbar sein" (Gn 25,22f.). Gott lenkt die Geschicke des Menschen, ehe er noch geboren wird. Der Prophet Jeremias zeichnet das Wort Gottes auf: „Noch ehe ich dich gebildet im Mutterleib, habe ich dich ausersehen, ehe aus dem Mutterschoß du kamst, habe ich dich geweiht, dich zum Völker-Propheten bestimmt" (Jer 1,5).

Elisabeth wurde *mit Heiligem Geist erfüllt.* Als Maria das Haus betritt und das Wort ihres Grußes gehört wird, bricht die Segnung der Heilszeit an. Zu seinen Boten wird Jesus sagen: „Wenn ihr in ein Haus eintretet, sagt zuerst: Friede diesem Hause, und wenn dort ein Sohn des Friedens ist, wird sich auf ihn euer Friede niederlassen" (10,5 f.). Im Haus des Zacharias vollzieht sich im engen Raum der Kindheitsgeschichte, was sich in Jerusalem nach der Auferstehung des

Herrn vollzieht: „Es wird geschehen in den letzten Tagen: Ich werde ausgießen von meinem Geist über alles Fleisch... und eure Söhne und Töchter werden prophetisch reden" (Apg 2,17–21; Joel 3,1–5). Die Kindheitsgeschichte der Kirche ist die Wiederkehr der Kindheitsgeschichte Jesu.

⁴² Und sie schrie mit lauter Stimme auf und sprach: Gesegnet bist du unter Frauen, und gesegnet ist die Frucht deines Leibes. ⁴³ Und woher mir dies, daß die Mutter meines Herrn zu mir kommt? ⁴⁴ Denn siehe, als die Stimme deines Grußes in meine Ohren drang, hüpfte in Jubel das Kind in meinem Schoß auf. ⁴⁵ Und selig, weil du geglaubt hast, daß es Vollendung geben wird dafür, was dir vom Herrn gesagt worden war.

Elisabeth, *vom Heiligen Geist erfüllt,* spricht ekstatisch erregt unter Einwirkung Gottes feierlich liturgisch, wie die Leviten vor der Bundeslade sangen (1 Chr 16,4). Sie ist Künderin des Heils, Dienerin des Herrn, der in ihrem Haus erscheint. Durch den Heiligen Geist erkennt sie das Geheimnis Mariens.

Die Prophetin nimmt den Lobpreis des Engels auf und bestätigt ihn: Du bist gesegnet unter Frauen. Sie fügt den Grund dieses Segens hinzu: *Und gesegnet ist die Frucht deines Leibes.* Ihr wird Segen zugesprochen, weil sie zuvor Gott mit der Fülle aller Segnungen gesegnet hat, die in Christus zusammengefaßt sind (Eph 1,3).

Woher mir dies? Ähnlich hat David gesprochen, als die Bundeslade nach Jerusalem gebracht werden sollte. „Er zog mit dem ganzen Volke nach Baala in Juda (= en-Karim), um von dort die Lade Gottes einzuholen, die nach dem Namen des Herrn der Heerscharen benannt ist, der auf den Cherubim thront. Man brachte die Lade Gottes auf einen neuen Wagen und entfernte sie aus dem Hause Aminadabs, der auf dem Hügel wohnte ... David und das ganze Haus Israel tanzten vor dem Hause mit aller Kraft unter Liedergesang und dem Spiel von Zithern, Harfen, Pauken, Rasseln und klingenden Becken ... Damals geriet David in Furcht vor dem Herrn und dachte: Wie, die Lade des Herrn soll zu mir kommen? David verzichtete also darauf, die Lade des Herrn zu sich in die Davidsstadt zu schaffen und brachte sie in das Haus des Obed Edom aus Gat. So weilte die Lade des Herrn drei Monate lang im Hause des Obed Edom. Der Herr aber segnete Obed Edom und sein ganzes Haus" (2 Sm 6,2–11). Es scheint, daß dieser Text auf die Darstellung eingewirkt hat. Maria wurde als die *neutestamentliche Bundeslade* gesehen. Sie trägt den Heiligen in ihrem Schoß, die Offenbarung Gottes, den Quell alles Segens, die Ursache der Heilsfreude, die Mitte des neuen Kultes.

Der Gruß Mariens findet im *Aufhüpfen des Kindes* Erwiderung. Der Jubel der messianischen Heilszeit bricht an. Der Prophet schildert die Heilszeit mit den Worten: „Ihr werdet hervorkommen und hüpfen wie die Kälbchen aus dem Stall (die von ihren Ketten losgelassen werden)" (Mal 3,20). Die Heilszeit ist Freudenzeit.

Der Lobgesang, den Elisabeth spricht, endet mit Worten, die Maria seligpreisen. *Heil dir, weil du geglaubt hast.* Maria ist Mutter Jesu Christi, weil sie in gläubigem Gehorsam ihr Jawort gesprochen hat. Als die Frau aus dem Volk sie seligpries: „Selig der Leib, der dich getragen hat, und die Brüste, die du gesogen hast", sprach Jesus: „Ja, selig, die das Wort Gottes hören und es beobachten" (11,27 f.). Mit einem Glaubensakt beginnt die Heilsgeschichte Israels: Abraham reist in ein unbekanntes Land mit seiner unfruchtbaren Frau, einzig, weil Gott ihn rief und ihm gesegnete Nachkommenschaft verhieß (Gn 12,1–5); mit einem Glaubensakt beginnt die Heilsgeschichte der Welt: Sie glaubte dem Worte Gottes, daß sie als Jungfrau Mutter des Messias wird.

b) Der Lobgesang (1,46–55)

Durch die Botschaft des Engels, die Worte der geisterfüllten Prophetin Elisabeth und durch die Heilige Schrift, in der beide gesprochen haben, erkennt Maria, was der Herr Großes an ihr getan hat. Ihr Responsorium (Antwortlied auf die Schriftlesung) ist ein Hymnus auf das Heilswirken Gottes an ihrem Volk, das jetzt seine Vollendung erreicht hat. In ähnlichen Liedern besingt auch die junge Kirche die Großtaten Gottes. „Beharrlich kamen sie täglich einmütig im Tempel zusammen, brachen zu Hause das Brot und nahmen die Speise in Freude und Einfalt des Herzens. Sie lobten Gott" (Apg 2,46 f.). Paulus mahnt die Epheser: „Laßt euch erfüllen mit Geist, redet einander zu in Psalmen und Hymnen und geisterfüllten Liedern, singt dem Herrn in euren Herzen und preist ihn" (Eph 5,18 f.).
Das hymnische „Evangelium Mariens" beginnt mit einem Aufgesang des Gotteslobes (1,46–48), besingt den machtvollen, heiligen und barmherzigen Gott (1,49 f.), die Grundgesetze seines Heilswirkens (1,51–53) und endet in einem Abgesang, der die Verheißungstreue Gottes preist (1,54 f.). Was Maria erfahren hat, war, ist und wird das Heilshandeln Gottes sein. Die Heilsgeschichte ist Licht des Lebens.

⁴⁶ Und Maria sprach:
Groß macht meine Seele den Herrn,
⁴⁷ und mein Geist frohlockt über Gott, meinen Heiland;
⁴⁸ denn er hat gesehen auf die Niedrigkeit seiner Magd.
Siehe, von jetzt an werden mich seligpreisen alle Geschlechter.

Der Herr ist durch die Heilstat an Maria zu Gott, ihrem *Heiland,* geworden. Der Name Jesu klingt an (Mt 1,21). Durch Jesus ist Gott zum Heiland geworden.
Der Lobpreis Gottes und die messianisch-eschatologische Freude durchdringen die Tiefen Mariens, ihre *Seele und ihren*

Geist. Die Heilstaten Gottes erwecken ihren lobpreisenden und jubelnden Gottesdienst.

Maria zählt sich zu den *Niedrigen,* Kleinen und Armen, denen Propheten und Psalmen oft das Heil verheißen. „Denn nicht für immer wird der Arme vergessen, entschwindet der Elenden Hoffnung auf ewig" (Ps 9,19). „Also spricht, der da hoch und erhaben, Ewig-Wohnender und Heiliger ist sein Name: In der Höhe und als Heiliger throne ich und bin bei den im Geist Zerschlagenen und Gebeugten, um zu erquicken die Gebeugten am Geist, um zu beleben der Zerschlagenen Sinn" (Is 57,15). Jesus nimmt diese Verheißungen in seine Seligpreisungen auf. „Selig die Armen (im Geist); denn ihrer ist das Himmelreich" (Mt 5,3). „Gott ist ein Gott der Demütigen, ein Helfer der Geringen, ein Beistand der Schwachen, ein Beschirmer der Verstoßenen, ein Retter derer, die verzweifelt sind" (Jdt 9,11).

Die Seligpreisung Mariens, die Elisabeth begonnen hat, wird kein Ende mehr nehmen. *Alle Geschlechter* werden in das Marienlob einstimmen. Wie das Reich des Königs, der ihr Kind ist, kein Ende nimmt, so wird auch die Mutter des Königs immer und überall gepriesen.

⁴⁹ *Denn Großes hat an mir getan der Mächtige,*
und heilig ist sein Name,
⁵⁰ *und sein Erbarmen (währt) in die Geschlechter und Geschlechter für die, die ihn fürchten.*

Macht, Heiligkeit und Erbarmen sind die leuchtendsten Züge des alttestamentlichen Gottesbildes. In Gott ist lebendige, nach außen drängende Kraft, die alles in der Welt zu seinem Eigentum machen will, in dem er sich als der Heilige erweist (Ez 20,41). Als der heilige ist er auch der erbarmende Gott. Er wird der Retter und Erlöser des heiligen Restes, weil er

nicht Mensch, sondern Gott ist. Die Machtwerke Gottes sind
erbarmende Liebe.

⁵¹ Er hat Macht vollbracht mit seinem Arm,
zerstreut, die stolz sind im Denken ihres Herzens,
⁵² er hat Machthaber von Thronen gestürzt
und Niedrige erhöht;
⁵³ er hat Hungernde mit Gütern erfüllt,
und Reiche hat er leer davongeschickt.

Maria spricht aus, was ihr *Volk* erfahren hat. „Die Ägypter
mißhandelten uns; sie quälten uns und legten uns harten
Frondienst auf. Wir schrien zum Herrn, dem Gott unserer
Väter. Der Herr erhörte unser Rufen und sah unsere Qual,
unsere Mühsal und Bedrängnis. Er brachte uns aus Ägypten
mit starker Hand und ausgestrecktem Arm heraus, mit schau-
ervoller Macht, mit Zeichen und Wundern. Er brachte uns an
diese Stätte und gab uns dieses Land, das von Milch und
Honig überfließt" (Dt 26,6–9). Die Heilsgeschichte führt zu
Maria, der Mitte der Kirche (vgl. Apg 1,14).
Die sich *groß und reich dünkten,* kamen zu Fall: Pharao beim
Auszug aus Ägypten, die Feinde Israels in der Richterzeit, die
machtvollen Herrscher Babylons . . .
Gott tritt für die *Demütigen, Machtlosen und Armen* ein. Wer
aber geistig, politisch und sozial zu den Großen und Mäch-
tigen gehören will, muß bangen. Das Pochen auf eigene
Macht verschließt das Herz gegen Gott und Gott verschließt
sich gegen die Verschlossenen. Der Arme aber öffnet sein
Herz für Gott, seine einzige Zuflucht und Zuversicht, und
Gott wendet sich ihm zu.
Die Einlaßbedingungen für das Gottesreich sind die *Selig-*
preisungen der Armen, Weinenden und Hungernden. Maria
erfüllt, was für den Einlaß ins Reich Gottes gefordert ist.

58

Auch Jesus selbst wird aus diesem Gesetz der Heilsgeschichte leben, das Maria verkündet, nachdem sie empfangen hatte. Weil er sich erniedrigt hat, wird er erhöht (Phil 2,5–11).

[54] *Er hat sich Israels, seines Knechtes, angenommen,*
zu gedenken des Erbarmens,
[55] *wie er zu unseren Vätern gesprochen hat,*
zu Abraham und seinem Nachkommen in Ewigkeit.

Die große Stunde Mariens ist auch die große Stunde ihres Volkes. Im Aufgesang sprach Maria vom Heil, das Gott für sie bereitet hat, im Abgesang spricht sie vom Heil, das für ihr Volk anbricht. Was an Maria geschehen ist, vollzieht sich in der Kirche Gottes. In Maria ist Gottes Volk dargestellt.

Der *Knecht Gottes* ist das Volk Israel. „Du aber, Israel, mein Knecht, du Jakob, den ich erkor, Sprößling Abrahams, meines Freundes, du, den ich geholt von den Enden der Erde, den ich rief aus ihrem äußersten Winkel, ich sage zu dir: Du bist mein Knecht, dich habe ich erwählt und nie verworfen" (Is 41,8 f.). Jetzt geht Gottes Erbarmen und Verheißungstreue in Erfüllung. Maria weiß sich mit dem Gottesvolke eins. Die Geschichte ihrer Erwählung endet in der Geschichte ihres Volkes, und die Geschichte ihres Volkes vollendet sich in ihrer eigenen Geschichte.

Die Heilsverheißung erging an Abraham und seine Nachkommenschaft (Gn 12,2). Abraham empfing die Verheißung, Maria nimmt die Erfüllung in Besitz, das Volk Gottes wird die Frucht empfangen. Maria mit der Frucht ihres Leibes ist das Herz der Heilsgeschichte.

Der Lobgesang der jungfräulichen Mutter greift den Lobgesang der Unfruchtbaren auf, der Gott Nachkommenschaft geschenkt hat. Anna, die *Mutter Samuels*, sang: „Im Herrn jubelt mein Herz auf, übergroß ist im Herrn mein Glück.

Nun kann ich meinen Mund auftun vor meinen Feinden; denn deiner Hilfe darf ich mich freuen. Keiner ist wie der Herr so hehr; denn keiner ist außer dir, wie unser Gott ist kein anderer Gott... Zerbrochen werden die Bogen der Starken, doch mit Kraft gürten die Schwachen sich. Es müssen die Satten um Brot sich verdingen, doch wer hungert, hat jetzt übergenug... Aus dem Staub hebt er die Schwachen empor und zieht aus dem Schmutz den Armen, neben Fürsten richtet er ihren Sitz, weist ihnen Ehrenplätze an... Seiner Frommen Schritte behütet er wohl, doch die Frevler verschwinden in Finsternis; denn durch eigene Kraft kommt der Mensch nicht zum Sieg" (1 Sm 2,1–10). Das Magnifikat ist keine Nachahmung des Lobgesanges Annas, aber beide Lieder sind genährt von dem Wirken Gottes in der Geschichte des Heils.

Das Werden des Kindes ist immer als Werk Gottes angesehen worden. Eva sprach, als sie Kain geboren hatte: „Ich habe einen Sohn erworben mit Hilfe des Herrn" (Gn 4,1). Noch mehr wurde die Mutterschaft der Unfruchtbaren als Gottes Werk gepriesen. Marias Mutterschaft übertrifft jede andere. Sie ist die jungfräuliche Mutter des Messias, in dem alle Völker der Erde gesegnet sind. In ihrer Mutterschaft ist jede andere gekrönt, und jede Mutterschaft trägt etwas dieser Mutterschaft an sich.

Mariens dankbare Meditationen finden Ausdruck in der Sprache der alttestamentlichen Gesänge. Die Lieder ihres Volkes werden ihr Lied, und ihr Lied wird das Lied des Gottesvolkes. Die Kirche singt beim Abendgebet, wenn sie meditierend über den Tag hin schaut, das Magnifikat.

c) Bleiben und Rückkehr (1,56)

[56] *Maria aber blieb bei ihr ungefähr drei Monate und kehrte in ihr Haus zurück.*

Elisabeth hielt sich nach der Empfängnis verborgen. Im sechsten Monat kam Maria; damals war bereits offenbar, daß sie empfangen hatte. Ungefähr *drei Monate* blieb Maria bei ihr. Wahrscheinlich war aber Maria nicht mehr zugegen, als Johannes geboren wurde. Dieser steht noch im alten Äon, Jesus gehört dem neuen Äon an. Die Geburt des Johannes, die noch in der Verheißungszeit steht, muß mit allen Zeichen dieser Zeit umgeben sein.

Maria bleibt ungefähr drei Monate. Sie blieb so lange im Haus der Elisabeth, wie die Bundeslade in Kariat Jarim, aber nur *ungefähr*. Der Geschichtsschreiber will die Tatsachen nicht beugen, damit religiöse Aussage als Erfüllung dargestellt werden kann. Die Aussagen über Maria sind nicht Erfindung, sondern in der Geschichte begründet, die Gottes Wort deutet.

Die Rückkehr in ihr Haus zeigt, daß sie noch nicht von ihrem Bräutigam heimgeführt war. Jetzt lag der Schleier der Verhüllung ihres Geheimnisses wieder auf ihr. Die Strahlen der Herrlichkeit waren nur kurze Zeit leuchtend geworden. So geht Jesus durch seine Kindheit und sein Wirken, so die Kirche . . .

II. GEBURT UND KINDHEIT (1,57 – 2,52)

1. Das Kind Johannes (1,57–80)

a) Geburt und Namengebung in Freude (1,57–66)

⁵⁷ Für Elisabeth aber erfüllte sich die Zeit, daß sie gebären sollte, und sie gebar einen Sohn. ⁵⁸ Und ihre Nachbarn und Verwandten hörten, daß großgemacht hat der Herr sein Erbarmen an ihr, und sie freuten sich mit ihr.

Die Geburt des Johannes ist in *Freude* getaucht. Elisabeth freut sich, und die Nachbarn und Verwandten mit ihr. Es ist die Freude, daß ein Kind geboren ist, und dies von einer Mutter, die als unfruchtbar galt und schon betagt war. Von der heilsgeschichtlichen Stunde, die mit dieser Geburt geschlagen hat, weiß diese Freude noch nicht.

Die Freude des Herzens quillt im Gesang des Gotteslobes über: *Der Herr hat sein Erbarmen großgemacht an ihr.* Dankbare Anerkennung der erbarmungsvollen Großtaten Gottes bringt Freude, nicht allein bei dem, der Gottes Erbarmen empfangen hat, sondern auch bei denen, die dies anerkennen und preisen. „Und sollte ich hingeopfert werden auf dem Opferaltar und am Dienst eures Glaubens, so freue ich mich und beglückwünsche euch alle. So sollt auch ihr euch freuen und mich beglückwünschen" (Phil 2,17 f.).

⁵⁹ Und es geschah, am achten Tag kamen sie, um das Kind zu beschneiden, und sie versuchten es nach dem Namen seines Vaters zu nennen.

Die *Beschneidung* wurde am achten Tag nach der Geburt vollzogen. So verlangte es das Gesetz: „Das ist mein Bund, den ihr wahren sollt zwischen mir und euch samt euren Nachkommen: Alles Männliche soll bei euch beschnitten werden.

Die Beschneidung soll an eurer Vorhaut vorgenommen werden. Dies sei das Bundeszeichen zwischen mir und euch. Im Alter von acht Tagen soll jedes Knäblein beschnitten werden" (Gn 17,10 ff.; vgl. Lv 12,3).

Mit der Beschneidung ist die *Namengebung* verbunden (2,21). Das Recht, dem Kind den Namen zu bestimmen und zu geben, haben Vater und Mutter, aber auch die Gäste durften an der Wahl des Namens teilnehmen (Ruth 4,17). Wie der junge Tobias nach seinem Vater genannt wird (Tob 1,1.9), so sollte das neugeborene Kind nach dem Vater Zacharias heißen. Im religiösen Leben ist vieles von Herkommen und Brauchtum bestimmt. Die entscheidende Frage heißt aber: Was ist der Wille Gottes? Gott wählt nicht immer das Überlieferte, den alten Brauch, die eingefahrene Bahn . . .

⁶⁰ Und seine Mutter antwortete und sagte: Nein, sondern Johannes soll er gerufen werden. ⁶¹ Und sie sagten zu ihr: Niemand gibt es aus deiner Verwandtschaft, der mit diesem Namen gerufen wird. ⁶² Sie winkten aber dem Vater zu, wie er wolle, daß er genannt werde.

Elisabeth wählt den Namen Johannes, weil sie durch prophetischen Geist (1,41) den Willen Gottes kannte. Die Verwandten beurteilen alles nach dem Herkommen. Eine neue Zeit bricht an. Elisabeth hat das Wehen des Neuen vernommen. Sie urteilt neu, und das klingt fremd für die, die im Alten ganz verwurzelt sind. Der Geist geht neue Wege, die nicht immer leicht zu fassen sind. In der jungen Kirche wird er auch über die Heiden kommen: „Da staunten die Gläubigen aus der Beschneidung, die mit Petrus gekommen waren, daß auch über die Heiden die Gnade des Heiligen Geistes ausgegossen sei" (Apg 10,45). Der Geist führt nicht immer nach den Plänen der Menschen, sondern auch gegen sie.

⁶³ *Und er verlangte ein Täfelchen und schrieb darauf die Worte: Johannes ist sein Name, und alle wunderten sich.* *⁶⁴ Sofort aber wurde sein Mund und seine Zunge gelöst, und er redete, Gott lobpreisend.*

Man schrieb auf Holztäfelchen, die mit Wachs überzogen waren. Elisabeth und Zacharias stimmen in der Wahl überein. Dem Volk ist die Entscheidung fremd, und es wunderte sich. Gottes Wille und Wort stellt die Menschen, die er erwählt, vor die Notwendigkeit, daß sie aus dem Gewohnten auswandern müssen: Abraham, Moses, die Propheten... Was wird Christus erfahren, wenn seine neue Botschaft verkündet wird? „Niemand, der alten Wein getrunken hat, will jungen; denn er sagt: Der alte ist bekömmlich" (5,39).

Die *Namengebung* erschließt das Geheimnis der Sendung des neugeborenen Kindes; denn der Name des Kindes bedeutet: Gott erweist sich gnädig. Die Zeit der Strafe ist für Zacharias zu Ende, des Zeichens bedarf er nicht mehr. Die ersten Worte, die der geöffnete Mund und die gelöste Zunge sprechen, sind Lobpreis Gottes. In der Geburt des Vorläufers kündet sich – noch im engsten Kreis – die Heilszeit an. Sie macht für die Verkündigung der Großtaten Gottes frei.

⁶⁵ *Und über alle kam Furcht, die in der Umgegend wohnten, und im ganzen Bergland von Judäa wurden alle Ereignisse besprochen.* *⁶⁶ Und alle, die davon hörten, nahmen sie sich zu Herzen und sagten: Was wird wohl mit diesem Kinde sein? Denn die Hand Gottes war mit ihm.*

Aus dem kleinen Kreis der Nachbarn und Verwandten des Priesterhauses *dringt die Botschaft* der außerordentlichen Vorgänge in das ganze Bergland Judäas. Die Botschaft vom Heil will immer größere Räume durchwandern. Sie hat welterobernde Bestimmung und Kraft. Wen sie ergreift, der wird selbst ihr Verkünder (8,17).

Das Erlebnis der heilbringenden Ereignisse und das Hören von ihnen allein genügen nicht. Die Ereignisse müssen *zu Herzen genommen* werden. Wer sie vernimmt, muß sich mit ihnen innerlich auseinandersetzen. Über dem Kind Johannes offenbart sich die Macht und Führung Gottes. Wer sich dies zu Herzen nimmt, wird staunen und sich fragen: Warum geschieht dies? Warum ist die machtvolle Führung Gottes mit diesem Kind? Wer gibt Lösung für diese Fragen? In der Kindheitsgeschichte sind es geisterfüllte Menschen, die aus den Gedanken und Worten der Heiligen Schrift die Ereignisse deuten.

b) Der Lobgesang des Zacharias (1,67–79)

Zacharias deutet mit seinem Lied die *heilsgeschichtliche Stunde,* die mit Johannes angebrochen ist. Das Lied wächst aus dem Liederschatz der Tage des Sängers. Der Geist Gottes erleuchtet Zacharias über die Sendung seines Kindes und über die Zukunft, die mit ihm anbricht. Er preist Gott mit alten Worten, die aber neuen Inhalt haben.
Der erste Teil des Lobgesanges ist ein eschatologischer Psalm, der die Großtaten Gottes in der Heilsgeschichte preist (1,68–75), der zweite Teil ein Geburtslied, das Glückwünsche zum Geburtstag ausspricht und die Sendung des Kindes verkündet (1,76–79).

⁶⁷ *Und sein Vater Zacharias wurde mit Heiligem Geist erfüllt und sprach prophetische Worte:*
⁶⁸ *Gepriesen sei der Herr, der Gott Israels;*
denn heimgesucht hat er sein Volk und ihm Erlösung gebracht.
⁶⁹ *Und erweckt hat er uns ein Horn des Heils*
im Hause Davids, seines Knechtes,
⁷⁰ *wie er gesprochen hat durch den Mund seiner heiligen Propheten von alters her.*

Vier aus den fünf Büchern der Psalmen schließen mit den Worten: „Gepriesen sei der Herr, der Gott Israels"[8]. Alle Psalmen verkünden die Taten Gottes in der Schöpfung und in der Heilsgeschichte. Die menschliche Antwort auf das göttliche Wirken kann nur der *Lobpreis Gottes* sein. Was sich mit der Geburt des Johannes ankündet, vollendet und krönt alle Großtaten Gottes, der als Gott Israels in der Geschichte handelt, Israel sich aus allen Völkern zu seinem Eigentumsvolk erwählt hat, ihm seine besondere Führung geschenkt und es bestimmt hat, zum Segen für alle Völker zu werden.

Der Prophet spricht von der Zukunft, als ob sie schon eingetreten wäre. Gott will in die Geschichte seines Volkes durch den kommenden Messias Heil bringend eingreifen, einen machtvollen Heilsbringer *(Horn des Heils)* senden und Erlösung bereiten. Mit der Geburt des Johannes ist die Heilszeit nahegekommen, hat ihr Kommen bereits solche Sicherheit erlangt, daß sie als eingetreten gesehen wird. Die prophetischen Verheißungen der Vorzeit, die den Herrscher- und Messiaskönig aus dem Davidsgeschlecht verkünden, gehen in Erfüllung. „Der Herr hat dem David unverbrüchlich geschworen, er zieht sich nicht von seinem Schwur zurück: Von deinen leiblichen Erben setze ich einen König auf deinen Thron... Der Herr hat Sion sich auserwählt, hat es zu seinem Wohnsitz bestimmt: Dies ist meine Ruhestatt ewig, hier will ich thronen, ich habe es gewünscht... Dort lasse ich sprießen dem David ein Horn, habe ich meinem Gesalbten eine Leuchte errichtet" (Ps 132,11 ff.). Heimsuchung, Erlösung, Heil, Herrscher aus Davidshaus – alles spricht dafür, daß die große Sehnsucht und Hoffnung erfüllt wird. Johannes ist Vorbote des Heilbringers.

⁷¹ Rettung aus unseren Feinden
und aus der Hand aller, die uns hassen,
⁷² Erbarmung zu wirken mit unseren Vätern
und eingedenk zu sein seines heiligen Bundes.

Der Messias errettet Israel aus der Gewalt seiner *Feinde und Hasser,* die es bedrängen. Die Heilstat, die Gott an seinem Volk bewirkt hat, als er es aus der ägyptischen Bedrückung errettete, vollzieht sich jetzt in viel gewaltigerer Art. „Er (Gott) gebot dem Schilfmeer, da trocknete es; er ließ durch Fluten sie ziehen wie auf Triften. Er rettete sie aus Hasses Gewalt, aus des Feindes Händen erlöste er sie" (Ps 106,9 f.). Was jetzt anbricht, überbietet alle Heilswerke Gottes der Vorzeit.

Wenn die messianische Zeit anbricht, erfahren auch die Väter Israels, die Ahnen des israelitischen Volkes, *Erbarmen;* denn sie leben noch und nehmen am Geschick ihres Volkes Anteil. „Abraham, euer Vater, hat frohlockt, daß er meinen Tag sehe – und er sah und freute sich" (Jo 8,56). Der Bund, den Gott mit Abraham geschlossen hat, wird jetzt erfüllt. „Siehe, mein Bund mit dir: Du wirst zum Vater einer Völkermenge werden ... Zu Völkern will ich dich werden lassen, und Könige werden aus dir hervorgehen ... Meinen Bund richte ich mit Isaak auf ... Und mit deiner Nachkommenschaft sollen sich als gesegnet bezeichnen alle Völker der Erde" (Gn 17,4. 6.21; 22,18). Der Messias ist die Erfüllung aller Verheißungen und Einrichtungen, aller Hoffnung und Sehnsucht des Alten Bundes. Er ist es, auf den die schauen, die bereits tot sind und in der anderen Welt leben, die noch leben und die kommen werden. Er ist die Mitte der Menschheit.

73 Des Eides, den er unserem Vater Abraham geschworen
hat, uns zu geben,
74 furchtlos, aus der Hand der Feinde entrissen,
75 zu dienen in Heiligkeit und Gerechtigkeit
vor seinem Angesicht in allen unseren Tagen.

Gott spricht zu Abraham: *„Ich schwöre bei mir:* Dafür, daß du dies getan hast und mir deinen einzigen Sohn nicht vorenthalten hast, will ich dich reichlich segnen und deine Nachkommenschaft so zahlreich werden lassen wie die Sterne des Himmels ... Und deine Nachkommenschaft soll die Tore ihrer Feinde erobern" (Gn 22,16 f.). Alles, was den Menschen sittlich bindet, sein Versprechen einzulösen, wird von Gott ausgesagt: Er hat Verheißungen und Versprechen gegeben, einen Bundesvertrag geschlossen, selbst einen Eid geschworen. Gott löst mit der Sendung Christi ein, wozu er sich selbst verpflichtet hat. Die Sehnsuchtsrufe der Menschheit verhallen nicht im leeren Raum. Gott hört sie und erfüllt sie in Christus, der nicht allein die Mitte aller menschlichen Hoffnungen, sondern auch die Mitte aller göttlichen Ratschlüsse für die Menschen ist.

Wenn Israel aus der Macht seiner Feinde entrissen ist, wird es frei für den Dienst Gottes. Es kann *Gott dienen* vor seinem Angesicht und damit seine priesterliche Sendung erfüllen, die es unter den Völkern zu vollziehen hat; denn Gott sprach zu ihm: „Ihr sollt mir ein Königreich von Priestern und ein heiliges Volk sein" (Ex 19,6). Der Messias schafft dem Volk Gottes Raum und Freiheit, den Gottesdienst zu vollziehen. Er erfüllt aber auch diesen freien Raum mit der endzeitlichen Verehrung Gottes (vgl. Jo 4,21–26). „Vor allem ermahne ich, daß Bittgebete, Fürbitten und Danksagungen verrichtet werden für alle Menschen, für Könige und alle Obrigkeiten, damit wir ein ungestörtes und ruhiges Leben führen können in aller Frömmigkeit und Ehrbarkeit" (1 Tim 2,1 f.).

Der Gottesdienst besteht in *Heiligkeit und Gerechtigkeit*. Die Seele des gottesdienstlichen Handelns ist die Hingabe an den Willen Gottes, heilige Lebensführung. „Bringt Gott Danksagung als Opfer dar, führe dem Höchsten deine Gelübde aus! Rufe mich am Tag der Drangsal, dann rette ich dich; so sollst du mich ehren" (Ps 50,14 f.).

[76] *Und du aber, Kind, wirst Prophet des Höchsten heißen,*
Du wirst einhergehen vor dem Angesicht des Herrn,
um seine Wege zu bereiten,
[77] *zu geben Erkenntnis des Heils seinem Volk*
in der Nachlassung seiner Sünden
[78a] *durch das Erbarmen unseres Gottes.*

Johannes ist *Prophet Gottes* und Wegbereiter des Herrn. Meinen Boten sende ich voraus (Mal 3,1) ... Stimme eines Rufenden: „In der Wüste bahnt einen Weg" (Is 40,3) ... Jesus übertrifft Johannes, wie der Sohn des Höchsten den Propheten des Höchsten übertrifft und der Herr seinen Wegbereiter. *Der Kommende ist Gott* selbst. Das Spätjudentum schaut das kommende Gottesreich eng mit dem künftigen Reich des Messias zusammen. In Jesus kommt Gott ...

Die Wegbereitung geschieht durch die Gabe der Heilserkenntnis. Gottes Volk erkennt das Heil, weil es dieses praktisch erfährt. Gott macht es ihm kund, indem er es schenkt (Ps 98,2). Das Heil aber besteht in der *Nachlassung der Sünden*. Wem die Sünden vergeben werden, der ist von einer Macht befreit und erlöst, die mehr fesselt als die Hände der Feinde und Hasser (1,71). Die Heilszeit, auf die Johannes vorbereitet, ist die *Zeit des Erbarmens* unseres Gottes. Gottes endzeitliches Offenbarungshandeln ist Ausfluß seines erbarmungsvollen Herzens. Für das Ende der Tage wurde erwartet, daß Gott sein Erbarmen auf die Erde sende.[9] Jetzt geht dies in Erfüllung. „Der Herr ist erbarmungsreich und barmherzig" (Jak 5,11).

[78b] *Durch dieses wird uns heimsuchen der Aufgang aus der Höhe,*

[79] *um zu leuchten denen, die in Finsternis und Todesschatten sitzen,*

um unsere Füße auf den Weg des Friedens zu lenken.

Durch Gottes Erbarmen kommt der Aufgang aus der Höhe, der Messias. Er gleicht einem helleuchtenden Himmelsgestirn. „Ich bin der Herr ... setze dich den Heiden als Licht. Blinde Augen sollst du öffnen, Gefangene aus dem Kerker führen, der Finsternis Bewohner aus dem Haus der Haft" (Is 42,6 f.). Der Messias, die Sonne des Heils, bringt den Menschen Erlösung, die durch Sünde und Tod bedrückt werden. „Das Volk, das in Finsternis wandelt, erschaut ein gewaltiges Licht, über Bewohner eines finsteren Landes strahlt ein Lichtglanz auf" (Is 9,1).

Die Kirche *betet den Lobgesang* des Zacharias an jedem Morgen, wenn von der aufgehenden Sonne Nacht und Finsternis vertrieben werden. Sie betet ihn am Grab; denn über aller Nacht des Sterbens erstrahlt der Aufgang aus der Höhe, Christus, der durch seine Auferstehung die Herrschaft der Sünde und des Todes überwunden hat und die Wiederherstellung des Alls in einem neuen Universum bringt" (Apk 21,3 f.).

c) Die Kindheit des Johannes (1,80)

80 *Das Kindlein aber wuchs und erstarkte im Geist und lebte in der Wüste bis zum Tag seiner Einstellung vor Israel.*

Von Samson heißt es: „Das Weib gebar einen Sohn; sie nannte ihn Samson. Der Knabe *wuchs heran,* und der Herr segnete ihn. Der Geist des Herrn begann in ihm zu wirken" (Ri 13,24 f.). Das Bild des jungen Johannes ist mit diesen biblischen Worten gezeichnet. Vom Segen des Herrn ist nicht ausdrücklich die Rede. Körperliches und geistiges Wachstum stehen unter dem Segen des Herrn – bei Samson und bei Johannes, die Gottesmänner sind. Sie reifen ihrer Sendung entgegen.

Einstellung und Bestallung mit dem Amt bereitet Johannes *in der Wüste* vor. Fern von den Menschen, in der Nähe Gottes rüstet er sich für die zukünftige Aufgabe. Von der Wüste her wurde der Messias erwartet.[10] Israel nahm das Land der Verheißung nach dem Aufenthalt in der Wüste zum Besitz. Johannes ging in die Wüste Juda. Was er dort tat, wem er sich anschloß, wissen wir nicht. Als die Höhlen von Qumran entdeckt wurden und Licht über das Leben ihrer Bewohner durch die aufgefundenen Schriften kam, schien es, als ob auch die Rätsel des Aufenthaltes des Johannes aufgehellt würden. Aber es bleibt doch fraglich, ob Johannes mit der Sekte von Qumran Beziehung hatte. Mit ihnen verbindet ihn die glühende Erwartung des Messias. Aber schwer verständlich ist es, daß der Priester Zacharias seinen Sohn zu Leuten schickte, die aus Protest gegen die Priesterschaft des Tempels in Jerusalem in die Einsamkeit der Wüste gezogen sind, um sich dort ohne Tempel und ohne Kult auf das Kommen des Messias vorzubereiten.

Das ganze Leben des Johannes ist von seinem Amt bestimmt. Vom Mutterschoß an ist er auserwählt, er lebt in der Wüste, offenbar unter dem Antrieb Gottes, er wird von Gott *in sein Amt eingeführt*. Dies alles vollzieht sich vor Israel; der Messias und sein Volk erfüllen sein Leben. Gott hat ihn für diese beiden ausersehen.

2. DIE GEBURT JESU (2,1–20)

Jesus wird zur Zeit des römischen Kaisers Augustus, der über die damalige Welt herrschte, in Bethlehem geboren, wie es der Prophet (Mich 5,1) verkündet hatte (2,1–7). In einer feierlichen Kundgebung verkünden Engel des Himmels, wer dieses neugeborene Kind ist und welche heilsgeschichtliche Bedeutung die Stunde dieser Geburt hat (2,8–14). Der Glaube, der in den Hirten durch die Botschaft, Zeichen und Sehen anbricht, wird verkündet und weitergetragen (2,15–20).

Paulus hat uns über Menschwerdung, Tod und Auferstehung Jesu einen alten Hymnus überliefert, der bei der gottesdienstlichen Feier gesungen wurde: „Christus Jesus – er war in der Gestalt Gottes und hat es nicht als Raub betrachtet, Gott gleich zu sein, sondern hat sich selbst entäußert und Gestalt eines Knechtes angenommen und wurde Menschen ähnlich ... Und er wurde der Erscheinung nach als ein Mensch gefunden und erniedrigte sich und wurde gehorsam bis zum Tod am Kreuze. Deswegen hat ihn auch Gott erhöht und ihm einen Namen gegeben, der über jeden Namen ist, auf daß sich im Namen Jesu jedes Knie beuge ... und jede Zunge bekenne zur Verherrlichung Gottes des Vaters: Herr Jesus Christus" (Phil 2,6–11). Die Geschichte der Geburt Jesu lebt aus den gleichen Grundgedanken wie dieser Hymnus. Jesus entäußerte und erniedrigte sich, als er geboren wurde, aber Gott erhöhte dieses Kind durch die feierliche Kundgebung der Engel, und am Höhepunkt der Erzählung (2,10) erklingt das Bekenntnis: „Retter, (Jesus) Christus, der Herr". Wie dem Kreuz der Selbstentäußerung und Erniedrigung die Proklamation Gottes durch die Engel folgte, so folgt der Geburt in der Armut die feierliche Kundgebung durch himmlische Boten Gottes. Die Erhöhung des Gekreuzigten aber war begleitet von der Verkündigung des Evangeliums durch die Apostel in der weiten Welt; die Erhöhung des neugeborenen Kindes wurde durch die Zeugen der göttlichen Proklamation kundgemacht – allerdings, wie es der Kindheitsgeschichte entspricht, nicht der ganzen Welt,

sondern nur einem kleinen Kreis. Die Weihnachtsgeschichte trägt das
Gepräge des Evangeliums an sich, von dem Lukas sagt: „Dann öffnete
er (vor seiner Himmelfahrt) ihren Verstand, daß sie die Schriften
erkennen, und er sprach zu ihnen: So ist es geschrieben, daß der Christus leide und auferstehe von den Toten am dritten Tag und daß verkündet werde in seinem Namen Buße und Vergebung der Sünden für
alle Völker, indem sie von Jerusalem anfangen. Ihr seid Zeugen dessen" (24,45–49).

Lukas, dem Geschichtsschreiber Gottes, lag es sehr am Herzen, die
Geburt Jesu mit der göttlichen Kundgebung in die konkreten geschichtlichen Umstände hineinzustellen, mit zeitgenössischen Farben zu malen
und auf die Weltgeschichte zu beziehen. Wie die Leidens- und Auf-
erstehungsgeschichte als geschichtliche Tatsache in der Weltgeschichte
steht, so auch die Geburtsgeschichte. Krippe und Kreuz sind die Angel-
punkte des Heilsgeschehens in Christus; sie entsprechen sich. Was da
geschehen ist, hat erfüllt, was die Schrift verhieß. „Christus ist gestorben gemäß den Schriften, und er ist begraben worden und auferweckt worden am dritten Tag gemäß den Schriften" (1 Kor 15,3). Er ist
auch geboren gemäß der Schrift. Manche Einzelheiten in der Weihnachtsgeschichte lassen Fragen offen. Lukas schreibt nicht nach moderner
exakter Methode der Geschichtswissenschaft. Sein erstes Anliegen war
nicht die Beschreibung des historischen Rahmens, in dem sich die Geburt Jesu abgespielt hat, sondern das Evangelium, die frohe Botschaft,
die in diesem Ereignis liegt. Noch einmal muß auf den Höhepunkt der
Erzählung hingewiesen werden (2,10). Dort heißt es: Ich verkünde
euch die Frohbotschaft der großen Freude. Auch darin ist die Geburtsgeschichte eine Vorwegnahme der Passions- und Auferstehungs-
verkündigung. „Ich mache euch kund . . . die Frohbotschaft, die ich
euch verkündet habe (als Frohbotschaft) . . . denn ich habe euch überliefert, in erster Linie, was ich auch empfangen habe: Christus ist gestorben . . ." (1 Kor 15,1–3). Wir wollen unklaren Angaben keine größere Bedeutung beimessen, als ihnen Lukas beigemessen hat. Das
Evangelium, das die geschichtliche Geburt Jesu darstellt, ist auch für
uns die entscheidende Größe der Weihnachtsgeschichte. Sonst könnte
es geschehen, daß die Umrahmung zur Aushöhlung führt.

a) Geboren zu Bethlehem (2,1–7)

*1 Es geschah aber in jenen Tagen, daß eine Verfügung von
Kaiser Augustus ausging, daß die ganze Welt aufgeschrieben werde. 2 Diese Aufschreibung war die erste unter dem*

Statthalter von Syrien Quirinius. ³ *Und alle gingen hin, sich*
aufschreiben zu lassen, jeder in seine Stadt.

Der Geschichtsschreiber Lukas stellt die Heilsgeschichte in
den Lauf der Weltgeschichte. Der römische *Kaiser Augustus*
(30. v.–14 n. Chr.) herrscht über den ganzen Erdkreis, über die
im römischen Imperium zusammengefaßten Länder. Die Inschrift von Prienne (aus dem Jahre 9 v. Chr.) preist den Geburtstag des Augustus: Er habe „der ganzen Welt ein anderes
Ansehen gegeben: sie wäre dem Untergang verfallen, wenn
nicht in ihm, dem nun Geborenen, ein gemeinsames Glück
aufgestrahlt wäre. Richtig urteilt, wer an diesem Geburtstag
den Anfang des Lebens und aller Lebenskraft für sich erkennt... Die Vorsehung, die über allem Leben waltet, hat
diesen Mann zum Heil der Menschen mit solchen Gaben erfüllt, daß sie ihn uns und den kommenden Geschlechtern als
Heiland gesandt... In seiner Erscheinung sind die Hoffnungen der Vorfahren erfüllt; er hat nicht nur die früheren Wohltäter der Menschheit sämtlich übertroffen, sondern es ist auch
unmöglich, daß je ein Größerer käme. Der Geburtstag des
Gottes hat für die Welt die an ihn sich knüpfenden Evangelien heraufgeführt. Von seiner Geburt muß eine neue Zeitrechnung beginnen."[11] Im Jahre 27 v. Chr. hat Augustus vom
Senat den Würdenamen Sebastos, das heißt Augustus, erhalten, und damit wurde er als der Anbetungswürdige erklärt.
Durch eine Verfügung stellt sich nach dem Ratschluß der
göttlichen Vorsehung der Kaiser Augustus, der über die Welt
herrscht, in den Dienst des wahren Heilandes der Welt, an
dem sich erfüllt, was sich die Menschen von Augustus erwartet haben, was er bis zu einem gewissen Grad geben konnte,
aber nicht in der Fülle zu geben vermochte.
Augustus veranstaltete eine Aufschreibung.[12] Diese umfaßt

ein Doppeltes: Eine Einschreibung des Grund- und Hauseigentums (Veranlagung des Katasters) und eine Schätzung
der Vermögenswerte zur Bemessung der Steuer. Der Befehl
des Kaisers erreichte über den syrischen Statthalter Quirinius
auch Palästina. Herodes der Große, der damals noch in Palästina als König regierte, mußte diese Verfügung erdulden;
denn er war König von des Kaisers Gnaden. Diese Aufschreibung war *die erste* unter den Juden. Sie fand *unter Quirinius,
dem Statthalter von Syrien,* statt. Warum Lukas dies alles be-
merkt? Er wollte offenbar die Zeit genau umreißen. Damit
zeichnet sich aber auch ab, daß Palästina seine Freiheit verloren hatte. Alle gingen hin, sich aufschreiben zu lassen. Nach
Aufzeichnungen, die in Ägypten gefunden wurden, mußten
Leute, die auswärts weilten, zur Aufschreibung in ihren
Wohnort kommen; auch Frauen mußten mit ihren Ehemän-
nern vor den Beamten erscheinen.[13] Jeder ging in seine Stadt,
in der er Grundbesitz hatte. So mußte Joseph nach Bethlehem
ziehen.

*⁴ Hinauf zog aber Joseph von Galiläa aus der Stadt Naza-
reth nach Judäa in die Stadt Davids, die Bethlehem heißt,
weil er aus dem Hause und Geschlechte Davids war, ⁵ um
sich aufschreiben zu lassen mit Maria, seiner Verlobten,
die schwanger war.*

Joseph ging mit Maria nach *Bethlehem.* Offenbar hatte er
dort Besitz. Zur Zeit des Kaisers Domitian gibt es Verwandte
Jesu in Bethlehem, die Bauern waren. Die Nachkommen Davids haben dort Grundbesitz gehabt. Lukas erwähnt dies
nicht. Für ihn ist es viel wichtiger, daß Maria und Joseph nach
Bethlehem ziehen müssen. Er nennt diesen Ort die Stadt Davids; Joseph ist aus dem Haus und Geschlecht Davids. All
dies weckt religiöse Vorstellungen. Der Messias muß in Beth-

lehem geboren werden; er stammt aus dem Haus Davids und wird den Thron seines Vaters innehaben. Der Prophet Michäas hat dies vorausgesagt: „Du aber, Bethlehem, im Lande Ephrata, unter den Sippen Judas bist du zwar klein, aus dir aber geht der Eine hervor, der über Israel Herrscher sein soll. Seine Ursprünge sind aus der Vorzeit, aus uralten Tagen" (Mich 5,1). Gott stellt die Weltgeschichte in den Dienst der Heilsgeschichte; er ordnet den Befehl des Augustus seinem ewigen Heilsratschluß unter.

Maria wird Josephs *Verlobte* genannt; sie war bereits heimgeführt, denn sonst hätte sie nach galiläischer Sitte nicht mit Joseph allein reisen können. Aber sie wird Verlobte genannt, weil sie jungfräulich war. Joseph hatte mit ihr gelebt, wie ein Verlobter mit seiner Verlobten lebte, ohne das eheliche Leben zu pflegen. Sie war *schwanger*, Jungfrau und werdende Mutter. Damit ist ausgedrückt, was der Verkündigungsbericht mit dem Schleier des Geheimnisses verhüllt hatte.

⁶ Es geschah aber, während sie dort war, wurden die Tage voll, daß sie gebären sollte. ⁷ Und sie gebar ihren Sohn, den Erstgeborenen, und wickelte ihn in Windeln und legte ihn in eine Krippe, weil für sie nicht Platz war in der Herberge.

Der Bericht der Geburt wird feierlich im Stil der Bibel eingeleitet. *Während* Maria und Joseph schon in Bethlehem waren, kam der Tag der Geburt. Jesus ist dem Gesetz des Augustus und dem Gesetz der Natur unterworfen. Er ward gehorsam.

Nüchtern, schlicht, sachlich, wortkarg wird von der Geburt berichtet. *Sie gebar ihren Sohn.* Maria hat durch wahre Mutterschaft ihr Kind zur Welt gebracht. Von Elisabeth hieß es: Sie gebar einen Sohn (1,57), von Maria: Sie gebar *ihren* Sohn.

Die jungfräuliche Empfängnis klingt allenthalben an. Den *Erstgeborenen*. Ist dies gesagt, weil Jesus der erste von mehreren Söhnen ist? Das Wort verlangt diese Deutung nicht. Eine Toteninschrift aus dem Jahre 5 n. Chr., die in Ägypten gefunden wurde, gibt dafür ein gutes Zeugnis. Sie läßt eine junge Frau Arsinoe, die gestorben ist, sprechen: „In den Geburtswehen des Erstgeborenen hat mich das Schicksal zum Ende des Lebens geführt."[14] Das einzige, erstgeborene Söhnlein der Arsinoe war zugleich auch der Einziggeborene. Lukas wählt diesen Titel, weil Jesus die Pflichten und Rechte des Erstgeborenen hatte (2,23) und weil er der Verheißungsträger war.

Maria erweist ihrem Sohn die ersten mütterlichen Dienste. Sie *wickelte ihn (in Windeln)*. Die neugeborenen Kinder wurden fest in Lappen eingewickelt, so daß sie sich nicht rühren konnten; dadurch sollten, wie man meinte, die Glieder gerade wachsen. Sie *legte ihn in eine Krippe*, in einen Futtertrog, aus dem die Tiere fressen. Daß das Kindlein sein erstes Lager in einer Krippe finden mußte, begründet der Evangelist mit den Worten: *Denn nicht war für sie Platz in der Herberge*. Maria und Joseph hatten nach ihrer Ankunft in Bethlehem eine Karawanenherberge (Khan) aufgesucht. Das war ein Platz, der meist unter freiem Himmel lag, den eine Mauer mit einem einzigen Zugang umgab. Im Innern lief manchmal um den Platz ein schützender Säulengang, der ein Stück lang vermauert sein konnte, was einen größeren oder mehrere kleine Räume entstehen ließ. Mitten im Hof lagerten die Tiere, die Leute ruhten im Säulengang, die kleineren abgemauerten Räume blieben denen vorbehalten, die sich diesen „Luxus" leisten konnten. Da war kein Platz für sie, als Maria fühlte, daß ihre Stunde nahte. Sie ging in einen Raum, der als Stall benützt wurde; denn wo eine Krippe ist, da muß wohl ein Stall sein.[15] Der verheißene Herr liegt als kleines, unbeholfenes Kind in der Futterkrippe eines Stalles. Er entäußerte sich und erniedrigte sich und nahm Knechtsgestalt an. „Er kennt die Huld unseres Herrn Jesus Christus, denn um unseretwillen ist er arm geworden, obwohl er reich ist, damit ihr durch seine Armut reich werdet" (2 Kor 8,9). In der Herberge war kein Platz für ihn. „Der Menschensohn hat nicht, wohin er sein Haupt legen könnte" (9,58). „Er kam in sein Eigentum, und die Seinen nahmen ihn nicht auf" (Jo 1,11).

b) Kundgemacht durch den Himmel (2,8–14)

[8] *Und Hirten weilten in derselben Gegend auf freiem Feld und hielten Nachtwache bei ihren Herden.*

Hirten waren verachtete Leute. Sie standen in Verdacht, daß sie es mit dem Mein und Dein nicht genau nahmen; darum blieben sie auch von der Zeugenaussage vor Gericht ausgeschlossen. Die Hirten, die Steuererheber und die Zöllner galten unter anderem als untauglich für das Richter- und Zeugenamt; denn sie waren hinsichtlich des Geldes verdächtig.[16] Gott erwählt die Verachteten und Kleinen; sie sind tauglich für die Annahme der Offenbarung und für das Heil.

Das „Triftenvieh" – im Gegensatz zum Stallvieh – blieb vom Paschafest bis zum Einsetzen des Herbstregens, das ist von März bis November, Tag und Nacht auf den Weidetriften. Abends wurden die Tiere in Hürden oder Pferche getrieben, damit sie vor Dieben und wilden Tieren geschützt waren. Schutz und Sorge für die Tiere trugen die Hirten, die zur nächtlichen Ruhe und zum Schutz gegen die Unbilden der Witterung Hütten aus Laubwerk errichteten.[17] Als *Wachende* gehören die Hirten zu denen, die beobachten, was um sie vorgeht, zu denen, die in jeder Stunde des Tages und der Nacht bereit sind. Gerade solche Haltung ist für die Endzeit entscheidend. „Wenn er (der Herr) in der zweiten und wenn er in der dritten Nachtwache kommt und sie so (wachend) findet, selig sind jene Knechte" (12,38).

⁹ Da trat ein Engel des Herrn zu ihnen, und die Herrlichkeit des Herrn umleuchtete sie, und sie gerieten in große Furcht. ¹⁰ Und der Engel sprach zu ihnen: Fürchtet euch nicht. Seht, ich verkünde euch große Freude, die dem ganzen Volke widerfahren wird: ¹¹ Denn geboren ist euch heute der Retter, der da ist Christus der Herr, in der Stadt Davids. ¹² Und dies soll euch zum Zeichen sein: Ihr werdet ein Kindlein finden in Windeln gewickelt und in einer Krippe liegend.

Gott selbst macht durch seinen Engel die Größe der Weltstunde, die mit der Geburt Jesu angebrochen ist, den Hirten kund. Plötzlich und unerwartet erscheint der *Engel* in blendendem Licht. Im Lichtglanz tritt die Herrlichkeit Gottes in Erscheinung (Ex 16,10). Die Hirten sind in diesen Lichtglanz eingetaucht, der von dem Engel ausgeht und in Gott seinen Ursprung hat. Im Engel ist ihnen Gott und seine Offenbarung nahe. Furcht ist die Reaktion des Menschen auf die Nähe Gottes.

Der Engel verkündet den Hirten eine *Freuden- und Siegesbotschaft* ("Evangelium"). Johannes der Täufer übernimmt diese Verkündigung des Engels. „Er verkündete dem Volk das Evangelium" (3,18). Jesus wird dies fortsetzen: „Er muß den anderen Städten das Evangelium vom Reiche Gottes verkünden" (8,1); denn dazu hat ihn Gott gesalbt, „daß er den Armen das Evangelium verkünde" (4,18). Von Jesus übernehmen es die Apostel, daß sie „das Evangelium von Jesus Christus verkünden" (Apg 5,42). Die Geburtsstunde Jesu ist der

Anfang der Freuden- und Siegesbotschaft, des Evangeliums. Es wird von Gott her in die Welt gebracht; in ihm offenbart sich die Herrlichkeit Gottes.

Das Evangelium des Engels bringt nicht Furcht, sondern *große Freude*. Was schon überall dort aufgegangen ist, wo sich die Heilszeit angekündigt hat (1,14.46 f. 48.68), kommt jetzt noch viel reicher. Die Freude bricht auf. Die Hirten sind die ersten, die diese große Freude empfangen. Sie wird die Verkündigung des Evangeliums immer begleiten; denn es verkündet und bringt das Heil und damit die Freude. „Die siebzig kehrten aber voll Freude zurück und sprachen: Herr, auch die Dämonen sind uns in deinem Namen untertan" (10,17). Selbst Verfolgung um dieses Evangeliums willen wird diese Freude auslösen: „Sie, (die Männer des Hohen Rates) riefen die Apostel herein, ließen sie züchtigen, geboten ihnen, nicht im Namen Jesu zu reden, und entließen sie. Diese aber gingen weg vom Hohen Rat voll Freude, daß sie gewürdigt worden waren, um des Namens Jesu willen Schmach zu leiden" (Apg 5,40 f.). Nicht allein den Hirten, sondern *dem ganzen Volk* wird diese Freude widerfahren. Die Hirten sind die Erstlinge, welche die Freude der Heilszeit empfangen; ihre Freude ist Quell eines Freudenstromes, der Israel und die Welt durchströmen soll.

Was birgt die Freudenbotschaft in sich? *Heute* ist geboren worden. Auf dieses Heute haben alle Verheißungen geschaut; heute sind sie erfüllt. „Heute ist die Schrift erfüllt" (4,21). Die Zeit der Erfüllung und des Endes hat begonnen.

Das Kind, das geboren wurde, ist der *Retter, Christus, der Herr*. Der grundlegende Titel ist Retter. Durch den Apostel Petrus wird Jesus nach seiner Erhöhung als Herr und Christus kundgegeben. „Mit Sicherheit soll also das ganze Israel erkennen, daß Gott ihn zum Herrn und Christus gemacht hat,

diesen Jesus, den ihr gekreuzigt habt" (Apg 2,36). „Jesus"
(„Jahwe ist Retter") ist Retter, der Herr ist der göttliche Herr,
Christus ist der Messias, der Gesalbte, der König. Der Kern
des Glaubensbekenntnisses der Christenheit: Jesus Christus
Herr (Phil 2,11) kommt durch Engelsmund von Gott. Dieses
Bekenntnis trifft auf Jesus schon am Tag seiner Geburt zu.

In der Stadt Davids. Bedeutungsvoll wird der Geburtsort
nicht mit seinem gewöhnlichen Namen Bethlehem genannt,
sondern mit dem heilsgeschichtlichen Würdenamen. Damit
Jesus in der Stadt Davids geboren wurde, zog Joseph von
Galiläa aus der Stadt Nazareth hinauf nach Judäa in die Stadt
Davids, die Bethlehem heißt (2,4). Dort hatte David seine
Heimat und Joseph seine Stadt, weil er aus dem Hause und
Geschlechte Davids war. Jesus ist „Sohn Davids", an ihm ge-
hen die Verheißungen in Erfüllung, von denen bei der Ver-
kündigung gesprochen wurde (1,32f.).

Die Engelsbotschaft ist so geformt, daß sie die Inschrift von
Prienne in Erinnerung ruft. Augustus ist als *„Heiland"* (Retter) gesandt. Er macht aller Fehde ein Ende. Der Geburtstag
des Kaiser-Gottes war für die Welt der Anfang der Freuden-
botschaften; die folgen sind die Nachrichten von der Mündig-
keitserklärung des Thronfolgers und vor allem von der Thron-
besteigung des Kaisers. Eine neue Zeit bricht an. Der Botschaft des Kaiser-Kultes setzt das Neue Testament das eine
Evangelium von der Geburt Jesu entgegen. Es spricht die
Sprache seiner Zeit; denn es will volksnahe und wirklichkeits-
verbunden sprechen. Es kennt das Warten und Hoffen der
Menschen, und es antwortet mit dem Evangelium von der
Geburt des Kindes im Stall und in der Krippe.

Die Hirten erhalten *Zeichen,* an denen sie die Wahrheit der
Botschaft erkennen können: ein Kindlein, in Windeln gewickelt, liegend in einer Futterkrippe. Unter diesen drei Zei-

chen werden sie den Herrn Jesus Christus erkennen. Das alles ist Widerspruch zur jüdischen Erwartung, Widerspruch zu dem, was die Botschaft sagt. Das hilflose Kind Retter der Welt? Der Messias ein in Windeln gewickeltes Kind? Der Herr liegend in einer Futterkrippe? Vom Neugeborenen gilt, was vom Gekreuzigten gesagt ist: Er ist den Juden ein Ärgernis und den Heiden Torheit (1 Kor 1,23). Aber „was an Gott töricht erscheint, ist weiser als die Menschen, und was an Gott schwach erscheint, stärker als die Menschen" (1 Kor 1,25).

¹³ Und plötzlich war mit dem Engel eine Menge himmlischer Heerscharen, die Gott lobten und sagten: ¹⁴ Ehre Gott in der Höhe und auf Erden Friede den Menschen des Wohlgefallens.

Zur Botschaft gesellt sich der Lobgesang; die Verkündigung endet mit hymnischem Antwortgesang einer Menge der himmlischen Heerschar. Viele Engel umgeben den einen, der die Botschaft verkündet. Die himmlischen Heerscharen sind – nach der Vorstellung der Alten – die Sterne, die zahlreich am Himmel geordnet sind und ihre Bahnen ziehen, aber auch die Engel, welche sie bewegen. Die Engel bilden den Hofstaat Gottes, der auch Gott Sabaoth (Gott der Heerscharen) genannt wird. Gott spricht, da er den Erstgeborenen in die Welt einführt: „Und anbeten sollen ihn alle Engel Gottes" (Hebr 1,6). Die Engel nehmen am Heilsgeschehen regen Anteil. Sie sind „dienende Geister, für den Dienst derer gesandt, die das Heil erben sollen" (Hebr 1,14).

Der Gesang der Engel ist messianischer Zuruf. Er ist nicht Wunsch, sondern Ausrufung des göttlichen Werkes, nicht Bitte, sondern *feierlich dankbare Huldigung.* In zwei aufeinander abgestimmten Zeilen wird ausgesprochen, was die Geburt Jesu im Himmel und auf Erden, für Gott und die Menschen bedeutet. Weil Himmel und Erde von dieser Geburt betroffen sind, hat sie weltweite Bedeutung. Das Universum empfängt durch die Weihnachtsbotschaft Wendung zu Neuem. Himmel und Erde sind durch Jesus vereint.

Ehre Gott in der Höhe. „Gott wohnt in der Höhe." In der Geburt Jesu verherrlicht sich Gott selbst, in ihr macht er sein Wesen kund. Jesus ist die vollendete Offenbarung Gottes, Ausstrahlung des göttlichen Lichtglanzes (Hebr 1,3); er verkündet die Herrschaft Gottes, bringt und vollendet sie; in ihm wird die Liebe Gottes sichtbar (Jo 3,16). Er kann am Schluß seines Lebens sagen: „Ich habe dich verherrlicht auf Erden, indem ich das Werk vollbrachte, das zu vollbringen du mir übergeben hast" (Jo 17,4).

Friede auf Erden den Menschen des Wohlgefallens. Auf Erden leben die Menschen. Sie empfangen durch den Neugeborenen Frieden. Jesus ist Friedensfürst. „Denn geboren wird uns ein Kind, ein Sohn ist uns geschenkt, auf dessen Schulter die Herrschaft ruht. Man nennt ihn: Wunder-Rat, Gott-Held, Ewiger-Vater, Friedens-Fürst. Groß ist die Herrschaft, und der Friede ist endlos auf Davids Thron und in seinem Reich; er errichtet und stützt es durch Recht und rechtlichen Sinn von nun an auf ewige Zeit. Der Eifer des Herrn der Heerscharen wird dies tun" (Is 9,5 f.). Der Friede birgt alle Heilsgüter in sich. Friede ist Wiederherstellung und Überbietung alles dessen, was die Menschen durch die Sünde verloren haben; Friede ist Frucht des Bundes, den Gott mit Israel geschlossen hat und der durch Jesus erneuert wird. „Der Bund ist Friedensbund" (Is 54,10). Friede ist Versöhnung, vollendete Freude; Jesu Verkündigung ist „Evangelium des Friedens" (Eph 6,15). Er selbst ist der Friede.

Die Menschen erhalten Frieden, weil ihnen Gott sein *Wohl-*

gefallen, seine Huld zugewendet hat. Jesus verbürgt den Menschen das Wohlgefallen Gottes. Nur durch dieses wird der Mensch gerettet. In einem Psalm der Qumransekte sang man: „In deinem Zorn sind alle Gerichtsschläge (begründet) und in deiner Güte die Fülle der Vergebung und deines Erbarmens an allen Söhnen deines Wohlgefallens."[18] Der Engelhymnus dehnt das Wohlgefallen Gottes auf alle Menschen aus. Um Jesu willen ist Gottes Heilswille für alle bereit, wenn sie nur Heilsverlangen zeigen. „Also spricht, der da hoch und erhaben, Ewigwohnender und Heiliger ist sein Name: In der Höhe und als Heiliger throne ich und bin doch bei dem im Geiste Zerschlagenen und Gebeugten, um zu erquicken der Gebeugten Geist, um zu beleben der Zerschlagenen Sinn ... Um ihrer Sünden willen zürnte ich kurze Zeit und schlug sie in verborgenem Zorne. Sie wandten sich ab und wandelten auf dem Weg ihres Herzens. Ihre Wege sah ich und will sie nun heilen und schenke ihnen wieder bleibenden Trost. Ihren Trauernden schaffe ich der Lippen Frucht, Friede, Friede den Fernen und den Nahen, spricht der Herr, ich werde sie heilen. Doch die Ruchlosen sind wie das aufgewühlte Meer, das sich nicht beruhigen kann; seine Wasser wühlen Kot- und Schlamm-Massen auf. Keinen Frieden haben die Ruchlosen, so spricht mein Gott" (Is 57,15–21).

Die feierliche Verkündigung des Engels hat das neugeborene Kindlein als Messiaskönig gepriesen, der Gesang der Engelscharen preist ihn als Friedensfürst, Heilbringer und Priester, der Himmel und Erde versöhnt und vereinigt. Das Kind in der Krippe ist Priester und König der Heilszeit.

Der Engelsgesang hat Beziehung zum Zuruf des Volkes, das Jesus *beim Einzug in Jerusalem* am Anfang der Leidenswoche begleitet; es rief: „Gesegnet der Kommende, der König im Namen des Herrn. Im Himmel Friede und Herrlichkeit in den Höhen" (19,38).[19] Friede und Herrlichkeit, die im Himmel herrschen, sollen durch Jesus auch auf Erden verwirklicht werden. Der Einzug Jesu in Jerusalem, wo Tod und Erhöhung auf ihn warten, wird das Heilswerk vollenden: Friede und Herrlichkeit des Himmels werden den Menschen gegeben. Dieser Zuruf des Volkes ist als Gebetsruf gemeint, ähnlich wie der jüdische Beter sprach: „Der Friede macht in seinen Höhen, will uns und dem ganzen Volk Israel Frieden verschaffen." Was die Geburt Jesu begonnen hat, wird sein Tod vollenden. Der Einzug Jesu in die Welt findet seine Vollendung im Einzug in Jerusalem und im Einzug in die Welt bei der Wiederkunft. Bethlehem – Jerusalem – Welt sind die großen Stationen der Heilsgeschichte. Jerusalem steht in der Mitte, die Stadt der Aufnahme (9,51) ans Kreuz und in den Himmel ...

c) Verkündet durch die Hirten (2,15–20)

[15] Und es geschah, als der Engel von ihnen in den Himmel weggezogen war, sprachen die Hirten zueinander: Gehen wir also nach Bethlehem und schauen diese Botschaft an, die geschehen ist, die der Herr uns kundgetan hat. [16] Und sie gingen eilends und fanden Maria und Joseph und das Kindlein liegend in der Krippe.

Die Botschaft, die Gott aussprach, ist nicht bloß Wort, sondern zugleich Ereignis: *Botschaft, die geschah.* Dem Geschehen folgt das kundmachende Wort. Paulus bekennt: „Mir, dem Geringsten unter allen Heiligen, ward diese Gnade verliehen, den Heiden die Frohbotschaft von dem unergründlichen Reichtum Christi zu künden und allen aufleuchten zu lassen, wie sich das Geheimnis verwirklicht, das von Ewigkeit her in Gott, dem Schöpfer des Alls, verborgen war" (Eph 3,8f.). Das gleiche Gesetz für Paulus wie für die Hirten. „Mir, dem Geringsten"... „die Frohbotschaft von dem unergründlichen Reichtum Christi"... „wie sich das Geheimnis (das Heil, das in Christus gegeben wird) verwirklicht"; es gilt für alle Boten, welche die Verwirklichung der Heils-Ratschlüsse Gottes offenbar machen.

Nachdem die Hirten die Botschaft vernommen hatten, sollen sie auch Augenzeugen werden. Sie glaubten und können sich durch Schauen überzeugen. „Selig, weil du geglaubt hast..." Sie gehen *eilends* wie Maria, um den Auftrag Gottes zu erfüllen. Das Heilsangebot duldet keinen Aufschub. Das Hinwenden der Menschen zum Kind in der Krippe beginnt. In Jesus ist das Heil und die Ehre Gottes.

Die Hirten finden entsprechend dem Zeichen und durch die Führung Gottes. Gott führt so, daß der Mensch findet. Was sie mit den Augen sehen, war *Maria und Joseph und das Kindlein liegend in der Krippe*. Nichts anderes: Nichts von der Jungfrau-Mutter, nichts von dem Großen, was die Engelsbotschaft über dieses Kind gesprochen hat. Sie sahen aber dieses Kind – erleuchtet von der Offenbarung Gottes. Das Zeichen dafür, daß die Offenbarung Gottes Geschichtswirklichkeit geworden ist, steht vor ihnen in Maria und Joseph und in dem Kindlein, liegend in der Krippe. Der Glanz des Weihnachtsevangeliums kommt aus der göttlichen Deutung der geschichtlichen Geburt Jesu, aber Träger dieses Glanzes ist das Kind, das geboren ist.

[17] *Als sie aber gesehen hatten, machten sie kund das Wort, das zu ihnen gesprochen war über dieses Kind.* [18] *Und alle, die es hörten, wunderten sich darüber, was von den Hirten zu ihnen gesprochen wurde.*

[19] *Maria aber bewahrte alle diese Worte in ihrem Herzen,*
sie zusammenfügend.

Was löst das gläubige Schauen des Heilsereignisses aus? Die
Hirten haben gesehen und *machen kund.* Sie werden zu Boten
und Aposteln. Der Inhalt ihrer Verkündigung lautet: *Das*
Wort, das zu ihnen gesprochen wurde über dieses Kind; das
historische Ereignis der Geburt Jesu und das Offenbarungswort über dieses Kind. So wird immer die Verkündigung
vollzogen. „Ich mache euch kund ... das Evangelium ..., daß
Christus gestorben ist – für unsere Sünden gemäß den Schriften" (1 Kor 15,1–5).
Nicht alle können mit ihren Augen das Ereignis schauen: nur
die von Gott vorausbestimmten Zeugen.[20] Die anderen hören
die Botschaft dieser Zeugen. Als die Frucht des Hörens wird
eingebracht, daß sie *sich wundern.* Lukas vermerkt unter allen
Evangelisten am häufigsten, daß die Taten und Reden Jesu
Verwunderung erweckten. Wer die Offenbarung des Göttlichen erlebt, wundert sich, sei es, daß er gläubig und ehr-
furchtsvoll vor dem Göttlichen staunt, sei es, daß er es
ahnungsvoll bewundert, sei es, daß er es kritisch und ver-
ständnislos ablehnt. Wer staunt, wenn die göttliche Offenbarung an ihn herantritt, glaubt noch nicht, sondern steht im
Vorhof des Glaubens; er hat Anstoß empfangen, der Glauben
wecken, aber auch Zweifel hervorrufen kann. Kann die Verkündigung der Glaubensboten mehr als Staunen hervorbrin-
gen? Die Entscheidung des Glaubens muß jeder persönlich
treffen.
Auch Maria erhält durch die Hirten Botschaft über ihren
Sohn. Was ihr der Engel Gabriel sagte und durch Elisabeth
ergänzt wurde, wird durch die Hirten vertieft. Sie staunt nicht
nur, sondern *bewahrte alle diese Worte in ihrem Herzen.* Sie

hörte das Wort so, wie Gott es will. In ihr fällt es auf gutes
Erdreich. „Das auf dem guten Erdreich (gefallene Samenkorn), das sind jene, die das Wort mit edlem und gutem Herzen hören und bewahren und Frucht tragen in Ausdauer"
(8,15). Immer wieder hört sie Neues über ihr Kind. Wer kann
die ganze Fülle, die dieses Kind birgt, auf einmal sagen, daß
es der Mensch erfaßt! Der Reichtum, der in der Offenbarung
Christi verborgen liegt, kann nur immer in einzelnen Stücken
übergeben werden. Aber die einzelnen Stücke wollen verglichen und *zusammengefügt* sein. Der reife Glaube fügt
die Einzelheiten zusammen, ordnet das Neue in den alten
Besitz ein. Was Maria in der Verkündigung, beim Besuch der
Elisabeth, in der Geburtsstunde erlebte, war für sie ein un-
erschöpflicher Quell der Meditation, ihrer Entscheidungen,
der Anbetung, des Lobpreises, der Dankbarkeit, der Freude
und Treue. Maria ist das Urbild aller, die das Wort in der
rechten Weise aufnehmen, das Urbild der Glaubenden und
dadurch Urbild der Kirche, die Christus durch den Glauben
aufnimmt und in sich trägt.

[20] *Und die Hirten kehrten zurück, Gott ehrend und preisend für alles, was sie gehört und gesehen hatten, wie zu
ihnen gesprochen wurde.*

Gott hat diese Ärmsten und Wachenden auserwählt und gerufen, daß sie die Botschaft von der Geburt des Retters vernehmen; er hat sie zu Augenzeugen des neugeborenen Messias
gemacht und zu Kündern der Frohbotschaft gerüstet und geweckt. Jetzt nimmt er sie wieder in den Alltag ihres Lebens
zurück. Sie *kehrten zurück.*
Fortan *verherrlichen und loben sie Gott.* Durch Jesu Kommen und Handeln wirkt Gott; denn Gott ist mit ihm. Er
wirkt Krafttaten, Wunder und Zeichen durch Jesus. Das

Staunen über die Großtaten Gottes begleitet das ganze Leben Jesu, in dem Gottes Wirken erkannt wird. Ein Jubel des Gotteslobes bricht auf, als Jesus durch Palästina zieht.[21] Selbst als er am Kreuz stirbt, nachdem er mit lauter Stimme gerufen hatte: „Vater, in deine Hände empfehle ich meinen Geist", verherrlicht der Hauptmann, der dies gesehen hat, Gott (23,47). Mit solcher Verherrlichung Gottes beginnt und schließt das Evangelium. Nach der Himmelfahrt kehrten die Jünger nach Jerusalem mit großer Freude zurück und priesen allezeit Gott im Tempel (24,53). Wenn die Taten Jesu im altchristlichen Gottesdienst durch Wort und Brotbrechen gegenwärtig gesetzt wurden, war der Ausklang und die Antwort der Gläubigen: das Gotteslob (Apg 2,47).

Noch einmal klingt an, was diesen Gottesdienst des Lobes und der Verherrlichung auslöst. *Was sie gehört und gesehen hatten, wie zu ihnen gesprochen worden war.* Die Heilsereignisse und ihre göttliche Deutung, die in der Mitte des christlichen Kultes stehen, führen zur Verherrlichung und zum Lob Gottes. Dazu ist das Evangelium des Lukas geschrieben, daß sich Theophilus und mit ihm die Kirche von der Zuverlässigkeit dessen überzeugen kann, worüber er unterrichtet worden ist, was im christlichen Gottesdienst gegenwärtig gesetzt und gefeiert wird: Gott, der durch Jesus Heil wirkt.

3. Jesu Namengebung und Darstellung (2,21–40)

Mit dem Kind Jesus wird nach den Bestimmungen des Gesetzes verfahren.[22] Er ist „geworden aus dem Weib, geworden unter dem Gesetz" (Gal 4,4). In der Erfüllung des Gesetzes-Gehorsams wird seine Herrlichkeit in der Beschneidung (2,21) und im Tempel (2,22–39) offenbar.

Der Weg des Kindes Jesus führt im Schoß seiner Mutter von Nazareth, der kleinen, unbedeutenden Stadt Galiläas, wo er empfangen wurde, nach Bethlehem, in die Stadt Davids, wo er geboren wird – in Armut und Herrlichkeit –, und von dort nach Jerusalem, in die Stadt seiner „Aufnahme" (9,51). Damit ist der Höhepunkt der Kindheitsgeschichte erreicht. Das öffentliche Wirken Jesu wird den gleichen Weg gehen: von Galiläa nach Jerusalem, wo er stirbt und verherrlicht wird.

Wie Johannes bei der Namengebung in den prophetischen Worten seines Vaters gefeiert wird, so erfährt Jesus noch höheren Glanz durch den Heiligen Geist, der aus dem Propheten und aus der Prophetin spricht. Johannes wird im Haus des Zacharias gefeiert, Jesus aber im Tempel. Jesus ist größer als Johannes.

a) Namengebung (2,21)

[21] *Und als acht Tage erfüllt waren, daß er beschnitten werden sollte, wurde sein Name gerufen, wie er genannt wurde von dem Engel, ehe er im Mutterschoß empfangen war.*

Jesus ging durch seine Geburt in das menschliche Dasein ein („sie wickelten ihn in Windeln"), in das Geschlecht Josephs, in das israelitische Volk, in die Geschicke der Armen und Kleinen, in die Verpflichtung des Gesetzes . . .

Das mosaische Gesetz regelt das Leben des Israeliten in den Tagen, Wochen und Jahren. *Als acht Tage erfüllt waren,* daß er beschnitten werden sollte, trat zum erstenmal die Verpflichtung des Gesetzes an Jesus heran, „Er ward gehorsam" (Phil 2,8).

Daß die Beschneidung an Jesus vollzogen wurde, wird nicht ausdrücklich gesagt. Die Ordnung des Gesetzes und seine Erfüllung ist der Rahmen, in dem das ganze Leben Jesu eingespannt ist. Durch ihn wird das Gesetz „erfüllt" – sein Sinn zur Vollendung gebracht. Mit diesem Gehorsam bricht das große Neue auf.

Mit der Beschneidung ist die *Namengebung* verbunden. Gott selbst hat den Namen dieses Kindleins bestimmt. Er wurde genannt, wie es der Engel gesagt hatte. Mit dem Namen bestimmt Gott auch die Sendung Jesu: Gott ist Retter (Heiland). In Jesus bringt Gott das Heil. „Jesus ging Wohltaten spendend durch das Land und alle heilend, die vom Teufel in Gewalt genommen waren; denn Gott war mit ihm" (Apg 10,39).

b) Darstellung im Tempel (2,22–24)

22 Und als erfüllt wurden die Tage ihrer Reinigung nach dem Gesetz Moses, brachten sie ihn nach Jerusalem hinauf, um ihn dem Herrn darzustellen, 23 wie es geschrieben ist im Gesetz des Herrn: Jedes Männliche, das den Mutterschoß öffnet, soll heilig dem Herrn genannt werden, 24 und um darzubringen das Opfer, nach dem, was im Gesetz des Herrn gesagt ist, ein Paar Turteltauben oder zwei junge Tauben.

Das *Reinigungsgesetz* bestimmte: „Wenn eine Frau niederkommt und einem Knaben das Leben schenkt, so bleibt sie sieben Tage unrein (ausgeschlossen von gottesdienstlichen Verrichtungen). Am achten Tag muß seine Vorhaut beschnitten werden. Dann bleibt sie noch 33 Tage über die Zeit ihrer Blutreinigung zu Hause. Sie darf nichts Heiliges (Opferfleisch) berühren und nicht das Heiligtum betreten, bis die Tage der Reinigung vorüber sind" (Lv 12,1–4).

Auch mit Jesus wurde eine „Reinigung" vollzogen; denn es heißt: Das Zeitmaß *ihrer* Reinigung war voll. Reinigung heißt hier wohl soviel wie *Heiligung*. Das Gesetz bestimmt über den Erstgeborenen: „Alles, was unter den Israeliten beim Mensch und Vieh zuerst aus dem Schoß kommt, gehört mir" (Ex 13,12). Diese Gesetzesvorschrift sollte an die rettende Tat erinnern, durch die Gott Israel aus dem Elend Ägyptens wunderbar herausführte: „Wenn dann dein Sohn dich künftig fragt: Was bedeutet dies? so antworte ihm: Mit starker Hand hat uns der Herr aus Ägypten, dem Haus der Knechtschaft, weggeführt; denn als Pharao sich weigerte, uns fortziehen zu lassen, tötete der Herr alle Erstgeburt in Ägypten von der Erstgeburt des Menschen bis zur Erstgeburt des Viehs. Darum opfert ihr dem Herrn alles, was zuerst aus dem Mutterleib kommt, soweit es männlich ist, und jeden Erstgeborenen meiner Söhne löse ich aus" (Ex 13,14 f.). Die Tiere mußten als Opfer dargebracht werden, der erstgeborene Knabe wurde losgekauft. Der Preis betrug fünf Schekel.[23] Dieses Lösegeld konnte im ganzen Lande jedem Priester bezahlt werden. Maria hat das Reinigungsopfer dargebracht. Vorgeschrieben war ein einjähriges Lamm zum Brandopfer und eine junge Taube oder eine Turteltaube zum Sühnopfer. Reichte aber das Vermögen für ein Stück Kleinvieh nicht aus, sollten *zwei Turteltauben oder zwei junge Tauben* geopfert werden, die eine zum Brandopfer, die andere zum Sühnopfer.[24] Maria brachte das Opfer der Armen. Gott hat auf seine niedrige Magd gesehen. Maria, Joseph und Jesus gehören zu den Armen . . .

Daß Jesus als Erstgeborener mit der vorgeschriebenen Geldsumme losgekauft wurde, ist nicht gesagt. Er wurde in den Tempel gebracht, daß er *dargestellt* wurde. Durch die Darstellung soll er Gott geweiht und als sein Eigentum erklärt werden. Anna, die Mutter Samuels, brachte das Kind, das sie empfangen hatte, obwohl sie unfruchtbar schien, in den Tempel und weihte es dem Dienste Gottes. Sie sprach: „Ich schenke ihn dem Herrn, alle Tage seines Lebens soll er dem Herrn geweiht sein" (1 Sm 1,28). Samuel war ein Gottgeweihter, Johannes der Täufer war Gott geweiht; darum trank er nie Berauschendes. Jesus ist noch mehr Gott geweiht. Er ist heilig, weil er durch die Jungfrau aus der Kraft des Heiligen

Geistes geboren war (1,35). Er ist immer der Heilige Gottes, ganz Gott geweiht, hingegeben an den Dienst Gottes. Die Darstellung im Tempel macht öffentlich kund, was bisher an ihm verborgen war ...

c) Das Zeugnis des Propheten (2,25–35)

25 *Und siehe, ein Mann war in Jerusalem mit Namen Simeon, und dieser Mann war gerecht und gottesfürchtig, erwartend den Trost Israels, und heiliger Geist war auf ihm;* **26** *und es war ihm geweissagt worden vom Heiligen Geist, daß er den Tod nicht schaue, ehe er den Gesalbten des Herrn gesehen habe.*

Wie in Bethlehem die Hirten, vom Engel Gottes unterrichtet, die Größe des neugeborenen Kindes verkünden, so geben im Tempel zu Jerusalem zwei Prophetengestalten, Simeon und Anna, vom Heiligen Geist erleuchtet, Zeugnis über die Heilsbedeutung dieses Kindes. In Simeon hat die alttestamentliche Frömmigkeit reiche Frucht gebracht. Er war gesetzestreu und gottesfürchtig. Gesetz und Weisheit, deren Anfang die Gottesfurcht ist, haben seine Lebensführung geprägt. Er erwartet den Trost Israels, das messianische Heil, und den, der es bringt. Gott verkündet für die Zukunft: „Jubelt, Himmel, frohlocke, Erde, ihr Berge, brecht in Heiterkeit aus, denn es tröstet der Herr sein Volk, mit seinen Elenden fühlt er mit" (Is 49,13). Gott wird sein Volk mit der messianischen Heilsvollendung trösten. Simeon ist Prophet. Gott hat ihm den Heiligen Geist gegeben, so daß sein Wort göttliche Offenbarung ist. Vor allen Propheten hat er dies voraus, daß er den Gesalbten des Herrn, den Messias, vor seinem Tod noch sehen wird. Die übrigen Propheten verkünden ihn für die ferne Zukunft, er erlebt ihn noch gegenwärtig.

²⁷ *Und er kam im Geist in den Tempel; und während die Eltern das Kind Jesus hinbrachten, daß sie nach dem Brauch des Gesetzes mit ihm handelten,* ²⁸ *nahm er es auf die Arme und lobte Gott.*

Simeon kam *auf Antrieb und unter der Führung des Geistes* in dem Augenblick in den Tempel, als das Kind hereingetragen wurde. Während das alttestamentliche Gesetz erfüllt wird, kommt Simeon zur Erkenntnis des Messias und erhalten die Eltern Jesu die prophetische Offenbarung über das Kind. Tempel und Gesetz, Kult und Offenbarung des Alten Bundes weisen auf den Messias und führen zu ihm.

Vom Heiligen Geist erleuchtet und vom Glauben erfüllt, steht Simeon da, *hält das Kind auf seinen Armen* und preist Gott. Er ist das Bild dessen, der das Heil empfangen hat. Simeon nimmt Jesus auf, wie ein Gastfreund aufgenommen wird – mit aller Ehrfurcht und Liebe. So sollen auch die Abgesandten Jesu aufgenommen werden. In den Aposteln kommt Jesus selbst, in seinem Wort ist er da (Mt 10,40). Der Anfang für solche ehrfürchtige, liebende Aufnahme ist der Glaube, und das Ende das Lobpreisen Gottes, das Segnen dessen, der allen Segen gegeben hat.

²⁹ *Und er sprach:*
Nun entlässest du deinen Knecht, Gebieter,
nach deinem Wort in Frieden;
³⁰ *denn meine Augen haben dein Heil geschaut,*
³¹ *das du bereitet hast im Angesicht der Völker:*
³² *Ein Licht zur Offenbarung für die Heiden*
und zur Herrlichkeit deines Volkes Israel.

Der Lobpreis des Propheten ist Echo auf die Offenbarung über das Kind, das er auf seinen Armen hält. Sein Gesang, das Abendlied seines Lebens, ist von Wort und Geist des Isaiasbuches getragen.[25] Vom Geist erleuchtete Männer wissen die Schrift recht zu deuten und die Heilsereignisse zu beurteilen.

Gott ist Gebieter, der Mensch Knecht. Das Leben ist harter Frondienst. Vielleicht hatte Simeon wegen seiner messianischen Erwartungen manches Schwere zu ertragen. Der Tod will nun dieses Dienstverhältnis lösen. Die Sehnsucht eines Lebens ist erfüllt. Er darf mit seinen leiblichen Augen den Heiland und Retter schauen, nicht bloß in prophetischen Gesichten von ferne ihn erkennen. „Selig, die Augen, die sehen, was ihr seht" (10,23). Er kann in Frieden, mit zufriedenem Herzen, beschenkt mit dem Heil, das Jesus bringt, aus dem Leben scheiden. Sein Leben ist erfülltes Leben, weil er Jesus gesehen hat . . .

Jesus ist der von Gott zum Heil gesandte Messias. Er ist, was der Name sagt: Retter, *Heiland.* In ihm hat Gott vor dem Angesicht aller Völker das Heil bereitet. Das Wort des Isaias geht in Erfüllung: „Der Herr hat gezeigt seinen heiligen Arm vor aller Völker Augen. Alle Enden der Erde schauen das Heil unseres Gottes" (Is 52,10). Damit ist noch nicht gesagt, daß alle Völker am Heil teilhaben. Wenn er aber vor dem Angesichte aller Völker das Heil zeigt, was wird dann sein?

Das Kind, das Simeon auf seinem Arm hält, ist ein *Licht zur Erleuchtung der Völker.* Jetzt erfüllt sich, was geweissagt ist: „Auf, werde hell; denn dein Licht ist da; der Lichtglanz des Herrn strahlt auf über dir. Denn seht, die Erde bedeckte Finsternis und das Wolkendunkel die Völker, doch über dir strahlt der Herr, und sein Lichtglanz wird über dir sichtbar. Völker wallen zu deinem Licht und Könige zu deinem strahlenden Lichtglanz" (Is 60,1–3). „Ich mache dich zum Licht der Heiden; mein Heil reicht bis ans Ende der Welt" (Is 49,6;

vgl. 42,6). In Israel geht Jesus, das Licht, auf, es leuchtet aber über Israel hinaus in die Heidenvölker. Angezogen von diesem Licht, kommen die Völker zum erleuchteten Volk Gottes, in dem der Messias wohnt.

Wie könnte es anders sein, als daß Israel durch Jesus *Herrlichkeit* empfängt. Aus ihm geht durch Jesus der Lichtglanz Gottes aus, und die Völker verherrlichen Israel. Was im Magnifikat und im Engelsgesang schon angeklungen ist, verkündet der greise Prophet, gestützt auf die isaianische Weissagung, in aller Breite: Gott schenkt in Jesus der ganzen Welt das Heil. „Alles Fleisch wird das Heil Gottes schauen" (3,6). „Wisset also, daß dieses Heil Gottes zu den Heiden gesandt wurde; diese werden ihm Gehör geben" (Apg 28,28).

³³ *Und sein Vater und die Mutter wunderten sich darüber, was über ihn gesagt worden war.*

Auch *Maria und Joseph,* die Jesus am nächsten unter allen Menschen standen, bedürfen des offenbarenden Wortes, damit sie begreifen können, was Gott in Jesus für die Menschen getan hat, „die Frohbotschaft vom unergründlichen Reichtum Christi" (Eph 3,8). Was immer aus dieser Fülle erfaßt werden mag, es bleibt immer noch mehr, was sich dem Erfassen entzieht.

Auch die Eltern Jesu *bewundern und staunen.* Sie stehen aber nicht im Vorhof des Glaubens, sondern glauben. Ihr Glaube entdeckt und erkennt die Tiefen göttlicher Weisheit und Liebe. Sie staunen in ehrfürchtiger Ergriffenheit. Aus den Tiefen ihres ergriffenen Herzens wächst Lobpreis Gottes und religiöses Leben.

³⁴ *Und Simeon segnete sie und sprach zu Maria, seiner Mutter: Siehe, dieser ist bestimmt zum Fall und zur Auferste-*

bung vieler in Israel und zu einem Zeichen, dem wider-
sprochen wird. [35] *Und du, auch deine Seele wird ein Schwert*
durchbohren, damit aus vielen Herzen die Gedanken offen-
bar werden.

Maria und Joseph haben durch das Kind Simeon Segen gebracht. „Gesegnet Gott, der Vater unseres Herrn Jesus Christus, der uns gesegnet hat mit jedem geistlichen Segen im
Himmel in Christus" (Eph 1,3). Der greise Prophet *segnet*
dafür die Eltern.

Jesus ist *Entscheidungsgestalt.* An ihm erfüllt sich das prophetische Wort: „Er wird euch zum Anlaß der Heiligung
werden, zum Stein des Anstoßes, zum Fels des Strauchelns
für die beiden Häuser Israels, zur Schlinge und zum Fallstrick
für die Bewohner Jerusalems. Viele von ihnen straucheln und
kommen zu Fall, werden zerschmettert, verstrickt und gefangen" (Is 8,14). Aber von Jesus gilt auch: „Schaut, ich lege
auf Sion einen Stein, einen Stein, der erprobt wird, einen kost-
baren Eckstein (Schlußstein), der fest gegründet ist. Wer auf
ihn vertraut, der wankt nicht" (Is 28,16). Dazu hat Gott Jesus
bestimmt, daß das gesamte Israel sich an ihm entscheiden
muß. Wer mit ihm eins ist, wird aufgerichtet, gerettet; wer
aber im Widerspruch zu ihm steht, kommt zu Fall. Nicht weil
Israel Gottes auserwähltes Volk ist, empfängt es Heil und
wird gerettet, sondern weil es seine Entscheidung für Jesus
getroffen hat. Nicht die Zugehörigkeit zu Israel rettet im Gericht, sondern die Entscheidung für das von Gott aufgestellte
Zeichen. Nur wer sich für Jesus entscheidet, gehört wahrhaft
dem Volk Gottes an.

Jesus ist Zeichen, weil er vor die Entscheidung stellt. Es wird
ihm *widersprochen.* Widerspruch erfüllt die ganze Offen-
barungsgeschichte. Paulus sagt dies mit dem prophetischen

Satz: „Den ganzen Tag breitete ich meine Hände aus nach einem ungehorsamen und widersprechenden Volk" (Röm 10,21; vgl. Is 65,2). Stephanus zieht aus einer Zusammenfassung der Heilsgeschichte den Schluß: „Ihr Halsstarrigen und Unbeschnittenen an Herz und Ohren! Ihr widerstrebt allezeit dem Heiligen Geist, wie eure Väter, so auch ihr" (Apg 7,51). Aller Widerspruch gegen Gott sammelt sich im Widerspruch gegen Jesus.

Maria, die Mutter Jesu, ist in das Geschick ihres Sohnes hineingezogen. *Und du.* Simeon redet sie an. Der prophetische Spruch, daß Jesus Zeichen ist, dem widersprochen wird, ist zunächst an sie gerichtet. Der Widerspruch, der Jesus widerfährt, wird auch sie treffen. *Deine Seele wird ein Schwert durchbohren.* Wegen der Anfeindungen Jesu wird sie Schmerz der Seele dulden. Maria ist Mater dolorosa, die neben dem Gekreuzigten steht. Noch ist nicht vom Kreuz die Rede, aber es ist die letzte Folge des Widerspruches.

Der Widerspruch, den Jesus erfährt, und der Schmerz, den Maria erlebt, hat die Bestimmung von Gott, daß *aus vielen Herzen die Gedanken offenbar* werden. Die Entscheidung, die an dem Zeichen, das Jesus ist, getroffen wird, enthüllt die verborgenen Tiefen der menschlichen Gesinnung. Durch Jesus, der mit Maria verbunden ist, ergeht an die Menschheit ein Gericht. „Das ist das Gericht, daß das Licht in die Welt kam und die Menschen die Finsternis mehr liebten als das Licht; denn ihre Werke waren böse" (Jo 3,19). Der Menschgewordene ist Zeichen, dem widersprochen wird, noch mehr wird es der Gekreuzigte sein. Maria, die Mutter, die ihn als Menschen, als Leidensfähigen geboren hat, leidet am Widerspruch mit. Die Verbindung mit ihr ist das Zeichen, dem widersprochen wird; der Anstoß ist die Menschlichkeit Jesu.[26]

Maria und Jesus sind nicht zu trennen; diese Untrennbarkeit setzt sich in der Kirche und in Jesus fort. Beide zusammen sind das Zeichen der Entscheidung, die Enthüllung, wie es mit dem Menschen innerlich steht, ob er zu Gott hingewendet oder von ihm fern ist, ob er Mensch des Gehorsams oder des Ungehorsams ist, Mensch des Widerspruches oder der Hingabe.

d) Das Zeugnis der Prophetin (2,36–38)

[36] *Und da war eine Prophetin Anna, eine Tochter Phanuels aus dem Stamme Aser; sie war vorgerückt in vielen Tagen, nachdem sie mit ihrem Mann sieben Jahre nach ihrer Jungfrauschaft gelebt hatte.* [37] *Sie war nun eine Witwe von vierundachtzig Jahren. Sie verließ nie den Tempel und diente (Gott) mit Fasten und Beten Tag und Nacht.*

Zum Propheten tritt die *Prophetin.* Israel hatte immer auch geistbegabte Frauen. Die rabbinische Theologie zählt deren sieben.[27] Für die Endzeit ist verkündet, daß Israels Söhne und Töchter weissagen werden. „Über meine Knechte und Mägde will ich ausgießen in jenen Tagen von meinem Geist und sie werden prophetisch reden" (Joel 3,2; Apg 2,18). Neben das ernste Wort vom Gericht, Widerspruch und Schwert tritt das beglückend tröstliche und aufrichtende Wort. Die Namen der Prophetin und ihrer Ahnen bedeuten Heil und Segen. Anna heißt: Gott ist gnädig, Phanuel: Gott ist Licht, Aser: Glück. Namen sind nicht bedeutungslos. Was diese Namen sagen, strahlt ihr Wesen und Wort aus und taucht alles in das Leuchten der Freude, der Gnade und Huld Gottes. Messianische Zeit ist Zeit der Lichtfülle.

Wie Simeon ist *Anna* von der alttestamentlichen Frömmigkeit geformt. Ihr hohes Alter erweist das Wohlgefallen Gottes, das auf ihr ruht; sie war in dieser Stunde der Begegnung mit Jesus über 100 Jahre alt. Ihr Leben war *zuchtvoll und keusch*. Sie tritt als Jungfrau in die Ehe, sieben Jahre dauerte die Ehe, zwölfmal so lang (vierundachtzig Jahre) ihre keusche Witwenschaft.[28] Ihr Leben war mit Gebet, Tempelbesuch (Gottesdienst) und Fasten ausgefüllt – Tag und Nacht. Sie lebte ganz für Gott, „im Angesichte Gottes". Anna ist als leuchtendes Vorbild der christlichen Witwen gezeichnet. „Die wirkliche Witwe aber, die alleinsteht, hat ihre Hoffnung auf Gott gesetzt, sie verharrt im Gebet und Flehen Tag und Nacht" (1 Tim 5,5).

[38] *Und zur gleichen Stunde stellte sie sich ein und pries Gott und redete über ihn zu allen, die auf Erlösung Jerusalems harrten.*

Anna ist *Zeugin der großen Gnadenstunde* des Tempels. Durch das Licht des Heiligen Geistes erkennt sie in dem Kind, das Maria in den Tempel brachte, den Messias. Sie „respondierte" (antwortete preisend) Simeon im Lobpreis Gottes. Weil sie das Kommen des Messias erkannt hatte und Freude sie erfüllte, wird sie zum Apostel. Sie sprach (immer wieder) über ihn zu allen, die den Erlöser erwarten. Ihre Botschaft findet Grenze an der Aufnahmebereitschaft. Das Wort der Offenbarung muß aufgenommen werden – wie ein Gast...

Jesus ist *Erlösung Jerusalems*. Mit der Erscheinung Jesu im Tempel ist die Erlösung von allen Feinden (1,68.71) angebrochen. Durch Gottes verzeihende Gnade. Jesus selbst ist die Erlösung (24,21). In ihm ist das endzeitliche Heil gegenwärtig.

Die Kindheitsgeschichte hat ihren Höhepunkt erreicht. Im Tempel zu Jerusalem offenbart sich beides: Der Widerspruch gegen Jesus und die gläubige Aufnahme, Gericht und Heil, Fall und Auferstehung. In Erfüllung geht, was Malachias geweissagt hat: „Plötzlich kommt zu seinem Tempel der Gebieter, nach dem ihr verlangt, und der Bundesengel, den ihr herbeiwünscht, siehe, er kommt schon" (Mal 3,1). Dieser Tag ist Gerichtstag: „Doch wer trägt den Tag, da er kommt, wer hält bei seinem Erscheinen stand? Denn er ist dem Feuer des Schmelzers gleich und der Lauge der Wäscher" (Mal 3,2). Der Tag ist auch Heilstag. „Dann werden Judas und Jerusalems Opfer dem Herrn angenehm sein wie in den Tagen der Vorzeit und in den Jahren, die längst vergangen" (Mal 3,4). Von Jerusalem aus, wo im Tempel das Zeichen aufgestellt wird, strahlt das Licht für die Erleuchtung der Heiden aus, wird die Herrlichkeit Israels offenbar. Dies geschieht jetzt, da Jesus in den Tempel gebracht wurde, das wird noch mehr geschehen, wenn er in Jerusalem „aufgenommen", das heißt in Herrlichkeit erhöht wird. Dann wird das neue Gottesvolk gesammelt, und seine Boten werden von Jerusalem aus in die Welt ziehen, um die Völker um das Zeichen Christus zusammenzuführen.

e) Rückkehr nach Nazareth (2,39)

39 *Und als sie alles gemäß dem Gesetz des Herrn vollbracht hatten, kehrten sie nach Galiläa in ihre Stadt zurück.*

Jesus wurde in Jerusalem geoffenbart, während er gehorsam das Gesetz erfüllte. „Er ist geworden unter dem Gesetz" (Gal 4,4), Gott hat ihn durch die Propheten verherrlicht. Der Gehorsam wird ihn so erhöhen und verherrlichen, daß das Universum bekennt: Herr Jesus Christus (Phil 2,11). Nach der großen Stunde in Jerusalem wird Jesus wieder nach Galiläa in ihre Stadt gebracht. Von der Herrlichkeit Gottes kommt er wieder in die Stadt, die ohne Glanz und Namen in der Geschichte Israels blieb. Nazareth war *ihre* Stadt, die Stadt Marias und Josephs. Jesus folgt seiner Mutter und diese Joseph, ihrem Mann. Noch einmal steht Jesus unter dem Gehorsam. „Geworden vom Weib" (Gal 4,4). Das Leben Jesu ist Entäußerung von der Gottesherrlichkeit durch das Leben unter dem Gehorsam.

40 Das Kind aber wuchs und erstarkte im Geist und wurde erfüllt mit Weisheit, und Gnade Gottes war über ihm.

Der Vollmensch bedarf der *körperlichen und geistigen Kraft*, der Weisheit und der Huld Gottes. Paulus wünscht den Thessalonichern: „Voll und ganz möge euer Geist, eure Seele und euer Leib untadelig bewahrt werden bis zur Ankunft unseres Herrn Jesus Christus" (1 Thess 5,23). Jesus nahm zu an körperlicher Kraft und erstarkte im Geist. Weisheit erfüllt ihn, daß er nach dem Willen Gottes zu leben vermag.

Die Dynamik des Wachsens und des geistigen Reifens ist auch ein Zeichen der Kindheit Jesu. Über seinem Leben ruht *die Huld Gottes,* die die Sonne ist, die über allem Wachstum leuchtet, die Kraft, die alle Dynamik bewirkt. Auch von dem Kind Johannes ist körperliches und geistiges Wachstum berichtet (1,80), nicht aber Weisheit und Huld Gottes. Jesus ist größer als Johannes – schon in der Kindheit.

4. Der Zwölfjährige (2,41–52)

a) Selbstoffenbarung im Tempel (2,41–50)

41 Und seine Eltern zogen jährlich nach Jerusalem am Paschafest.

Das religiöse Klima, in dem Jesus heranwuchs, war die alttestamentliche Frömmigkeit. Ein wesentliches Stück darin
waren die Tempelwallfahrten. „Dreimal im Jahr sollst du
mir ein Fest feiern. Das Fest der ungesäuerten Brote sollst du
beobachten ... Dann das Fest der Ernte des Erstlingsgetrei-
des ... Am Jahresschluß das Fest der Lese, wenn du vom
Feld deinen Ertrag heimholst. Dreimal im Jahre sollen alle
männlichen Personen vor dem Allmächtigen, dem Herrn, erscheinen" (Ex 23,14–17). Die Heilige Familie tat mehr, als das
Gesetz verlangte. Denn auch Maria machte die Wallfahrt,
obgleich sie für Frauen nicht verpflichtend war. Der Zwölf-
jährige wird mitgenommen, damit er sich an die Erfüllung
des Gesetzes gewöhne.[29] Nach der Vorschrift der Schriftgelehrten war der Knabe mit der Vollendung des dreizehnten
Lebensjahres zur Erfüllung aller Gebote verpflichtet.

[42] *Und als er zwölf Jahre alt war und sie nach der Sitte des*
Festes die Wallfahrt machten [43] *und die Tage vollendet*
hatten, und während sie zurückkehrten, blieb Jesus der
Knabe in Jerusalem zurück, und seine Eltern merkten es
nicht. [44] *Sie meinten aber, daß er in der Reisegesellschaft*
sei, und gingen einen Tagesweg und suchten ihn unter den
Verwandten und Bekannten. [45] *Und als sie ihn nicht fan-*
den, kehrten sie nach Jerusalem zurück, um ihn zu suchen.

Das Paschafest der ungesäuerten Brote dauerte sieben Tage.
Die Abreise durfte erst nach dem zweiten Festtag geschehen;
die Heilige Familie blieb während der ganzen Festwoche. Am
Ende reisten Maria und Joseph ab. Man reiste in einer Kara-
wane. Der Zug war nicht geschlossen, sondern in Gruppen
von Verwandten und Bekannten aufgelöst. Diese Art gemeinsamen Wanderns erhöhte die Sicherheit und gab eine gewisse
Bewegungsfreiheit. Der Knabe Jesus hat sich von der sorgen-

den Leitung der Mutter, mit der sie ihn als Kind umgab, losgelöst. Er *blieb in Jerusalem zurück.*

Der erste Reisetag war vorüber. Die Familien fanden sich
zusammen. Jesus wurde vermißt. Das Suchen begann. Die
Entscheidung Jesu ist ein Rätsel . . .

46 *Und es geschah nach drei Tagen, da fanden sie ihn im
Tempel sitzen inmitten der Schriftgelehrten, auf sie hörend und sie befragend;* **47** *alle aber staunten, die ihn hörten, über sein Verständnis und seine Antworten.*

Die Hallen des äußeren Tempelvorhofes wurden von den
Schriftgelehrten für Lehrvorträge benützt. Die Lehrmethode
der Rabbinen war die Disputation. Zur Gesetzeskenntnis
kommt man nach einem jüdischen Spruch durch das Forschen
der Genossen, durch die Disputation der Schüler. Wer fragt
und antwortet, wer hört und hinzufügt.[30] Jesus sitzt wahrscheinlich auf dem Fußboden inmitten der Lehrer. Das Staunen der Schriftgelehrten bestätigt sein Gesetzesverständnis.
Später wird er als Lehrer angesprochen werden und als solcher gelten (10,25). Das Volk wird sich dann über seine Lehre
wundern und erklären, er lehre mit Macht und nicht wie die
Schriftgelehrten (Mt 7,28 f.). Seine Gegner werden sich ver-
wundert fragen: „Wieso kennt dieser die Schrift, obwohl er
nicht Rabbinenschüler gewesen ist?" (Jo 7,15) Er verkündet
den Willen Gottes neu und unmittelbar; er tritt mit dem Anspruch auf, einziger Lehrer des göttlichen Willens zu sein.
„Einer ist euer Lehrer" (Mt 23,8), das ist Christus. Etwas von
diesem Lehrberuf taucht damals schon im Tempel zu Jerusalem auf.

48 *Und als sie sahen, waren sie bestürzt, und seine Mutter
sprach zu ihm: Kind, warum hast du uns so getan? Siehe,
dein Vater und ich haben dich mit Schmerzen gesucht.*

Die Worte Mariens sind spontaner Ausdruck des *Schmerzes und Kummers* in den langen Stunden des Suchens. Maria ist eine echte Mutter. Die schlichte Lebensnähe der Darstellung macht kein Hehl aus den menschlichen Empfindungen.

Jesus hat selbständig gehandelt. Maria spricht ihn als Kind an, er ist aber schon Knabe. Bisher hat er nichts getan, was Vater und Mutter nicht wußten, jetzt suchten sie ihn mit Schmerzen. In ihm gibt es Rätsel. Warum hast du uns so getan? Das Verhältnis des Kindes zu Vater und Mutter scheint so zu sein wie das jedes Kindes. Wenn das Kind zu reifen beginnt, tauchen Rätsel auf. Die Äußerung des Selbstbewußtseins Jesu führt dazu, daß seine Eltern bestürzt sind. Jesus stellt vor immer neue Geheimnisse, mehr als ein anderes Kind; denn sein Selbstbewußtsein übertrifft jedes menschliche Selbstbewußtsein.

⁴⁹ Und er sprach zu ihnen: Warum habt ihr mich gesucht? Wußtet ihr nicht, daß ich in dem sein muß, was meines Vaters ist? ⁵⁰ Und sie verstanden das Wort nicht, das er zu ihnen sprach.

Das erste Wort, das die Evangelien aus dem Munde Jesu überliefern, ist ein *Wort höchsten Selbstbewußtseins*, ein Wort, das Jesus aus aller menschlichen Gebundenheit und allem menschlichen Verstehen herausstellt, ein Wort, das den Lauf seines Lebens bereits aufzeigt. Auch darin übertrifft Jesus Johannes. Während dieser erst als Mann seine Berufung erfährt (1,80), weiß jener schon an der Schwelle der Jugendzeit um sie. Die Erzählung steht nicht ohne Grund zwischen der zweifachen Erwähnung der Weisheit Jesu (2,40.52); er hat Weisheit, weil er Sohn Gottes ist. „Der Gerechte rühmt sich, Gottes Erkenntnis zu besitzen, und bezeichnet sich als Kind des Herrn" (Weish 2,13).

Jesus muß in dem sein, was seines Vaters ist. Er nennt den Tempel: *„was meines Vaters ist".* Der Tempel ist gottgeweiht, in ihm ist Gott gegenwärtig. Jesus nennt Gott *Vater,* in seiner Muttersprache „Abba". So nennen die kleinen Kinder ihren irdischen Vater. Auch später wird Jesus diese Gottesbezeichnung behalten. Diesen kindlichen Ausdruck macht er zur Grundlage seines und der Seinen Verhältnis zu Gott.[31] Über dem Leben Jesu steht ein *„Muß",* das seine Tätigkeit leitet (4,43), das ihn ins Leiden und Sterben und darum in seine Herrlichkeit führt (9,22; 17,25). Es hat seinen Grund in dem in der Heiligen Schrift niedergelegten Willen Gottes, dem er unbedingt folgt.

Jesus muß in dem sein, was seines Vaters ist. Er spricht vom Tempel, aber er nennt ihn nicht. Der alte Tempel verliert mit seinem Kommen seine heilsgeschichtliche Stellung. Ein *neuer Tempel* rückt an seine Stelle; der Tempel ist dort, wo sich die Vater-Sohn-Gemeinschaft vollzieht. Im Leben Jesu nimmt Jerusalem eine hervorragende Stellung ein. Dorthin hat er sein Angesicht gerichtet. Dort vollzieht sich der Wille des Vaters in seinem Sterben und in seiner Erhöhung. Dadurch wird ein neues Jerusalem mit einem neuen Tempel aufgebaut. „Ich sah die heilige Stadt als neues Jerusalem herabsteigen von Gott her aus dem Himmel ... und ich hörte eine laute Stimme vom Throne her rufen: Siehe das Zelt Gottes unter den Menschen! Er wird bei ihnen wohnen, und sie werden sein Volk sein, und Gott selbst wird bei ihnen sein" (Apk 21,2f.).

Auch Maria und Joseph *verstanden das Wort nicht.* Durch die ganze Kindheitsgeschichte hindurch empfängt Maria Offenbarung über ihren Sohn durch Engel, Propheten und die Heilige Schrift. Die Worte, die an sie ergehen, fügt sie zusammen zu einem immer reicheren Bild. Auch nach der Offenbarung und Meditation bleiben Rätsel. Nur allmählich öffnen sich die Schleier, welche die Abgründe der Liebe Gottes und seines Christus enthüllen. Jede Enthüllung stellt vor neue Rätsel: Die Geburt im Stall, seine Kindheit, sein Leben mit den Verwandten und dem Volk, seine Mißerfolge, sein Kreuzestod... Wir bedürfen immer des Offenbarungswortes und der Meditation über Jesus und das Heilsgeschehen. Selbst wenn uns Jesus noch so vertraut wäre, blieben Dunkel und Rätsel zurück. Der Zugang zu ihm bleibt auf Erden immer der Glaube. Der Glaube aber ist noch nicht Schauen.

b) Wieder in Nazareth (2,51–52)

51 *Und er wanderte mit ihnen hinab und kam nach Nazareth und war ihnen untertan. Und seine Mutter bewahrte alle Worte in ihrem Herzen.*

Das große Erlebnis war vorüber; er war in dem, was seines Vaters ist; aus dieser Welt seiner Gemeinschaft mit dem Vater leuchtet ein Strahl in seinem Offenbarungswort auf. Ein neues Herabsteigen beginnt. Nazareth ist die Stadt, in die er herabgestiegen ist: bei der Verkündigung, jetzt am Anfang seines Wirkens...

Er war ihnen *untertan:* Joseph und Maria. Er bewahrte die Wahrheit seiner Gottessohnschaft dadurch, daß er gehorsam war. Durch den Gehorsam bereitet er sich auf die Verherrlichung nach der Taufe vor. „Wir sind Zeugen für die Tatsachen und ebenso der Heilige Geist, den Gott denen gegeben hat, die ihm gehorchen" (Apg 5,32).

Die Ereignisse der Kindheitsgeschichte haben Offenbarungscharakter; sie sind Tatsachen und Worte. Maria bewahrte sie in ihrem Herzen (vgl. 2,19). Sie erfüllten ihren Geist und wurden zum Licht ihres Lebens. Niemand konnte über die Ereignisse der Kindheitsgeschichte Zeuge sein außer seiner Mutter. Sie war der zuverlässige *Zeuge;* denn sie bewahrte alle Ereignisse in ihrem Herzen. Lukas gedenkt ihrer, da er allem von Anfang an nachging.

⁵² Und Jesus nahm zu an Weisheit und Körpergröße und Gnade bei Gott und Menschen.

Was durch die Worte gesagt ist, bestätigt auch die Wahl der Ausdrücke: Jesus wächst vom Kindlein (2,12.16) zum Kind (2,17.27.40) und zum Knaben (2,43). Jetzt steht das Wachsen der *Weisheit* voran. Das Wohlwollen schenkt ihm nicht nur Gott, sondern auch die Menschen. Jesus wächst in die Gemeinschaft der Menschen hinein.

Vom jungen Samuel heißt es: „*Er wuchs* immer mehr und wurde beliebt bei Gott und den Menschen" (1 Sm 2,26). Lukas spricht über Jesus in Worten der Samuelgeschichte. Mit diesem Mann beginnt die Reihe der Propheten: „Alle Propheten, die von Samuel an und weiterhin gesprochen haben, kündeten diese Tage (Jesu Christi) an" (Apg 3,24; vgl. 13,20). Jesus muß warten, bis die Stunde gekommen ist, in der das Wachsen sein Ziel erreicht hat; dann wird er als Prophet auftreten, der alle Propheten durch die Weisheit seiner Gotteserkenntnis übertrifft.

III. DAS WERK DES JOHANNES
UND JESU AUFTRETEN (3,1 - 4,13)

Noch einmal stehen sich Johannes und Jesus gegenüber. Johannes vollzieht seine Sendung (3,1–20), Jesu Ausrüstung für sein Werk wird gezeigt (3,21 – 4,13), er ist Sohn Gottes, neuer Adam, entschieden für den Willen Gottes.

Wie in der Kindheitsgeschichte wird gezeigt, daß Jesus Johannes überbietet, aber Neues kommt hinzu. Johannes trifft die letzte Vorbereitung der anbrechenden Heilszeit, gehört ihr aber noch nicht an. Jesus ist gerüstet, die Heilszeit zu verwirklichen. Johannes beschließt sein Werk, Jesus beginnt es. Die Tätigkeit des Johannes ist nach der Darstellung des Lukas abgeschlossen, ehe er von der Taufe Jesu berichtet, mit der das öffentliche Wirken Jesu anhebt. Lieber wird noch einmal hinter das Erzählte zurückgegriffen, als daß die Tätigkeit Jesu und die seines Vorläufers verbunden werden. Mit Johannes endet die Zeit der Verheißung, und mit Jesus beginnt die Zeit der Erfüllung.

1. DER TÄUFER (3,1–20)

a) Der Beginn (3,1–6)

In fest umrissener Stunde der Weltgeschichte, in einer Situation, die nach Erlösung ruft, in Palästina, in einem Landstrich des großen römischen Reiches (3,1–2), beginnt die unmittelbare Vorbereitung auf die Heilszeit durch Johannes (3,3–6).

[1] Im fünfzehnten Jahre aber der Regierung des Kaisers Tiberius, als Pontius Pilatus Statthalter in Judäa war und Vierfürst von Galiläa Herodes, Philippus aber, sein Bruder, Vierfürst von Ituräa und Trachonitis und Lysanias Vierfürst von Abilene, [2a] unter dem Hohenpriester Annas und Kaiphas . . .

Die Heilsgeschichte spielt sich im Raum und Geschehen dieser Welt ab, ohne mit dem, was wir Weltgeschichte nennen, gleich zu sein. Das Auftreten des Johannes ist das unmittelbare Vorspiel zu dem Heilsereignis, das mit dem Kommen des Messias anbricht. Die Zeitangaben sind im *Stil der Bibel* gemacht.

Heilige Geschichte beginnt. Ähnlich zeichnet auch Oseas die Zeit, in der das Wort des Herrn an ihn erging: „Des Herren Wort, das an Oseas, den Sohn des Beri, erging, in den Tagen des Usia ..." (Os 1,1)

Die Heilszeit beginnt im fünfzehnten Jahr der Regierung des römischen Kaisers Tiberius (14–37 n. Chr.), das ist das Jahr 28/29 unserer Zeitrechnung. Damals war Pontius Pilatus Prokurator (Landpfleger) von Judäa (26–36), Herodes Antipas Tetrarch (Vierfürst) von Galiläa (4 v. Chr.–39 n. Chr.), sein Bruder Philippus Vierfürst von Ituräa und Trachonitis, die nördlich und östlich vom See Genesareth gelegen sind (4 v. Chr.–34 n. Chr.). Lysanias regierte über Abilene am Lybanon, nordwestlich von Damaskus (er starb zwischen 28 und 37 n. Chr.). Die Angaben des Lukas sind durch Inschriften und alte Historiker als gewissenhaft bezeugt. Neben den weltlichen werden auch die geistlichen Obrigkeiten genannt: der regierende Hohepriester Joseph Kaiphas (18–36 n. Chr.), neben ihm stand in hohem Ansehen der abgesetzte Hohepriester Annas, sein Schwiegervater.

Hätte die Zeit allein bestimmt werden sollen, wäre eine Angabe hinreichend gewesen. Die erste ist die klarste und bestimmteste. Warum die andern? Sie wollen auch die politischen und religiösen Verhältnisse, den *geistigen Raum* schildern, in dem sich die Verheißung Gottes erfüllt. Palästina steht unter Fremdherrschaft. Der Herr des Landes ist der römische Kaiser *Tiberius,* von dem die römischen Geschichtsschreiber – zu Recht oder zu Unrecht – das Bild eines mißtrauischen, grausamen, genußsüchtigen Herrschers entworfen haben.[32] Der südliche Teil des Landes, Judäa und Samaria, ist seit 6 v. Chr. römische Provinz. Die Herrschaft des Statthalters *Pontius Pilatus* war im Urteil der Juden unbeugsam und rücksichtslos; es werden ihm Bestechlichkeit, Gewalttätigkeit, Raub, Mißhandlungen, Kränkungen, fortwährende Hinrichtungen ohne Urteilsspruch und endlose und unerträgliche Grausamkeit zur Last gelegt.[33] Die Herrscher *aus dem Hause des Herodes* waren Idumäer, Herrscher von Roms Gnade. Die beiden Hohenpriester verstanden es, durch schlaue Diplomatie viele Jahre hindurch ihre Stellung zu behalten. Der Ruf nach dem König aus dem Hause Davids ist begreiflich. Auch Zacharias erwartete die Erlösung aus den Händen aller, die uns hassen (1,71).

Der *geographische Raum*, den Lukas mit seinen Angaben umreißt, ist das Wirkungsfeld Jesu. In ihm spielt sich die heilige Geschichte ab: in Galiläa und Judäa, im Norden des Sees Genesareth. Das römische Reich hat sich diese Gebiete mehr oder weniger straff eingegliedert. Jesus selbst wird die Grenzen Palästinas nur ganz selten überschreiten, aber seine Botschaft wird durch die Apostel das ganze weite Herrschaftsgebiet des römischen Kaisers Tiberius erobern. Die Apostelgeschichte setzt den Siegeslauf des Wortes Gottes fort, der in Palästina begonnen hat.

[2b] *... da erging Gottes Wort an Johannes, des Zacharias Sohn, in der Wüste,* [3] *und er kam in den ganzen Umkreis des Jordans, ausrufend eine Taufe der Umkehr zur Vergebung der Sünden.*

Das *Wort Gottes erging an Johannes*, wie es den Propheten des Alten Testamentes geschah. Der Täufer nimmt das Wirken der großen Gottesgesandten der Vorzeit auf und knüpft an die prophetische Überlieferung an, nicht an schwärmerische Apokalyptik, „humanistische" Weisheitslehre, pharisäischen Gesetzesrigorismus, rabbinische Traditionstheologie oder die Reichserwartung zelotischer Kreise. Das Wort Gottes ruft ihn, setzt ihn in seinen Dienst ein und bleibt die beherrschende

Kraft seines Lebens. „Des Herrn Wort erging an mich: Noch ehe ich dich gebildet im Mutterschoß, habe ich dich ausersehen ... was immer ich dir befehle, sollst du reden ... meine Worte lege ich in deinen Mund, ich gebe dir heute die Macht über Völker und Reiche, um aufzubauen und einzureißen, zu vernichten und in Trümmer zu legen, aufzubauen und einzupflanzen" (Jer 1,4–10).

Das *Wirkungsfeld* des Johannes ist der ganze Umkreis des Jordans, das Gebiet der südlichen Jordansenke. In diesem Gebiet ist er Wanderprediger. Sein Wirkungsfeld ist klein, Jesus wird im ganzen Land Palästina wirken. Über diesen Raum hinaus werden die Apostel das Wort Gottes in die ganze Welt tragen. Der Raum des Wortes wächst; es hat den Drang, alles zu erfüllen ...

Johannes ist Herold; er läuft seinem Herrn voraus und ruft aus, was zu geschehen hat. Die Botschaft, die er verkündet, ist die Taufe der Umkehr zur Vergebung der Sünden. Die *Umkehr* ist die Voraussetzung; durch sie wendet sich der Mensch zu Gott hin, anerkennt seine Wirklichkeit und seinen Willen und wendet sich von seiner Sünde ab und verurteilt sie; darin besteht wesentlich die Buße.

Die *Taufe*, das Untertauchen im Jordan, verbunden mit einem Sündenbekenntnis (Mk 1,5), soll diesen Umkehrwillen besiegeln und zugleich die Sündenvergebung durch Gott gewähren. Sie gibt den Umkehrenden die Gewißheit, daß seine Umkehr gültig ist und von Gott anerkannt wird und damit vor dem kommenden Gericht zu retten imstande ist. Wer die Taufe empfangen hat, ist für das neue, endzeitliche Gottesvolk zugerüstet und bereitet. Eines ist freilich vorausgesetzt: daß die Umkehr echt und von der Lebensänderung begleitet ist. Was Johannes damit verkündet, ist neu und groß. Langerwartetes will anbrechen. Gott macht mit seinen Verheißungen ernst!

⁴ Wie geschrieben steht im Buch der Reden des Propheten Isaias: Stimme eines Rufenden in der Wüste: Bereitet den Weg des Herrn, machet gerade seine Pfade; ⁵ jede Schlucht soll ausgefüllt und jeder Berg und Hügel erniedrigt werden, und das Krumme wird zu Geradem und die rauhen zu linden Wegen werden, ⁶ und schauen wird alles Fleisch das Heil Gottes.

Der Prophet Isaias schaut eine glanzvolle Prozession durch die Wüste. Gott *der Herr zieht an der Spitze* seines Volkes von Babylon in die Heimat zurück. Eine Stimme erhebt sich in der Wüste, durch die der Weg führt, und ruft zur Bereitung einer Königsstraße. Dieses Wort an die Heimkehrer wird jetzt neu verstanden. Die Stimme des Rufenden in der Wüste ist Johannes. Der Herr – der Messias – kommt und mit ihm sein Volk. Wegbereitung ist sittlich-religiös gedacht; sie heißt Buße, Umkehr zu Gott, Taufe der Buße zur Vergebung der Sünden. Was für ein Riesenwerk: Straßenbau durch die Wüste! Umwandlung der Herzen!

Alles Fleisch soll das Heil Gottes schauen. Die Heilszeit bricht an. Gott bereitet es allem Fleisch, der Menschheit. Die prophetische Verkündigung Simeons will sich erfüllen: Ein Licht zur Erleuchtung der Heiden (2,32). Der Bußprediger und Vorläufer Johannes hat für alle Zeiten eine Sendung. Dem Heil Gottes muß durch Buße ein Weg bereitet werden.

b) Die Reden des Täufers (3,7–17)

Johannes predigt. Er mahnt als Bußprediger zur Umkehr (3,7–9), drängt als Sittenprediger zur Erneuerung des Lebens (3,10–14) und verkündet als Prophet den Kommenden (3,15–17). Seine Botschaft greift die Themen der Propheten auf: die Umkehr, die Drohung mit dem Zorngericht Gottes, das Drängen auf Werke und Früchte der Umkehr, die Mahnung zum sozialen Verhalten, die Zerstörung der völkisch-nationalen Heilssicherheit, die Ankündigung des Messias.

Die Bußpredigt (3,7–9)

⁷ Er pflegte also den Volksscharen, die auszogen, um von ihm getauft zu werden, zu sagen: Schlangengezücht, wer hat euch gezeigt, daß ihr vor dem kommenden Zorn entfliehen könnt? ⁸ᵃ Wirkt also Früchte, würdig der Buße.

Wahre Lebensänderung fällt dem Menschen schwer. Um ihr entgehen zu können, flüchtet er zu heiligen Riten und Zeremonien, unter den Schutz einer Gemeinschaft, die als heilig gilt, in den Aufschub auf spätere Tage. Alle diese Möglichkeiten verriegelt Johannes. Was will bleiben?

Flucht zu heiligen Riten. Massen kommen in die Wüste und wollen getauft werden, lassen sich untertauchen, aber das ist alles. Das Leben ändern sie nicht. Johannes schilt sie: Schlangengezücht, Teufelsbrut! Ihr Leben verrät, daß sie die Werke des Teufels tun, die Sünde; weil sie ihn nachahmen, sind sie seine Kinder, seine Brut.

Die Taufe ist recht, aber sie muß zur *Lebensänderung* führen. Johannes schlägt bekannte Weisen an, die leicht zu verstehen, schwer zu tun sind: „Nicht als gerecht gelten kann, wer den Starrsinn seines Lebens verbirgt und als Kind der Finsternis (bloß) auf den Weg des Lichtes schaut", heißt es bei den Leuten von Qumran.[34] „Umkehr und gute Werke sind wie ein Schild vor den Strafen", sagen die Rabbinen.[35]

Vor dem Strafgericht kann niemand entfliehen. „Es ist so, als ob einer vor den Löwen flieht, dabei aber trifft ihn der Bär; kommt er dann in sein Haus und lehnt sich mit der Hand an die Wand, alsdann beißt ihn die Schlange" (Am 5,19). Nur Änderung des Lebens, neues Leben, neue Werke bringen Rettung.

*8b Fanget nicht an, bei euch zu sagen: Zum Vater haben wir
Abraham; denn ich sage euch: Gott kann aus diesen Steinen Kinder dem Abraham erwecken.*

Flucht in die völkisch-nationale Heilssicherheit, „in die heilige Gemeinschaft der Erwählten"! Der Jude flieht vor der
persönlichen Lebensänderung in die Blutszugehörigkeit zu
Abraham. Er sagt: „Ein Beschnittener steigt nicht in die
Hölle." Mag er auch Sünder sein, ungläubig und gegen Gott
ungehorsam, das ewige Reich wird ihm gegeben, weil er
Abraham zum Stammvater hat. Gott muß doch seine Verheißungen an Abraham und seinen Nachkommen einlösen! –
Täuschung! Gott bleibt seinen Verheißungen treu, aber eine
andere Kindschaft Abrahams taucht auf, die nicht auf Blutszugehörigkeit aufbaut, sondern auf Erweckung und Schöpfung Gottes. Gott kann aus den Steinen der Wüste Kinder
Abrahams erwecken. Diese werden eine Gesinnung haben,
wie sie Gott von den Kindern Abrahams erwartet, diese werden Werke verrichten, wie sie Gott will.

*9 Schon liegt die Axt an der Wurzel des Baumes. Jeder
Baum also, der keine gute Frucht bringt, wird ausgehauen
und ins Feuer geworfen.*

Flucht in die späteren Tage! Die Zeit drängt. Die Buße duldet keinen Aufschub. Die Axt liegt bereits an der Wurzel des
Baumes, der niedergeschlagen werden soll. Im nächsten
Augenblick wird sie aufgehoben und saust hernieder – und
der Baum fällt. Johannes verkündet, daß letzter Augenblick
vor dem Kommen des Herrn und vor dem Gericht ist.

Gericht ist *Erntezeit*. In der Ernte werden die Früchte einge-
sammelt. Erntezeit ist Entscheidungszeit. Der Baum, der
keine gute Frucht bringt, wird umgehauen und verbrannt.
Das nahe Gericht Gottes will die Früchte des Lebens ein-

sammeln. Wer nichts abliefern kann, verfällt dem Vernichtungsgericht, dem Feuer der Hölle.

Die Standespredigt des Täufers (3,10–14)

10 Und die Scharen fragten und sagten: Was sollen wir tun? 11 Er aber antwortete ihnen und sagte: Wer zwei Röcke hat, gebe dem, der keinen hat, und wer Speise hat, tue ebenso.

Wahre Buße löst immer die Frage aus: *„Was sollen wir tun?"* Die Predigt des Petrus ging den Zuhörern ins Herz, und sie sprachen: „Ihr Männer und Brüder, was sollen wir tun?" (Apg 2,37) Die Frage nach den Werken ist das Siegel auf den Wert der Buße.

Die Werke, in denen sich Lebensänderung und ernste Buße äußern, sind die Werke der *schlichten Nächstenliebe,* das Teilen dessen, was man hat, mit den anderen. „Wer zwei Röcke hat, gebe dem einen, der keinen hat..." Johannes verlangt nicht, daß auch der einzige hingegeben werde. Er mutet den Volksscharen nicht Heroismus zu, aber Barmherzigkeit und werktätige Nächstenliebe, soziale Gesinnung.

12 Es kamen aber auch Zöllner, um sich taufen zu lassen, und sagten zu ihm: Meister, was sollen wir tun? 13 Er aber sprach zu ihnen: Treibt nicht mehr ein, als euch festgesetzt ist.

Die *Zöllner* verkörpern habgierige Erwerbssucht, Unredlichkeit, Verrat am eigenen Volk, weil sie vielfach im Dienst der Fremdherrschaft standen. Auch sie sind vom Weg zum Heil nicht ausgeschlossen, nicht „abgeschrieben". Sie nehmen den Bußruf ernst und sind bereit, das Leben zu ändern. Damit ist das Wesentliche geschehen.

Johannes verlangt von ihnen nicht, daß sie den Zöllnerberuf aufgeben. Sie müssen aber *betrügerische Bereicherung* abstellen. Das Recht gestattet ihnen einen gewissen Aufschlag auf die vom Staat vorgeschriebene Steuersumme. Darum: Treibt nicht mehr ein, als euch festgesetzt ist. Jesus handelt später mit dem Zöllner Zachäus ähnlich wie Johannes. Trotz des Murrens der Juden trat er bei diesem reichen Oberzöllner ein. Zachäus selbst will zurückerstatten, um was er betrogen hat, und teilt seinen Besitz mit den Armen. Jesus spricht zu ihm: „Heute ist diesem Haus Heil widerfahren; ist doch auch er ein Sohn Abrahams" (19,1–10).

¹⁴ *Auch Soldaten fragten und sagten: Was sollen wir tun, und zwar wir? Und er sprach zu ihnen: Tut niemand Gewalt an, erpreßt nicht und seid zufrieden mit eurem Sold.*

Die *Soldaten* sind wahrscheinlich Söldner aus dem Heer des Herodes Antipas. Juden war der Militärdienst verboten. Darum werden diese Söldner Heiden sein. Die Wirksamkeit des Vorläufers dringt über die Grenzen des Judentums hinaus! – Die Frage der Soldaten setzt Verwunderung voraus. *Und zwar wir?* Aber alle Enge ist überwunden. „Alles Fleisch wird das Heil Gottes schauen."

Die *Standessünden* der Soldaten sind: gewalttätiger Raub, Erpressung durch falsche Beschuldigung, Mißbrauch der Macht. Die Wurzel solchen Treibens liegt in der Habsucht. Die Ausschreitungen müssen aufgegeben werden. Statt der Gier nach Bereicherung muß Zufriedenheit mit dem rechtmäßig erworbenen Sold einziehen.

Trotz der Nähe des strengen Gerichtes ist nichts Außergewöhnliches verlangt. Der Beruf muß nicht geändert werden: nicht einmal der Beruf des Zöllners und Soldaten. Auch Paulus verkündet trotz der Nähe der Endzeit: „Sonst wandle ein jeder, wie es ihm der Herr zugewiesen und wie Gott berufen hat. So ist meine Weisung in allen Gemeinden" (1 Kor 7,17). Auch *besondere aszetische Leistungen* werden nicht gefordert: nicht der Eintritt in die Qumransekte, nicht der Beitritt zur Gemeinschaft der Pharisäer, nicht die Übernahme der strengen Aszese des Täufers (Mk 1,6). Johannes folgt prophetischer Predigt: „Womit soll ich mich nahen dem Herrn, mich neigen vor dem Gott in der Höhe? Soll ich ihm begegnen mit Brandopfern, mit Kälbern, die nur ein Jahr alt sind? Hat der Herr an tausend Widdern Gefallen? An unzähligen Bächen von Öl? Soll ich hingeben für meine Sünde meinen erstgeborenen Sohn, als meiner Seele Sühne meines Leibes Frucht? Was gut ist, ward dir gesagt, und was der Herr von dir fordert: Nichts als Recht tun und Liebe üben und in Demut wandeln mit deinem Gott!" (Mich 6,6–8)

Die messianische Verkündigung (3,15–17)

[15] *Das Volk aber war voll Erwartung, und alle überlegten in ihrem Herzen über Johannes, ob er nicht etwa der Messias sei.*

Die Predigt des Täufers steigert beim Volk die Naherwartung des Messias. Der Gedanke gewinnt Raum, *Johannes sei Christus.* Gewisse Kreise stellten den Täufer als den von Gott gesandten Heilbringer hin.[36] Schon die Kindheitsgeschichte hat bewußt Johannes und Jesus in der richtigen, von Gott gewollten Beziehung gezeigt. Johannes ist groß, aber Jesus ist der Größere, Johannes ist Prophet und Wegbereiter, Jesus aber der Sohn Gottes und der, der auf dem Thron Davids für immer herrscht.

16 *Er antwortete und sagte allen: Ich taufe euch zwar mit Wasser; es kommt aber der Stärkere als ich, dessen Sandalenriemen aufzulösen ich nicht würdig bin; er wird euch mit dem Heiligen Geist und Feuer taufen.*

Jesus ist der Stärkere; Johannes weiß sich unwürdig zum niedrigsten Sklavendienst an Jesus. Sklaven mußten dem Herrn die Sandalenriemen auflösen; ein Freier fand dies unter seiner Würde. Wer ist Jesus gegenüber Johannes? Der große Täufer anerkennt die Größe Jesu.

Die Stärke Jesu erweist sich in seinem Werk. Johannes tauft nur mit Wasser, Jesus aber *mit Heiligem Geist und Feuer.* Der Messias bringt den Bußfertigen in überströmender Fülle den Heiligen Geist, der für die Endzeit verheißen ist, den Unbußfertigen aber bringt er das Gerichtsfeuer des Verderbens. Jesus vollzieht das Gericht, das Heil oder Verderben bringt.

Johannes tauft nur mit Wasser. Sein Werk ist Vorbereitung auf die Endereignisse, nicht Endereignis selbst. Er ist der Starke, den Gott für die Vorbereitung bestellt hat, Jesus aber ist der Stärkere, mit dem die Endereignisse kommen.

17 *In seiner Hand die Wurfschaufel, daß er seine Tenne reinige und das Getreide in seine Scheune sammle, die Spreu aber wird in unauslöschlichem Feuer verbrennen.*

Jesus ist der endzeitliche Richter. Der Bauer in Palästina wirft mit einer Schaufel das Korn, das nach dem Dreschen mit Spreu gemischt auf der Tenne liegt, gegen den Wind. Das schwere Korn fällt zum Boden, die Spreu wird vom Wind verweht. So reinigt er die Tenne, trennt Korn und Spreu und kann das Korn in die Scheune sammeln. Die Spreu wird verbrannt. Der Messias kommt zum Gericht, trennt die Guten und die Bösen, holt die Guten in das Reich Gottes und übergibt die Bösen dem unauslöschlichen Feuer der Verdammnis. Er hat bereits die Wurfschaufel in der Hand. Dieses Jetzt der Endzeit erhebt die Ankündigung des Johannes über alle Ankündigungen der Propheten.

c) Das Ende des Täufers (3,18–20)

18 *Vieles also, auch noch anderes hat er zur Mahnung ge-sprochen und so die frohe Botschaft dem Volk verkündet.*

Der Bericht über das Wirken des Johannes stellt nur einen Ausschnitt dar. Die Mahnreden des Täufers sind frohe Botschaft. Johannes ist Freudenbote, der das ersehnte endzeitliche Heil bringt. Darum ist seine Botschaft Freudenbotschaft. Was Jesus verkündet und bringt, ist nicht Verderben, sondern Heil. Auch die Bußpredigt des Johannes steht im Dienste des Heils und darum ist sie *Evangelium,* frohe Botschaft. Die Geschichte des Johannes ist Anfang des Evangeliums.[37]

19 *Der Vierfürst Herodes aber, von ihm wegen der Frau seines Bruders zurechtgewiesen und wegen aller Vergehen, die Herodes verübte,* **20** *fügte zu allem noch dies hinzu: er schloß Johannes im Kerker ein.*

Johannes verschwieg das richtende Wort Gottes auch vor dem mächtigen Landesherrn nicht. Herodes Antipas hält die Ehegesetze nicht, treibt Verbrechen und ist Prophetenmörder (vgl. Mk 6,17 f.). Der Täufer faßt in seinem Werk und Schicksal zusammen, was die Propheten geleistet und erlitten haben, und überbietet es. Er steht unmittelbar vor dem großen Tag des Gerichtes und Heils.

Mit der *Einkerkerung* hört das Wirken des Täufers auf. Die Stimme in der Wüste verstummt in der Festung von Machärus. Der Täufer tritt ab, Jesus kommt. Die Epoche der Verheißung geht zu Ende, die Epoche der Erfüllung beginnt. Zwischen dem Täufer und Jesus liegt ein tiefer heilsgeschichtlicher Einschnitt: „Das Gesetz und die Propheten bis Johannes; von da an wird das Reich Gottes verkündet" (16,16). „Johannes hat mit Wasser getauft, ihr aber werdet mit Heiligem Geist getauft werden" (Apg 1,5; 11,16). In der Kirche darf die Stimme des Johannes nie verstummen; denn sie bereitet auch auf die endzeitliche Ankunft Jesu vor, die noch bevorsteht.

2. JESU EINFÜHRUNG IN SEIN AMT (3,21 – 4,13)

a) Die Taufe Jesu (3,21–22)

[21] *Es geschah aber, während das ganze Volk getauft wurde und als auch Jesus getauft worden war und betete, daß sich der Himmel öffnete* [22] *und der Heilige Geist in leiblicher Gestalt wie eine Taube auf ihn herabstieg und eine Stimme vom Himmel erscholl: Du bist mein Sohn, heute habe ich dich gezeugt.*[38]

Die *Taufe Jesu* wird nur nebenbei genannt; sie steht im Hintergrund. Die göttliche Kundgebung über Jesus und seine Verherrlichung beherrscht die Erzählung. Der Gotteserscheinung nach der Taufe geht *dreifache Erniedrigung* voraus. Jesus ist einer aus dem ganzen Volk, das zur Taufe kommt; er ist einer geworden aus den vielen. Jesus empfängt die Taufe der Umkehr zur Vergebung der Sünden wie einer der Sünder. Er betet, wie Menschen beten, die der Hilfe bedürfen. Taufe der Umkehr und Gebet bereiten auf den Empfang des Geistes vor. Petrus spricht: „Kehrt um, und ein jeder von euch lasse sich taufen auf den Namen Jesu Christi, um Vergebung der Sünden zu erlangen; und dann werdet ihr die Gabe des Heiligen Geistes empfangen" (Apg 2,38). Der Vater im Himmel wird den Heiligen Geist denen geben, die ihn bitten (Lk 11,13). Der Geist wird gesendet und wirkt, während gebetet wird.

Der dreifachen Erniedrigung folgt *dreifache Erhöhung.* Der Himmel öffnet sich über Jesus. Für die Endzeit wird erwartet, daß sich *der Himmel öffnet,* der bisher verschlossen war: „Ach, wenn du doch zerrissest die Himmel, stiegest herab, daß Berge wankten vor dir" (Is 64,1). Jesus ist der Messias. In ihm kommt Gott. Er ist selbst die Stätte der Gotteserscheinung auf Erden, das neutestamentliche Bethel (vgl. Jo 1,51), wo die Pforte des Himmels sich aufgetan hat und Gott dem Jakob gegenwärtig war (Gn 28,17).

Heiliger Geist kommt auf Jesus herab. Er kommt in leiblicher Gestalt einer Taube. Nach Lukas ist das Ereignis am Jordan ein Vorgang, der wahrgenommen werden kann. Die *Taube* spielt im religiösen Denken eine große Rolle. Der Geist Gottes schwebte über den Gewässern, als das Schöpfungswerk begann. Das Bild für diese Darstellung gab das Schweben der Taube über ihrer Brut. Die Gottesstimme wurde mit dem Gurren der Taube verglichen. Suchte man ein Sinnbild für die Seele, das belebende Element im Menschen, so griff man nach dem Bild der Taube. Sie gilt auch als Sinnbild der Weisheit. Der Geist Gottes wirkt von nun an in Jesus das messianische Werk, das Neuschöpfung, Offenbarung, Leben und Weisheit bringt.

Als der vom *Geist* Gezeugte hat Jesus den Geist (1,35). Er wird ihn vom Vater empfangen, wenn er zur Rechten Gottes erhöht ist (Apg 2,33), und er empfängt ihn jetzt. Der Geist wird Jesus nicht stufenweise gegeben, aber die großen Abschnitte seines Lebens entfalten immer neu den Geistbesitz. Gott ist es, der diese Entfaltung bestimmt.

Die Stimme Gottes erklärt Jesus als Sohn Gottes. Weil er aus Geist gezeugt ist, darum ist er es bereits (1,32.35). Nach seiner Auferweckung wird er feierlich als solcher ausgerufen: „Gott hat Jesus auferweckt, wie auch im zweiten Psalm geschrieben steht: Mein Sohn bist du, heute habe ich dich gezeugt" (Apg 13,33). Die Himmelsstimme ruft Jesus diesen gleichen Psalm zu, der den Messias als König und Priester besingt. Gott schenkt Jesus im Heute der Heilsstunde der Menschheit als messianischen König und Priester. Auf diese Stunde wartete die Vorzeit, auf sie blicken wir zurück.

b) Der neue Adam (3,23–38)

23 *Und es war Jesus, als er begann, ungefähr dreißig Jahre alt, wie man meinte ein Sohn Josephs . . .*

Jesus hatte messianische Ausrüstung von oben, aber auch alles, was ihn menschlich für seine Sendung befähigte, die Ausrüstung von unten. Er war am Anfang seines öffentlichen Wirkens ungefähr dreißig Jahre alt. *Mit dreißig Jahren* wurde der Priester zum Dienst tauglich (Nm 4,3), der ägyptische Joseph für seine hohe Wirksamkeit erwählt (Gn 41,46), David zum König erhoben (2 Sm 5,4), Ezechiel zum Propheten berufen (Ez 1,1). Als Jesus sein messianisches Amt, das Königtum, Priestertum und Prophetentum umfaßt, begann, hatte er das erforderte Vollalter erreicht. Die Zeit des Wachsens und Erstarkens war vorüber.

Zu dem hohen Amt, das Jesus übernimmt, ist legitime Herkunft und *Ahnentafel* notwendig. Sie ist durch Joseph, seinen „rechtlichen" Vater, gegeben. Dieser ist nicht der natürliche Vater, sondern wurde nur als solcher von der öffentlichen

Meinung gehalten. Das Geheimnis der jungfräulichen Empfängnis blieb verborgen. Gott gibt Jesus alles mit, was er braucht, damit die Menschen nicht berechtigten Anstoß an ihm nehmen können.

[24] *Ein Sohn des Joseph, des Eli, des Matthat, des Levi, des Melchi, des Jannai, des Joseph,* [25] *des Mattathias, des Amos, des Naum, des Esli, des Naggai,* [26] *des Maath, des Mattathias, des Semein, des Josech, des Juda,* [27] *des Joanan, des Resa, des Zorobabel, des Salathiel, des Neri,* [28] *des Melchi, des Addi, des Kosam, des Elmadam, des Er,* [29] *des Jesu, des Eliezer, des Jorim, des Matthat, des Levi,* [30] *des Symeon, des Juda, des Joseph, des Jonam, des Eliakim,* [31] *des Melea, des Menna, des Mattatha, des Natham, des David,* [32] *des Jessai, des Jobed, des Boos, des Sala, des Naasson,* [33] *des Aminadab, des Admin, des Arni, des Esrom, des Phares, des Juda,* [34] *des Jakob, des Isaak, des Abraham, des Thara, des Nachor,* [35] *des Seruch, des Ragau, des Phalek, des Eber, des Sala,* [36] *des Kainam, des Arphaxad, des Sem, des Noe, des Lamech,* [37] *des Mathusala, des Enoch, des Jaret, des Maleleel, des Kainam,* [38] *des Enos, des Seth, des Adam, Gottes.*

Lukas hat den Schlüssel zum tieferen Verständnis der Ahnenreihe nicht aufgezeichnet, wie es Matthäus mit seiner Bemerkung von den dreimal vierzehn Generationen tat (1,16), aber auch er benützt sie, um heilstheologische Aussagen über Christus zu machen. Der Stammbaum des Lukas ist nicht bloß bis Abraham zurückgeführt, wie bei Matthäus, sondern bis Adam und dessen Schöpfung durch Gott. Jesus ist der Messias der Juden, aber auch der *Heiland der Welt.* Er steht nicht nur im Zusammenhang mit David und Abraham (Mt 1,1), sondern auch mit Adam. Durch ihn werden die Verheißungen Abrahams und Davids erfüllt; in ihm werden alle Völker gesegnet. Er ist Messiaskönig, dessen Reich kein Ende hat, aber auch der Stammvater der neuen Menschheit.[39]

Wie der Stammbaum des Matthäus unvollständig ist, so auch der Stammbaum des Lukas. Warum aber gerade diese Auswahl getroffen wurde, die in den Ahnentafeln aufgezeichnet ist? Der Stammbaum des Lukas enthält elfmal sieben Glieder: dreimal sieben führen von Jesus zu Zarobabel, dreimal sieben von Salathiel bis David, zweimal sieben von David bis Isaak und dreimal sieben von Abraham bis Adam. Die Perioden sind durch wichtige Abschnitte der Heilsgeschichte getrennt: durch Babylonische Gefangenschaft, Königtum, Erwählung, Schöpfung. Jesus ist Erfüllung und Ziel der Heilsgeschichte.

Die Führer der elf Gruppen sind: Gott, Enoch, Sala, Abraham, Admin, David, Joseph, Jesu, Salathiel, Mattathias, Joseph. Jesus eröffnet eine neue Reihe, die zwölfte. Nach dem Schema der Zwölfwochen-Apokalypse[40] beginnt mit der zwölften Weltwoche die Endzeit. Jesus beginnt die Endzeit. Mögen solche Erklärungen für uns wie nutzloses Spiel erscheinen, die Alten sahen tiefe Wahrheiten ausgedrückt. Um die Aussagen dieser Wahrheit geht es uns, nicht um den Weg, auf den man zu ihnen kam.

c) Die Versuchung Jesu (4,1–13)

¹ Jesus aber, voll des Heiligen Geistes, kehrte wieder zum Jordan zurück und wurde im Geist in der Wüste geleitet, ² vierzig Tage versucht vom Teufel.

Jesus ist *voll des Geistes.* Er besitzt den Geist nicht „nach Maß" (Jo 3,34) wie die Propheten, sondern in der Fülle. Darum steht er auch völlig unter der Leitung des Geistes

(4,14). Sein Wandern und sein Wirken vollzieht er im Einklang und mit der Kraft, die der Heilige Geist in ihm wirkt. Taufe und Versuchung weisen aufeinander hin.

Im Geist wurde Jesus *in der Wüste geleitet*. In der menschenleeren Gegend der Wüste trennt ihn nichts von Gott. Dort sucht er die Stille des Gebetes (5,16) und den einsamen Umgang mit dem Vater. Als Sohn Gottes läßt er sich dort im Geist führen. „Alle, die vom Geist Gottes geführt werden, die sind Söhne Gottes" (Röm 8,14).

Jesus wird nicht vom Geist in die Wüste hinausgetrieben (Mk 1,12), sondern er selbst geht. Er wird nicht vom Geist geleitet, sondern läßt sich *im Geist* führen. Der Geist wirkt in ihm nicht nach Art, wie er etwa in den Richtern wirkte: in Othniel (Ri 3,10), Gideon (6,34), Jephta (11,29). Über sie kam der Geist, rüstete sie für ein großes Werk und verließ sie wieder, wenn dieses vollzogen war. In Jesus wirkt er anders. Er wird nicht vom Geist fortgerissen, sondern er verfügt über den Geist. Jesus besitzt nicht bloß eine vorübergehende Gabe des Geistes, sondern er besitzt ihn immer als Geistgeborener; darum handelt er immer in ihm und vermag ihn auch seiner Kirche zu spenden.[41]

Der Aufenthalt in der Wüste dauerte vierzig Tage. Während dieser Zeit wird er *vom Teufel versucht*. Die drei Versuchungen, die mitgeteilt werden, wirken wie Erläuterungen dieses geheimen beständigen Ringens mit den Gegnern. Jesus verkündet die Herrschaft Gottes und bringt sie; dadurch wird auch der Gegenspieler der Herrschaft Gottes zur höchsten Tatkraft gerufen. Er bäumt sich mit dem Reich der Dämonen gegen das Werk Jesu auf, das seine Vernichtung bringt.

2 Und er aß nichts in jenen Tagen, und als sie vollendet waren, hungerte er. 3 Der Teufel sagte ihm: Wenn du Sohn

Gottes bist, sag diesem Stein, daß er Brot werde. [4] *Und Jesus antwortete auf ihn hin: Geschrieben steht: Nicht allein vom Brot lebt der Mensch.*

Vom Geiste erfüllt und ergriffen, lebt Jesus ohne Speise und Trank. Nach den Tagen des Fastens hungert er. Den Hunger benützt der Teufel zur Versuchung. Als Teufel, Verleumder, will er das gute Verhältnis zwischen Gott und Jesus zerstören. Das ist immer sein Plan. Der Versucher knüpft an die Gottesstimme bei der Taufe an: Du bist doch der *Sohn Gottes!* Du hast unbeschränkte Macht, durch ein Machtwort kannst du dir deinen Hunger stillen.

Jesu Erwiderung deckt auf, worin die Versuchung liegt: *Nicht allein vom Brote lebt der Mensch.* Nicht darum allein geht es, das Irdische zu bewahren und zu erhalten. Das Schriftwort, das Jesus anführt, stammt aus dem Buche Deuteronomium (8,3). Moses erinnert in diesem Wort sein Volk an die wunderbare Erhaltung in der Wüste durch Gott: „Er demütigte dich und ließ dich Hunger leiden, dann aber speiste er dich mit Manna, mit dem Manna, das du und deine Väter nicht kannten, um dir kundzutun, daß der Mensch nicht vom Brote allein lebt; denn der Mensch lebt von allem, was vom Mund des Herrn ausgeht" (was durch das Wort des Herrn entsteht). Durch den Hunger sollte das Volk Gottes zum Gottvertrauen und Gehorsam erzogen werden.

Jesus ist Sohn Gottes; er hat Vollmacht. Wenn sein Vater ihn jetzt in Hunger geraten läßt, will er ihn zu Vertrauen und Gehorsam führen, nicht aber will er, daß er die Macht seiner Gottessohnschaft *für sich persönlich* gebrauche. Jesus ist Sohn Gottes, aber in Erniedrigung und Gehorsam, er ist Messias, aber zugleich auch Knecht Gottes. Der Weg Jesu zur messianischen Herrlichkeit ist nicht die Machtentfaltung, sondern

Gehorsam und Dienen, Horchen und Warten auf jedes Wort, das aus Gottes Mund ausgeht ...

⁵ *Und er führte ihn hinauf und zeigte ihm alle Reiche der Welt in einem Augenblick.* ⁶ *Und der Teufel sprach zu ihm: Dir will ich diese ganze Macht geben und ihre Herrlichkeit; denn mir ist sie übergeben, und wem ich will, dem gebe ich sie.* ⁷ *Wenn du also vor mir anbetest, wird sie ganz dein sein.* ⁸ *Und Jesus antwortete und sagte ihm: Es steht geschrieben: Anbeten sollst du den Herrn deinen Gott und ihm allein dienen.*

Der Teufel tritt als *„Fürst dieser Welt"* (Jo 12,31), als „Gott dieser Welt" (2 Kor 4,4) auf, als Gegengott. In seiner Überheblichkeit muß er aber auch seine Abhängigkeit gestehen: *Dies alles ist mir übergeben* – von Gott. Er hat nicht Vollmacht, sondern übertragene Macht, er ist nicht Gott, sondern „Affe Gottes". Gott hat nach der Offenbarung keinen anderen Gott neben sich, er ist der einzige: ihm allein dienen.

In einem Augenblick zaubert der Versucher *alle Reiche der Welt* und ihre Herrlichkeit vor die Augen Jesu. Fata Morgana! Er führt ihn hinauf. Wohin, in die Ekstase? Satan macht das gleiche Angebot wie Gott. „Mein Sohn bist du, heute habe ich dich gezeugt. Verlange von mir, und ich will dir die Völker zum Erbe geben und zu deinem Besitz die Grenzen der Erde" (Ps 2,7 f.; vgl. Lk 3,22). Auch hier klingt verhüllt an: Wenn du Sohn Gottes bist.

Jesus soll durch die Herrlichkeit, die ihm Satan vorführt, die aber tatsächlich Trug und Schein ist, völlig von Gott weggebracht, zum Abfall von Gott, zur Verleugnung des grundlegenden Glaubensbekenntnisses und der Wurzel des religiösen Lebens seines Volkes gebracht werden. Dem Versucher wird das Schriftwort entgegengehalten: „Anbeten

sollst du den Herrn deinen Gott und ihm allein dienen"
(Dt 6,13). Jesus richtet die Gottesherrschaft auf. Er ist Knecht
Gottes, nicht Knecht Satans.

*⁹ Er führte ihn aber nach Jerusalem und stellte ihn auf das
Flügelchen des Tempels und sagte ihm: Wenn du Gottes
Sohn bist, stürze dich von hier hinab; ¹⁰ denn es steht geschrieben: Deinen Engeln befiehlt er für dich, daß sie dich
behüten, ¹¹ und: Auf Händen werden sie dich tragen, daß
du nicht an einen Stein deinen Fuß stoßest. ¹² Und antwor-
tend sagte ihm Jesus: Es ist gesagt: Nicht sollst du den
Herrn deinen Gott versuchen.*

Das Flügelchen des Tempels ist wahrscheinlich ein Balkon,
der über die äußere Tempelmauer hoch über der Straße vor-
springt. Dorthin wird Jesus geführt. Er soll sich hinabstürzen
und damit den *Schutz Gottes,* der ihm durch Gottes Wort zu-
gesichert ist (Ps 91,11), erproben, sich seiner Auserwählung,
seiner Gottessohnschaft, seiner Macht von und bei Gott ver-
gewissern.
Jesus deckt auf, was diese Zumutung bedeutet: *Versuchung
Gottes!* Gott soll durch Mißbrauch des verheißenen Schutzes
gereizt, gezwungen werden, für ihn einzutreten. Jesus will
Gott dienen, nicht über ihn verfügen, ihm gehorchen, nicht
ihn sich untertan machen ...
Die Versuchung auf der *Tempelzinne in Jerusalem* ist nach
Lukas die letzte. Die Wege Jesu führen nach Jerusalem; sein
Antlitz ist auf diese Stadt gerichtet (9,51). Dort stirbt er und
wird er verherrlicht, dort wird er sich als Knecht Gottes er-
niedrigen, bis zum Tode gehorsam sein. Dort wird er den
Schutz Gottes in der vollendetsten Weise erfahren; denn Gott
wird ihn auferwecken und erhöhen. Diese schützende Erhöhung Gottes fordert er nicht heraus, sondern erwartet sie.

Die Versuchungen Jesu sind *Messiasversuchungen.* Der Gegenspieler gegen die Herrschaft Gottes will den Sohn Gottes, der vom Geist gesalbt und zu seinem messianischen Werk gerüstet wird, zu Fall bringen. Mit allen diabolischen Mitteln: mit geheucheltem Erbarmen, mit Trug und Magie, mit Verdrehung der Heiligen Schrift wird er zum Ungehorsam gegen Gott verleitet. Die einzelnen Versuchungen geben dreimal wieder, daß Jesus gehorsam blieb. Er wird als zweiter Adam versucht, wie der erste versucht wurde. Der erste versagte, der zweite ist Sieger. „Wie durch den Ungehorsam des einen Menschen (Adam) die vielen Sünder wurden, so werden durch den Gehorsam des einen (Christus) die vielen gerecht" (Röm 5,19).

Die Versuchungen Jesu setzen sich *bei seinen Jüngern* fort (vgl. 22,28 ff.). Auch die Kirche lebt in diesen Versuchungen. Jesus richtet auf, wenn die Jünger versucht werden; denn auch er wurde versucht. Er zeigt, wie die Versuchungen überwunden werden: durch die Heilige Schrift, die Bekenntnis, Gebet und Kraft ist, das „Schwert des Geistes" (Eph 6,17).

[13] *Und als der Teufel alle Versuchungen beendet hatte, stand er von ihm ab bis auf eine bestimmte Zeit.*

Das Wirken Jesu beginnt mit der *Überwindung des Teufels.* Die Heilszeit, die Jesus einleitet, ist eine Zeit, in der der Teufel gefesselt ist. Jesus sagt: „Ich sah den Satan wie einen Blitz vom Himmel fallen" (10,18). Er hat keine Macht mehr bis auf bestimmte Zeit. Die Zeit Jesu ist satansfreie Zeit. Wo Jesus wirkt, muß der Teufel weichen; der Sieg über den Versucher wird durch den gläubigen Anschluß an ihn gewonnen.

Aber nur bis auf eine *bestimmte Zeit* läßt Satan von Versuchungen Jesu ab. Am Anfang der Leidensgeschichte steht der Satz: „Satan fuhr in Judas" (22,3). Die Feinde Jesu haben Gewalt über ihn, weil die Macht der Finsternis anbricht (22,53). Solange seine Stunde nicht gekommen war, bleibt er für seine Gegner unantastbar.[42] Durch die Herrscher dieser Welt wird Jesus ans Kreuz geschlagen, aber gerade durch diesen Tod, den Jesus gehorsam als Knecht Gottes auf sich nimmt, überwindet er die Herrschaft Satans.[43]

14 Und Jesus kehrte in der Kraft des Geistes nach Galiläa zurück.

In Galiläa mußte das messianische Wirken Jesu nach dem Ratschluß Gottes beginnen. In Galiläa empfing Jesus sein Leben. In Galiläa beginnt der Weg für seine messianische Ausrüstung, in Galiläa beginnt sein messianisches Werk. – Der Heilige Geist hat ihm das Dasein gegeben, der Geist führt ihn an den Jordan und in die Wüste, der Geist leitet ihn, wenn er sein messianisches Werk vollzieht. Demütiger Gehorsam und die Kraft des Heiligen Geistes offenbaren uns das Geheimnis des Wirkens Jesu.

II. TEIL

JESU WIRKEN IN GALILÄA
(4,14 – 9,50)

I. DER AUFBRUCH (4,14 – 6,16)

Petrus sprach zum Hauptmann Kornelius: „Ihr wißt, was sich im ganzen Judenland zugetragen hat, angefangen von Galiläa nach der Taufe, die Johannes predigte. Wie Gott Jesus von Nazareth mit dem Heiligen Geist und mit Kraft gesalbt hat; wie er umhergezogen ist, Gutes tuend und alle heilend, die in der Gewalt des Teufels waren; denn Gott war mit ihm. Wir sind Zeugen von all dem, was er tat im Land der Juden . . ." (Apg 10,37 ff.). Was hier in wenigen Sätzen über die Tätigkeit Jesu zusammengerafft ist, wird im Evangelium illustriert. Dreimal setzt Lukas an (4,14; 5,12; 6,1), dreimal schließt die Tätigkeit Jesu mit Berufungen der Zeugen (5,1 ff.; 5,27 ff.; 6,12 ff.).

1. Anfangend in Galiläa (4,14 – 5,11)

a) Überschrift: In Galiläa (4,14–15)

14 *Und Jesus kehrte in der Kraft des Geistes nach Galiläa zurück; und Ruf ging aus in der ganzen Gegend über ihn.*

Jesus ist am Jordan „mit dem Heiligen Geist und mit Kraft gesalbt worden"; *in der Kraft dieses Geistes* beginnt er sein Wirken, wie durch die Kraft des Geistes sein Leben begann. Der Geist führt ihn nach Galiläa; dort begann sein Leben. Der Engel wurde von Gott in eine Stadt Galiläas gesandt (1,26). In Galiläa beginnt auch sein Wirken. Im verachteten „Galiläa der Heiden" sprießt durch die Kraft des Geistes das Heil auf.

Das Wirken in der Kraft des Geistes schafft Bewunderung und *Ruf*, der sich über die ganze Umgegend verbreitet. Der

Geist wirkt in die Weite; seine Kraft will die Welt umwandeln, heiligen, unter die Herrschaft Gottes bringen. Der Anfang des Wirkens in Galiläa wird bis an die Grenzen der Erde dringen. Wenn Jesus das Ziel seiner Tätigkeit, die in Galiläa beginnt, zu Jerusalem erreicht hat, werden die Jünger in der Kraft des Geistes ausziehen, und sein Ruf wird die ganze Welt erfüllen.

15 Und er lehrte in ihren Synagogen, gepriesen von allen.

Jesu erste Tätigkeit ist nach Lukas *lehrend*, nach Markus ausrufend nach der Art eines Heroldes: „Erfüllt ist die Zeit, und genaht hat sich das Reich Gottes. Kehrt um und glaubt an die Frohbotschaft" (Mk 1,14 f.). Lukas denkt: Mit dem Kommen Jesu ist die Heilszeit bereits da; Jesus ruft sie nicht als Herold aus, sondern lehrt, was diese Heilszeit ist und gibt.
Die *Synagogen* mit ihrem wöchentlichen Wort- und Gebetsgottesdienst sind der vorgegebene Raum für die Lehrtätigkeit Jesu. Seine Lehre ist auch Schriftauslegung; die prophetischen Verheißungen werden jetzt erfüllt. Wie Jesus werden es die Apostel halten, wenn sie das Wort Gottes in die Welt tragen: anfangend in den Synagogen, werden sie die Erfüllung der Verheißungen verkünden (vgl. Apg 13,16–41).
Wohin immer der Ruf Jesu dringt, beginnt seine Verherrlichung; sein Ruf findet Echo darin, daß er *gepriesen* wird. Der Raum, in den sein Ruf eindringt, wird die Welt sein; *alle* in vollem Sinn werden ihn verherrlichen. Der Geist Gottes ruht nicht, bis „jede Zunge bekennt: Herr ist Jesus Christus zur Verherrlichung Gottes des Vaters" (Phil 2,11). Das Wort Gottes läuft zur Verherrlichung Gottes.

b) In Nazareth (4,16–30)

16 Und er kam nach Nazareth, wo er aufgezogen worden war, und ging nach seinem Brauch am Sabbattag in die Synagoge und stand auf, um zu lesen. 17 Und gereicht wurde ihm das Buch des Propheten Isaias, und als er das Buch öffnete, fand er die Stelle, wo geschrieben war: ...

In einer Stadt Galiläas mit Namen *Nazareth* (1,26) wurde Jesus empfangen und aufgezogen und reifte zum Mann und mußte nach dem Willen des Geistes sein Werk beginnen. Durch diese Stadt, die ohne Bedeutung und ungläubig war, die Anstoß an seiner Botschaft nahm und ihn zu morden suchte, war sein Anfang geprägt. Sein Anfang ist Anfang aus dem Nichts, der Ungläubigkeit, der Sünde, der Ablehnung... und dennoch begann er.

Jesus begann mit dem, was heiliger *Brauch* war beim Synagogengottesdienst, am Sabbat, in der Ordnung des Ritus beim Gottesdienst. „Er ist geworden unter dem Gesetz" (Gal 4,4), wie es die Kindheitsgeschichte gezeigt hat. Seine Zeit ist Zeit der Erfüllung aller Verheißungen. Die Heilsgeschichte zerstört nicht das Begonnene, sondern vollendet es.

Beim Sabbatgottesdienst wurden Gebete gesprochen und die Heilige Schrift gelesen. Die Gesetzesbücher (die fünf Bücher Moses) wurden fortlaufend gelesen, die prophetischen Bücher waren der freien Wahl überlassen. Jedem männlichen Israeliten stand das Recht zu, diese Lesung vorzunehmen und eine Auslegung, ein Wort der Mahnung, daranzufügen. Zum Zeichen, daß er von diesem Recht Gebrauch machen wolle, erhebt er sich vom Sitz. *Jesus stand auf.* Damit beginnt das Rituale der Schriftlesung, das sie wie ein Rahmen umgibt, wie die Fassung den Edelstein. Lukas zeichnet bis ins kleinste das

Zeremoniell auf: Gereicht wurde ihm das Buch des Propheten Isaias, er öffnete es. Nachdem die Schrift gelesen war, rollte er das Buch zusammen, gab es dem Diener und setzte sich. Jesus fügt sich diesem Rituale. Die Schrift enthält Gottes Wort; darum gebührt ihr Ehrfurcht und heilige Behandlung.

Die Schriftstelle, die zur Lesung kam, war dem *Buch des Propheten* Isaias entnommen. Jesus fand sie, nicht zufällig, sondern unter der Leitung des Heiligen Geistes, mit dem er gesalbt war und in dessen Kraft er handelte. Isaias war der Prophet der Wartenden in den Tagen Jesu. Maria vernahm ihn in der Verkündigung, Symeon war von ihm inspiriert und erleuchtet, der Täufer erkennt durch ihn seine Sendung, die Leute von Qumran haben sich durch ihn aufgerichtet. Auch Jesus spricht durch ihn seine Sendung aus.

[18] *Geist des Herrn auf mir, weil er mich gesalbt hat, die frohe Botschaft zu verkünden den Armen, hat er mich gesandt, zu verkünden den Gefangenen Erlösung und den Blinden, daß sie aufschauen, zu entlassen die Niedergebeugten in Freiheit,* [19] *zu verkünden ein willkommenes Jahr des Herrn.*

Die Worte sind Isaias 61,1 f. entnommen; nur eine Zeile ist geändert. „Zu entlassen die Niedergebeugten in Freiheit" (Is 58,6) ersetzt die Worte: „Zu verbinden zermürbte Herzen". Durch diese Änderung erhält die ganze Stelle feine Gliederung. Die erste und zweite Zeile sprechen von Ausrüstung mit dem Geist und Auftrag durch Gott, die übrigen vier Zeilen vom Werk des Heilsbringers. Die erste und die letzte und die beiden mittleren Zeilen entsprechen sich; die erste und die letzte Zeile sprechen von der Verkündigung und Botschaft, die mittleren von Heilandstätigkeit. Der Heilbringer wirkt durch Tat und Wort, er ist Erlöser und Siegesbote.

Das Heil ergeht an die Armen. Die Heilszeit, die der Prophet verkündet, ist *willkommenes Jahr des Herrn,* gleicht dem Jobeljahr, von dem es heißt: „Ihr sollt das fünfzigste Jahr weihen und sollt Freilassung im Land für alle seine Bewohner verkünden; als Jobeljahr soll dies euch gelten. Ein jeder kehre zu seinem Besitz zurück und ein jeder zu seinem Geschlecht."[44]

[20] *Und er rollte das Buch zusammen und gab es dem Diener und setzte sich; und aller Augen in der Synagoge waren gespannt auf ihn gerichtet;* [21] *er begann aber zu ihnen zu sprechen: Heute ist erfüllt dieses Schriftwort in euren Ohren.*

Der Schriftlesung folgt der Lehrvortrag (Apg 13,15). Er ist in einem lapidaren Satz voll Eindringlichkeit und Kraft zusammengefaßt. *Heute ist dieses Schriftwort erfüllt.* Am Anfang steht das Heute,[45] nach dem die Propheten ausgeschaut haben, das die große Sehnsucht war, jetzt ist es da. Während Jesus dieses Wort ausspricht, ist das willkommene Jahr des Herrn angebrochen. Die Heilszeit ist durch Jesus verkündet und gebracht. Das ist das unerhört Neue dieser Stunde. Frommes Brauchtum und Schriftwort, das Verheißung war, erhält Erfüllung.

In euren Ohren. Daß die Heilszeit begonnen hat und der Heilsbringer da ist, kann nur durch Vernehmen dieser Botschaft erfaßt werden, gesehen und erlebt wird es nicht. Die Heilsbotschaft verlangt Glauben, der Glaube kommt aus dem Hören, ist Antwort auf Anspruch.

Die Weissagung, die erfüllt wird, ist das Programm Jesu, das nicht er selbst erwählt hat, sondern das ihm Gott vorgezeichnet hat. Jesus ist der Messias, der mit Geist gesalbt ist und in der Kraft des Geistes wirkt. Er ist von Gott gesandt; durch ihn besucht Gott selbst die Menschen. Heute ist die heilbringende Einkehr geschehen, die nicht versäumt werden darf.

Jesus wirkt durch Wort und Tat, durch Lehren und Heilen. Die Gnadenzeit ist *für die Armen*, die Gefangenen und Niedergebeugten angebrochen. Gerade der Jesus des Lukas-Evangeliums ist der Heiland dieser Gebeugten. Das große Geschenk, das Jesus bringt, ist Freiheit: Freiheit von der körperlichen und geistigen Blindheit, Freiheit von der Armut und Knechtung, Freiheit von der Sünde.

Solange Jesus auf Erden weilt, dauert das angenehme willkommene „Jahr des Herrn". Nach ihm haben die Menschen vor Jesus ausgeschaut, auf dieses schaut die Kirche zurück. Es ist die Mitte der Geschichte, die größte der Großtaten Gottes. In der Freude und im Glanz dieses Jahres geht unter, was Isaias auch über dieses Jahr zu sagen hatte: „Auszurufen ein huldvolles Jahr des Herrn und einen Rachetag unseres Gottes" (Is 61,2). Der Messias ist zuerst und alles überstrahlend der Spender des Heils und nicht der verdammende Richter.

22 Und alle gaben ihm Zeugnis und wunderten sich über die Rede der Huld, die aus seinem Munde ausging, und sagten: Ist dieser nicht Sohn des Joseph?

Jesus hatte zugenommen an Huld bei Gott und den Menschen (2,52). Jetzt stand er als der vor ihnen, der zum Ende der Vorbereitung gekommen, mit Geist gesalbt war und seine Sendung zu erfüllen angefangen hat. Die Huld Gottes ist zum Aufblühen gekommen. Alle gaben ihm das *Zeugnis*, daß seine Worte die Huld Gottes ausdrückten und die Huld der Menschen entfachten. „Erschienen ist die Huld Gottes, die rettende, für alle Menschen" (Tit 2,11). „Gott war mit ihm" (Apg 10,38). Das ist der erste Eindruck und das erste Erlebnis dessen, der Jesus kennenlernt. So erlebten ihn Nazareth, Galiläa und heute noch die Kinder, die Vorurteilslosen und Heilshungrigen, wenn sie zum Evangelium Jesu kommen.

Im nächsten Augenblick aber erwacht der Anstoß: *Ist dieser nicht Sohn des Joseph?* Die Menschlichkeit seines Daseins wird zum Anstoß, sein Wort, das Anspruch war, zum Ärgernis. Die Botschaft wird begrüßt, der Heilsbringer der Botschaft aber abgelehnt. Aus dem Menschlichen, in dem sich Gottes Huld offenbart, erwacht die Ablehnung. Der Mensch wird gereizt, weil ein Mensch den Anspruch erhebt, als Gesandter Gottes gehört zu werden. Jesu Heimat lehnt ihn ab, weil er Landsmann ist und nicht seinen Anspruch ausweist, der gottgesandte Heilsbringer zu sein. Erst recht wird sein Tod Anstoß erregen. Den gleichen Anstoß erregen die Apostel, die Kirche und wer immer als Mensch die Botschaft Gottes verkündet.

23 *Und er sprach zu ihnen: Überhaupt werdet ihr mir dieses Sprichwort sagen: Arzt, heile dich selbst. Alles, was wir gehört haben, als geschehen in Kapharnaum, das wirke auch hier in deiner Vaterstadt.* **24** *Er aber sagte: Wahrlich, ich sage euch: Kein Prophet ist willkommen in seiner Vaterstadt.*

Die Nazarethaner wollen ein Zeichen dafür, daß Jesus der verheißene Heilsbringer ist. Die Zeichenforderung taucht wieder auf. Der Mensch stellt sich fordernd vor Gott und erhebt Anspruch, daß er die Sendung seines Propheten so ausweise, wie es dem Menschen gefällt. Soll sich Gott aber vor den Menschen beugen? Gott gibt das Heil, aber nur dem, der sich im Glaubens-Gehorsam vor ihm beugt, wartet und verstummt. Er verlangt den Glauben, das anerkennende Ja zu seinen Verfügungen. Die Nazarethaner aber glaubten nicht (Mk 6,6).

Nach menschlichem Urteil mußte sich doch Jesus, der in Kapharnaum Wunder gewirkt hatte, auch in seiner Vaterstadt durch Wunder ausweisen. Der *Arzt,* der sich selbst nicht zu heilen vermag, verscherzt sein Ansehen und zerstört Vertrauen und Glauben an sich. Wozu hat er die Fähigkeit, wenn er sie nicht einmal für sich gebraucht? Die Nazarethaner verkennen Jesus, weil sie nach rein menschlichen Maßstäben urteilen. Er ist Prophet und handelt im Auftrag Gottes. Nicht was die Nazarethaner verlangen, entscheidet sein Handeln, nicht was seinem Vorteil dient, unternimmt er, sondern allein, was Gott will. Das Ansinnen der Nazarethaner ist das Ansinnen des Versuchers gewesen. Die Nazarethaner verkennen Jesus, weil sie seine göttliche Sendung nicht erkennen.

²⁵ *In Wahrheit aber sage ich euch: Viele Witwen waren in den Tagen des Elias in Israel, als der Himmel für drei Jahre und sechs Monate verschlossen wurde, wie eine große Hungersnot über die ganze Erde kam.* ²⁶ *Und zu keiner von ihnen wurde Elias gesandt, außer nach Sarepta in Sidonien zu einer Witwe;* ²⁷ *und viele Aussätzige waren in Israel zur Zeit des Elisäus, des Propheten, und niemand von ihnen wurde gereinigt außer Naam der Syrer.*

Der Prophet handelt nicht in eigener Entscheidung, sondern nach der *Verfügung Gottes,* der ihn gesandt hat. Für die beiden Propheten Elias und Elisäus hat er verfügt, daß sie ihre wunderbare Hilfe nicht Landsleuten erwiesen, sondern fremden Heiden. Jesus darf nicht in der Vaterstadt die Heilstaten vollziehen, sondern muß in die Fremde gehen. Gott wahrt sich seine Freiheit in der Zuteilung des Heils.

Die Nazarethaner können keinen *Rechtsanspruch* auf das Heil erheben, weil sie Landsleute des Heilbringers sind und in Blutsgemeinschaft mit ihm stehen. Israel hat keinen Anspruch auf das Heil, weil der Messias aus ihm stammt. Die Herrschaft Gottes, die Jesus verkündet und bringt, gibt das Heil den Menschen seines Wohlgefallens. Das Heil ist Gnade.

Elias[46] und Elisäus wirken die Wunder der Totenerweckung und der Heilung vom Aussatz an Fremden. Jesus wird in Naim den Toten erwecken (7,11 ff.) und einen Samariter vom Aussatz befreien (17,12 ff.). Nicht die Verbundenheit durch das Volk entscheidet, sondern die *Gnade Gottes* und der gläubig wartende Heilshunger. Zuerst verkündet er den Landsleuten die Heilsbotschaft, aber er geht zu den Fremden, nachdem jene ihn abgelehnt hatten. Paulus und Barnabas sagen zu den Juden: „Es ist notwendig, daß zuerst euch das Wort Gottes gesagt wird; weil ihr es aber abgewiesen und euch des ewigen Lebens nicht würdig erwiesen habt, siehe, darum wenden wir uns an die Heiden" (Apg 13,46 f.).

Jesus nimmt das Wirken der großen *Propheten* wieder auf. Der Eindruck, den Jesus im Volk hinterließ, lautet: „Er ist ein prophetischer Mann, mächtig in Wort und Tat vor Gott und allem Volk" (24,19). Gott sucht durch Jesus sein Volk gnadenvoll heim, wie er es durch die Propheten getan hat. Das Prophetenlos aber ist auch das Los Jesu.

[28] *Und alle in der Synagoge wurden mit Zorn erfüllt, als sie dies hörten.* [29] *Und sie sprangen auf und trieben ihn außerhalb der Stadt hinaus und führten ihn bis zum Bergabhang, auf dem ihre Stadt erbaut war, daß sie ihn hinabstürzten.* [30] *Er aber ging hindurch durch ihre Mitte und wanderte weiter.*

Wer als Prophet auftritt, muß sich durch Zeichen und Wunder ausweisen (Dt 13,2 f.). Jesus weist sich nicht aus; darum fühlen sich die Nazarethaner verpflichtet, ihn zu *verurteilen* und als Gotteslästerer zu steinigen. Die Strafe für Gotteslästerung wurde dadurch eingeleitet, daß der Schuldige rücklings durch den ersten Zeugen von einer Anhöhe hinabgestoßen wurde. Die ganze Versammlung macht sich zum Richter über Jesus, verurteilt ihn und will das Urteil sofort vollziehen. Jesu Scheitern in seinem Volk kündet sich an. Er wird aus der Gemeinschaft seines Volkes ausgewiesen, als Gotteslästerer verurteilt und getötet.

Jesus entgeht aber dem Zorn seiner Landsleute. Er wirkt kein Wunder, aber niemand legt Hand an ihn. Die *Zeit seines Todes* ist noch nicht gekommen. Über sein Leben und seinen Tod verfügt Gott. Selbst der Tod Jesu kann nicht verhindern, daß er auferweckt wird, zum Vater geht, um immer zu leben und zu wirken.

Nazareth wird für immer verlassen und der *Weg zu den Fremden* genommen. Nicht die Landsleute werden die Zeugen der großen Taten Gottes durch Jesus, sondern Fremde. Gott kann sich aus den Steinen der Wüste Kinder Abrahams erwecken.

Die Begebenheit in Nazareth hat Lukas an die Spitze der Wirksamkeit Jesu gesetzt. Sie ist die Ouvertüre des Wirkens Jesu. Viele Motive klingen an, die im Verlauf des Evangeliums und der Apostelgeschichte aufgeschrieben und entfaltet werden ...

c) In Kapharnaum (4,31–44)

[31] *Und hinab ging er nach Kapharnaum, eine Stadt Galiläas. Und er lehrte sie an den Sabbaten,* [32] *und sie erschraken über seine Lehre; denn in Vollmacht war sein Wort.*

Nazareth liegt auf einem Berg, *Kapharnaum* am See. Er ging hinab. Nachdem ihn seine Vaterstadt, in der er aufgewachsen war, abgelehnt hatte, wählt er das fremde Kapharnaum als seine neue Heimat (Mt 4,13). Das Wort Gottes geht von Galiläa aus. Nicht ohne Grund wird Kapharnaum *eine Stadt Galiläas* genannt. In Galiläa werden die ersten Jünger gesammelt, die Zeugen der Kirche erwählt; sie heißen auch „Galiläer" (Apg 2,7). Die Heilspläne Gottes erreichen, was sie wollen, auch trotz Ablehnung der Menschen.

In Kapharnaum wirkt Jesus auf die gleiche Weise wie in Nazareth. Er *lehrt* am Sabbat in der Synagoge beim Gottesdienst und deutet die Schrift in dem neuen Verständnis, daß die Verheißungen jetzt erfüllt werden. Die Lehre ruft staunendes *Erschrecken wach*. Sein Wort ist Macht; denn er redet in der Kraft des Geistes. Gottes Wort ist schaffende Kraft. „Lebenspendend ist das Wort und kraftgeladen" (Hebr 4,2).

[33] *Und in der Synagoge war ein Mann, der einen Geist eines unreinen Dämons hatte, und er schrie mit lauter Stimme auf: Laß ab, was ist zwischen uns und dir, Jesus von Nazareth?* [34] *Bist du gekommen, uns zu vernichten? Ich kenne dich, wer du bist, Heiliger Gottes.*

Zum Wort mit Vollmacht kommt die machtvolle Tat. Der Geist, der den Besessenen beherrschte, war ein böser Geist, ein *Dämon, der unrein macht*. Das Bild, das die Evangelien von den Besessenen entwerfen, wird durch das Bild eines Geisteskranken nicht voll gedeckt. Böse Geister nehmen auf Menschen Einfluß. In den Besessenen wird letztlich offenbar, wie es mit dem Menschen ohne Erlösung steht.

Der Dämon kann die Gegenwart Jesu nicht ertragen. Vom bösen Geist gedrängt, schreit der Besessene auf. Jesus von Nazareth, „der Heilige Gottes", und die unreinen Geister sind unversöhnliche Gegensätze. Die Heilszeit, die jetzt angebrochen ist, bringt über die bösen Geister das Verderben.

Der unreine Geist legt ein vollendetes Glaubensbekenntnis ab: Jesus von Nazareth, *der Heilige Gottes* (Jo 6,69). Der Heilige Gottes ist der Messias. „Was aus dir geboren wird, genannt wird es heilig, Sohn Gottes" (1,35). Jesus wird vom Engel des Himmels, von den Dämonen der Hölle als „Heiliger Gottes" bekannt – und von den Menschen? „Gott hat ihn erhöht und ihm den Namen verliehen, der über jeden Namen ist, daß sich im Namen Jesu ein jedes Knie beuge von denen, die im Himmel, auf der Erde und unter der Erde sind, und jede Zunge bekenne: Herr ist Jesus Christus" (Phil 2,9 ff.). Was für ein Weg, daß ihn die Menschen bekennen!

³⁵ *Und Jesus bedrohte ihn und sagte: Verstumme und fahre aus von ihm! Und der Dämon zerrte ihn in die Mitte und fuhr von ihm aus, ohne ihm aber Schaden zuzufügen.*

Das *Drohwort* Jesu hat göttliche Macht. „Die Säulen des Himmels geraten ins Wanken, vor seinem Drohen erbeben sie" (Job 26,11). Auch die Dämonen müssen sich vor Jesus beugen, von dem das Drohen Gottes gegen sie gesprochen wird.

Das Glaubensbekenntnis des Dämons wird zurückgewiesen. „Der Glaube ist, wenn er nicht Werke hat, in sich tot. Aber es wird jemand sagen: Du hast Glauben und ich habe Werke; zeige mir deinen Glauben ohne die Werke, und ich will dir zeigen aus meinen Werken den Glauben. Du glaubst, daß ein Gott ist? Du tust gut; auch die Dämonen glauben und zittern" (Jak 2,17–20). Das Glaubensbekenntnis muß von gottgefälligen Werken und vom Lobpreis Gottes begleitet sein.

Der Dämon wehrt sich, aber sein Toben ist ohnmächtig. *Er kann nicht Schaden zufügen.* Lukas schreibt einen ärztlichen

Ausdruck. Er ermißt, was Jesus getan hat. Jesus hat übermenschliche Macht, Macht, die auch die dämonischen Kräfte übertrifft. Gott wirkt durch ihn, den Heiligen Gottes, durch den sich Gott als heilig, als den ganz anderen, den Mächtigen erweist.

[36] *Und es entstand Staunen bei allen, und sie sprachen miteinander und sagten: Was ist das für ein Wort, daß es in Macht und Kraft über die unreinen Geister gebiete und sie fahren aus?* [37] *Und der Ruf über ihn verbreitete sich über jeden Ort der Umgegend.*

Die Macht-Tat Jesu löst Scheu und Staunen aus. Sie sprechen nur *miteinander.* Die Ergriffenheit verbietet ihnen, laut zu sprechen. Scheue Bewunderung, Staunen, Verstummen sind Vorstufen des Glaubens, Weg zur Anerkennung Gottes und seiner Offenbarung.

Bewundert wird das Wort. Jesu Wort hat Macht und Kraft, göttliche Vollmacht. Was ist das für ein Wort? Staunendes Fragen ist Weg zur Erkenntnis Jesu.

Das machtvolle Wort findet Echo. Sein *Ruf* verbreitet sich über jeden Ort der Umgegend. Das Wort drängt in die Weite, es will immer größere Räume erfüllen. Das Echo des Wortes Jesu ist das Preisen Jesu durch die Menschen.

[38] *Er aber stand auf und ging aus der Synagoge in das Haus des Simon. Die Schwiegermutter des Simon aber war von großem Fieber befallen. Und sie baten ihn für sie.* [39] *Er stellte sich über sie, drohte dem Fieber, und es verließ sie. Sofort aber stand sie auf und diente ihnen zu Tisch.*

Die Kranke liegt auf einer Matte. Jesus tritt wie ein Arzt zu ihrem Haupt. *Er stellte sich über sie.* Das gleiche Drohwort wird über das Fieber gesprochen wie über den Dämon. Das

Wort wirkt. Sofort tritt die Heilung ein. Dem Worte Gottes, das Jesus spricht, kann nichts widerstehen.

Die geheilte Schwiegermutter *dient bei Tisch*. Ein Gastmahl wird gehalten, und die Geheilte wartet auf. Sofort und völlig war die Krankheit beseitigt. Jesus gewinnt im fremden Kapharnaum im Haus des Simon eine neue Heimat. „Meine Mutter und meine Brüder sind die, die das Wort Gottes hören und befolgen" (8,21). Das Haus des Simon steht der Synagoge gleich. Hier wie dort wirkt das Wort Jesu die Heilstaten Gottes. Das Wort dringt aus der Synagoge hinaus in die Häuser der Menschen hinein.

[40] *Als aber die Sonne untergegangen war, brachten alle die Kranken, so viele sie immer auch mit verschiedenen Krankheiten hatten, zu ihm; er aber legte jedem von ihnen die Hand auf und heilte sie.* [41] *Aber auch die Dämonen fuhren von vielen aus schreiend und sagend: Du bist der Sohn Gottes, und sie bedrohend, ließ er sie nicht sprechen, weil sie wußten, daß er der Christus sei.*

Eindringlich wird gesagt, daß Jesus Heiland aller in allem war. „Alles Fleisch wird das Heil Gottes schauen", so hat ihn der Täufer verkündet. Die Gnade Gottes ist in Jesus überströmend. Jedem von ihnen legte er die Hand auf. Die Heilung geschieht durch die Kraft des Geistes, den Jesus besitzt. Die Handauflegung ist Mitteilung der Kraft, die in ihm ist und heilt. *Jedem* legte er die Hand auf. Darin drückt sich seine Güte aus. Er nimmt sich aller an, indem er sich jedes einzelnen annimmt.

Die *Dämonen* wehren sich gegen Jesus. Indem sie seinen Namen ausrufen, wollen sie ihn entmächtigen. In der Antike glaubte man, der Dämon könne durch Aussprechen seines Namens gebannt werden. Den Namenszauber, den die Menschen gegen die Dämonen anwenden, wenden sie gegen Jesus an. In dem Kampf, der zwischen Jesus und den Dämonen entbrennt, da die Heilszeit angebrochen ist, bleibt Jesus der Sieger trotz aller Versuche der dämonischen Gewalten.

Die Größe Jesu zeigt sich in dem Titel „Sohn Gottes"; dieser Titel wird ihm gegeben, weil er Christus (der Gesalbte) ist. Jesus ist von Anfang an mit Geist gesalbt, darum heißt er auch Sohn Gottes (1,35). Jesus ließ sie aber nicht sprechen. Er will nicht das Bekenntnis von Dämonen empfangen. Das Bekenntnis, daß Jesus der Sohn Gottes, der Christus, der Heilige Gottes ist, wird durch den Todesweg Christi erworben (Phil 2,8 ff.). Handauflegung und Wort sind die Machtäußerungen des Geistes, der in Jesus wirkt.

[42] *Als es aber Tag wurde, ging er fort und wanderte auf einen einsamen Berg; und die Volksscharen suchten ihn und kamen bis zu ihm und suchten ihn festzuhalten, daß er nicht von ihnen ziehe.* [43] *Und er sagte zu ihnen: Auch den anderen Städten muß ich die Frohbotschaft vom Reich Gottes bringen; denn dazu bin ich gesandt.* [44] *Und er kündete in den Synagogen Judäas.*

Jesus läßt sich nicht in Kapharnaum zurückhalten. *Er wandert.* Zweimal ist dies ausgedrückt. Markus berichtet vom Gebet Jesu auf dem Berg (Mk 1,35), Lukas spricht gern vom einsamen Beten Jesu; aber diesmal versagt es sich Lukas, davon zu sprechen. Jesus wandert ohne Verzögerung. Das Wort drängt in die Weite – durch niemand und durch nichts läßt er sich festhalten.

Jesus kann sich nicht auf eine Stadt festlegen. Er muß wandern. Das ist seine Sendung und das *Muß* des göttlichen Ratschlusses. Das Wort Gottes, das ihm aufgetragen ist, drängt ihn in die Weite. Nicht persönliche Vorteile, nicht die Volksscharen entscheiden über sein Leben, sondern das Wort, im letzten Gott.

Das Wirken Jesu ist Verkünden der Frohbotschaft, daß *Gottes Reich* da ist. Diese Botschaft soll das ganze Land der Juden erfüllen. Das Wirkfeld dehnt sich aus: von Nazareth nach Kapharnaum und in seine Umgegend, von da nach Judäa, was das ganze Land Palästina bedeutet. In allen Synagogen erschallt seine Botschaft, aber nur in den Synagogen, im Volk Israel. Erst wenn er erhöht ist, wird das Wirkfeld seiner Verkündigung von jeder Grenze frei sein.

d) Die ersten Jünger (5,1–11)

1 Es geschah aber, als das Volk ihn bedrängte und das Wort Gottes hörte, und er stand am See Genesareth 2 und sah zwei Boote am See liegen; die Fischer aber waren von ihnen weggegangen und wuschen die Netze, 3 er aber stieg in eines der Boote, das des Simon war, und bat ihn, vom Land ein wenig wegzufahren; er setzte sich aber und lehrte vom Boot aus die Scharen.

Am See Genesareth bricht der Morgen an. Jesus steht am Ufer und verkündet das Wort Gottes. Viel Volk umlagert ihn, bedrängt ihn – da *besteigt er eines der Boote,* die am Strande liegen, setzt sich als Lehrer im Boot nieder und lehrt von da aus die Volksmassen, die am See standen. Das Wort Gottes zieht die Menschen an – in großen Massen.

Das Boot, das Jesus besteigt, gehört *Simon.* Ihn hatte er bereits kennengelernt, war in sein Haus eingekehrt, hatte seine Schwiegermutter geheilt, war Gast bei ihm. Jetzt hatte er seine Dienste für sich und das Volk in Anspruch genommen. Auch Simon kennt Jesus, seine Macht im Heilen und die

Macht seines Wortes. Wenn er sich Jesus anschließt, sobald er ihn ruft, ist dies gut vorbereitet und verständlich. Gottes Machtwort ergreift den Menschen menschlich.

⁴ Als er aber zu sprechen aufgehört hatte, sagte er zu Simon: Fahre hinauf in die Tiefe und werft eure Netze zum Fang aus. ⁵ Und Simon antwortete und sagte: Meister, die ganze Nacht hindurch haben wir uns abgemüht und nichts gefangen; auf dein Wort hin will ich die Netze auswerfen. ⁶ Und als sie dies getan hatten, schlossen sie eine große Menge Fische ein. ⁷ Ihre Netze aber waren am Zerreißen, und sie winkten ihren Genossen im anderen Boot, daß sie kämen, um mit ihnen zusammen zuzugreifen. Und sie kamen und füllten beide Boote, so daß sie tiefgingen.

Jesus richtet ein gebietendes Wort an Simon. Der Befehl hebt ihn aus den Volksscharen heraus, auch aus denen, die in den Booten waren; er gibt ihm Vorrang vor allen. Die langen (400–500 m) Hangnetze, ein System von drei Netzen, sollen am See, wo er tief ist, ausgeworfen werden. Dazu sind wenigstens vier Männer notwendig. Der Befehl stellt Simon vor eine Glaubensprobe. Nach menschlichem Ermessen, das auf alter Erfahrung der Fischer beruht, ist es zwecklos, jetzt die Netze auszuwerfen. Wenn in der Nacht nichts gefangen wurde, in der die Zeit des Fischens ist, wird erst recht jetzt am Morgen nichts gefangen werden. Erwählung und Berufung verlangen Glauben ohne Einsicht, „Hoffnung wider die Hoffnung" (Röm 4,18). So hat Maria geglaubt und gehofft, so Abraham.[47]

Simon anerkennt, daß Jesu Wort mit Vollmacht gebietet und zu wirken vermag, was mit menschlicher Kraft nicht vollbracht werden kann. *Meister … auf dein Wort hin.* Die Anrede „Meister" ist dem Lukas-Evangelium eigentümlich. Es gibt damit den Titel Lehrer oder Rabbi wieder. Lukas wollte damit offenbar zum Ausdruck bringen, daß Jesus Lehrer mit Macht und gebietender Kraft ist.

Der Glaube an das gebietende Wort des Meisters wird nicht enttäuscht. Die Netze sind durch das Gewicht der vielen Fische *am Zerreißen.* Weil Petrus kein Zeichen fordert, erhält er das Zeichen, das seinem Leben, seinem Verständnis und seiner Berufung entspricht. Gott handelt mit ihm wie mit Maria. So handelt Gott mit seinem Volk. Das Heil verlangt Glauben, aber Gott stützt den Glauben durch seine Zeichen.

8 Als dies Simon Petrus sah, fiel er zu den Knien Jesu nieder und sagte: Geh weg von mir, denn ein sündiger Mensch bin ich, Herr. 9 Staunendes Erschrecken hatte ihn nämlich erfaßt und alle, die mit ihm beim Fischfang waren, den sie zusammen gemacht hatten, 10a gleich wie aber auch Jakobus und Johannes, die Söhne des Zebedäus, welche die Genossen des Simon waren.

Simon sieht in Jesus eine Erscheinung (Epiphanie) Gottes.[48] Er hat das Wunder erlebt, die göttliche Macht, die in Jesus wirksam war. Die Erscheinung Gottes löst in ihm das Bewußtsein seiner *Sündhaftigkeit* aus, seiner Unwürdigkeit, die Furcht vor dem ganz anderen, dem heiligen Gott. Die Erscheinung des heiligen Gottes vor Isaias endet in dem Bekenntnis des Propheten: „Weh mir, ich bin verloren, denn ich bin ein Mensch mit unreinen Lippen ... und nun habe ich ... den Herrn der Heerscharen geschaut mit eigenen Augen" (Is 6,5). Die Bewunderung für Jesus zieht Simon zu ihm hin, das Bewußtsein seiner Sündhaftigkeit treibt ihn fort von ihm. Die Größe dessen, den er im Wunder erfahren hat, spricht er in dem Wort *Herr* aus.

Lukas gebraucht nicht mehr nur den Namen Simon, sondern

fügt auch *Petrus* bei. Simon, Fels. In dieser Stunde, in der sich Simon für den Glauben an Jesu Wort entscheidet, ist der Grund gelegt für die Verheißung: „Du bist Petrus, das ist Fels; auf diesen Felsen will ich meine Kirche bauen" (Mt 16,18), für den Beruf, die Brüder zu stärken: „Du hinwieder stärke deine Brüder" (22,32), für die Übertragung des Hirtenamtes (Jo 21,15 ff.). Durch den Glauben wird Simon zum Fels bereitet.

Das staunende Erschrecken über den unerwarteten Fischfang hatte ebenso wie Petrus auch die beiden Söhne des Zebedäus, *Jakobus und Johannes,* ergriffen. Lukas lenkt den Blick nur auf diese drei, obwohl noch wenigstens ein vierter dagewesen sein muß, um mit dem Netz zu hantieren. Simon, Jakobus und Johannes sind die drei bevorzugten Apostel, die Zeugen der intimen Offenbarungen Jesu, der Erweckung der toten Tochter des Jairus, der Verklärung und der Ölbergsangst. Sie waren mit Simon schon im Fischergewerbe verbunden, seine Teilhaber und Zunftgenossen. Jesus baut auf der alten Gemeinschaft eine neue auf.

[10b] *Und zu Simon sprach Jesus: Fürchte dich nicht; von nun an wirst du Menschen fischen.* [11] *Und sie zogen die Schiffe ans Land, verließen alles und folgten ihm nach.*

Jesus nimmt die Furcht von Simon und gibt seinen Auftrag. So geschah es auch, als der Engel Maria Gottes Auftrag überbrachte. Ehrfurcht vor dem heiligen Gott ist Grundlage für die Berufung, in der sich Gott als der Heilige und Große erweisen will.

Wie Simon bisher Fische aus dem See ins Netz eingefangen hat, so soll er von nun an *Menschen ins Reich Gottes hineinholen.* Er soll sie zusammen „einschließen", wie durch einen Schlüssel. Klingt das Wort von dem Schlüssel des Himmelreiches an, den Petrus erhalten soll? Das Wort verheißt, beruft und will mit Vollmacht ausstatten.

Der Ruf Jesu wirkt mit Macht. Er ruft, die er will, und macht sie zu dem, was er will. So hat auch Gott mit den Propheten gehandelt. Simon und auch Jakobus und Johannes zogen die Schiffe ans Land und stellen die Fischerei ein; sie verlassen alles: Schiff, Netze, den Vater, das Heim. Neue Lebenserfüllung ist angebrochen. Sie *folgten Jesus als Jünger nach,* gingen von nun an hinter Jesus her, wie die Rabbinenschüler hinter ihrem Lehrer, um sich sein Wort, seine Lehre und seine Lebensweise anzueignen. Was ihr Leben von jetzt an ausfüllt, ist Jesus, das Reich Gottes, das Menschenfischen. Simon hat die Epiphanie Gottes in Jesus erlebt, sich als Sünder erkannt und Berufung und Heilswerk erhalten. Die Heilszeit ist angebrochen: Erkenntnis des Heils durch Vergebung der Sünden (1,77). Die Herrschaft Gottes offenbart sich in der Aufnahme der Sünder.

Der Anfang des Wirkens in Galiläa ist *Simon Petrus* gewidmet. Die Vaterstadt hat Jesus verworfen, an der Grenze des Landes Galiläa am See Genesareth nimmt ihn Petrus auf und schließt sich ihm an. Die Teufelsaustreibung in der Synagoge, die Heilung der Schwiegermutter, die vielen Wunder am Abend vor seinem Haus finden die Krönung im Wunder des Fischfangs. Die Stätten seines Lebens, an denen er betete, mit seiner Familie lebte, arbeitete, werden durch die Heilstaten Gottes von ihrem Elend befreit, vom Einfluß des Teufels, von Krankheit und Elend, von Erfolglosigkeit. Jetzt wird er von allem bisherigen herausgehoben und soll Menschenfischer für Gottes Reich sein, im Dienst Jesu und seines Machtwortes.

2. Machttaten (5,12 – 5,39)

a) Heilung des Aussätzigen (5,12–16)

12 Und es geschah, während er in einer Stadt war, und siehe, ein Mann voll von Aussatz. Als er aber Jesus sah, fiel er auf sein Angesicht und bat ihn, indem er sprach: Herr, wenn du willst, kannst du mich rein machen; 13 und er streckte seine Hand aus, berührte ihn und sprach: Ich will, sei rein! Und sofort wich der Aussatz von ihm.

Jesus wirkt in einer der Städte, die er auf seiner Wanderpredigt besuchte (4,44). Der Aussätzige steht vor ihm in einer Stadt, die die Aussätzigen zu meiden hatten. „Der Aussätzige, der dieses Übel an sich hat, soll seine Kleider zerreißen, sein Haupthaar frei umherfliegen lassen, den Bart sich verhüllen und rufen: Unrein! Unrein! Solange er dieses Übel an sich hat, ist er unrein; er bleibt unrein und soll darum abgesondert werden; außerhalb des Lagers sei sein Aufenthalt" (Lv 13,45 f.). Er ist *voll Aussatz:* so konstatiert der Arzt. Aussatz ist unheilbar. Wer von ihm befallen ist, galt als tot.

Der Mann in seinem Elend kümmert sich nicht um das Gesetz, nicht um die Aussperrung von den Menschen, nicht um die bittere Erfahrung der Unheilbarkeit. Jesu Macht steht ihm höher als Gesetz und Tod. Er bekennt durch den Kniefall sein Elend, durch seine Bitte sein Vertrauen. Er legt sein Bekenntnis ab, daß er glaube, in Jesus wirke Gottes Kraft. *Du kannst mich rein machen.* Er bittet um das Erbarmen Jesu: Wenn du willst ... Jesus ist die Hoffnung seines Lebens. Sein Wille ist seine Existenz: in der Gemeinschaft mit Gott, mit den Menschen, im Leben ...

Jesus handelt mit Erbarmen. *Er streckt seine Hand aus und berührt ihn,* indem er sich über das Gesetz hinwegsetzt, weil er Erbarmen übt. Er holt ihn durch die Berührung in seine Gemeinschaft hinein, in die Gemeinschaft mit den Menschen, in die Gemeinschaft mit Gott. Er übernimmt die Worte der Bitte und macht sich eins mit dem Anliegen des Aussätzigen. Sein Wille macht ihn rein vom Aussatz und übergibt ihn dadurch wieder der Gemeinschaft mit Gott und dem Kult Gottes.

Durch das Wort Jesu wird der Aussätzige rein gemacht und rein erklärt. Jesus besitzt die Macht des Propheten Elisäus, der den aussätzigen Naam heilte, und die Macht der Priester Israels, welche rein erklären. Er ist ihnen überlegen: denn sein bloßes Wort macht rein und erklärt rein.

14 Und er gebot ihm, es niemand zu sagen, sondern: Geh hinweg, zeige dich den Priestern und bring die Gabe dar für deine Reinigung, wie Moses befohlen hat zum Zeugnis für sie. 15 Aber noch mehr verbreitete sich die Rede über ihn, und viele Scharen kamen zusammen, um zu hören und geheilt zu werden von ihren Krankheiten. 16 Er aber zog sich an einsame Stätten zurück und betete.

Jesus wirkt die Wunder nicht, um sich marktschreierisch anzupreisen. „Er zog umher, Gutes tuend und alle heilend, die in der Gewalt des Teufels waren; denn Gott war mit ihm" (Apg 10,38).

Das *Gesetz* schrieb vor, daß der geheilte Aussätzige sich von einem Priester rein erklären lasse (Lv 13,49) und das Reinigungsopfer darbringe (Lv 14,1–32). Jesus will, daß das Gesetz erfüllt werde; er war selbst dem Gesetz gehorsam. Die Priester sollten Zeugnis empfangen, daß die Heilszeit angebrochen ist; denn der Prophet verkündete, daß die Heilszeit Erlösung von den Krankheiten bringen werde.[49]

Das Wort von Jesus und seinem Heilswirken wandert weiter.

Jesus verbot zu reden, und doch verbreitete sich die Kunde. Das Wort hat in sich drängende Kraft in die Weite. Es holt immer neue Volksscharen heran, die Jesu Heilswort und Heilstat empfangen wollen.

Jesus geht in die *Einsamkeit, um zu beten.* Sein Wirken kommt aus der Gebetsgemeinschaft mit seinem Vater. Er wirkt, weil Gott mit ihm ist (Apg 10,38). Seine Gebetsgemeinschaft weist auf tiefere Gemeinschaft zurück.

b) Sündenvergebung (5,17–26)

[17] *Und es geschah an einem der Tage, und er lehrte, und da saßen Pharisäer und Gesetzeslehrer, die gekommen waren aus jedem Dorf Galiläas und Judäas und Jerusalems, und Kraft des Herrn war da, daß er heile.*

Lehren und Heilen ist Tätigkeit Jesu, hinter der die *Kraft Gottes* steht. Das Wort vom Lehren und Heilen ist durch ganz Palästina verbreitet, in jedes Dorf ist es gedrungen; die Pharisäer und Gesetzeslehrer, die überall im Lande wohnen, setzen sich mit ihm auseinander. Bevor noch Jesus selbst diesen Weg: Galiläa – Judäa – Jerusalem geht, ist ihm schon sein Wort vorausgegangen. Es hat selbst die alarmiert, die ihn am Ende dieses Weges zum Tod verurteilen werden.

[18] *Und siehe, Männer trugen auf einem Bett einen Mann, der gelähmt war, und sie suchten ihn hineinzubringen und vor ihn hinzustellen.* [19] *Und weil sie nicht fanden, wie sie ihn hineinbringen konnten wegen des Volkes, stiegen sie auf das Dach und ließen ihn durch die Ziegel hinab mit dem Bett in die Mitte vor Jesus.* [20] *Und als er ihren Glauben sah, sagte er: Mann, vergeben sind dir deine Sünden.*

Jesus wirkt in einem Haus. Die Volksmenge ist so gedrängt,

daß es nicht möglich ist, durch die Tür in das Haus vor Jesus zu kommen. Der Kranke wird durch das Dach, das geöffnet wird, hinuntergelassen. Die palästinensischen Häuser hatten ein flaches Dach, das aufgegraben werden konnte (Mk 2,4). Lukas schreibt von *Ziegeln*. Er denkt an ein griechisches Haus. Jesus ist als der lebendige Herr, der erhöht ist, in seiner Kirche gegenwärtig, aber zugleich lebt auch das Bild des Jesus der Erdentage in der Erinnerung der Kirche. Wie sollen wir den beim Vater lebenden Christus denken? Wie ihn in der Vorstellung tragen? Doch so, wie er auf Erden lebte und wirkte! Das Bild Jesu wird für uns leichter faßbar, wenn er in einer Welt erscheint, die wir verstehen, in der wir leben: Lukas stellt ihn in die griechische Welt hinein ...

Dem Gelähmten werden *die Sünden vergeben*. Das Wort, das die Vergebung feststellt, hat sie auch gewirkt; denn in Jesus wirkt die Kraft des Herrn. Jesus vergibt, als er ihren Glauben sah. Die Männer haben ihre ganze Hoffnung auf Jesus gesetzt; sie glaubten, daß seine Nähe dem Gelähmten Heilung bringe. Der einzelne ist in die Gemeinschaft hineingenommen; die Gemeinschaft trägt ihn. Erwartet wurde die Heilung des Leibes, empfangen die Heilung von der Sünde. Nach jüdischer Auffassung war die Heilung des Leibes von der Reinigung von Schuld abhängig. Ob Lukas daran dachte? Jesus heilt alle Übel des Menschen. Die Krankheit und die Sünde.

21 *Und bei sich zu überlegen begannen die Schriftgelehrten und die Pharisäer: Wer ist dieser da, der Gotteslästerungen spricht? Wer kann Sünden vergeben außer Gott allein?*

Wer sich Gottes Rechte anmaßt, *lästert Gott*. Macht und Recht der Sündenvergebung hat nur Gott allein. Sünde ist Vergehen gegen ihn; so kann auch er allein nur vergeben. Die

Überlegung war richtig; aber hätten sie nicht auch überlegen müssen, ob Gott diese Macht nicht dem übertragen kann, dem alle Macht übertragen wird?

Wer ist dieser da? Die Frage enthält bereits die Ablehnung. Sie ist verächtlich. Dieser Jesus kann die Macht der Sündenvergebung nicht haben. Die Frage nach der Sendung Jesu wird nicht gestellt, nicht einmal die Möglichkeit erwogen, daß Gott diese Macht hätte Jesus übertragen können. Die Einstellung der Nazarethaner kehrt in den Schriftgelehrten und Pharisäern wieder. Nur der Glaube an die göttliche Sendung kann Jesus die Macht der Sündenvergebung zubilligen. Die menschliche Erscheinung darf nicht Hindernis dieses Glaubens sein.

22 Jesus aber erkannte ihre Überlegungen und antwortete und sagte zu ihnen: Was überlegt ihr in euren Herzen? 23 Was ist leichter zu sagen: Vergeben sind dir deine Sünden, oder zu sagen: Steh auf und geh umher. 24 Damit ihr aber seht, daß der Menschensohn die Macht hat, auf Erden Sünden zu vergeben, sagte er dem Gelähmten: Ich sage dir, steh auf, nimm dein Bett und geh in dein Haus.

Jesus hat die Macht der Sündenvergebung. Gott hat ihm Anteil an seiner Macht gegeben. Jesus hat die Macht der Herzenserkenntnis; er kennt die Überlegungen der Gegner; das ist göttliche Macht. Er hat die Macht der Krankenheilung, die in diesem Fall das Schwerere ist, weil die Heilung festgestellt werden kann. Wenn er das Schwerere kann, vermag er um so mehr das Leichtere. Er hat die Macht der Sündenvergebung, weil er Menschensohn ist, dem Gott alle Macht übertragen hat.[50] Jesus ist Prophet, der Herzenskenntnis und Macht der Krankenheilung hat; er ist aber mehr als Prophet, weil er die Macht der Sündenvergebung besitzt. Er ist *Menschensohn*, dem alle Macht gegeben ist.

*²⁵ Und sofort stand er vor ihnen auf, hob auf, worauf er ge-
legen war, und ging in sein Haus, Gott verherrlichend.
²⁶ Und Entsetzen erfaßte alle, und sie verherrlichten Gott
und wurden von Furcht erfüllt und sagten: Wir haben
heute Unerhörtes gesehen.*

In der Menge der Tätigkeiten, die der Geheilte vollzieht, erweist sich die Freude an der Gesundung. Alles, was er tut,
ist begleitet von der *Verherrlichung Gottes.* Jesu Wirken hat
die Verherrlichung seines Vaters im Sinn. „Ich habe dich verherrlicht, indem ich das Werk vollbrachte, das du mir aufgetragen hast" (Jo 17,4).
Alle Zeugen des Wunders sind bis in die Tiefen ihrer Seele
getroffen: sie sind außer sich, von Furcht erfüllt, voll Staunen.
Auch die Erregtheit der Seele löst Verherrlichung Gottes aus.
Die Großtaten Gottes in der Heilsgeschichte enden in der
Verherrlichung Gottes. Gott verherrlicht sich in ihnen.
Der Tag, an dem das Unerhörte, das alle Erwartungen übertrifft, geschah, steht einzigartig da. Welcher Tag ist dieses
Heute? „Heute ist dem ganzen Volk Heil widerfahren." Heute
ist die Schriftstelle vom Heilbringer, der mit Geist gesalbt
ist, erfüllt. Heute ist Unerhörtes geschehen. Die Heilszeit ist
angebrochen. Aber sieht dies das Volk?

c) Berufung des Zöllners (5,27–39)

*²⁷ Und danach ging er heraus, und er schaute einen Zöllner
namens Levi, sitzend an der Zollstätte. Und er sagt zu ihm:
Folge mir nach. ²⁸ Und er verließ alles, stand auf und folgte
ihm nach.*

Der Bericht über die neuen Macht-Taten schließt wieder mit
einer Jüngerberufung. Diesmal wird ein Zöllner berufen. We-

gen des Umganges mit den Heiden, ihrer Willkür und Habsucht sind die Zollpächter verhaßt. Sie gelten als öffentliche Sünder, die gemieden werden müssen. Jesus beruft aber einen solchen Zöllner zu seinem Jünger, von der Zollstätte und der Ausübung seiner unreinen Beschäftigung weg zur Nachfolge. Dem sündigen Gelähmten gibt er Heilung, dem sündigen Zöllner Berufung zur Jüngerschaft. Die Sünde ist keine Schranke mehr für den Empfang des Heils. Der das Heil bringt, vergibt die Sünde, so daß das Heil empfangen werden kann.

Der Blick Jesu und das berufende Wort sind so mächtig, daß der Zöllner alles verläßt, was er hat, dem er bisher diente und verfallen war – und daß er Jünger Jesu wird. Die radikale Lebensänderung ist Folge des Rufes Jesu.

[29] *Und Levi bereitete ihm ein großes Mahl in seinem Haus. Und es war eine große Menge von Zöllnern und anderen Sündern da, die mit ihnen zu Tisch lagen.* [30] *Und die Pharisäer und ihre Schriftgelehrten murrten zu seinen Jüngern und sagten: Weswegen esset und trinket ihr mit Zöllnern und Sündern?* [31] *Und Jesus antwortete und sagte zu ihnen: Nicht die Gesunden haben den Arzt nötig, sondern die Kranken.* [32] *Ich bin nicht gekommen, Gerechte zu rufen, sondern Sünder zur Buße.*

Welcher Geist muß die Jünger Jesu erfüllen? Was soll sich an den Aposteln zeigen? Was an den Christen, die den Ruf Jesu vernommen haben? Der Rückblick in die Heilszeit, welche die Mitte der Zeiten ist, gibt der Kirche die Orientierung auf ihrem Weg. An der Grenze des alten und des neuen Lebens gibt Levi einen *großen Empfang*. Das Mahl wird zu Ehren Jesu gehalten. Geladen sind Jesus, seine Jünger und die Freunde des Levi: seine Amtsgenossen und andere, die eben

158

mit Zöllnern verkehren. Beim Tischgespräch dieses Mahles zeigt sich, wie Jüngerschaft Jesu zu verstehen ist. Lukas liebt es, Jesus als Gast beim Mahl zu zeigen.[51] In der griechischen Literatur werden tiefsinnige Gespräche als Symposion (Tischgespräch) aufgezeichnet. Jesus wird in die griechische Welt hineingestellt. Die Evangelien sind Geschichte, aber zugleich „entgeschichtlicht". Durch sie spricht der Erhöhte zu seiner Gemeinde. Durch das Einmalige, was in der Zeit geschieht, erkennt die Kirche, was für immer und überall gilt.

Die Pharisäer und die Schriftgelehrten pharisäischen Geistes murren. Tischgemeinschaft mit Sündern, unehrenhaften Leuten, Gesetzesübertretern verletzt nach pharisäischem Urteil die gesetzliche Ordnung. Die Pharisäer, die Abgesonderten, wollten das Volk Gottes durch Absonderung von allem Unheiligen heilig halten. Dazu diente ihnen die strenge Anwendung der Reinheitsgesetze. Was im Gesetz nur den diensttuenden Priester verpflichtete, wurde auf das ganze Volk ausgedehnt. Das gleiche verfolgen die Pharisäer auch durch die Absonderung von den öffentlichen Sündern. Jesus schlägt einen anderen Weg ein: nicht Ausschließung und Absonderung, sondern *Heilung* dessen, was sündig ist. Darum ist Gemeinschaft mit den Sündern nötig. Jesus schließt die Sünder nicht vom Heil aus, sondern geht ihnen nach, schreibt sie vom Empfang des Heils nicht ab, sondern bietet es ihnen an und versucht, sie zu gewinnen.

Jesus schlägt die Methode des *Arztes* ein. Wollte sich ein Arzt nur um die Gesunden kümmern und sich von den Kranken absondern, dann hätte er seinen Beruf nicht verstanden. So verhält es sich auch mit Jesus. Seine Sendung ist es, das Heil zu bringen, die Heilung der Gebrechen des Leibes, noch mehr das Heil durch die Vergebung der Sünden zu spenden. Die Heilszeit ist die Zeit des Erbarmens mit allen, die arm, verwundet und niedergebeugt sind. Voraussetzung für den Empfang des Heils bleibt für die Sünder die Buße. *Zu rufen Sünder zur Buße.*

Die *Heiligung der Jünger* besteht nicht darin, daß sie sich von den Sündern abschließen, sondern im Angebot des Heils an alle, ob Gerechte oder Sünder, nicht in der ängstlichen Sorge für das eigene Heil, sondern in der Liebe, die alles wagt.

Das *Murren* der Pharisäer unterwirft das Handeln Gottes in Jesus menschlicher Kritik. Seine Gegner messen das Handeln Jesu an ihren eigenen Maßstäben. Sie verkennen, daß Jesus von Gott gesandt ist. Er ist dazu gekommen, Sünder und nicht Gerechte zu rufen. Nur der Glaube, daß Gott in Jesus spricht und handelt, kann den Anstoß fernhalten. Denn er handelt neu, unerhört paradox. Die Pharisäer können dies nicht verstehen, weil sie nicht erkennen, daß durch ihn die Heilszeit angebrochen ist.

[33] *Sie aber sagten zu ihm: Die Jünger des Johannes fasten streng und verrichten Gebete. In gleicher Weise auch die der Pharisäer, deine aber essen und trinken.* [34] *Jesus aber sprach zu ihnen: Könnt ihr die Söhne der Hochzeit fasten lassen, solange der Bräutigam mit ihnen ist?* [35] *Es werden aber Tage kommen und wenn der Bräutigam von ihnen genommen wird, dann werden sie fasten in jenen Tagen.*

Jesus und seine Jünger nehmen am Festgelage teil. Die Pharisäer und Schriftgelehrten üben Kritik. Sie richtet sich zunächst gegen die Jünger, zuletzt aber gegen Jesus selbst. Die sich für die Heiligkeit des Volkes verantwortlich fühlen, Johannes der Täufer und die Pharisäer, *fasten streng und beten.* Beides gehört zusammen. Fasttage sind Bettage; denn Fasten unterstützt das Gebet. Fasten macht klein; Gott erhört die Dürftigen und Kleinen. Warum fasten die Jünger Jesu nicht? Warum hält sie Jesus nicht zu neuem Fasten und zu neuen Gebeten an?

Die Pharisäer verkennen die Bedeutung der Stunde, die angebrochen ist. Neues ist da. Dieses Neue lebt nach neuen Regeln. Hochzeit ist gekommen, und sie kann doch nicht Fastenzeit sein. Niemand fällt es ein, die *Söhne der Hochzeit,* die Hochzeitsgäste, zum Fasten anzuhalten. Jesus vergleicht die Heilszeit, die angebrochen ist, mit einer Hochzeit und Freudenzeit. Das willkommene Jahr des Herrn ist da. Festlich essen entspricht mehr dieser Zeit als Fasten.

Besteht dann nicht ein Widerspruch zu dieser Freudenzeit, in der die Jünger Christi und die Christen leben, wenn sie fasten? Warum fastet die Kirche Jesu? *Sie werden fasten in jenen Tagen.* Die Jünger fasten zur Erinnerung an den Tod des Herrn. Wenn der Bräutigam gewaltsam von ihnen genommen ist, werden sie zum Zeichen der Trauer fasten. Christus deutet seinen gewaltsamen Tod an. Er ist als Messias Bräutigam. In jenen Tagen werden die Jünger fasten, nicht bloß am Tag der Wegnahme Jesu, sondern in all der Zeit, in der der Bräutigam nicht mehr sichtbar bei ihnen weilt, in der Zeit der „Hinaufnahme" Jesu bis zur Wiederkunft. Diese Zeit ist geprägt von der Freude; denn das Heil ist bereits gekommen. Sie ist aber auch geprägt von der Trauer; denn Jesus ist nicht mehr da, sondern wird erwartet.

Schon zeichnet sich im Verhalten der Gegner ab, daß Jesus mit Gewalt von seinen Jüngern *fortgenommen wird.* Zuerst denken seine Gegner abfällig über ihn, dann wird offen an ihm Kritik geübt, daß er die Frömmigkeit und Disziplin untergrabe, für die Zukunft wird sichtbar, daß er mit Gewalt fortgeschafft wird. Die Ablehnung beginnt in Gedanken, geht in Worte über und endet mit der Tat . . .

³⁶ *Er sprach auch ein Gleichnis zu ihnen: Niemand reißt einen Flecken von einem neuen Gewand ab und setzt ihn auf ein altes Gewand; wenn aber trotzdem, so wird das neue zerrissen, und zum alten wird der Flecken doch nicht passen.* ³⁷ *Und niemand gießt neuen Wein in alte Schläuche; wenn aber trotzdem, wird der neue Wein die Schläuche zerreißen, und er wird ausgegossen, und die Schläuche gehen zugrunde.* ³⁸ *Sondern neuer Wein muß in neue Schläuche gegossen werden.* ³⁹ *Und niemand, der alten Wein getrunken hat, will neuen; denn er sagt: der alte ist milder.*

Was macht die Jünger Jesu aus? Die Pharisäer und ihre Schriftgelehrten dachten, religiöse Erneuerung bestünde in strenger Absonderung von allem, was unrein ist, in neuen religiösen Übungen: Fasten und Beten. Zu den alten sollten neue religiöse Übungen zugefügt werden. Jesus denkt anders. Solche Methoden taugen nichts. Sichtbar wird dies im Gleichnis von dem Flecken und vom Wein in den Schläuchen. Die inneren Haltungen müssen erneuert werden, nicht allein die äußeren religiösen Übungen. Das Neue, was Jesus verkündet, ist nicht bloß eingießen und hinzuflicken von etwas Neuem zum Alten. Die Heilszeit ist Neues, Unerhörtes, Wiedergeburt, setzt beim Menschen Umkehr, völliges Umdenken voraus. Deshalb kann es nicht bloß darum gehen, zum Alten einige neue Vorschriften und Übungen hinzuzufügen.

Die Juden sind das Alte gewohnt, Jesus bringt Neues. Es fällt schwer, dieses Neue anzunehmen. Niemand, *der alten Wein getrunken hat,* will neuen. Das Wort entbehrt nicht einer gewissen Melancholie. Nichts ist schwerer als wahre Umkehr, innere Wandlung. Das Alte ist bekömmlicher. Jesus verlangt Lösung von sich selbst. Sie verließen alles – das ist das Kennzeichen der wahren Jüngerschaft. Der Zöllner hat es getan. Das Fest, das gefeiert wird, ist doch das größere als das Fasten der Pharisäer. Es ist Abschied vom Alten und Anfang des völlig Neuen.

3. Machtvolles Wort (6,1–19)

a) Ährenrupfen am Sabbat (6,1–5)

[1] *Es geschah aber am Sabbat, daß er durch Ährenfelder ging, und seine Jünger rupften Ähren und aßen, indem sie die Ähren mit den Händen rieben.* [2] *Einige der Pharisäer aber sagten: Warum tut ihr, was nicht erlaubt ist, am Sabbat zu tun?*

Arme durften auf den Feldern Ähren rupfen, wenn sie hungerten. „Kommst du durch das Kornfeld deines Nächsten, so darfst du Ähren mit der Hand rupfen" (Dt 23,26). Die Ähren wurden mit der Hand zerrieben und die herausfallenden Körner gegessen. Einige Pharisäer sahen dies und verwarnten die Jünger. Nach ihrer Gesetzesauslegung lag Übertretung der Sabbatruhe vor. Ährenrupfen gehörte zu den *Erntearbeiten,* und diese fielen unter die neunundzwanzig Hauptarbeiten, die wiederum in Unterarbeiten zergliedert waren und die alle den Sabbat verletzten. Geschieht die Sabbatarbeit versehentlich, wird der Verletzende verwarnt und ist ein Sühnopfer schuldig. Wird aber die Sabbatruhe trotz Zeugen und vorheriger Verwarnung geschändet, dann fordert die Verletzung Steinigung. Die Verwarnung richtet sich unmittelbar an die Jünger, meint aber Jesus.

[3] *Und Jesus antwortete und sprach zu ihnen: Habt ihr nicht gelesen, was David tat, als er selbst hungerte und die mit ihm?* [4] *Wie er in das Haus Gottes eintrat und die Schau-*

brote ergriff und aß und sie denen gab, die mit ihm waren,
die zu essen nicht erlaubt waren außer den Priestern?

Die Überlieferung der Sabbatkonflikte war für die Gemeinden, die nicht mehr den Sabbat, sondern den Sonntag als Ruhetag zu halten anfingen, von größter Bedeutung. Dieser Umbruch war vollzogen, als Lukas sein Evangelium schrieb. Ihm waren die Beweggründe wichtig, die das neue Verständnis des Sabbatgesetzes brachten. Diese zeigen Jesus mächtig im Wort, das den Willen Gottes verkündet.

Jesus kennt die Disputationsmethode der jüdischen Schulen und antwortet mit einer Gegenfrage. Dabei beruft er sich auf die Schrift (1 Sm 21,1-7), die anerkannte und höchste Autorität. Die Schaubrote, zwölf an der Zahl, lagen eine Woche lang auf einem Tisch im Heiligtum des Tempels (Zeltes) als Opfer vor Gott. Niemand durfte sie essen als die Priester, wenn die Woche zu Ende ging. David aber und seine Begleiter aßen sie, weil sie hungerten und anderes Brot nicht zur Verfügung stand. Niemand tadelt deswegen David, nicht die Schrift, nicht der Priester Abimelech, der ihm das Brot gab, nicht die Schriftgelehrten. Also entschuldigt die Not die Übertretung des Gesetzes. Die Jünger übertreten nicht das Gesetz, wenn sie am Sabbat Ähren zerreiben, weil sie hungern. In der Gesetzesauslegung darf nicht allein der Buchstabe des Gesetzes befragt werden, sondern der *Wille Gottes.* Gott aber gab das Kultgesetz nicht, um die Menschen zu peinigen. Das Erbarmen mit den Menschen gilt ihm mehr als die Erfüllung des Kultgesetzes. Der Sabbat will nicht die Hilfe für den Notleidenden verhindern. Gott will Erbarmen, und nicht Opfer (Mt 12,5-7).

[5] *Und er pflegte jenen zu sagen: Herr ist der Menschensohn auch des Sabbats.*

Jesus hat als *Menschensohn,* dem alle Gewalt von Gott gegeben wird, auch das Verfügungsrecht über die Sabbatruhe und ihre Auslegung. Er greift in die heiligste Sphäre Gottes ein: in das Recht Gottes, Sünden zu vergeben, in die Sabbatruhe, die das Abbild die Ruhe Gottes nach der Weltschöpfung ist (Gn 2,2f.), in den Raum seiner Verherrlichung, in den Kult Gottes... Er gebraucht seine Macht zur Rettung der Menschen aus ihrer Not. Gott läßt durch ihn in seine heiligste Sphäre eingreifen, weil die Heilszeit angebrochen ist, die dem Menschen Erbarmen erweist. „Friede auf Erden den Menschen des göttlichen Wohlgefallens".

b) Heilung am Sabbat (6,6–11)

6 *Es geschah aber an einem anderen Sabbat, daß er in die Synagoge eintrat und lehrte; und es war ein Mann da, und seine Rechte war verdorrt.* **7** *Die Schriftgelehrten und Pharisäer beobachteten ihn, ob er am Sabbat heile, damit sie eine Anklage gegen ihn fänden.*

Lukas bemüht sich um genaue Angaben: an einem *anderen Sabbat* war es; er lehrte in der Synagoge; die *rechte* Hand war verdorrt; die Schriftgelehrten und Pharisäer waren es, die ihn beobachteten. Jesus wirkt in einmaliger geschichtlicher Stunde, in bestimmter Zeit, im bestimmten Raum, in bestimmten Umständen. Der Rückblick auf die Mitte der Heilsgeschichte ist entscheidend für christliches Leben. Das Leben Jesu und sein geschichtliches Wort ordnen Leben und Zeit der Kirche, bis er wiederkommt.

Die pharisäische Gesetzesauslegung gestattete am Sabbat nur dann Heilung, wenn unmittelbare Lebensgefahr drohte. Die vertrocknete Hand bedroht nicht unmittelbar das Leben. Was wird Jesus tun, wenn er die Not dieses Menschen sieht? Seine

Gegner steigern die Feindseligkeit des Verhaltens. Im ersten Sabbatkonflikt merken sie nur wie zufällig, daß die Jünger das Gesetz übertreten, jetzt *lauern* sie auf, ob sie Jesus bei der Übertretung ertappen könnten, um ihn vor das Gericht zu bringen. Wie wird sich Jesus entscheiden in dieser Situation, die ihn bedroht?

[8] *Er aber kannte ihre Gedanken, sprach aber zu dem Mann, der die Hand ausgetrocknet hatte: Steh auf und stelle dich in die Mitte! Und er richtete sich auf und stand.*

Der Kranke steht jetzt *in der Mitte,* wie ein Angeklagter vor dem Tribunal, wartend auf Freispruch oder Verurteilung. Ein neues Prinzip der Gesetzesauslegung! Nicht mehr der Buchstabe des Gesetzes soll entscheiden, sondern der Mensch, der vom Gesetz betroffen wird. Der Mensch wird in die Mitte gerückt, nicht der Buchstabe des Gesetzes. In der Sabbatfrage geht es um den Menschen, um sein Heil oder Verderben.

[9] *Jesus aber sprach zu ihnen: Ich frage euch, ob es erlaubt ist, am Sabbat Gutes zu tun oder Böses zu tun, ein Leben zu retten oder zu verderben?*

Die Frage wird angesichts des Menschen gestellt, der mit seinem Leiden und seiner Sehnsucht nach Heilung in der Mitte aller steht. Der Einzelfall wird einer grundsätzlichen Frage untergeordnet: Ist es erlaubt, am Sabbat *Gutes zu tun,* oder ist es notwendig, *Böses zu tun?* Die Unterlassung des Guten ist schlecht und böse.

Wer will sagen, daß das Sabbatgesetz verbiete, Gutes zu tun, und verlange, Böses zu tun? Der Sabbat ist für die Juden nicht bloß Tag der Ruhe, sondern auch des Wohltuns und der Freude. Festliches Essen, Gesetzesstudium und Wohltun machen ihn zum Fest- und Freudentag. Für bedürftige Wanderer sollte Speise bereitgehalten werden. Sollte dies alles vergessen sein? Jesus stellt den wahren Sinn des Sabbats wieder her. Es soll ein Tag sein, an dem Freude erlebt und Freude gemacht werden soll. Der Sinn des Sabbats wird erfüllt durch Wohltun für leidgeplagte Menschen, durch Erbarmen. „Erbarmen will ich, und nicht Opfer" (Os 6,6).

Jesus stellt seine Gegner vor die Entscheidung: *Soll am Sabbat ein Leben gerettet oder ins Verderben gestürzt werden?* Der griechische Text spricht nicht vom Leben, sondern von der *Seele*, das ist Leben, aber noch mehr: bewußtes Leben. Der Mann, der in der Mitte steht, will leben, gesund leben, nicht bloß vegetieren, Leben als frohes Leben erfahren. Kann das ein Mann, dessen Rechte verdorrt ist, der nicht arbeiten kann, sondern von Unterstützung leben muß? Die Sabbatruhe wird mit dem Ruhen Gottes nach dem Schöpfungswerk begründet: „Gedenke des Sabbats, daß du ihn heiligst, sechs Tage lang sollst du arbeiten und alle deine Geschäfte verrichten: doch der siebente Tag ist Ruhetag für den Herrn, deinen Gott. Du sollst dann keinerlei Arbeit tun" (Ex 20,8 ff). Gottes Ruhen ist aber nicht Nichtstun, sondern Erleben des Werkes. „Gott freute sich seiner Schöpfung" (Ps 104,31). Der Sabbat ist Tag des erlebten Lebens, Tag der Freude über das Werk, Tag der Verherrlichung Gottes. Soll dieser tiefste Sinn des Sabbats nicht durch die Heilung wiederhergestellt werden? Sollte statt Leben Verderben gewählt werden?

[10] *Als er ringsum alle angeschaut hatte, sprach er zu ihm: Strecke deine Hand aus. Er aber tat es, und wiederhergestellt wurde seine Hand.* [11] *Sie aber waren von Verblendung erfüllt und berieten untereinander, was sie Jesus antun könnten.*

Der Blick Jesu wandert durch die Runde. Jeden und alle trifft er. Keiner gibt Antwort. Sie wollten ihr Unrecht nicht zugeben, konnten sich aber seiner Weisheit nicht entziehen. Ihr Gottesbild diktierte ihnen die Herrschaft des Gesetzesbuchstabens, Jesus verkündet den Willen Gottes. Jesus hat ein anderes Gottesbild als sie. Sein Gott ist der Gott des Erbarmens und der Menschennähe, ihr Gott der Unnahbare, über den Menschen Erhabene. Das willkommene Jahr des Herrn ist angebrochen, und Gott sucht sein Volk heim durch Jesus.

Die Hand wird *wiederhergestellt*. Die Wiederherstellung des Alls gehört zum Bild der Heilszeit. Was jetzt beginnt, wird Vollendung finden. „Ihn (Jesus) muß der Himmel aufnehmen bis zu den Zeiten der Wiederherstellung aller Dinge, wovon Gott geweissagt hat durch den Mund seiner heiligen Propheten von alters her" (Apg 3,21). Durch die Heilung zeigt er, daß er den Sinn des Sabbats nach den Gedanken Gottes wiederherstellen darf, weil er die Wiederherstellung des Alls bringt. Der Sabbat ist das Bild der großen Sabbatruhe Gottes (Hebr 4,8 ff.), die eintritt, wenn das All wiederhergestellt wird und alles seine Vollendung gefunden hat.

Der Haß nimmt das klare Denken und Überlegen. Die Gegner, *erfüllt von Verblendung*, wollen das Wirken Jesu verhindern. Sie beraten untereinander, was man Jesus antun könnte, um ihn zu vernichten. Wer kann sich gegen die Macht und Kraft des Geistes Gottes erheben? Weil die Gegner nicht glauben, verfallen sie der Verblendung

c) Berufung der Zwölf (6,12–19)

12 *Es geschah aber in diesen Tagen, daß er ausging auf den Berg, um zu beten, und übernachtete im Gebet zu Gott.*

Der Bericht über die Macht-Taten Jesu endet wieder mit

einer Berufung. Die Gegner wollen Jesus vernichten. Sein Werk aber wird fortbestehen. Er selbst sorgt in diesen Tagen, daß es nicht untergehe, und wählt die zwölf Apostel. Die große Stunde leitet er durch Gebet zu Gott ein. Er betet *auf dem Berg*, getrennt von den Menschen, einsam, gottnahe. Sein Gebet währt die Nacht hindurch. Dunkel bedeckt die Welt, alles tritt zurück vor der einzigen Größe Gottes. Gott steht im Mittelpunkt seines Betens.

[13] *Und als es Tag wurde, rief er seine Jünger herbei und wählte aus ihnen zwölf, die er auch Apostel nannte.*

Das Gebet hat ihn mit Gott vereint. Gottes Wille ist sein Wille. Die Apostelwahl vollzieht er nach dem Willen Gottes. Aus dem Kreis der Jünger, die ihm nachgegangen sind, wählt er *zwölf*. Die Zahl ist in der Zahl der Stammväter des alttestamentlichen Bundesvolkes begründet. Ein neues Gottesvolk wird sichtbar.

Jesus nennt sie *Apostel*, Sendboten. Für sie gilt der jüdische Rechtsgrundsatz: Der Gesandte eines Menschen ist gleichsam dieser selbst (Jo 13,16). Die Zwölf sollen die rechtlichen und persönlichen Repräsentanten Jesu sein.

Die „Organisation" der altchristlichen Kirche geht auf Jesus zurück. Die Glieder der Gemeinde sind die Jünger. Über ihnen stehen die Zwölf. Das erste Bild der Kirche zeichnet Lukas mit den Worten: „Dort angekommen (in Jerusalem), stiegen sie in das obere Gemach hinauf ... nämlich Petrus und Johannes (es folgt das Apostelverzeichnis) ... Diese alle verharrten einmütig im Gebet mit den Frauen und Maria, der Mutter Jesu, und seinen Jüngern" (Apg 1,13 f.).

[14] *Simon, den er auch Petrus nannte, und Andreas, seinen Bruder, und Jakobus und Johannes und Philippus und Bar-*

tholomäus [15] *und Matthäus und Thomas und Jakobus des Alphäus (Sohn) und Simon, genannt Eiferer,* [16] *und Judas des Jakobus (Sohn) und Judas Iskarioth, der Verräter wurde.*

Die Apostelverzeichnisse[52] tragen *gemeinsame Züge.* Immer steht Petrus an der Spitze, Judas Iskarioth am Ende. An der ersten, fünften und neunten Stelle stehen immer die gleichen Namen: Simon, Philippus, Jakobus des Alphäus. Innerhalb der so gebildeten Gruppen kehren die gleichen Namen wieder, ihre Stellung aber wechselt. Es scheint, daß die Verzeichnisse auf eine „Organisation" im Apostelkollegium hinweisen; drei Abteilungen zu je vier Aposteln.

Lukas prägt seinem Verzeichnis *besondere Züge* auf. Die drei Jünger, deren Berufung er erzählt hat (5,1-11), stellt er an die Spitze. Andreas wird als Bruder des Simon eingeführt (Mt 10,2). Der andere Simon erhält den Beinamen Eiferer, weil er offenbar Anhänger der Zeloten-Partei war, die sich zum fanatischen jüdischen Nationalismus bekannte und die Herrschaft Gottes mit Gewalt herbeiführen wollte. Jakobus in der dritten Gruppe wird als Sohn des Alphäus bezeichnet. Judas Iskarioth (Mann aus Karioth) wird Verräter genannt. Über Herkunft, Charakter und Vorgeschichte dieser Männer erfahren wir nicht viel. Nicht das Biographische ist das Wichtigste, sondern die Erwählung und Berufung durch Jesus und ihre Bestimmung, die Stammväter des neuen Gottesvolkes und Repräsentanten Jesu zu sein.

[17] *Und er stieg mit ihnen herab und stellte sich auf einen ebenen Platz, und eine große Schar seiner Jünger war da und eine große Menge des Volkes von ganz Judäa und Jerusalem und von der Küste von Tyrus und Sidon,* [18] *die gekommen war, um ihn zu hören und von ihren Krank-*

heiten geheilt zu werden, und die von unreinen Geistern
Bevölkerten wurden geheilt. [19] *Und die ganze Schar suchte*
ihn zu berühren, weil von ihm Kraft ausging und alle heilte.

Wie Moses *steigt* Jesus aus der Gemeinschaft mit Gott auf
dem Berg zum Volk *herab.* Gott ist mit ihm. Um Jesus sind
Apostel, Jünger, Volk vereinigt, drei Ringe, die sich um Jesus
bilden. Die Mitte bildet Jesus, von ihm geht Kraft aus, er ist
vom Geist gesalbt. Wer mit diesen Kreisen und dadurch mit
ihm Berührung hat, empfängt die Segnungen der Heilszeit.

Der Raum, aus dem die Scharen zu Jesus kommen, umfaßt
das ganze Land *Judäa* mit der Hauptstadt *Jerusalem* und das
Küstengebiet von Tyrus und Sidon. Diese Gebiete werden
in der Apostelgeschichte nicht als Missionsgebiete genannt.
Die christlichen Gemeinden in diesen Gegenden führt Lukas
auf Jesus selbst zurück. Die Kunde von der Tätigkeit Jesu
hat bereits das ganze Land erfaßt und wirkt über die Grenzen Palästinas hinaus.

Die alttestamentliche Prophetie hatte die Überzeugung, daß
Israel – Jerusalem – Sion Träger des Heils sind, zu dem alle
Völker hinwallen, um Gesetz und Weisung, Licht und Gottherrlichkeit zu empfangen. An Jesus geht die Verheißung in
Erfüllung. Er steht da, und Kraft der Heilung und Weisung
geht von ihm aus. Um ihn sammeln sich die Väter des neuen
Volkes, von der Kraft und dem Geist Christi begabt, um sie
die Jünger, die Christi Wort berührt und gerufen hat, dann
die Scharen, die Heilung empfangen, wenn sie ihn berühren.
Der Geist, der ihn gesalbt hat, wirkt in allen, die um ihn ge-
schart sind. Das Bild der Kirche!

II. PROPHET, MÄCHTIG IN WORT UND TAT
(6,20 – 8,3)

Der Eindruck, den Jesus hinterließ, wird durch die beiden
Jünger ausgesprochen, die dem Auferstandenen auf dem
Weg nach Emmaus begegnen: „Jesus von Nazareth, der ein
Prophet war, mächtig in Tat und Wort vor Gott und vor dem
ganzen Volk" (24,19).

1. DIE NEUE LEHRE (6,20–49)

Auch Lukas hat wie Matthäus eine Rede in sein Evangelium aufgenommen, die man als „Bergpredigt" bezeichnet.[53] Die Lukas-Fassung
enthält kaum ein Drittel der Matthäus-Fassung; die literarische Untersuchung läßt erkennen, daß die Lukas-Fassung nicht bloß ein Auszug
aus der Bergpredigt des Matthäus ist. Beide gehen auf eine gemeinsame Quelle zurück, beide haben diese in den Dienst ihrer Darstellung
des Evangeliums gestellt. Wenn auch Matthäus sorgfältig die Worte
des Meisters berichtet, so gleicht er doch das prophetische Wort der
Rede eines Gesetzgebers an. Lukas hat die prophetische Verkündigung Jesu reiner bewahrt. Der Gedankengang bei Lukas ist einfach
und zeigt mehr Geschlossenheit. Im ganzen hat er die ursprüngliche
Form und gibt uns damit ein kostbares Stück der ältesten Überlieferung.

a) Seligpreisungen und Wehrufe (6,20–26)

Jesus sammelt die Jünger in seinem Blick. Die Rede, die er halten will,
gilt den Jüngern, allen, die ihm folgen. Eine große Stunde hebt an,
prophetische Verkündigung ergeht. – In zwei dreigliedrigen „Strophen" wird Heil und Drohung ausgesprochen. Das Heil erfahren die
Armen, die Wehrufe ergehen an die Reichen. Jede dieser beiden Strophen schließt mit einer Seligpreisung bzw. Drohung, die den Jüngern
gilt.

[20] *Und er hob seine Augen zu seinen Jüngern und sprach:
Selig ihr Armen; denn euer ist das Reich Gottes.* [21] *Selig,
die ihr jetzt hungert; denn ihr werdet gesättigt werden.
Selig, die ihr jetzt weint; denn ihr werdet lachen.*

Die *Armen, Hungernden und Weinenden* sind die gleichen: die Armen und Notleidenden, die auf Erden als die letzten gelten. Denn wer arm ist, hat nicht, womit er seinen Hunger stillen kann; wer arm ist, ist machtlos und muß erfahren, daß er ausgebeutet und unterdrückt wird, daß er wehrlos und schutzlos ist. Die Armen, Hungernden und Weinenden, von denen Jesus spricht, haben keine materiellen Güter und leiden Elend, aber sie hoffen auf Gott, stellen ihr Elend Gott anheim und nehmen es als ihr Los von Gott entgegen.

Jesus richtet sie auf und schenkt ihnen sein *Trostwort.* Israel hat in seiner Geschichte erfahren, daß sich Gott Bedrückter und Armer annimmt, wenn sie auf ihn ihre Hoffnung setzen. In der Zeit der Bedrückung in Ägypten und in der Babylonischen Gefangenschaft war Israel arm und unterdrückt, und Gott hat sich seines Volkes angenommen. „Der Herr tröstet sein Volk, mit seinen Elenden fühlt er mit" (Is 49,13). Gott wendet sich gerade denen zu, die arm und elend sind. „Neige, Herr, dein Ohr, erhöre mich; denn elend bin ich und arm" (Ps 86,1). Dieses Handeln Gottes setzt sich auch in der Heilszeit fort, die Jesus verkündet. Den Armen wird die Frohbotschaft verkündet und gebracht (4,18).

Armut, Hunger, Weinen aus Not ist drückender Zustand, und dennoch ruft Jesus den Armen ein Selig zu: Heil euch. Er gratuliert ihnen, und dies allen Ernstes; denn ihnen gibt Gott das Größte, was er verheißen hat und die Heilsgeschichte kennt: das Reich Gottes. Wenn Gott die Herrschaft ergreift, ist alles heil. Dann werden die Hungernden gesättigt werden, nicht mit irdischer Speise, sondern mit einem Mahl, das jedes irdische Mahl übertrifft. „Sie werden gesättigt werden durch das Schauen seiner Herrlichkeit" (Ps 17,15). Die Weinenden werden lachen; denn Gott wird alle Trauernden trösten (Is 61,2). „Wenn der Herr Sions Gefangene heimführt, dann wird uns sein wie Träumenden. Da wird unser Mund mit Lachen erfüllt sein, unsere Zunge mit Jubel. Alsdann sagt man unter den Heiden: Großes hat der Herr ihnen getan ... Wer in Tränen seine Saat ausgestreut hat, wird mit Frohlocken ernten" (Ps 126,1–6).

Das Reich Gottes wird den Armen zugesprochen, weil sie offen sind für Gott, ihre Erwartung auf die Stunde gesetzt haben, in der Gott seine Herrschaft ergreift, weil sie den Blick frei haben für Gott, und nicht dem Wahn unterlegen sind, als ob durch Besitz und Wohlergehen alles gesichert sei.

[22] *Selig seid ihr, wenn euch die Menschen hassen und wenn sie euch ausschließen und schmähen und euren Namen als böse hinauswerfen wegen des Menschensohnes.* [23] *Freut euch an jenem Tag und hüpft; denn siehe, euer Lohn ist groß im Himmel; denn so haben ihre Väter auch den Propheten getan.*

Die vierte Seligpreisung gilt den *verfolgten Jüngern.* Die Gemeinde der Jünger versteht sich wie Israel als Gemeinde der Armen, sie ist eine kleine Herde (12,32), machtlos, dem Widerspruch und der Verfolgung ausgesetzt. Das Bekenntnis der Jünger, daß Jesus Menschensohn ist, dem Gott alle Gewalt gegeben hat: die Gewalt, Sünden zu vergeben, das Sabbatgesetz gegen pharisäische Auslegung neu zu deuten, bringt Haß ein, Ausschließung aus der Synagogengemeinschaft, Schmähungen, Tilgung aus der Synagogenliste (Exkommunikation). Haß, Verfolgung, Ausschließung, Verbrechertod erfährt Jesus, und um Jesu willen erfahren all dies seine Jünger.

Ist dieses Jüngerlos Grund zur Trauer? Nein, Jesus ruft auch diesen Armen, Hungernden, Weinenden „*Heil euch*" zu. *Freut euch und hüpft.* Solches Jüngerlos ist Grund zur Freude.

174

Euer Lohn ist groß im Himmel. Dem Jünger Jesu, der die Armut des Verfolgten erfährt, wird die Gottesherrschaft mit ihren Gütern gegeben.

Die Gottesherrschaft ist Geschenk, von der freien Verfügung Gottes abhängig, Gnade. Sie ist aber auch *großer Lohn*. Gott setzt Bedingungen für den Einlaß ins Gottesreich: Glaube an Jesus, Anschluß an ihn, Durchhalten in der Verfolgung, Ertragen des Loses, das mit der Jüngerschaft verbunden ist. Nur wer die Einlaßbedingungen erfüllt, wird von Gott mit seinem Reich beschenkt.

Die Jünger gehen in den Spuren der *Propheten*. Wie diese verfolgt wurden, weil sie als Mund Gottes sein Wort sprachen und im Leben darstellten, aber auch am Gottesreich Anteil haben (13,28), so werden auch die Jünger Verfolgung leiden. Wenn die Jünger, die Jesus folgen, ihn darstellen, sein Mund sind, mit den Propheten verglichen werden, wer ist dann Jesus?

²⁴ *Hingegen: Wehe euch, den Reichen; denn ihr habt euren Trost empfangen.* ²⁵ *Wehe euch, die ihr jetzt vollgesättigt seid; denn ihr werdet hungern. Wehe euch, die ihr jetzt lacht; denn ihr werdet trauern und weinen.*

Der Heilsverkündigung folgt das *Drohwort*, den Seligrufen folgen die Wehrufe. Jesus greift prophetische Verkündigung auf (Is 5,8–23). Die Wehrufe sind noch nicht endzeitliche Verurteilung, sondern Warnruf, der aufschrecken, zu Umkehr und Besinnung rufen will.

Die Reichen, Satten und Lachenden sind die, welche die Güter dieser Welt haben und genießen können. Wer reich ist, kann seinen Hunger stillen, hat, was er begehrend verlangt, kann lachen und fröhlich sein. Denn es geht ihm nichts ab. Doch ruft ihnen Jesus das Warnwort *Wehe* zu. Vor Jesus und

seinem Wort kehren sich alle Dinge um. Der Reiche ist durch
sein Reichsein in Gefahr. Er gerät in einen Zustand trüge-
rischer Sicherheit und sucht den Halt seines Lebens nicht
dort, wo er ist; in Gott, sondern dort, wo er nicht ist: im
Besitz. „Seht zu und hütet euch vor aller Habsucht; denn
wenn auch jemand Überfluß hat, so hängt doch sein Leben
nicht von seinem Besitz ab" (12,15). Die Armen sind für die
Frohbotschaft vom Reich Gottes offen und finden das Heil.
Die Reichen sind taub und verschlossen und gehen ins Verderben; denn was fehlt ihnen denn?

Die Reichen haben nichts mehr zu erwarten; denn sie haben
bereits ausgezahlt und quittiert erhalten, was das Gottesreich
bringt: sie haben Trost, sind gesättigt und lachen, weil ihre
Wünsche erfüllt sind. Die Armen entbehren des Trostes, hungern und weinen; ihnen wird Lohn zuteil, wenn das Gottesreich kommt. Die Rechnung zwischen Gott und den Reichen
ist quittiert, die Rechnung zwischen Gott und den Armen ist
noch offen.

Abraham sagt zum Reichen: „Kind, bedenke, daß du Gutes
in deinem Leben empfangen hast und Lazarus auf gleiche
Weise das Schlechte; jetzt wird er hier getröstet, du aber ge-
peinigt" (16,25). Das *Jetzt* des gegenwärtigen Daseins geht
dem Ende entgegen; das Entscheidende ist das Kommende,
das Gott mit Macht herbeiführt und das bereits mit der Verkündigung Jesu anbricht. Das Jetzt ist flüchtig und unbedeu-
tend, das *Dann* ist die alles überragende Größe. Was nützt
das Reichsein, wenn diese Umkehr aller Dinge eintritt? Der
Jakobusbrief deutet den Wehruf über die Reichen: „Hört
nun, ihr Reichen, weint und klagt über die Drangsale, die
über euch kommen werden. Euer Reichtum wird verfault sein
und eure Kleider von Motten zerfressen, euer Gold und Silber verrostet, und ihr Rost wird ein Zeugnis sein gegen euch

und an eurem Fleisch fressen wie Feuer. Noch bis zuletzt
habt ihr Schätze angesammelt. Seht, der von euch vorenthal-
tene Lohn der Arbeiter, die eure Felder abgeerntet haben,
schreit, und die Schreie der Schnitter sind zu Ohren des Herrn
der Heerscharen gedrungen. Ihr habt auf Erden gepraßt, ge-
schwelgt und die Gier eurer Herzen gesättigt am schlechten
Tag" (Jak 5,1–5).

26 *Wehe, wenn euch die Menschen schönreden; so haben
den Lügenpropheten getan ihre Väter.*

Das letzte Wehe gilt wieder den Jüngern, aber jetzt denen,
die der Verfolgung entgehen und von den Menschen mit
schönen, anerkennenden, schmeichelnden Worten aufgenommen werden. Diese Jünger sind reich, nicht an irdischem
Reichtum und Vermögen, sondern an geistigem. Sie sind
menschlich gesichert, nicht in Gefahr, die Ehre und das
Wohlergehen, das Leben verlieren zu müssen. Aber sie sind
in Gefahr, ihre Existenz nicht mehr jeden Augenblick von
Gott erwarten zu müssen. Solche Jünger sind bedroht wie
der Reiche.
Die wahren Jünger wandeln in den Spuren der Propheten
und sind der Ablehnung der Menschen und der Verfolgung
ausgesetzt. Die Jünger, die keinen Widerspruch erfahren,
müssen sich warnen lassen. Sie sind in der Gefahr, den *Lügenpropheten* zu folgen, die keinen Widerspruch erregten, die
Schmeicheleien sagten und die Menschen in Ruhe ließen mit
dem Heiligen Israels.[54] Was aber war das Ende der Lügenpropheten?
Auch wer Jünger ist, glaubt, in der Kirche lebt, muß die Seligpreisungen und Wehrufe als *Anrufe* an sich hören, muß sich
fragen lassen, ob er das Wehe fürchtet, weil er besitzt, ob er
das Selig beglückend begrüßt, weil er nicht besitzt, muß stän-

dig die Umwertung vollziehen, die diese kurzen Rufe aussprechen. Sie sind Umwertung aller Werte, Einsturz aller Festungen, die der Mensch sich aufbaut, Götzendämmerung für alle Mächte, auf die wir trauen und bauen. Die Seligpreisungen und mahnenden Wehrufe stoßen das Tor zum Gottesreich auf, in dem gefunden wird, was die Güter dieser Welt nicht geben können, was allein Gott gibt, wenn er seine Herrschaft ergreift.

b) Von der Liebe (6,27–36)

Das Hauptstück der Bergpredigt des Lukas spricht nur von der Liebe. Diese vergilt nicht Böses mit Bösem, sondern Böses mit Gutem (6,27–31), ist nicht Liebe auf Gegenseitigkeit (6,32–34), wohltätig, zum Verzeihen bereit und gebefreudig (6,35–38).

27 Euch aber, die ihr zuhört, sage ich: Liebet eure Feinde! Tut Gutes denen, die euch hassen! 28 Segnet, die euch fluchen! Betet für die, die euch mißhandeln!

Die Reichen, denen die Wehe zugerufen wurden, sind nicht da. Jesus wendet sich wieder zu den anwesenden Jüngern. Zu ihnen spricht er mit Vollmacht: Euch aber sage ich. Sein Wort ist Verkündigung Gottes, er redet als einer, der Macht hat, nicht wie die Schriftgelehrten und Pharisäer (Mt 7,28).
Jesus hat das Gesetz, die Erfüllung des göttlichen Willens, auf das Gebot der Liebe zurückgeführt: „Du sollst den Herrn deinen Gott lieben aus deinem ganzen Herzen und mit deiner ganzen Seele und mit deiner ganzen Kraft und mit deinem ganzen Fühlen, und deinen Nächsten wie dich selbst" (10,27).
Der Weg zur Gottesliebe aus ganzem Herzen ist durch die Seligpreisungen und Wehrufe freigelegt worden. Jetzt wird über die Nächstenliebe gesprochen.
Auch das Alte Testament kennt das Gebot der *Nächsten-*

liebe: „Liebe deinen Nächsten wie dich selbst" (Lv 19,18).
Jesus hebt dieses Gebot aus den vielen anderen Geboten heraus und gibt ihm überragende Bedeutung. Er deutet es neu.
Der Nächste ist jeder Mensch, auch der Feind. Von dieser
radikalen Deutung der Liebe als Feindesliebe nimmt die
„Ethik" der Bergpredigt bei Lukas ihren Ausgang.
Eure Feinde sind die Feinde des Jüngerkreises, Verleumder,
Verfolger, Feinde jedes einzelnen Jüngers. An diese ist besonders gedacht. Jesus verlangt Liebe. Kann Liebe Gebot
sein? Läßt sich Sympathie befehlen, Gefühl und Affekt an-
schaffen? Liebe, die Jesus gebietet, ist Wohltun, Segnen, Fürbitte. Liebe ist Dasein für . . . auch für den, der haßt, ver-
flucht und mißhandelt.
Die Feindesliebe besteht nicht bloß im Verzeihen des erlit-
tenen Unrechts. Vom Verzeihen wird nicht gesprochen; es ist
Voraussetzung. Die Jünger Jesu tun offenbar *alles, was den
Feind fördert.* Den Haß erwidert der Jünger mit Wohltun,
das Verfluchen mit Segnen, die Mißhandlungen mit Gebet.
Wer den Feind liebt, stellt durch sein Wohltun nicht bloß
sich selbst in den Dienst des Feindes, sondern auch Gott, den
er um das bittet, was er selbst nicht leisten kann. Kein Raum
soll im Jünger sein, der nicht von der Liebe zum Feind durchdrungen ist: die äußere Tat, die Wünsche und das Reden,
das Herz, in dem das Beten seinen Sitz hat.

[29] *Dem, der dich auf die Wange schlägt, biete auch die andere dar, und dem, der dir den Mantel wegnimmt, ver-
wehre auch nicht das Untergewand.* [30] *Jedem, der dich bittet, dem gib, und von dem, der dir das Deine nimmt, for-
dere nicht zurück.*

Die Feindesliebe fällt schwer. Wir wehren uns gegen das Unrecht, wollen Rache nehmen, wenn wir Unrecht erfahren,

wollen durch Wiedervergelten das Böse im Zaum halten: „Wie du mir, so ich dir" (vgl. Mt 5,38). Jesus verlangt, daß nicht Böses mit Bösem vergolten werde, sondern daß dem Bösen kein Widerstand geleistet und das Böse durch das Gute überwunden werde. Diese Grundsätze gelten für das persönliche Unrecht, das uns zugefügt wurde: *dem, der dich auf die Wange* schlägt... und auch für die Eigentumsverletzung, die uns widerfährt: dem, der dir den Mantel nimmt...

Die Gebefreudigkeit des Jüngers Jesu soll ohne Grenzen sein. *Jedem, der dich bittet, gib,* ohne Rücksicht auf Nationalität, Glaubensgemeinschaft, persönliche Einstellung, Würdigkeit... immer wieder gib. Jesus geht noch weiter: Eigentum, das mit List und Gewalt genommen wurde, soll nicht zurückgefordert werden. Wer solchen Schaden erlitten hat, soll sich nicht wehren, nicht das Eigentum zurückholen. Soll das Unrecht zum Recht gemacht werden?

Können wir ruhig bleiben, wenn wir diese Forderungen Jesu hören? Bäumt sich nicht etwas in uns dagegen auf? Regt sich nicht der Widerstand, weil wir Bedenken haben? Wird nicht die Persönlichkeit mit ihren Rechten preisgegeben? Werden nicht dem Einbruch des Bösen alle Tore geöffnet? Wird nicht der Entfaltung niedrigster Instinkte schlechter Menschen aller Raum gegeben?

Die Beispiele klingen deswegen so erstaunlich, paradox, anstößig, weil die Menschen untereinander nach völlig anderen Regeln verkehren. Sie decken auf, wie gottwidrig das Verhalten der Menschen ist, wenn nicht die Gottesherrschaft ihn ergriffen und gewandelt hat. Wir meinen, daß das Böse ausgerottet wird, wenn wir ihm Widerstand leisten, wenn Böses mit Bösem vergolten wird. Jesus aber verkündet, daß das Böse durch das Gute überwunden wird; er bringt die Gottesherrschaft, und durch die Summe alles Guten, die in ihr zur Entfaltung kommt, kommt der Sieg des Guten über das Böse.

Die Art, in der Jesus spricht, ist anschaulich, zugespitzt; denn er will unruhig machen, wecken, aufrütteln, umwandeln. Die Beispiele sind Beispiele für ein Verhalten, zu dem er aufruft. Er gibt keine Vorlesung über sittliche Pflichten, die alle Wenn und Aber erörtert. Er will mit seinem Wort kein neues Gesetzbuch verkünden, das vier Paragraphen enthält; erstens: dem, der dich auf die Wange schlägt ... zweitens: dem, der dir den Mantel nimmt ... Das würde den Sinn der Worte Jesu verkennen. Die Beispiele sind beispielhafte Verwirklichungen eines Verhaltens. Dieses Verhalten will er, und der Jünger soll selbst in der Vielfalt der Begegnungen im Leben dieses Verhalten verwirklichen und in die Tat umsetzen.

31 *Und wie ihr wollt, daß euch die Menschen tun, sollt ihr ihnen tun auf gleiche Weise.*

Wie soll die Feindesliebe zur Tat werden, was soll ich meinem Nächsten tun? Auch meinem Feind? Weisheitslehrer und Gesetzeslehrer der Juden und der Heiden haben darüber in der *„Goldenen Regel"* gesprochen. Der alte Tobias gibt seinem Sohn die Lehre: „Was du selber nicht liebst, das tue auch keinem anderen an" (Tob 4,15). Der jüdische Schriftgelehrte Hillel spricht ähnlich: „Was dir unlieb ist, tu nicht deinem Nächsten; das ist das ganze Gesetz, alles andere ist Erläuterung." In der griechischen Weisheitslehre war die Regel längst bekannt. Die Stoiker haben sie mit den Worten ausgedrückt: „Was du nicht willst, daß man dir tu, das füg auch keinem andern zu." Der Mensch trägt das Gesetzbuch und Maß seines Verhaltens zum Mitmenschen stets mit sich. Das eigene Verlangen und Bedürfnis lehrt, was er zu tun hat.

Jesus faßt diese Goldene Regel neu: *Wie ihr wollt ... das tut auf gleiche Weise.* Die anderen geben eine Regel dafür, daß dem Nächsten nichts zugefügt wird, was unlieb ist; Jesus gibt eine Regel darüber, daß dem Nächsten, selbst dem Feind, Gutes getan wird. Darin liegt der große Unterschied: nicht nur nicht Böses tun, sondern Gutes tun. Der Jünger Jesu darf sich nicht damit begnügen, daß er nichts Böses tut, er muß Gutes tun, alles Gute, das er sich selbst wünscht. Unsere Selbstliebe wird zum Gesetz und Maß unserer Nächstenliebe, die zur Feindesliebe bereit ist. „Du sollst deinen Nächsten lieben wie dich selbst."

[32] *Und wenn ihr die liebt, die euch lieben, welcher Dank ist euch? Denn auch die Sünder lieben jene, die sie lieben.* [33] *Und wenn ihr Gutes tut denen, die euch Gutes tun, welcher Dank ist euch? Auch die Sünder tun das gleiche.* [34] *Und wenn ihr einem borgt, von dem ihr zu erhalten hofft, welcher Dank ist euch? Auch die Sünder leihen den Sündern, damit sie das gleiche wieder empfangen.*

Die Jünger Jesu müssen mehr und radikaler den Willen Gottes erfüllen als alle anderen. Sie dürfen nicht mehr ein Leben führen, wie es auch die Sünder führen. Sie sind Salz der Erde, Licht, Stadt auf dem Berge (Mt 5,13 ff.).
Ihre Liebe darf darum nicht bloß *Liebe auf Gegenliebe* sein. Liebten sie nur die, von denen sie Liebe empfangen, dann würden sie die Sünder nicht übertreffen. Sie müssen lieben, wo sie auch von den Menschen keine Erwiderung und Vergeltung empfangen. Sie müssen lieben, weil es so der Wille Gottes ist. „Wenn du Almosen gibst, soll deine Linke nicht wissen, was deine Rechte tut, damit dein Almosen im verborgenen sei; und dein Vater, der ins Verborgene blickt, wird es dir vergelten" (Mt 6,3 f.).

Liebe äußert sich im Wohltun, im Leihen ... Wo Not auftritt, ist der Liebende zur Stelle. Die Liebe, die Christus meint, ist tatkräftige Liebe, „Kindlein, lieben wir nicht bloß im Wort und mit der Zunge, sondern im Werk und in der Wahrheit" (1 Jo 3,18). Die Liebe kann Gebot sein, weil sie werktätige Liebe ist. Sie kann sich in dem entfalten, der sich für den anderen und seine Not offenhält. Wer auf den anderen eingestellt ist, besitzt Kraft zur Liebe.

Jesus verheißt der Liebe Lohn. *Welcher Dank ist euch?* Gott anerkennt die Taten des Menschen, wendet dem Huld zu, dessen Taten ihm gefallen, und so dankt er ihm die Liebe.

[35] *Vielmehr: Liebet eure Feinde und tut Gutes und leiht, ohne etwas zurückzuerhoffen; und euer Lohn wird viel sein, und ihr werdet Söhne des Allerhöchsten; denn er ist gütig zu den Undankbaren und Bösen.*

Ohne etwas zurückzuerhoffen, das ist das Kennwort der Jüngerliebe. Keine Anerkennung von Menschen, kein Lob, keine Gegengabe. Liebe ist nicht Berechnung. Sie bricht aus dem Innersten auf und entfaltet sich. Selbst wenn der Jünger ausborgt, gibt er nicht, damit er wiedererhalte, sondern nur aus dem Willen zu helfen. Weil in der Feindesliebe die Hoffnung aufgegeben werden muß, Erwiderung und Liebe zu erhalten, stellt sie am echtesten die Liebe des Jüngers Jesu dar. Was den Jünger zur Liebe bewegt, ist nur der Wille Gottes, seine Herrschaft, Jesus, der Meister, und sein Wort.

Der Jünger, der das Gebot der Feindesliebe erfüllt, erhält viel Lohn. Er wird *Sohn des Allerhöchsten* genannt. Diesen Titel hat Jesus bei der Verkündigung durch den Engel erhalten. „Dieser wird groß sein und Sohn des Allerhöchsten genannt werden; Gott der Herr wird ihm den Thron seines Vaters David geben" (1,32). Wer das Gebot der Feindesliebe erfüllt, hat Anteil an der Sohnschaft und am Herrschen Jesu.

Die Gottes-Sohnschaft ist nicht nur endzeitliche Erwartung; sie wird gegeben, wenn die Feindesliebe gelebt wird. Durch selbstlose Liebe, die nicht bloß Gegenliebe ist, wird der Jünger Gott selbst ähnlich; denn Gott ist *gütig gegen Undankbare und Böse*. Er wird Sohn des Allerhöchsten, der über alles Treiben der Menschen erhaben ist in seiner unendlichen Güte.

36 *Seid barmherzig, wie euer Vater barmherzig ist.*

Barmherzig ist, wer sich vom Elend des Menschen rühren läßt, wer für fremde Not offen ist und helfend eingreift, wo er von der Last Gebeugte findet.

Jesus verkündet, daß Gott barmherziger Vater ist. Die Gottesherrschaft beginnt damit, daß den Armen das Evangelium verkündet wird, den Gefangenen Befreiung, den Blinden das Augenlicht, den Gequälten die Entlassung zur Freiheit. Jesus, den Gott gesandt hat, um die Heilszeit auszurufen und zu bringen, geht Wohltaten spendend durch das Land. Er vergibt die Sünden und nimmt sich der Sünder an, er erzählt von der Freude des himmlischen Vaters über die Sünder, die in dieser Gnadenzeit zu ihm heimkehren (15,11–32).[55]

Die Barmherzigkeit des Vaters lehrt den Jünger, was er selbst zu tun hat, Jesus verlangt, was die Juden „Nachfolge Gottes" nannten. „Wie Gott Nackte bekleidet hat (Gn 3,21), so bekleide auch du Nackte. Wie Gott Kranke besucht hat (Gn 18,1), so besuche auch du Kranke ... Wie Gott barmherzig und gnädig genannt wird, so sei auch du barmherzig und gnädig und gib jedem ohne Entgelt ... Wie Gott gütig genannt wird ... so sei auch du gütig".[56]

Die Liebe hat zwei Normen, an denen sie ihr Verhalten mes-

sen und prüfen kann. Das Verlangen des eigenen Herzens:
Liebe deinen Nächsten wie dich selbst – und die Barmherzigkeit des himmlischen Vaters. Die zwei Normen sind eine;
denn der Jünger ist Sohn des Allerhöchsten, Bild Gottes. Jesus stellt das Bild Gottes im Menschen wieder her, weil er
die Herrschaft des Allerhöchsten verkündet, der unser Vater
voll Erbarmen ist.

c) Vom Richten (6,37–38)

*37a Und: Richtet nicht, und ihr werdet nicht gerichtet. Und
verurteilt nicht, und ihr werdet nicht verurteilt.*

Erbarmen und Liebe mit Menschen beginnt damit, daß wir
uns nicht über sie zu Richtern machen. Wer untersucht, ob der
andere das Erbarmen und die Liebe verdient, ob er „würdig"
ist, vergeht sich schon gegen das Gebot der Liebe; denn die
Liebe schenkt aus Erbarmen mit der Not des anderen.

Das Richten vollzieht sich in zwei Akten: im Beurteilen und
Verurteilen. Beides will Jesus fernhalten. Es handelt sich in
diesem Fall nicht um die Ausübung der richterlichen Gewalt
in einem sozialen Gebilde, sondern um Urteilen in Gedanken
und Worten, ohne einen Auftrag zu haben. Die Worte schlie
ßen nicht eine moralische Beurteilung der Handlung aus,
wohl aber verbieten sie, den schuldig zu erklären, der die
Handlung gesetzt hat.

Jesus hat Feindesliebe und Erbarmen als Forderung aufgestellt. „Liebet eure Feinde." „Seid barmherzig." Gottes Gericht wird darüber zur Rechenschaft ziehen. Wer sich zum
Richter über die anderen macht, fordert das Gericht Gottes
über sich heraus. Mein Verhalten zum anderen wird die
Norm für das Verhalten Gottes zu mir.

^{37b} *Sprecht los, und ihr werdet losgesprochen werden.*
^{38a} *Gebt, und es wird euch gegeben werden; ein gutes, ge-*
drücktes und gerütteltes, ein überfließendes Maß werden
sie euch in euren Schoß geben.

Schuld und Vergehen, die der andere gegen uns begangen
hat, möchten Hindernis für Erbarmen und Liebe sein. Jesus
gibt zwei Wege an, die zur Überwindung führen: vergeben
(lossprechen) und geben. Die Schranken zwischen dem Ich
und dem Du werden abgebaut, das geschieht im Lossprechen.
Brücken werden geschlagen, das geschieht im Geben.
Wieder wird die Forderung unter das drohende Gericht gestellt. *Und ihr werdet losgesprochen werden* und: *es wird
euch gegeben werden.* Gott wird sein richterliches Handeln
von unserem Verhalten bestimmen lassen. Der Ausgang des
Gerichtes ist in unsere Hand gelegt. „Vergib uns unsere Sünden, wie auch wir vergeben unseren Schuldigern" (11,4).
Der Tag der Vergeltung kommt. Für den, der gegeben hat,
ist er ein Tag reichster Ernte. Gott gleicht einem Bauern, der
großherzig seinen Knechten den Lohn zumißt. Gemessen
wird mit dem Kornscheffel. Der geizige Bauer füllt den
Scheffel an, streift mit dem Schaufelstiel über den Scheffel,
daß nicht mehr gegeben wird, als vereinbart war. Der groß-
herzige Bauer preßt das Getreide in den Scheffel hinein,
rüttelt ihn, daß noch mehr hineingegossen werden kann, häuft
über den Scheffel hinaus auf. Gott ist dem großherzigen
Bauern gleich. Er ist der großherzigste Vergelter. Sein Lohn
ist nicht Verdienstlohn, sondern Geschenk seiner Freigebig-
keit. Der Lohngedanke darf nicht verführen, die Unendlich-
keit der Liebe Gottes zu verkürzen. Was Gott gibt, ist un-
endlich mehr, als was geleistet wurde. „Freut euch und hüpft,
denn euer Lohn ist groß im Himmel."

38b *Denn mit dem Maß, mit dem ihr meßt, wird euch wiedergemessen werden.*

Gott ist im Geben ohne Maß, aber er gibt nur dem, der selbst gegeben hat. Wir dürfen auch sagen: er vergibt ohne Maß, aber nur dem, der selbst vergeben hat.

Die Rede über die Feindesliebe wird im Blick auf das Endgericht gesprochen. Sie klingt aber nicht in der strafenden Gerechtigkeit Gottes aus, sondern in der Maßlosigkeit seiner Güte. Alle Sprüche werden in gleicher Rhythmik gesprochen, aber in dem Spruch vom Geben wird die Verheißung: *und es wird euch gegeben werden* überladen. So wird das Gewicht von der Strenge auf die Güte Gottes, vom Gericht auf die Beseligung, von der Drohung auf die Verheißung, von der Furcht auf die Hoffnung verlegt.

Im Schlußwort klingt wieder die Mahnung an: Maß für Maß. Wer wenig gibt, wird wenig erhalten, wer reichlich gibt – das Bild der göttlichen Großherzigkeit klingt noch nach –, wird reichlich empfangen. Das grundlose Erbarmen Gottes im Gericht ist kein bedingungsloses Erbarmen. Wer Menschen gibt und vergibt, wird Geben und Vergeben Gottes in Fülle empfangen; wer Menschen nicht gibt und vergibt, hat von Gott weder Geben noch Vergebung zu erhoffen.

d) Wahre Frömmigkeit (6,39–49)

39a *Er sprach aber ein Gleichnis zu ihnen.*

Mit dieser erzählenden Bemerkung wird ein neues Stück der Rede eingeleitet. *Gleichnis* ist die rechte Überschrift, denn es werden fünf kurze Gleichnisse gesagt. Sie wollen nachdenklich machen. Dem, was schon gesagt wurde: der prophetischen (6,20–26) und der mahnenden Rede (6,27–38), wird die Gleichnisrede beigefügt. Die Jünger müssen Liebende sein, dasein für die anderen. In der Bergpredigt des Matthäus ist die Sendung der Jünger mit den Bildern gezeichnet: Salz der Erde, Licht, das allen leuchtet, Stadt auf dem Berge (Mt 5,13–16). Dort erscheint es unnatürlich und verdammungswürdig, nicht vor den Menschen zu leuchten, so daß diese ihre guten Werke sehen können und den Vater preisen. Auch in der Bergpredigt des Lukas ist solche Leuchtkraft des Jüngerdaseins vorausgesetzt. Wie sollen aber die Jünger ausgerüstet sein, daß sie dieses apostolische Werk vollbringen können? Sie müssen rechte Lehrer sein (6,39–42), Sein und Wort müssen eins sein (6,43–45), ihrer Gesinnung muß die Tat folgen (6,46–49).

[39b] *Kann denn ein Blinder einen Blinden am Wege führen? Werden nicht beide in die Grube fallen?* [40] *Der Schüler ist nicht mehr als der Lehrer; geschult sein wird aber jeder wie sein Lehrer.*

Das Wort vom blinden Führer wurde von Jesus gegen die Pharisäer gesprochen. Sie traten als die Führer des Volkes zur Frömmigkeit auf. Mit peinlichster Sorgfalt haben sie das Gesetz studiert und zu beobachten versucht. Doch sind sie *blinde Führer,* denn gegen die größte Offenbarung Gottes waren sie verschlossen, gegen das Wort Gottes, das von Jesus verkündet wurde, unzugänglich. An die Stelle dieser blinden Führer treten nun die Jünger Jesu. Das Wort Jesu, das den Pharisäern und Schriftgelehrten galt, wird auch für die Jünger gültig, wenn sie selbst nicht sehend sind.

Der Jünger Jesu muß sich seiner Verantwortung bewußt sein. Er darf nicht blind sein. Wann ist er aber nicht blind? Wenn er geschult ist wie sein Lehrer. Der Lehrer ist Jesus. Er ist Lehrer, der von keinem Schüler übertroffen wird, einzigartiger Lehrer.

Der Schüler ist nicht mehr als der Lehrer. Dieses Wort ist wahr in der Schule der Schriftgelehrten; denn der Lehrer überliefert das Empfangene, und der Schüler hat nichts anderes zu tun als das Überlieferte hinzunehmen. Der Jünger Jesu überliefert, was er von Jesus empfangen hat. Wie könnte er seiner Verantwortung um die anderen gerecht werden, wenn er im Wort Jesu nicht zugerüstet wäre, wenn er es nicht in sich aufgenommen hätte?

41 Was siehst du aber den Splitter im Auge deines Bruders, den Balken aber in deinem eigenen Auge siehst du nicht? 42 Wie kannst du deinem Bruder sagen: Bruder, laß, ich ziehe den Splitter, der in deinem Auge ist, heraus, selbst aber siehst du den Balken in deinem Auge nicht? Heuchler, zieh zuerst den Balken aus deinem Auge, und dann magst du zusehen, daß du den Splitter aus dem Auge deines Bruders ziehst.

Um seiner Sendung treu zu sein, muß der Jünger den Irrenden und Fehlenden zurechtweisen und ihm Hilfe bieten, daß er von den Fehlern frei wird. Die Worte Jesu setzen diese Sorge um den Bruder, den Glaubensgenossen, voraus. Matthäus hat in seiner Kirchenordnung ein Wort aufbewahrt, das den Vorgang solcher brüderlichen Zurechtweisung vorsieht: „Wenn dein Bruder gesündigt hat, gehe hin, weise ihn zwischen dir und ihm allein zurecht..." (Mt 18,15 ff.). Die Zurechtweisung birgt Gefahr in sich. Die eine ist das Messen mit unrechtem Maß. Die Eigenliebe verzerrt die Wahrheit. Das Bild vom *Splitter und Balken* malt in grellen Farben. Die kleinsten Fehler des anderen werden groß, die großen eigenen Fehler werden klein gesehen. Zurechtweisung kann nur geschehen, wenn die Selbstgerechtigkeit abgebaut ist und sie nicht mehr das Herrschenwollen leitet.

Die zweite Gefahr der Zurechtweisung liegt in der *Heuchelei*. Wer den anderen zurechtweist, drückt damit aus, daß er das Böse in der Welt überwinden will. Überwindet er es aber nicht, auch in sich selbst, dann ist der unselige Zwiespalt zwischen innen und außen da. Er führt den Kampf gegen das Schlechte im anderen – aber in sich selbst? *Zieh zuerst den Balken aus deinem Auge!* Beginne zuerst bei dir die Zurechtweisung, dann ist die Grundlage für die Zurechtweisung des anderen geschaffen.

Im Jünger Jesu hat die Gottesherrschaft zu wirken angefangen. Dies aber setzt Umkehr und Buße voraus. Buße bekennt die eigene Sündhaftigkeit und Schuld, verurteilt zuerst, was im eigenen Herzen gefehlt ist, und so tritt sie geduldig, vergebend und gebend an den Bruder heran.

[43] *Denn es gibt keinen guten Baum, der schlechte Früchte bringt, und wiederum keinen schlechten Baum, der gute Früchte bringt.* [44] *Denn jeder Baum wird an seiner Frucht erkannt; denn nicht sammelt man von den Dornen Feigen und nicht pflückt man vom Dornstrauch Trauben.*

Die Gefahr der Heuchelei wird nur überwunden, wenn äußeres Tun und innere Gesinnung eine Einheit sind. Die Äußerungen, Tat und Wort, sind gut, wenn der innere Grund, aus dem sie kommen, gut ist. Für die Pharisäer und Schriftgelehrten ist eine Tat gut, wenn sie mit dem Gesetz übereinstimmt; Jesus aber nennt sie gut, wenn sie aus einem guten Innern kommt. Das Herz, der Sitz der Gedanken, Wünsche und Gefühle, ist der Quellgrund der guten und bösen Gedanken, Worte und Werke, der Sitz der sittlichen Entscheidung. „Von innen her, aus dem Herzen gehen die schlechten Gedanken aus: Ehebruch, Diebstahl, Mord . . .“ (Mk 7,21 ff.). Wann ist aber das Herz gut?

Worte und Taten, die aus dem Menschen ausgehen, lassen erkennen, wie es innerlich mit dem Menschen steht. Sie verraten das Herz des Menschen, wie die Früchte die Beschaffenheit und das Wesen eines Baumes erkennen lassen. Ein Dornstrauch bringt nicht Feigen als Früchte hervor...

45 *Der gute Mensch bringt aus dem guten Schatzbehälter des Herzens das Gute hervor und der schlechte aus dem schlechten das Schlechte; denn aus dem Überströmen des Herzens spricht sein Mund.*

Das Bild wechselt. Das Herz, der Sitz der sittlichen und religiösen Entscheidungen im Menschen, gleicht einem *Schatzbehälter.* Vom Kern der Persönlichkeit, dem Sitz der sittlichen und religiösen Entscheidungen, hängt es ab, ob die Worte und Taten gut oder schlecht sind, ob der ganze Mensch gut oder schlecht ist. Der Jünger Jesu, der Licht für die anderen sein soll, muß ein Herz haben, das von allem Guten überströmt. Solches *Überströmen* sind Worte und Taten. Ordnung des Gewissens ist Voraussetzung für den apostolischen Christen.

Wann aber ist das Herz eine Schatztruhe, die nur Gutes enthält und von der nur Gutes ausgeht? *Wann ist das Innere des Menschen gut?* Wann ist sein Gewissen geordnet? Nach dem Evangelium nicht schon dadurch, daß der Mensch sein angeborenes Wesen zur Darstellung bringt. Nur wenn der Mensch durch Jesus, den Lehrer, ganz zugerüstet ist, dann ist auch sein Herz gut. Wenn Jesu Wort von diesem Herzen aufgenommen wird, wenn die Herrschaft Gottes und seine Gerechtigkeit es erfaßt haben, dann ist das Herz eine Schatztruhe geworden, die von Gutem überströmt. Wieder erhebt sich als Grundforderung Jesu die Buße, die Kehr zu Gott. Der gute Mensch ist der, der durch Umkehr ins rechte Gottesverhältnis gebracht wurde. Nicht Buße als solche macht den Menschen innerlich gut, sondern Gott und seine Herrschaft, aber die Herrschaft Gottes setzt die Kehr zu Gott, die Abkehr von der Schuld, das Kleinwerden vor Gott voraus.

46 Warum ruft ihr mich: Herr, Herr, und tut nicht, was ich sage?

Jesus legt größten Nachdruck auf die Gesinnung, in der die Tat geschehen muß; doch entwertet er auch nicht das äußere Tun. Er fordert die *Tat als Frucht der Gesinnung.*

Die Jünger rufen ihn als *Herrn* an. So haben die Schüler der Schriftgelehrten ihren Meister gerufen. Jesus war für die Jünger, die ihm folgten, der Rabbi, der Meister und Lehrer. Aber er ist nicht allein in diesem Sinne ihr Herr; für sie ist er mehr. Durch ihn redet Gott. Das Volk sagte: „Ein großer Prophet ist unter uns aufgestanden" (7,16). Nach Ostern hat Petrus verkündet: „Ihn hat Gott zum Herrn und Messias gemacht, diesen Jesu, der... gekreuzigt war" (Apg 2,36). „Herr" drückt das Höchste und Erhabenste an Würde aus. Wer die Bibel des Alten Testamentes griechisch las, fand den Gottesnamen Jahwe durch „Herr" übersetzt. Das alles klingt auf, wenn es heißt: Herr, Herr. Der Herr spricht die Worte der Bergpredigt.

Der Herr hat Verfügungsrecht, er gebietet, ist Richter. Sein Wort hat göttliche Befehlskraft. Was wäre es doch für ein Widerspruch, zu Jesus Herr zu sagen, sein Wort und seinen Willen zu erkennen, *und doch nicht zu tun?* Die Frage will die Hörer wachrufen, nachdenklich machen.

47 Jeder, der zu mir kommt und meine Worte hört und sie tut, ich will euch zeigen, wem der gleich ist. 48 Gleich ist er einem Mann, der ein Haus baut; er hat gegraben und ausgeschachtet und das Fundament gelegt auf dem Fels; als

*aber Hochwasser kam, brach der Fluß gegen jenes Haus
los, und nicht hatte er Kraft, es zu erschüttern, weil es gut
gebaut war.* [49] *Wer aber hört und nicht tut, gleicht einem
Mann, der ein Haus auf die Erde ohne Fundament gebaut hat; gegen dieses brach der Fluß los, und der Zusammenbruch jenes Hauses war groß.*

Zur wahren Jüngerschaft, die zum vollen Heil führt, ist notwendig: zu Jesus zu kommen, ihn als die heilsentscheidende
Gestalt anzuerkennen, sein Jünger zu sein, seine Worte zu
hören, anzunehmen und in die Tat umzusetzen. Im Leben der
Kirche nach der Erhöhung Christi heißt dieses: mit Jesus
sakramental eins sein, das Wort des in der Kirche fortleben-
den Christus gläubig annehmen und aus dem Sakrament und
Wort leben.

Die beiden Gleichnisse hat Lukas nach der griechischen An-
schauungswelt gefärbt. Er hat den Bau anders beschrieben als
Matthäus (Mt 7,24–27), der nur sagt: „Er baut sein Haus auf
Fels"; „er baut sein Haus auf Sand". Nach Lukas wird sorgfältig und mühsam ein Fundament gegraben oder eben nicht
gegraben und nur auf die Erde gebaut ohne Fundament. Der
Einbruch der Katastrophe ist bei Matthäus echt palästinen-
sisch: „Und es prasselt der Regen herab, und es kamen die
Flüsse und brausten die Stürme", die Regenschauer des Win-
ters. Dafür setzt Lukas „das Hochwasser im angeschwollenen
Fluß". Auch beim Wort Gottes setzt sich die Menschwerdung
in der Überlieferung fort; es wird den Menschen angepaßt,
steigt zu den Menschen herab, um ganz in sie und ihre Le-
benswelt einzugehen.

Durch die Gleichnisse und die vorausgehenden Worte wird
kein Zweifel darüber gelassen, daß die Bergpredigt durchgeführt werden muß. Heil und Unheil entscheiden sich daran,
ob die Worte dieser Rede getan werden oder nicht. Die

Schlußworte: *der Zusammenbruch jenes Hauses war groß,* greifen über das Bild in die Wirklichkeit hinaus. Wer die Rede hört, aber nicht befolgt, erleidet große Katastrophe beim Endgericht.

Sollten wir angesichts dieser Worte sagen, die Bergpredigt will uns nur zum Bewußtsein bringen, daß wir verlorene Sünder sind? Ohne Zweifel will sie auch das, aber doch mehr. Wollte sie nur das Bild des Menschen zeichnen, der die Wiedergeburt der Welt erfahren hat, weil die Gottesherrschaft vollends eingetreten ist? Die Bergpredigt hat die Gottesherrschaft im Sinn. Sie beginnt mit den Verheißungen der Gottesherrschaft und endet mit dem Gericht. Die Forderungen der Bergpredigt, der Mensch der Liebe, der Sohn des Höchsten, werden ganz verwirklicht sein, wenn die Vollendung der Gottesherrschaft gekommen ist. Aber die Bergpredigt wird als Einlaßbedingung für die Gottesherrschaft verkündet. Mit dem Kommen Jesu ist die Gottesherrschaft in der Welt angebrochen, und wer zu Jesus kommt, sein Wort hört und es tut, hat auch Anteil an ihren Kräften. Wer zu Jesus Herr, Herr sagt, steht unter der Herrschaft des Herrn, wenngleich ihm das Tun nicht erspart sein kann.

Die ständige Haltung der Umkehr zu Gott legt den Grund für das Leben aus den Worten der Bergpredigt. Sie bewahrt vor der Heuchelei, die nur die Worte im Munde führt, aber bei sich nicht verwirklicht, schafft das gute Herz, aus dem die guten Taten kommen können, und führt zur Anspannung aller Kräfte, den im Wort begegneten Willen Gottes zu tun. In einem durch Umkehr für Gott geöffneten Herzen ist Raum für das Reich Gottes, entfaltet sich die Liebe, durch die der Mensch für Gott und für die Menschen da ist. Das Erbarmen Gottes, das sich in seiner Herrschaft offenbart, durchdringt diesen Menschen, so daß er des Höchsten Sohn wird.

2. Die rettende Tat Jesu (7,1 – 8,3)

In der Bergrede hat Jesus als machtvoller Lehrer zur Kirche gesprochen, jetzt wird er als machtvoller Retter gezeigt. Seine heilende Macht hat unbegrenzte Weite: er begnadet den Heiden (7,1–10), erweckt einen Toten (7,11–17), erweist sich als der verheißene Heiland der Kranken und Sünder (7,18–35) und vergibt der Sünderin (7,36–50). Der Erfolg seiner Tätigkeit zeigt sich wieder in Jüngerschaft (8,1–3).

a) Der Hauptmann von Kapharnaum (7,1–10)

¹ *Als er alle seine Reden in die Ohren des Volkes hinein vollendet hatte, ging er nach Kapharnaum hinein.* ² *Eines Hauptmanns Knecht aber war krank und daran zu sterben; er war ihm sehr teuer.* ³ *Als er aber über Jesus gehört hatte, schickte er Älteste der Juden zu ihm und bat ihn, daß er komme und seinen Knecht rette.* ⁴ *Diese aber fanden sich bei Jesus ein und baten ihn inständig, indem sie sagten: Er ist würdig, daß du ihm dies gewährst;* ⁵ *denn er liebt unser Volk und hat uns die Synagoge gebaut.*

Kapharnaum hat als Grenzstadt Zollstation (Mk 2,13 f.) und Garnison. Wie sein Vater hat auch Herodes Antipas in seinem Söldnerheer Leute aus aller Welt: Syrer, Thraker, Germanen, Gallier. Der Hauptmann war *Heide*. Als sein Knecht („Bursche") todkrank wurde, läßt er nichts unversucht, ihm zu helfen. Als Heide fühlt er sich *unwürdig*, selbst vor Jesus seine Bitte vorzubringen, und schickt deshalb Älteste der Juden als Vermittler. In Demut anerkennt er die Ordnung Gottes, daß das Heil über die Juden zu den Heiden kommt. Sein Erbarmen, seine Demut und sein Gehorsam machen ihn für die Heilsbotschaft Christi bereit.

Der Hauptmann war einer der Heiden, dem die polytheistischen Mythen nicht mehr genügten, dessen religiösen Hunger die Weisheit der Philosophen nicht stillte und der sich darum dem jüdischen Eingottglauben (Monotheismus) und der aus ihm abgeleiteten Sittenlehre zuwandte. Er war ein Gottesfürchtiger, der den Glauben an den einen Gott bekannte, den jüdischen Gottesdienst mitfeierte, aber den Übertritt zum Judentum noch nicht vollzogen hatte. Er suchte das Heil Gottes. Seinen Glauben an den einen Gott, seine Liebe und Ehrfurcht vor ihm äußerte er in der *Liebe zum Volk Gottes* und in der Sorge für die Synagoge, die er neu bauen ließ. Seine Gesinnungen äußern sich in Taten.

Die *Ältesten der Juden,* führende Mitglieder der Gemeinde, sehen in Jesus einen Mann, durch den Gott seinem Volk Wohltaten erweist. Sie sind überzeugt, daß Gott nur seinem Volk solche Wohltaten gewährt, hoffen aber, daß er dem Hauptmann wegen seiner Verdienste für das Volk Gottes eine Ausnahme mache und auch dem Heiden gnädig sei. Die Zugehörigkeit zu Israel aber halten sie für eine notwendige Bedingung zum Heil (Apg 15,5). Die Einlaßbedingungen für das Gottesreich und das Heil sind in den Seligpreisungen ausgesprochen. Selig die Armen, die Hungernden, die Weinenden ... kein Wort von Zugehörigkeit zu Israel und zur Synagoge! Jesus ist Prophet für alle, auch für die Heiden, wie Elias und Elisäus.

[6] *Jesus aber ging mit ihnen. Als er schon nicht mehr weit war vom Haus, schickte der Hauptmann Freunde und ließ ihm sagen: Herr, bemühe dich nicht, denn ich bin nicht würdig, daß du unter mein Dach eingehst.* [7] *Deswegen habe ich auch selbst mich nicht für würdig erachtet, zu dir zu kommen; aber sprich nur ein Wort, und gesund wird mein Knecht.* [8] *Denn auch ich bin ein Mann, der unter Macht gestellt ist, ich habe unter mir Soldaten, und sage*

ich zu diesen: Geh, und er geht, und zu einem anderen:
Komm, und er kommt, und zu meinem Knecht: Tu das,
und er tut es.

Der Hauptmann glaubt, daß Jesus in besonderer Beziehung
zu Gott steht; als unreiner und sündiger Heide hält er sich
der Gegenwart Jesu für *unwürdig*. In ähnlicher Ergriffenheit
vor der Heiligkeit Gottes, die in Jesus begegnet, konnte auch
Petrus die Gegenwart Jesu nicht ertragen. In der Hinwendung
zum heiligen Gott wird die eigene Unheiligkeit erlebt. Eine
Frucht der Hinkehr zu Gott und Buße, die der Weg zum
Heil ist! „Tut Buße; die Gottesherrschaft hat sich genaht."
Die Ältesten der Juden halten die Gegenwart Jesu für die
Heilung des Kranken als notwendig. Der Hauptmann aber
schreibt dem *Wort* Jesu allein Kraft zu. Aus seiner Erfah-
rungswelt bestimmt er es als Kommando- und Machtwort. Es
wirkt, was er ausspricht. Unabhängig von der Gegenwart
dessen, der es spricht, trägt es überall die rettende Macht hin.
Nur dieses Wortes bedarf es, und die verderblichen Mächte
sind gebannt, und die Rettung wird empfangen. Das Wort
ist aber von der Gesamtwirklichkeit Christi nicht losgelöst.
In ihm stellt sich Person und Werk Jesu dar. – Durch das
Wort Jesu sind wir fähig, die Offenbarung Gottes und sein
Heilswirken in Jesus zu erfahren, zu erfassen und zu empfangen. Es ist nicht nur ein Stück seines Wirkens, sondern
tragender Grund. Seit Jesus erhöht ist, wandert es im apostolischen Werk der Kirche über die Welt hin; in ihm wirkt
der Heilige Geist. Jesus ist unseren Augen fern, aber sein
Wort ist da, und in ihm wirkt er unser Heil.[57]

⁹ *Als aber Jesus dies hörte, bewunderte er ihn, und er*
wandte sich zum Volk um, das ihm folgte, und sagte: Ich
sage euch, nicht einmal in Israel fand ich solchen Glauben.

197

¹⁰ *Und die Abgesandten wandten sich zum Haus zurück und fanden den Knecht gesundet.*

Nicht einmal in Israel ... die Worte geben wieder, was Matthäus schreibt: „Wahrlich, ich sage euch: Bei niemand in Israel habe ich solchen Glauben gefunden" (Mt 8,10). Durch seine lange Geschichte, durch Gesetz und Propheten war Israel auf den Messias vorbereitet; er kam, fand aber keinen Glauben. Der Heide glaubt und findet, was er sucht, und bereitet seinem Knecht die Heilung. Die Seligpreisungen der Bergpredigt haben die Grundhaltung des Menschen aufgedeckt, die für das Heil notwendig ist. Was hat sich gezeigt? Sie fragen nach einer Haltung des Herzens, nach einer Offenheit für Gott, die jedem Menschen, gleichgültig ob Jude oder Heide, möglich ist. Jesu Wort hat Kraft, allen das Heil zu bringen, wenn es gläubig aufgenommen wird.

Der kranke Knecht wird *geheilt* und von dem Tod errettet, der zwar nur am Anfang und am Schluß des Berichtes auftaucht, aber immer im Hintergrund da ist. Über den Unheilsmächten, die den Kranken zum Tod treiben, steht die Barmherzigkeit seines Herrn, die Liebe des Hauptmanns zu Israel und seinem Gott, die Vermittlung des Judentums, die gläubige Demut des Hauptmanns, aber vor allem das mächtige Wort Jesu; die Kirche, in der sich verkörpert, was im Hauptmann lebt. Tiefsinnig läßt die Kirche die Worte des Hauptmanns beten, wenn Jesus den Gläubigen heilbringend in der Eucharistie naht.

b) Die Erweckung des Jünglings (7,11–17)

¹¹ *Und es geschah, in der anschließenden Zeit wanderte er in eine Stadt, genannt Naim, und mit ihm wanderten seine Jünger und viel Volk.* ¹² *Als er dem Tor der Stadt nahte,*

*siehe, da wird ein Toter herausgetragen, der einzige Sohn
seiner Mutter, und sie war Witwe, und eine große Schar
aus der Stadt war mit ihr.*

Naim lag an der Straße, die vom See Genesareth am Fuß des
Tabor vorbei durch die Ebene Esdrelon nach Samaria führte.
Naim war nur ein kleines Dorf, Lukas spricht von einer
Stadt. Am Stadttor begegnen sich zwei Züge: der Zug, den
der Lebensspender anführt, und der Zug, dem der Tod vor-
angeht. Petrus hat in einer Predigt nach Pfingsten die Worte
gesprochen: „Ihr habt den Heiligen und Gerechten verleugnet
und verlangt, daß euch ein Mörder (Barabbas) begnadigt
wurde, den *Anführer des Lebens* aber habt ihr getötet, den
Gott von den Toten auferweckt hat, wofür wir Zeugen sind"
(Apg 3,14 f.).
Der Tote war der *einzige Sohn* seiner Mutter, und diese war
Witwe. Der Mann und ihr Sohn waren früh gestorben, früher
Tod galt als Strafe für Sünde. Der Sohn ermöglichte der
Frau das Leben. An ihm hatte sie Rechtsschutz, Lebensunterhalt, Trost. Die Größe des Elends findet Mitleid in der gro-
ßen Schar aus der Stadt, die das Geleit gab. Diese konnte
trösten, aber niemand konnte helfen.

*13 Und als sie der Herr erblickte, wurde er von Mitleid mit
ihr ergriffen und sprach zu ihr: Weine nicht. 14 Und er trat
hinzu und berührte die Bahre, die Träger aber standen
still, und er sagte: Jüngling, ich sage dir, steh auf! 15 Und
der Tote stand auf und begann zu sprechen, und er gab ihn
seiner Mutter.*

Jesus ward von *Mitleid* ergriffen. Er verkündet und bringt
das Erbarmen Gottes mit den Klagenden und Weinenden.
Gott ergreift seine Herrschaft durch das Erbarmen mit den
Bedrängten.

Der Leichnam liegt in Linnen gehüllt auf der *Bahre*. Die Berührung des Sarges, wie Lukas nach griechischer Vorstellung schreibt, ist für die Träger Zeichen zum Halten. Jesus ruft den toten Jüngling, als ob er lebte. Sein Ruf gibt Leben. „Gott macht die Toten lebendig und ruft, was nicht ist, als Seiendes" (Röm 4,17). Durch sein machtvolles Wort ist Jesus „Urheber des Lebens" (Apg 3,15).

Der Jüngling lebt, er setzt sich auf und beginnt zu reden. *Jesus gibt ihn seiner Mutter*. Die Totenerweckung ist Erweis seiner Macht und seines Erbarmens. Die Macht steht im Dienst des Erbarmens. Macht und Erbarmen sind die Zeichen der Heilszeit. Durch das innigste Erbarmen sucht Gott sein Volk heim ... um denen zu leuchten, die im Finstern und in Todesschatten sitzen (1,78 f.).

Er gab ihn seiner Mutter. So heißt es auch im Buch der Könige (1 Kg 17,23), das erzählt, wie Elias den Sohn der Witwe von Sarepta vom Tode erweckte. Jesus ist Prophet wie Elias; er übertrifft aber Elias. Jesus weckt den Toten durch sein Machtwort auf; Elias durch Gebete und langwierige Bemühungen.

[16] *Furcht aber ergriff alle, und sie lobten Gott und sagten: Ein großer Prophet ist auferstanden unter uns, und heimgesucht hat Gott sein Volk.* [17] *Und ausging dieses Wort über ihn in ganz Judäa und in der ganzen Umgegend.*

In Jesus ist Gottes Macht offenbar geworden. Die Erscheinung Gottes löst *Furcht* aus. Die staunende Furcht über Gottes machtvolles Wirken ist Anfang der Lobpreisung.

Der *Lobpreis* der Zeugen verkündet zwei Heilsereignisse: Ein großer Prophet ist auferstanden. Gott greift entscheidend in die Geschichte ein; denn Jesus ist ein großer Prophet. Und: Gott hat sein Volk gnadenvoll heimgesucht. Was der

Vater des Täufers in seinem Hymnus prophetisch verkündet hat, findet Erfüllung: „Gepriesen sei der Herr, der Gott Israels! Denn er hat sein Volk heimgesucht und ihm Erlösung gebracht. Ein Horn des Heiles hat er uns aufgerichtet im Hause Davids, seines Knechtes" (1,68 f.). Der Ruf Jesu verbreitete sich *über ganz Palästina und darüber hinaus* in seine Umgegend. Das Wort über Jesus hat den Drang, die Welt zu erfüllen. Wer es vernommen hat, gibt es weiter.

c) Der Täufer und Jesus (7,18–35)

Lukas vereinigt drei Überlieferungsstücke, um durch die Größe des Täufers die Größe Jesu zu zeichnen. Der Täufer fragt über die Sendung Jesu (7,18–23), Jesus urteilt über die Sendung des Täufers und dadurch über seine eigene Sendung (7,24–30) und spricht über die Stellung des Volkes zum Täufer und zu sich (7,31–35).

¹⁸ *Und dem Johannes berichteten seine Jünger über all dies. Und Johannes rief zwei seiner Jünger zu sich,* ¹⁹ *sandte sie zum Herrn und sagte: Bist du der Kommende, oder sollen wir einen anderen erwarten?* ²⁰ *Als aber die Männer zu ihm gekommen waren, sagten sie: Johannes der Täufer hat uns zu dir gesandt und läßt sagen: Bist du der Kommende, oder sollen wir einen anderen erwarten?*

Johannes ist eingekerkert. Durch seine Jünger erreicht ihn die Kunde über Jesu Macht-Taten und Verkündigung. Das Ergebnis dieser Nachrichten ist die *Gesandtschaft zweier Jünger* zum Herrn, die ihn fragen sollten, ob er der Messias sei oder nicht.

Wer ist Jesus? Lukas – er allein an dieser Stelle – schreibt: *Er sandte sie zum Herrn.* Darin spricht sich der volle Glaube der alten Kirche über Jesus aus; denn das Glaubensbekenntnis lautet: Herr ist Jesus Christus (Phil 2,11). Dazu hat ihn Gott gemacht, nachdem er sein irdisches Werk vollendet hatte, gelitten hatte und gestorben war, nachdem ihn Gott auferweckt und erhöht hatte. Bis zu dieser Erkenntnis führt der lange Weg von der Predigt des Täufers bis zur Auferstehung und Geistsendung. Wo aber dieser Weg endet und enden muß, das sagt uns dieser „*Herr*".

Der Täufer hat unter dem *Kommenden* eine messianische Gestalt verstanden, nicht Gott selbst, und Jesus als den Kommenden bezeichnet. „Es kommt der Stärkere als ich" (3,16). „Mitten unter euch steht der, den ihr nicht kennt, der nach mir kommt" (Jo 1,26 f.). Der Kommende war die große Hoffnung: „Nur eine kleine Weile noch, und er wird kommen, der da kommen soll, und er wird nicht säumen" (Hebr 10,37). Der Täufer hat diesen Kommenden als Richter geschildert, der schon die Wurfschaufel in der Hand hält, der mit Feuer und Geist tauft, Gericht hält und neues Leben spendet. Was geschah von dem? Der Täufer läßt fragen: Bist du es, der kommen soll, oder *sollen wir einen anderen erwarten?* Diese Frage interessiert Lukas, nicht die seelische Lage des Täufers, die hinter dieser Frage steht. Wer ist Jesus?

[21] *In jener Stunde heilte er viele von ihren Krankheiten und Geißeln und bösen Geistern, und vielen Blinden schenkte er zu sehen.* [22] *Und er antwortete und sprach zu ihnen: Gehet hin und meldet Johannes, was ihr gesehen und gehört habt: Blinde blicken auf, Lahme wandeln umher, Aussätzige werden rein und Taube hören, Tote stehen auf, Armen wird die Frohbotschaft verkündet;* [23] *und selig, wer nicht an mir Anstoß nimmt!*

Geschichtliche Tatsachen und das prophetisch göttliche Wort sagen, wer Jesus ist. Die Zeit des Heils beginnt sich zu verwirklichen. Die Gesandten sind Zeugen der *Heilswunder,* die Jesus wirkt. Er befreit von vielen Krankheiten, er löst von Leiden, die als Strafgericht Gottes (Geißeln) gedacht sind, und er rettet von bösen Geistern. Die Heilung von Blinden wird eigens hervorgehoben; denn sie galten wie Tote. Jesus führt den Wandel der Dinge herbei: er erlöst von Krankheit und Elend, bringt Versöhnung mit Gott und bricht die Herrschaft der bösen Geister.

Was dieses Geschehen in der Heilsgeschichte bedeutet, sagt der Auftrag Jesu an die Boten; er ist durch *Schriftworte aus Isaias,* dem Propheten der Heilserwartung in den Tagen Jesu, ausgesprochen. „Es hören alsdann die Tauben Worte der Schrift, aus Dunkel und Düster schauen die Augen der Blinden" (Is 29,18). „Der Blinden Augen öffnen sich dann, der Tauben Ohren tun sich auf, der Lahme springt wie ein Hirsch, die Zunge des Stummen jauchzt auf" (Is 35,5 f.). „Der Geist des Gebieters und Herrn ruht auf mir, da der Herr mich gesalbt hat, den Armen Frohes zu melden, hat er mich gesandt" (Is 61,1). Jesus handelt an Gottes Statt für die Menschen. Er kommt nicht als Herrscher und Richter, sondern als Gottes Knecht, der die Krankheiten und Schuld der Menschen hinwegträgt, als Freudenbote, der den Armen frohe Botschaft verkündet, als Hoherpriester, der mit Gott versöhnt und verbindet.

Dieses Erscheinungsbild des Kommenden erregt Anstoß. *Selig, wer an mir nicht Anstoß nimmt.* Das Erwartungsbild des Kommenden, wie es den Johannesjüngern vorschwebte, wie es die Pharisäer hatten, muß an den Tatsachen, die Gott setzt, und am Wort Gottes, das er durch die Propheten spricht, geprüft werden. *Heil dem,* der sich dem Handeln Gottes in Jesus nicht verschließt, selbst wenn es nicht dem entspricht, was er sich selbst zurechtgelegt hat.

²⁴ *Als die Boten des Johannes weggegangen waren, fing er an, zu den Scharen über Johannes zu sprechen. Was seid ihr in die Wüste hinausgezogen zu sehen? Schilfrohr, das vom Wind hin und her bewegt wird?* ²⁵ *Oder was seid ihr hinausgezogen zu sehen? Einen Menschen, mit weichen Gewändern bekleidet? Siehe, die in glanzvollem Gewand und Luxus leben, finden sich in den Königspalästen.* ²⁶ *Aber was seid ihr hinausgezogen zu sehen? Einen Propheten? Ja, ich sage euch, und mehr als einen Propheten.*

In volkstümlicher Rede, anschaulich und ungekünstelt, mit eindrucksvollen Fragen ruft Jesus zur Besinnung und zum Nachdenken über die Sendung des Täufers. Wer diese erfaßt, findet auch zum Verständnis dessen, was das Auftreten Jesu bedeutet.

Wer ist Johannes? Warum zogen die Volksscharen zu ihm in die Wüste hinaus? Was hat diese Bewegung im ganzen Volk ausgelöst? Der Grund ist doch nicht das Schilfrohr am Jordan ... doch nicht ein Mann, der sich biegsam und schmiegsam wie ein Schilfrohr jedem Wind anpaßt? Johannes war ein Mann des Mutes und der Festigkeit und sprach, was seine Botschaft ihm gebot vor groß und klein. War diese Charakterfestigkeit der Grund, warum die Volksscharen zu ihm hinausgezogen sind?

Oder zog das Schauspiel eines *prunkvollen Fürsten* die Scharen in die Wüste hinaus? Dazu dürfte man nicht in die Wüste gehen, sondern müßte die hellenistischen Fürstenhöfe aufsuchen. Johannes hatte ein Gewand von Kamelhaaren und einen Ledergürtel um seine Hüfte, seine Nahrung waren Heuschrecken und wilder Honig (Mt 3,4 f.).

Wer ist Johannes? Ein Aszet? Ein Prophet? Das Volk sieht in ihm einen Propheten, der Gottes Willen verkündet (Mt

21,26). Alle hielten Johannes für einen Propheten (Mk 11,32). Sein Vater Zacharias hat ihn als Prophet des Allerhöchsten vorausgesagt (1,76). Eine Untersuchungskommission des Hohen Rates richtete an ihn die Frage: Bist du ein Prophet (Jo 1,21)? In seiner Predigt kehrt die Prophetenpredigt wieder, er verkündet das Zorngericht Gottes, fordert radikale Umkehr und spricht vom kommenden Heil. Als Prophet tritt er seinem Landesherrn gegenüber (Mk 6,17 ff.) und handelt wie Samuel gegen Saul (1 Sm 15,10 ff.), wie Nathan gegen David (2 Sm 12), wie Elias gegen Achaz (3 Kg 21,17 ff.). Jesus bestätigt diesen Eindruck: Ja, er ist Prophet. Aber damit ist nicht Erschöpfendes gesagt. Im Bewußtsein seiner Autorität sagt Jesus: *„Ich sage euch, mehr als ein Prophet."* Wer ist Johannes?

²⁷ *Dieser ist es, über den geschrieben steht: Siehe, ich sende meinen Boten vor dir her, der deinen Weg vorbereiten wird.* ²⁸ *Denn ich sage euch: Größer unter den vom Weib Geborenen ist niemand; der Kleinere aber im Reiche Gottes ist größer als er.*

An Johannes geht der Spruch des Propheten Malachias in Erfüllung: „Wohlan, meinen Boten sende ich voraus, daß er einen Weg vor mir bereite" (Mal 3,1). So lautet der Urtext, die Überlieferung aber, die Lukas aufnimmt, paßt den Spruch der Erfüllung an. Gott spricht zu einem anderen, der von ihm gesandt ist, der in Gottes Namen kommt und die Endzeit bringt: *„Ich sende meinen Boten vor dir her."* Johannes ist der von Gott gesandte Wegbereiter des endzeitlichen Heilbringers. Er schließt die Reihe der Propheten ab und überbietet sie. Er ist der Prophet, der im Anbruch der messianischen Zeit steht.

Mit Wissen und Autorität nennt ihn Jesus den *Größten aller Menschen.* Er sieht die Größe eines Menschen in dem Dienst am Heil Gottes. Johannes bereitet das Kommen des Heilbringers vor. Die Kindheitsgeschichte des Johannes hat schon über diese Größe gesprochen: er wurde vom Engel verkündet, seine Geburt ist von Heilsfreude und Propheten umgeben, er hat den Geist von Anfang an und ist Gott geweiht, er überragt Samuel und kommt als Elias. Er ist aus allen Menschen herausgehoben und steht über allen großen Gestalten der Heilsgeschichte.

Aber die Größe des Johannes erfährt Einschränkung. *Der Kleinere im Reich Gottes ist größer als er.* Der Kleinere ist Jesus. Er dient allen Menschen, macht sich klein vor Johannes, als er sich taufen läßt, tritt nicht als Herrscher, sondern als demütiger Gottesknecht auf. Im Urteil mancher Johannesjünger war er der Kleinere im Vergleich zu Johannes. Er bringt das Reich Gottes. Mit ihm bricht die Zeit der Erfüllung an und schließt die Zeit der Erwartung ab, in der noch Johannes lebte. Im Kleinsein ist Jesus der Größte. Das Reich Gottes bricht in den Kleinen an.[58]

29 Und das ganze Volk, das zuhörte, und die Zöllner gaben Gott recht, ließen sich taufen mit der Taufe des Johannes. 30 Die Pharisäer aber und die Gesetzeslehrer machten den Ratschluß Gottes bei sich zunichte, als sie sich nicht von ihm taufen ließen.

Johannes war Täufer; durch die Taufe der Umkehr zur Vergebung der Sünden bereitet er dem Kommenden den Weg. Gott selbst ist es, der diese Bußtaufe als Weg zum Heil bestimmt für alle. Das ganze Volk bedarf ihrer, aber dem ganzen Volk wird auch die Reinigung angeboten.

Das Volk, das wegen seiner Gesetzesunkenntnis von den Pharisäern und Gesetzeslehrern verachtet wurde, und *die Zöllner,* die als Sünder und Ausgestoßene galten, gaben Gott recht und beugten sich unter seinen Heilsratschluß, bekehrten sich, taten Buße und ließen sich taufen. Die Pharisäer und Gesetzeslehrer aber lehnten die Bußtaufe des Johannes ab und setzten so den Heilsratschluß für sich außer Kraft. Die Gesetzlosen und Sünder ergreifen das Angebot Gottes zur Umkehr, die Pharisäer und Schriftgelehrten weisen es zurück. Die von den Pharisäern Ausgesonderten erhalten die Aufnahme in die Heilsgemeinde; die sich selbst als Heilsgemeinde aussonderten, verachten die Aufnahme durch die Buße. Das allumfassende Heilsangebot verlangt die Umkehr aller. Den Weg zum Heil bestimmt für alle Gottes Ratschluß, kein Mensch kann ihn für sich selbst bestimmen. Johannes bringt durch seine Tätigkeit Scheidung und Gericht; damit zeigt er auch das Wirken Jesu an.

[31] *Mit wem soll ich also die Menschen dieses Geschlechtes vergleichen, und wem sind sie gleich?* [32] *Gleich sind sie Kindern, die auf dem Markt sitzen und einander zurufen, wie es heißt: Wir haben euch mit der Flöte geblasen, und ihr habt nicht getanzt. Wir haben euch ein Klagelied gesungen, und ihr habt nicht geweint.*

Warum wird der Heilsratschluß Gottes nicht angenommen? Warum wird Johannes und schließlich auch Jesus abgelehnt? Den Grund deckt das Gleichnis von den *eigensinnigen Kindern* auf. Kinder spielen auf dem Marktplatz einer Stadt. Die einen wollen Hochzeit spielen, die anderen Begräbnis. Die einen spielen mit der Flöte und laden zum Tanz ein, die anderen wollen Begräbnis spielen. Jetzt stimmen sie Klagelieder an und weinen und schluchzen, aber die anderen wollen Hochzeit spielen. Wer kann solchem Eigensinn Recht tun? So wollen die Menschen anders, als es Gottes Ratschluß verfügt. Das Hindernis für das Empfangen des Heils ist das eigene Ich. Die Buße kehrt den Menschen von sich weg zu Gott und seinem Willen. Der Weg zum Heil aber ist Abkehr von sich und Hinkehr zu Gott.

[33] *Denn es kam Johannes der Täufer und aß nicht Brot und trank nicht Wein, und ihr sagt: Er hat einen bösen Geist.* [34] *Es kam der Menschensohn und aß und trank, und ihr sagt: ein Freund der Zöllner und Sünder.*

Die eigensinnigen Launen der Zeitgenossen zeigen sich im Urteil über Johannes und Jesus. Den *Täufer* finden sie zu streng und erklären ihn für verrückt. *Jesus* finden sie zu wenig heilig und erklären ihn als unheiligen Lebemann, der mit Zöllnern und Sündern Freundschaft hält. Lukas verschweigt das derbe Wort „Weinsäufer und Fresser" (Mt 11,19). Johannes tritt als Bote der Umkehr auf, Jesus als Spender des Heils für alle, besonders die, die als verloren galten und in Israel keine Hoffnung hatten.

Hinter beiden steht der Heilsratschluß Gottes. Johannes ist *Täufer*, endzeitlicher Prophet, Wegbereiter des Heilbringers. Jesus aber ist der *Menschensohn*, der Bringer der Endzeit; denn ihm hat Gott alle Gewalt gegeben, Herrschaft und Würde und Königtum, unvergängliche Herrschaft über alle Völker, Stämme und Zungen, Königtum, das nicht zerstört wird (Dn 7,14).

[35] *Und Recht gegeben wurde der Weisheit von allen ihren Kindern.*

So rätselhaft uns die Wege Gottes in der Heilsgeschichte erscheinen mögen, sie sind nicht Willkür, sondern *Weisheit Gottes.* Jesus kam anders, als es sich die Jünger des Johannes gedacht hatten, als die Pharisäer und Schriftgelehrten dozierten, als die verschiedenen Parteien in Israel es erwarteten.

Der Täufer kam anders, als Israel den Wegebereiter des kommenden Heils dachte; denn er war nicht Elias, der wiederkehrt, sondern ein anderer, der nach Art des Elias auftrat. „Wenn ihr wollt", war er Elias. Die Kirche ist anders, als es viele wollen, die Heiligen sind anders, als sich die Menschen die Heiligen vorstellen.

Die Weisheit Gottes in seinen Werken kann nur als Weisheit erkennen, wer ein *Kind der Weisheit* ist, wer gleichsam aus ihr geboren wurde, wer von ihr umgewandelt und durchdrungen ist, wer wie sie denkt und urteilt.

Daß das einfache Volk Johannes als Vorläufer des Messias anerkannte und an Jesus keinen Anstoß nahm, ist nicht menschliches Werk, sondern göttliches Geschenk, Mitteilung der Weisheit durch Gott. Darum sagt auch Jesus danksagend: „Ich preise dich, Vater, . . . daß du dies vor Weisen und Verständigen verborgen und es geoffenbart hast den Kleinen" (10,21). Menschliche Weisheit reicht für die Erkenntnis und Annahme der Heilspläne Gottes nicht aus; Gott selbst muß seine Weisheit und Offenbarung schenken.

Die beiden Worte: *Selig, wer nicht an mir Anstoß nimmt,* und: *Recht gegeben wurde der Weisheit von allen ihren Kindern,* ergänzen einander. Rein menschliches Urteilen nimmt an Heilsratschlüssen Gottes Anstoß – die göttliche Weisheit gibt ihnen recht. Der Mensch, der in Johannes und Jesus den Anbruch des Heils erkennen soll, bedarf der göttlichen Weisheit, des Verzichtes auf nur menschliches Denken. Er muß umkehren und umdenken, nicht sich zum Maß der Dinge nehmen, sondern Gott, aus sich herausgehen und von Gottes Wort sich erleuchten lassen, die menschliche Weisheit ablegen und ein Kind werden; denn Gott läßt die Frohbotschaft den Armen verkünden.

d) Die Büßerin (7,36–50)

Lukas allein berichtet, daß Jesus bei Pharisäern zu Tische war. Er liebt es, von Tischgesprächen zu schreiben. Was Jesus und die Pharisäer trennt, wird beim Mahl besprochen: das Verhältnis zu den Sündern (7,36 ff.), die Reinheitsgesetze (11,39 f.), die Sabbatruhe (14,1 ff.). Die Streitgespräche werden Tischgespräche (14,7 ff.).
Das Klima ist anders als bei Matthäus: griechisch, menschlicher, einladender.

³⁶ *Einer von den Pharisäern bat ihn aber, daß er mit ihm speise, und er ging in das Haus des Pharisäers und lag zu Tisch.* ³⁷ *Und siehe, eine Frau, welche in der Stadt eine Sünderin war, und sie erfuhr, daß er im Haus des Pharisäers zu Tisch liegt, und sie besorgte sich ein Alabasterfläschchen mit Salböl* ³⁸ *und trat rückwärts zu seinen Füßen und weinte, und mit den Tränen begann sie, seine Füße zu benetzen, und sie trocknete sie ab mit den Haaren ihres Hauptes und küßte seine Füße wieder und wieder und salbte sie mit Salböl.*

Jesus *lag bei Tisch.* Im Haus des Pharisäers ist er Gast bei einer festlichen Mahlzeit. Er ergreift auch diese Möglichkeit zu lehren; Simon spricht ihn als Lehrer an. Jesus wirkt anders als der Täufer. Dieser lebt in der Wüste, fern von den Menschen, als strenger Aszet; wer ihn hören will, muß zu ihm hinauspilgern. Jesus wirkt in den Städten, wo die Menschen siedeln, in den Häusern, bei Einladungen und Gelagen. Johannes zitiert die Menschen vor das Gericht, Jesus bringt ihnen das Heil.
Das Haus, in dem ein Gastmahl stattfand, stand auch Ungeladenen offen. Sie konnten schauen, sich am Anblick weiden, sich auch an den Tischgesprächen beteiligen. So fand auch die Frau Zugang, die in der Stadt als *Sünderin* bekannt war. Es scheint, daß sie eine Dirne war.⁵⁹

Die Frau offenbart grenzenlose Verehrung für Jesus. Sie *weint* in tiefer seelischer Erschütterung. Der Kuß des Fußes war Zeichen demütigster Dankbarkeit, wie sie dem Lebensretter erwiesen wird. Sie löst ihr Haar auf, obwohl es für eine verheiratete Frau Schande war, das Haar vor Männern zu lösen. Sie trocknet mit dem aufgelösten Haar die Füße Jesu. Sie vergißt sich selbst, sie schont sich nicht und überläßt sich völlig dem Gefühl des Dankes an Gott. Warum dies alles? Die Vorgeschichte dieser seelischen Erschütterung wird Jesus berühren.

[39] *Und sie sehend, sprach der Pharisäer, der ihn geladen hatte, bei sich sagend: Dieser da, wenn er Prophet wäre, würde er erkennen, wer und was für eine Frau die ist, die ihn berührt. Denn eine Sünderin ist sie.* [40] *Und Jesus antwortete und sprach zu ihm: Simon, ich habe dir etwas zu sagen. Er aber sprach: Meister, sprich. Er sagte:* [41] *Zwei Schuldner hatte ein Gläubiger; der eine schuldete fünfhundert Denare, der andere fünfzig.* [42] *Weil sie aber nichts hatten, um zurückzuzahlen, schenkte er beiden. Wer nun von diesen zweien wird ihn mehr lieben?* [43] *Simon antwortete und sprach: Ich nehme an, der, dem er mehr geschenkt hat. Er aber sprach zu ihm: Richtig hast du geurteilt.*

Simon hat gehört, was das Volk über Jesus sagte, er sei *Prophet*. Jetzt hat er sich ein Urteil gebildet. Er kann kein Prophet sein; denn ein Prophet besitzt die Gabe, die Herzen der Menschen zu durchschauen, und hält nicht Gemeinschaft mit Sündern. Er beurteilt den Propheten nach der Lehre der Pharisäer, nach seiner Weisheit, nicht nach der Weisheit und den Gedanken Gottes.

Jesus hat aber die *Herzenserkenntnis* des Propheten; denn er kannte die Gedanken Simons. Wenn er Gemeinschaft mit

Sündern pflegt, widerspricht dies nicht seiner Gottesnähe; denn die Heilszeit ist Zeit der Frohbotschaft für die Sünder, Zeit der Vergebung und des Erbarmens. Wir müssen auf das Wort Jesu und durch dieses auf die Gedanken Gottes zurückgehen, um die „Dogmen" zu prüfen, die wir uns selbst gemacht haben und nach denen wir alles beurteilen wollen, selbst die Ratschlüsse Gottes!

Simon verachtet die Frau als Sünderin und macht sich für sie zum Richter. Was ist davon zu halten? Jesus ist Prophet und kennt die Herzen der Menschen und den Ratschluß Gottes. Das Gleichnis entspricht der Situation. Sündenschuld wird mit Geldschuld verglichen. Wer von den beiden, denen vergeben wurde, wird mehr den lieben, der vergeben hat? Näher läge es, wenn gefragt worden wäre: Wer wird dankbarer sein? Das Aramäische hat kein eigenes Wort für danken. Die Dankbarkeit äußert sich im Verlangen, für das Gegebene zu geben, in der Liebe. Die Sünderin zu Füßen Jesu drückt durch die Erweise ihrer Liebe große Dankbarkeit aus.

Mußte nicht Simon über den zweiten Teil des Gleichnisses nachdenklich werden? Wem fünfzig Denare vergeben wurden ... Auch er ist schuldig. Er ist sich aber seiner Schuld nicht bewußt, darum liebt er wenig. Das Wort aus der Bergpredigt vom Splitter und Balken taucht auf.

[44] *Und zur Frau gewendet, sprach er zu Simon: Siehst du diese Frau? Ich trat in dein Haus ein, Wasser für die Füße hast du mir nicht gegeben, sie aber benetzte mit Tränen meine Füße und trocknete sie mit ihren Haaren ab. Einen Kuß hast du mir nicht gegeben,* [45] *sie aber hat, seit sie eintrat, nicht aufgehört, meine Füße immer und immer zu küssen.* [46] *Mit Öl hast du nicht mein Haupt gesalbt, sie aber hat mit Salböl meine Füße gesalbt.* [47] *Deswegen sage*

ich dir, vergeben sind ihre Sünden, die vielen, weil sie viel geliebt hat; wem wenig vergeben wird, wenig liebt er.

Die Blicke des Herrn ruhen auf der Büßerin; auch Simon soll sie anschauen. Sie wird zum Bild für die Lehre. Die Frau liebt viel. Alle Erweise der Gastfreundschaft: Fußwaschung, Begrüßungskuß, Salbung des Hauptes, hat sie in persönlichster Art, demütig und hingebend vollzogen: Fußwaschung mit ihren Tränen und Haaren, Salbung mit kostbarem Salböl, das sie eigens erworben hat, statt Hauptkuß Küssen der Füße; sie liebte viel, persönlich bis ins Innerste ergriffen. Und der Pharisäer? *Du hast mir nicht gegeben ...* nicht die normalen Verpflichtungen der Gastfreundschaft und Höflichkeit erwiesen. Die Liebe dieser Frau, die als Sünderin verachtet ist, liebt in überströmender Dankbarkeit für die überströmende Güte Gottes. Sie entäußert sich, verläßt sich, Gott ist ihr Alles.

Vergeben sind ihre Sünden, weil sie viel geliebt hat. Wahr ist, daß Liebe und Sünde unvereinbar sind. „Die Liebe deckt die Menge der Sünden zu" (1 Petr 4,8). „Wir wissen, daß wir aus dem Tod in das Leben übergegangen sind, weil wir die Brüder lieben" (1 Jo 3,14). „Wer liebt, der wird auch von meinem Vater geliebt werden" (Jo 14,21). Die Liebe tilgt die Sünden, vergeben sind ihr die Sünden, die vielen, weil sie viel geliebt hat.

Nach dem Gleichnis dürfte erwartet werden: Weil ihr viel vergeben wurde, darum liebte sie viel. Warum aber: Vergeben sind ihre Sünden, weil sie viel geliebt hat? Rätsel wollen nachdenklich machen. Die Liebe der Sünderin ist Grund und Folge der Vergebung. Weil sie aus den Worten Jesu erkannt hat, daß er mit Vollmacht die Sündenvergebung verkündet, liebt sie, und weil sie liebt, erhält sie Vergebung. Das

Wort von der Sündenvergebung Jesu wirkt, was es ausspricht. Damit es aber wirksames Wort sein kann, muß es auch die Liebe spenden; denn ohne Liebe wird keine Sünde vergeben. Diese Liebe, die dem Sünder geschenkt ist, macht ihn zu einem Liebenden. Die Liebe ist die neue Gestalt seines Lebens, und in ihr geht die Sünde unter.

Wem wenig vergeben wird, wenig liebt er. Man muß also viele Sünden haben, damit viel vergeben und viel geliebt werde? Das wäre ähnlich dem, was im Römerbrief als unsinniger Satz verworfen ist: „Bleiben wir in der Sünde, damit die Gnade Gottes überfließend sei" (sich in ihrer ganzen Kraft zeige) (Röm 6,1). Der Satz will auch nicht den Pharisäer Simon ansprechen, sondern ist die Kehrseite und Beleuchtung des ersten Satzes. In dem Selbstgerechten, der meint, er bedürfe nicht oder kaum der Vergebung, ist Gefahr. Ihn zwingt nicht die Not der Schuld, die Frohbotschaft vom Erbarmen Gottes mit Verlangen, Freude und Dank entgegenzunehmen, ihm entgeht allzuleicht die überströmende Liebe, die sich in der Gottesherrschaft ankündet. Von Jesus werden die Armen seliggepriesen und die Reichen hören: Wehe euch! Simon lebt in Gefahr, wenn er sich selbst für gerecht hält, die Sünderin aber verachtet. Seine Liebe ist klein, weil er ein Gerechter ist!

Jesus löscht den Unterschied zwischen großer und kleiner Verschuldung nicht aus. Er nennt die Sünde Sünde. Sein Kampf gegen die Sünde vollzieht sich aber anders als der Kampf der Pharisäer. Diese schließen die Sünder aus dem heiligen Volk Gottes aus und sondern sich von ihnen ab; Jesus aber verkündet und bringt die Vergebung, er macht die Sünder heilig und führt sie in das Gottesvolk hinein. Dies geschieht dadurch, daß er die Liebe verkündet, die Gabe und Gebot ist: die Liebe zu Jesus und durch ihn zu Gott, wie sie die Sünderin hat, die Liebe zum Bruder, wie es im Gleichnis vom unbarmherzigen Knecht angedeutet ist, dem die Vergebung genommen wird, weil er dem Bruder nicht vergibt und ihn nicht liebt. In der Liebe wird Vergebung bereitet: in der Liebe Gottes zu den Sündern, in der Liebe der Sünder zu Gott und zu den Mitmenschen.

⁴⁸ Und er sagte zu ihr: Vergeben sind deine Sünden. ⁴⁹ Und die mit ihm zu Tische lagen, begannen bei sich zu sprechen: Wer ist dieser, der auch Sünden vergibt? ⁵⁰ Er sprach aber zur Frau: Dein Glaube hat dich heil gemacht; gehe in Frieden.

Die Vergebung der Sünde wird von Jesus ausgesprochen. Sie ist geschehen und besteht. Jesus verkündet und vollzieht sie. „Der Menschensohn hat die Macht, Sünden zu vergeben" (5,20). Jesus ist Lehrer, Prophet, mehr als Prophet. Gott hat ihn selbst mit der Macht der Sündenvergebung betraut. *Wer ist dieser, daß er auch Sünden vergibt?*
Was der Frau das Heil gebracht hat, ist der *Glaube.* Die Vergebung wird der Liebe zugesprochen. „Ihr wird viel vergeben, weil sie viel geliebt hat." Zur Liebe aber kam sie, weil sie das Wort Jesu gehört, auf sich bezogen und gläubig angenommen hat. Glaube und Liebe sind miteinander verbunden. Beide aber gehen zunächst auf Jesus. An eine Liebe zu Jesus, die ihn zwar ehre, ihm danke und ihn anbete, zugleich aber imstande sei, ungläubig zu bleiben, und den Menschen nicht zuerst und vor allem gläubig mache, hat damals niemand gedacht.
Jesus nennt die Vergebung der Sünde: Heil und *Friede.* Er ist der Bringer des Heils und des Friedens. Zwei Frauen mit tiefstem Leid stehen in diesem Abschnitt: die Witwe von Naim und die Sünderin. Beide werden von ihrem Elend er-

löst. Jesus ist der Heiland alles drückenden Leides. Er trö-
stet die Weinenden, die Frau, die um ihr Kind weint, die
Frau, die wegen ihrer Schuld weint. Jesus zeigt sich als der
Heiland der Frauen.

3. Jüngerinnen Jesu (8,1–3)

*¹ Und es geschah in der anschließenden Zeit, und er wan-
derte von Stadt zu Stadt und von Dorf zu Dorf und rief
aus und verkündete die Frohbotschaft vom Reich Gottes,
und die Zwölf mit ihm.*

Jesus ist Gast und unermüdlicher Wanderer. Sein Leben ist
auf dem Weg. Er *durchwandert* die großen und kleinen Siedlungen, Stadt für Stadt, Dorf für Dorf. Das Evangelium ist
bestimmt, daß es die Welt durchwandere. Jesus *ruft die Froh-
und Siegesbotschaft aus,* wirkt als Herold und Verkünder der
herankommenden Gottesherrschaft. Seine Taten stehen im
Dienst der Botschaft und sind Zeichen und Ausdruck der anbrechenden Gottesherrschaft.
Auf seiner Wanderung begleiten ihn *die Zwölf.* Sie sind mit
ihm. Die Gemeinschaft mit ihm schafft die Grundlage ihres
Hörens und Lernens, ihres Verkündens und Wirkens im
Volk. Jesus mit den Zwölf ist der Kern des neuen Gottesvolkes.

*² Und einige Frauen, die geheilt worden waren von bösen
Geistern und Krankheiten, Maria, die genannt wird Magdalene, von der sieben Dämonen ausgefahren waren, ³ und
Johanna, die Frau des Chuza, des Verwalters des Herodes,
und Susanne und viele andere, die ihnen aus ihrem Vermögen dienten.*

Zum Gefolge derer, die mit Jesus waren, gehörten auch *Frauen.* Die Rabbinen schlossen Frauen von ihrem Schülerkreis aus. Sie schienen ihnen nicht fähig zum Gesetzesstudium. „Wer seine Tochter das Gesetz lehrt, lehrt sie Ausschweifung." In der Mitte des Kreises um Jesus steht nicht das Gesetz, sondern er selbst, der gekommen ist, den Armen und Verachteten, den Ausgestoßenen und Gesetzesunkundigen das Heil zu bringen. Die Gefolgschaft der Frauen bezeugt seinen Willen und seine Sendung. Jesus öffnet Frauen seine Lehre und sein Heil.

Die Schar der Frauen, die Jesus folgte, setzt sich zusammen aus einigen, die geheilt worden waren von bösen Geistern und Krankheiten, und vielen anderen. In der Mitte der Aufzählung stehen drei Namen. *Maria Magdalene,* aus der viele Dämonen ausgefahren waren, *Johanna,* die Frau des Chuza, des Verwalters des Herodes, und *Susanna.* Diese Frauen sind ein Echo auf die weite Wirkung der Tätigkeit Jesu in Galiläa. Jesus wird als Heilsbringer erfahren. Von einer Berufung zur Jüngerschaft ist nicht die Rede. Die Frauen haben keinen Auftrag zum Lehren und Wirken. Sie dienten Jesus und den Zwölf *mit ihrem Vermögen.* Dadurch erhält der Kern des neuen Gottesvolkes, von dem das Wort in die Welt getragen wurde, Freiheit des Wirkens.

Durch den Dienst mit ihrem Vermögen bereiteten diese Frauen nicht bloß zur Zeit Jesu große Hilfe für die Entfaltung des Wortes Gottes, sondern auch für die kommende Missionsarbeit der Kirche. Was die galiläischen Frauen begonnen hatten, setzte sich in der weltweiten Ausbreitung der Botschaft Jesu fort. Von ihnen übernahmen die zahlreichen Frauen Anregung, die den Verkündern des Wortes mit ihrem Vermögen dienten: Lydia (Apg 16,14), Priscilla (Apg 18,2), Syntyche und Euodia (Phil 4,2), Chloe (1 Kor 1,11), Phöbe (Röm 16,1 f.).

In Galiläa sammelt Jesus die *Zeugen* seiner Tätigkeit. Sie folgen ihm während seiner Wanderpredigt, und sie werden beim Kreuz stehen (23,49). Maria von Magdala und Johanna und andere werden durch die Engelsbotschaft die Auferstehung erfahren und mit dieser Botschaft zu den Aposteln gesandt werden (24,10).

Aus den Ordnungen des zeitgenössischen Judentums ist erkennbar, daß die Frau nicht zur Gemeinde gerechnet wurde; sie durfte wohl am Gottesdienst teilnehmen, es bestand aber für sie keine Pflicht dazu. Der Gottesdienst fand nur statt, wenn wenigstens zehn Männer da waren, während die Frauen nicht gezählt wurden. Die galiläischen Frauen gehören zum *Grundstock der Kirche*. Lukas hat ihnen ein Denkmal gesetzt. „Die elf Apostel verharrten einmütig aus im Gebet mit den Frauen und Maria, der Mutter Jesu, und mit seinen Brüdern" (Apg 1,14).

III. MEHR ALS PROPHET
(8,4 – 9,17)

1. IM WORT (8,4-21)

a) Gleichnisrede (8,4-15)

Das Gleichnis vom Sämann wird vorgetragen (8,4-8), seine Deutung ist Geschenk Gottes (8,9-10), das zunächst den Jüngern gegeben wird (8,12-15). Nach Markus eröffnet das Gleichnis vom Sämann die Seepredigt, Lukas erwähnt nichts von ihr. Bei Markus ist der See das Zentrum der Lehrtätigkeit Jesu, bei Lukas erscheint Jesus nur ein einziges Mal am See. Die Darstellung wird in den Dienst einer heilsgeschichtlichen Idee gestellt. Jesus wirkt im Binnenland, in der Enge Palästinas, die Jünger werden nach dem Geistempfang das Binnenland verlassen und ans Meer gehen, in die Weite das Wort Gottes tragen. Die Heilszeit Christi ist auf Palästina und auf den Zeitraum Christi beschränkt, die Zeit der Kirche ist weltumfassend und dauert, bis Christus wiederkommt. Dennoch ist die Zeit Christi Mitte der Zeiten, Erfüllung des Alten und Grundlage und Wurzel des Kommenden.

⁴ Als aber viel Volk zusammenkam und Leute von Stadt zu Stadt zu ihm wanderten, sprach er durch ein Gleichnis. ⁵ Ausging der Sämann, zu säen seinen Samen. Und während er säte, fiel das eine neben den Weg und wurde zertreten, und die Vögel des Himmels fraßen es. ⁶ Und anderes fiel auf den Fels, und als es aufwuchs, verdorrte es, weil es keine Feuchtigkeit hatte. ⁷ Und anderes fiel mitten unter die Dornen, und die Dornen wuchsen mit auf und erstickten es. ⁸ᵃ Und anderes fiel auf die gute Erde und wuchs und brachte Frucht, hundertfache.

Ein bestimmter *Sämann* ist ins Auge gefaßt. Die Regenzeit des Herbstes ist vorüber, es ist Mitte November bis Dezember. Der Sämann trägt das Saatgut in einem umgehängten Sack oder im hochgezogenen Bausch seines Gewandes. Er geht aus vom Haus auf den Acker, der brach daliegt und noch nicht gepflügt ist. Er wirft die Körner mit seiner Hand aus in einem weiten Wurf, Schritt für Schritt gehend. Dem Säen folgt das Pflügen, das den Samen unter die Erde bringt. *Seinen Samen* sät er: Weizen oder Gerste; *sein* Same ist es, ein Stück seines Lebensschicksals ist in ihm verborgen.

Die Schicksale der Samenkörner hängen vom Boden ab. Der Acker liegt im Bergland über dem See Genesareth. Durch den brachliegenden Acker sind Wege getreten. An manchen Stellen verdeckt die Humusschicht kaum den Kalkfelsen. Mannshohe Disteln stehen da. *Einiges fiel auf den Weg.* Der Sämann braucht sich nicht darum zu kümmern, wohin er sät. Denn auch der Weg wird umgepflügt, wenn gesät ist. Lukas ist nicht in Galiläa aufgewachsen; darum schreibt er: der Same *wurde zertreten.* Dazu kamen noch die Vögel, die den

Samen fraßen. In biblischer Sprache schreibt er: die Vögel des Himmels (Gn 1,26). *Anderes fiel auf den Fels.* Die dünne Humusschicht über dem Felsen ist rasch erwärmt. Das Korn treibt üppig, aber es verdorrt bald; denn die dünne Ackerschicht kann die Feuchtigkeit nicht lange bewahren. Samenkörner fielen auch unter die *dornigen Disteln.* Nach der Saat werden sie umgepflügt. Mit dem keimenden Korn wachsen auch die Disteln mächtig und stark und ersticken das Pflänzchen, das aus dem Korn wuchs.

Markus berichtet von dreißig-, sechzig-, hundertfachem Ertrag. Lukas begnügt sich, nur eine einzige Angabe zu machen. Er nimmt das Höchste und verläßt das Bild zugunsten der im Gleichnis dargestellten Wirklichkeit; denn im Bergland wird nicht viel mehr als die *siebenfache Frucht* geerntet.

Lukas hat manchmal den Text seiner Quelle geändert und damit auch den Boden der palästinensischen Wirklichkeit verlassen. So glaubte er denen, an die er schrieb, das Gleichnis näherzubringen und verständlicher machen zu können. Das Erfassen der gemeinten Wahrheit gilt ihm mehr als die wortgetreue Wiedergabe. Die Evangelien wollen zuerst Glaubensverkündigung an bestimmte Menschen in einer bestimmten Situation sein, nicht bloß wortgetreue Wiedergabe dessen, was gesprochen wurde und geschah. Lukas hat aber nur ein wenig „retuschiert". Die Ehrfurcht vor der Geschichte verbot alles, was das Bild erheblich änderte, aber die Verkündigung erlaubte, was der Frucht des Evangeliums diente. Es sieht auf die Zeit Jesu zurück, aber die Zeit Jesu soll die Zeit der Kirche bestimmen. Das Evangelium soll lebendig sein.

[8b] *Als er dies gesagt hatte, rief er: Wer Ohren hat zu hören, der höre.* [9] *Seine Jünger aber fragten ihn, was dieses*

Gleichnis bedeute. [10] *Er aber sprach: Euch ist es gege-*
ben, die Geheimnisse des Reiches Gottes zu erkennen, den
übrigen aber in Gleichnissen, daß sie sehen und nicht sehen
und hörend nicht verstehen.

Jesus ruft zur Aufmerksamkeit, zur Sammlung auf sein Wort,
zum Nachdenken. *Er rief.* Er ist Herold und Bote der Entscheidungszeit. Die Volksmenge ist noch zugegen; die Jünger
fragen um die Bedeutung des Gleichnisses. Die Situation, die
Markus zeichnet, scheint bewußt verlassen zu sein; die Jünger
sind nicht mit Jesus allein. Sie verlangen nach der Deutung
des Gleichnisses nicht allein für sich, sondern auch für das
Volk.

Die Herrschaft Gottes ist *Geheimnis,* Ratschluß Gottes, der
verborgen war (Mt 13,35), der aber am Ende der Zeiten offenbar wird. Jesus bringt die Herrschaft Gottes, durch ihn ist
das Geheimnis des Reiches Gottes gegenwärtig, die Endzeit
angebrochen. Wer erkennt, daß Jesus der Bringer des End-
ereignisses ist, erkennt auch die Geheimnisse des Reiches.
Diese Erkenntnis ist nicht Frucht des eigenen Scharfsinnes,
sondern Geschenk Gottes. *Euch ist es gegeben* von Gott.

Die Erkenntnis, daß mit Jesus die Gottesherrschaft angebrochen ist, trennt die Jünger von den übrigen. Den Jüngern ist
das Verständnis der Gleichnisse, die vom Reiche Gottes sprechen, gegeben. Den übrigen bleiben die Gleichnisse verhüllt,
so daß sie sehend nicht sehen und hörend nicht hören. Die
Gleichnisreden Jesu geben wohl ein gewisses allgemeines
Verständnis des Gottesreiches, ohne das Geheimnis zu enthüllen, daß es in Jesus gekommen ist. Man sieht, und sieht
das Wesentliche nicht, man hört, und hört das Wesentliche
nicht. Das Wesentliche ist die Erkenntnis, daß jetzt die Herrschaft Gottes da ist und Jesus der Bringer der Endzeit ist.

Der Prophet Isaias hat davon gesprochen, daß es solche geben werde, die sehend nicht sehen und hörend nicht hören. Warum erkennen die Jünger die Geheimnisse des Reiches, warum die übrigen nicht? Der Evangelist studiert nicht Psychologie des Glaubens und des Unglaubens, sondern zeigt den letzten theologischen Grund auf. So ist es im Ratschluß Gottes gelegen, wie er in der Schrift aufscheint. Gott verurteilt aber niemand zum Unglauben *ohne menschliche Schuld.* Wer sehend nicht sieht, hörend nicht hört, ist gegen Gottes Wort und Licht verstockt.

Die Kluft zwischen den Jüngern und den übrigen ist nicht unüberbrückbar. Die Jünger fragen nach der Deutung für sich und *für das Volk,* vor dem sie Jesus fragen. Sie werden die Deutung, die sie von Jesus empfangen haben, den übrigen weiterschenken. Die Gnade der Erkenntnis wird auch durch sie den übrigen gegeben, wenn diese nur empfänglich sind und Buße getan haben. Die Möglichkeit zur Buße steht Israel offen. Petrus sagt in seiner Predigt nach der Himmelfahrt Jesu: „So erkenne denn das ganze Haus Israel unfehlbar, daß Gott diesen Jesus, den ihr gekreuzigt habt, zum Herrn und Messias gemacht hat. Als sie dies hörten, ging es ihnen durchs Herz, und sie sprachen zu Petrus und den übrigen Aposteln: Ihr Männer und Brüder, was sollen wir tun? Petrus antwortete ihnen: Bekehrt euch, und ein jeder von euch lasse sich taufen auf den Namen Jesu Christi zur Vergebung eurer Sünden, und ihr werdet die Gabe des Heiligen Geistes empfangen" (Apg 2,36 ff.).

[11] *Dies aber bedeutet das Gleichnis. Der Same ist das Wort Gottes.* [12] *Die aber am Wege sind die, die es gehört haben, dann aber kommt der Teufel und nimmt das Wort aus ihrem Herzen, so daß sie nicht glauben und gerettet*

werden. [13] *Die aber auf dem Felsen sind die, wenn sie das Wort hören, es mit Freude aufnehmen und keine Wurzel haben, die für eine Zeit glauben und in der Zeit der Versuchung abfallen.* [14] *Was aber in die Dornen fiel, sind die, die gehört haben, und von den Sorgen und vom Reichtum und von den Gelüsten ihres Lebenswandels werden sie erstickt und bringen die Frucht nicht zum Ausreifen.* [15] *Was aber auf das gute Land fiel, das sind die, die in einem schönen und guten Herzen das Wort aufnehmen und Frucht tragen in Geduld.*

Das Wort Gottes ist das Wort vom Reich Gottes, das Wort von Jesus Christus, dem Bringer des Gottesreiches, das Evangelium. Als Wort, das von Gott ausgeht, hat es Kraft, wächst es und ist wirksam. Letzte Frucht dieses Wortes ist das Heil. Es ist Wort der Versöhnung, der Rettung, der Gnade, des Lebens, der Wahrheit . . .[60]

Damit das Wort im Menschen Frucht trägt und zum Ziel kommt, muß es mit den Menschen eine Lebensgemeinschaft bilden. Statt der Worte: *„Die aber am Weg sind die . . ."* würden wir etwa erwarten: Der Same, der auf den Weg fiel, bedeutet das Wort Gottes . . . Hinter der fremden Ausdrucksweise steht offenbar die Vorstellung: Die Menschen sind der Ackerboden, in den hineingesät wird, und zugleich die Saat, die aufgehen soll. Das Wort geht mit den Menschen Verbindung ein, wandelt den Menschen und gestaltet ihn neu. Nicht der Erdboden, sondern das Gewächs selbst, aus dem Samenkorn und den Erdsubstanzen zugleich lebend, das ist das richtige Bild des Menschen.

Entfaltung und Fruchttragen ist *gefährdet*. Gefahren kommen vom Teufel, von Wankelmut, von der Versuchung zum Abfall, von den Alltagssorgen, dem Reichtum und den Lüsten. In die Deutungen sind bittere Erfahrungen hineinverwoben, welche die alte Kirche mit der Verkündigung des Wortes gemacht hat und die immer noch Hindernisse sind, daß das Wort Gottes zur vollen Entfaltung kommt.

Wenn das Wort Frucht bringen soll, muß es verkündet, gehört, im Herzen aufgenommen und geglaubt werden. „Wie sollen sie glauben, was sie nicht gehört haben? Wie sollen sie aber hören ohne Verkündenden? Wie sollen sie verkünden, wenn sie nicht gesandt wurden?" (Röm 10,14 f.)

Am besten kann sich das Wort entfalten, wenn drei Voraussetzungen erfüllt sind: das Herz muß schön und gut sein. Das griechische Lebensideal der Rechtschaffenheit („kalokagathia": sittliche Schönheit und Güte) klingt an. Wer rechtschaffen ist, ordnet sich dem Willen der Gottheit ein. Der natürlich gute Mensch trägt die beste Voraussetzung für das Wirken des Wortes Gottes in sich. Das Wort muß aufgenommen und festgehalten werden trotz Versuchung und Bedrohung. Notwendig ist das *Fruchttragen mit Geduld*, Tag für Tag, mit Ausdauer und Festigkeit. Trotz aller Anfechtungen will das Wort verwirklicht und gelebt werden. Das Wort Gottes wandelt den Menschen um, aber nicht ohne den Menschen.

Während das Wort verkündet und aufgenommen wird, warten die Feinde des Heils, wollen sein Wachstum verhindern und es vernichten. Wer das Wort Gottes in die Welt hineinspricht, muß mit diesen Gegnern rechnen, aber auch wer es aufnimmt, wird von ihnen nicht verschont. Der Kampf entbrennt auf allen Stufen: sobald es *aufgenommen* wird, während es sich *entwickelt* und vor dem *Enderfolg*. Nicht ohne Grund steht am Schluß das Wort: Geduld.

b) Sprüche vom rechten Hören (8,16-18)

16 Niemand aber zündet ein Licht an und deckt es mit einem Gefäß zu oder stellt es unter ein Bett, sondern stellt es auf den Leuchter, daß die Eintretenden das Licht sehen. 17 Denn nichts ist verborgen, was nicht offenbar wird, und nichts ist geheim, was nicht erkannt wird und an die Öffentlichkeit kommt.

Durch die Deutung der Sämannsparabel ist Licht angezündet worden, Erkenntnis aufgegangen, Verborgenes offenbar geworden. Wie sollen die Jünger diese Erkenntnis, das Wort, das ihnen das Geheimnis erschlossen hat, gebrauchen? So wie ein Mann verfährt, der ein Licht anzündet. Er verbirgt es nicht mit einem Gefäß oder stellt es unter das Bett, sondern er stellt es *auf den Leuchterstock,* hoch hinauf, daß es alle sehen können. Wer das Wort Gottes mit seiner Leuchtkraft empfangen hat, muß es im Dienst der anderen gebrauchen. Der Erleuchtete muß erleuchten.

Das Verborgene drängt nach *Offenbarung,* das Verhüllte will erkannt werden. Es wäre unnatürlich, würden die Jünger verhüllen und verbergen, was ihnen geoffenbart wurde und was sie erkannt haben. Was sie im kleinen Kreis von Jesus erfahren haben, muß in die weite Öffentlichkeit getragen werden. Apostolisches Wirken ist ein „Naturgesetz" des Jüngers Christi.

18 Seht also zu, wie ihr hört; denn wer hat, dem wird gegeben werden, und wer nicht hat, von dem wird genommen werden, was er zu haben meint.

Das Gleichnis vom Samenkorn hat gezeigt, wieviel davon abhängt, *wie gehört wird.* Die Jünger sollen das Gehörte verkünden. Es muß ihnen innerer Besitz werden, mit dem sie

arbeiten. Sonst geht es ihnen, wie es im Leben eines Kauf-
manns geht. Wenn er Vermögen hat, wird er es vermehren;
denn es gibt ihm die Möglichkeit großen Umsatzes und Ver-
dienstes. Wer nichts hat, der wird nicht nur nichts verdienen,
sondern auch das wenige, was er zu haben meint, was aber
bereits schwindet, noch verlieren.

Die anvertraute Erkenntnis der Offenbarung Gottes ist ein
Kapital, mit dem gearbeitet werden muß, das gelehrt und an
die Öffentlichkeit gebracht werden will. Wenn dies geschieht,
vermehrt Gott die Erkenntnis. Wenn nicht gearbeitet wird,
nimmt Gott auch das wenige weg, das scheinbar besessen
wurde. Religiöse Erkenntnis, die nicht bekannt, gelebt und
verkündet wird, ist Scheinbesitz, der im Schwinden ist. Leben
aus der Erkenntnis des Evangeliums, Verkünden macht reicher an Erkenntnis und Glaubensbesitz. Geben wird zum Er-
werben!

c) Jesu Verwandte (8,19–21)

[19] *Es kamen aber zu ihm seine Mutter und seine Brüder
und konnten mit ihm nicht zusammentreffen wegen der
Volksmenge.* [20] *Es wurde ihm aber gemeldet: Deine Mutter und deine Brüder stehen draußen und wollen dich
sehen.* [21] *Er aber antwortete und sagte zu ihnen: Meine
Mutter und meine Brüder sind die, die das Wort Gottes
hören und tun.*

Jesus ist vom Volk dicht umlagert. Seine Mutter und seine
Brüder wollen seine Wundertaten sehen, *ihn sehen.* Aber das
ist nicht das Entscheidende. Nachdem Jesus Christus sich zur
Rechten des Vaters gesetzt hatte, können wir mit ihm nicht
persönlich zusammentreffen, ihn nicht mit unseren Augen
sehen, sein Wirken mit unserem Auge nicht schauen.

Worauf es ankommt, sagt Jesus: *das Wort Gottes hören und tun*. Wir haben das Wort Gottes. Die Jünger säen es noch immer in die Welt hinein. Durch Jesus ist das Wort Gottes in die Welt gebracht worden, hat einen Siegeslauf durch die Welt gemacht, ist auch zu uns gekommen. Im Wort ist Jesu Heilswirken, er als Heilsbringer gegenwärtig. „Selig, die nicht sehen und doch glauben" (Jo 20,29).

Wer das Wort Gottes hört und tut, wird *Mutter und Bruder Jesu*. Nicht die Blutsbande bringen Gemeinschaft mit Jesus, sondern das Hören und Tun des Wortes Gottes. Die Kirche wird durch das Wort Gottes aufgebaut. Es ist die Seele der Kirche, und die Kirche ist seine Frucht. Lebendige Kirche wächst immer aus dem Wort Gottes. Sie ist durch das Hören und Bewahren des Wortes die Familie Christi.

Die Mutter Jesu wird in der Kindheitsgeschichte schon als das gute Land dargestellt, das Gottes Wort hört und tut. Sie ist Magd des Herrn, die das Wort Gottes hört und sich ihm als Magd zur Verfügung stellt (1,38). Sie bewahrt jedes Wort und überlegt es in ihrem Herzen (2,19). Sie trägt das Wort zu Elisabeth, und ihre Verkündigung macht es so reich, daß sie überströmt im Magnifikat. Sie ist das rechtschaffene Herz, das das Wort festhält und Frucht trägt in Geduld. Maria ist Mutter Jesu nicht allein, weil sie ihm das menschliche Leben gegeben hat, sondern auch, weil sie das Wort Gottes gehört und getan hat.

2. In Taten (8,22–56)

a) Die Stillung des Seesturms (8,22–25)

22 Es geschah aber an einem der Tage, und er stieg in ein Boot und seine Jünger, und er sprach zu ihnen: Wir wollen hinüberfahren auf das jenseitige Ufer des Sees; und sie fuhren hinaus. 23 Und während sie dahinfuhren, schlief er ein. Und es fiel ein Sturmwind auf den See herab, und sie wurden von Wasser überfüllt und kamen in Gefahr. 24a Sie traten aber zu ihm hin und sagten: Meister, Meister, steh auf, wir gehen zugrunde.

Jesus ist *mit seinen Jüngern allein* wie in den zwei folgenden großen Wundern. Den Jüngern werden die Geheimnisse des Reiches Gottes geoffenbart. Wenn Gott die Herrschaft ergreift, äußert sich dies in Macht-Taten.

Die Jünger sind *in äußerster Not.* Der Herr schläft, der einzige, der Hilfe bringen könnte. Der Sturm stürzt mit verheerender Macht von den Bergen in den tief gelegenen warmen Seekessel herab. Das Boot wird vom Wasser angefüllt, Gefahr schließt die Jünger ringsum ein. In der verzweifelten Lage wecken die Jünger Jesus. Die zweimalige Anrufung malt Not und Eindringlichkeit. Sie sprechen aber kein vorwurfsvolles Wort, nur: *Wir gehen zugrunde.* Lukas liebt Würde und Maß, heftige Erregung und Ausdruck der Leidenschaft dämmt er ein.

24b Er stand aber auf und drohte dem Wind und dem Gewoge des Wassers, und sie hörten auf, und es war stille. 25 Er aber sprach zu ihnen: Wo ist euer Glaube? Sie gerieten aber in Furcht und wunderten sich, indem sie zueinander sprachen: Wer ist nun dieser, daß er auch den Winden gebietet und dem Wasser, und sie gehorchen ihm.

Die *Macht Gottes* erscheint in Jesus. Gott ist es, der das Brausen des Meeres stillt, seine Wogen glättet, das Toben der Völker beruhigt (Ps 65,8). Er ist es, „der das übermütige Meer beherrscht, wenn seine Wogen sich bäumen, er bringt sie zum Stillstand" (Ps 89,10). Was die vergangenen Geschlechter an Gott erlebten, wiederholt sich jetzt durch Jesus: „Sie schrien zum Herrn in der Not, er machte sie von ihren Drangsalen frei. Er brachte den Sturm zum Stillstand, da schwiegen die Wellen des Meeres" (Ps 107,29 ff.).

In Jesus ist den Jüngern die heilbringende Gottesherrschaft gegenwärtig. Wo blieb ihr Glaube daran, als sie fast verzweifelten? Er hat sie auf den See hinausgeschickt; er ist Gebieter, der ihnen diese Arbeit übertrug, und er blieb mit ihnen. Wir wollen hinüberfahren. Wo sein Wort gebietet, dürfen sie wagen, weil Gottes Macht in ihm ist. Im tiefsten Sinn will jede Epiphanie Gottes Friede und Freude bringen; Jesus ist das endzeitliche Erscheinen Gottes mit der Fülle des Heils.

Den Jüngern geht ein Ahnen auf: sie gerieten in Furcht und Staunen. Ehrfürchtige Scheu hält sie gefangen. Sie fragen nur untereinander. Wind und Wogen gehorchen ihm. Er ist Meister und Gebieter. Aber was für ein Gebieter? Welcher Gebieter dieser Welt vermag der entfesselten Natur Gehorsam aufzuerlegen? Gott allein gebietet ihr mit Macht, daß sie gehorcht. Wer ist Jesus?

b) Der Besessene von Gerasa (8,26–39)

26 *Und sie fuhren zu Schiff zum Land der Gerasener, das ist jenseits gegenüber von Galiläa.* **27** *Als er aber an das Land hinausgegangen war, kam ihm ein Mann aus der Stadt entgegen, der Dämonen hatte, und geraume Zeit hat er kein Gewand mehr angezogen und blieb nicht im Haus, sondern in den Gräbern.*

Das Ereignis spielt sich *jenseits gegenüber von Galiläa* ab, im Land der Gerasener, im Heidenland, im Bereich, der den Dämonen verfallen gilt. Dort sollen die Jünger in die Geheimnisse der Gottesherrschaft eingeführt werden, in die Macht Jesu über die Dämonen. Jesus wirkt nicht im heidnischen Land, nur den einen Besessenen heilt er. Den Jüngern soll in dieser Exkursion die Erkenntnis aufgehen, daß ihm auch die geballte Macht des Teufels selbst in seinem eigenen Herrschaftsgebiet der heidnischen Siedlungen nicht widerstehen kann.

Das *Grauen der dämonischen Mächte* wird an dem Besessenen sichtbar. Er hat Dämonen, sie erfüllen ihn, treiben ihn, beherrschen ihn. Sie ersticken in ihm alles menschlich gesunde Empfinden. Er zieht kein Gewand an, gibt die Wohnung im Haus auf, hat keine Bleibe, weil er keine Rast und Ruhe hat, quartiert sich in Grabhöhlen ein, flieht die menschliche Gesellschaft, das Leben, lebt bewußt dort, wo andere das Grauen überfällt, wo der Tod daheim ist.

[28] *Als er aber Jesus sah, schrie er auf und fiel vor ihm hin und rief mit lauter Stimme: Was mir und dir, Jesus, Sohn Gottes des Höchsten? Ich bitte dich, quäle mich nicht.* [29a] *Er befahl nämlich dem unreinen Geist, auszufahren aus dem Mann.*

Die Dämonen wehren sich in dem Besessenen gegen Jesus, weil sie wissen, daß er Macht über sie hat. Sie zwingen den Besessenen vor Jesus auf die Knie. Die magischen Regeln der Alten gebieten, daß man vor der nahenden Gottheit die Augen senkt, auf den Boden blickt, um so wirksamer Zwang gegen sie ausüben zu können. Die Dämonen versuchen es mit der Bannformel: Was ist zwischen mir und dir. Wir haben miteinander nichts zu tun, geh deine Wege, wir gehen die unseren. Durch Ausrufen seines Namens bedienen sie sich des Abwehrzaubers und wollen die Macht Jesu unterdrücken. Daher rufen sie ihm entgegen: *Jesus, Sohn des höchsten Gottes,* und bitten ihn und flehen sein Mitleid an: Quäle mich nicht. Sie appellieren an die höchste Macht Jesu und zugleich auch an das menschliche Gefühl. Jesus in der Sicht der Dämonen!

29b Denn zu vielen Zeiten hat er ihn gepackt, und er wurde gefesselt mit Händen und Fußschellen in Gewahrsam gehalten, und er zerriß die Fesseln und wurde von den Dämonen in die Einöden getrieben. 30 Es fragte ihn aber Jesus: Wie ist dein Name? Er aber sprach: Legion, weil in ihn viele Dämonen eingegangen sind. 31 Und sie baten ihn, daß er ihnen nicht befehle, in den Abgrund wegzugehen. 32 Es war aber dort eine Herde von Schweinen, reichlich vielen, weidend auf dem Berg; und sie baten ihn, daß er ihnen gestatte, in jene hineinzufahren; und er gestattete es ihnen. 33 Die Dämonen fuhren aber von dem Mann aus und fuhren hinein in die Schweine, und die Herde raste hinab den Hang in den See und erstickte.

Noch einmal wird das Elend des Besessenen beschrieben. Lukas liebt die Doppelung. Die Übermacht der Dämonen wird in der Macht und rohen Gewalt des Besessenen sichtbar. Er hat Dämonen. Das sieht sehr harmlos aus. Aber zu vielen Zeiten haben die Dämonen den Besessenen gepackt, mit sich fortgerafft, wie ein hilfloses Werkzeug ihrer Unrast mißbraucht. In Tobsuchtsanfällen zerreißt er die Fesseln, die ihm angelegt wurden. Er rast in den Einöden herum. Was vermag menschliche Fesselung? Menschlicher Gewahrsam, menschliche Versuche, die entfesselte Gewalt eines Menschen, eines Besessenen in Ordnung zu bringen!

Der Name des Dämon enthüllt seine unheimliche Macht: *Legion.* Im römischen Heer zählt die Legion etwa 6000 Mann. Nicht ein Dämon herrscht über den Besessenen, sondern viele. Die Legion ist organisierte, geschlossene, aufeinander abgestimmte, schlagfertige Macht. Die römischen Legionen beherrschen die Mittelmeerwelt. Die Dämonen bilden ein Reich, das Gegenreich Gottes.

Durch die Preisgabe des Namens erkennen die Dämonen die *Überlegenheit Jesu* an und lösen sich von dem Besessenen. Sie geben zu, daß Jesus über sie Gebieter, Richter, der Herr ist, der ihre endgültige Verwerfung besiegelt. Vor ihm wird ihre Macht Ohnmacht, die nichts vermag, als ihr Unvermögen bettelnd zu bekennen.

Ein dritter Erweis der dämonischen Macht! Von den Dämonen besessen, rast die ganze Schweineherde den Berg hinunter und *vernichtet sich im unheimlichen See.* In der alten Dämonologie wird die Tollwut der Tiere auf die Dämonen zurückgeführt. Die Dämonen haben Macht, aber sie dient dem Chaos und der Vernichtung. Das Reich Gottes umfaßt die ganze Schöpfung. Nachdem Satan in der Versuchung geschlagen war, muß er die Herrschaft über die Welt anerkennen. Die Dämonen baten Jesus, daß er ihnen gestatte, in die Tiere hineinzufahren. Sie anerkennen die Herrschaft Jesu über die Kreatur.

[34] *Als aber die Hirten das Geschehene gesehen hatten, flohen sie und meldeten es in der Stadt und auf den Feldern.* [35] *Sie gingen aber hinaus, das Geschehene zu sehen, und kamen zu Jesus und fanden sitzend den Mann, von dem die Dämonen ausgefahren waren, bekleidet und vernünftig zu Füßen Jesu, und sie fürchteten sich.* [36] *Es verkündeten ihnen aber, die es gesehen hatten, wie der Be-*

sessene gerettet wurde. [37] *Und die ganze Menge der Umgegend der Gerasener bat ihn, daß er von ihnen weggehe,
weil sie von großer Furcht befallen waren. Er aber stieg in
ein Boot und kehrte zurück.*

In der Mitte der Szene steht *Jesus* und zu seinen Füßen wie
ein Schüler der geheilte Besessene, der jetzt bekleidet und
vernünftig ist. Durch Jesus hat er die wahre Menschlichkeit
wiedergefunden. Unter dem Machtgebot über die Dämonen
tritt auch da Ordnung und eine große Stille ein. Jesus ist
Retter, Heiland, in dem die zerstörte Schöpfung wiederhergestellt und geordnet wird. Die Ordnung zeigt sich darin,
daß man zu Füßen Jesu sitzt und sein Wort hört.
Rings um Jesus und den Geheilten herrscht Furcht. Die Zeugen des Geschehens fliehen, von Furcht getrieben, und erzählen überall, was geschehen war. Wer die Botschaft vernahm,
zog hinaus, um das Geschehene zu sehen. Die ganze Umgegend der Gerasener gerät in Bewegung und wandert zu Jesus
hinaus und wird von großer Furcht befallen. Das Wirken
Jesu zieht immer weitere Wellen. Seine Macht aber wirkt un-
heimlich: nur Furcht, keine Hoffnung. Jesu Macht ist unheim-
lich und furchterregend, wenn er nicht als der Heiland und
Retter durch das Wort Gottes erkannt wird.
Die Menge will mit dem unheimlichen Gast, der Herr über
alles Unheimliche der Dämonen ist, nichts zu tun haben. Für
einige Augenblicke ist greifbar geworden, daß hinter dem
Geschehen dieser Welt noch andere *Mächte und Gewalten*
wirksam sind. Der Mensch aber ist in dieses Unheimliche
hineingezogen. „Zieht an die Waffenrüstung Gottes, damit
ihr gegen die Anschläge des Teufels bestehen könnt; denn
unser Kampf geht nicht gegen Fleisch und Blut, sondern gegen die Mächte, gegen die Geister der Bosheit in den Him-

meln" (Eph 6,11f.). Christus ist für uns die Waffenrüstung
Gottes.

*[38] Es bat ihn aber der Mann, aus dem die Dämonen ausge-
fahren waren, daß er mit ihm sein dürfe. Er aber entließ
ihn und sagte: [39] Kehre zurück in dein Haus und erzähle,
was dir Gott getan hat. Und er ging weg durch die ganze
Stadt, verkündigend, was ihm getan hat Jesus.*

Der gerettete Mann möchte Apostel Jesu sein, von denen es
heißt: „Er machte die Zwölf, daß sie mit ihm seien und daß
er sie sende, zu künden und Macht zu haben, Dämonen aus-
zutreiben" (Mk 3,14f.). *Mit Jesus sein,* das ist das Wesentliche
des Apostolates, das der Geheilte sucht. Er bat ihn vergeblich, wenngleich er es immer wieder versuchte. Die Heils-
ordnung verlangt noch anderes. Jesus entließ ihn.
Dennoch versagt Jesus nicht alles: Geh in dein Haus und erzähle alles, was dir Gott getan hat. Was Jesus ihm zugesteht,
bleibt in den Grenzen seiner persönlichen Tätigkeit. Alles,
was Sendung, Auftrag durch Jesus vermuten läßt, wird vermieden. Sein Wirkungsfeld ist sein Haus, seine Familie, seine
Verkündigung ist erzählend. Von Jesus soll er überhaupt
nicht sprechen, sondern nur von Gott. Der Mann aber erweitert alles zur Botschaft christlichen Charakters: Der Wir-
kungskreis ist die große *Stadt,* er erzählt nicht, sondern *verkündet* wie die Apostel durch Heroldsruf, er spricht davon,
was *Jesus,* nicht was Gott getan hat. Die christliche Botschaft
bricht mit Urgewalt selbst in dem auf, der von Jesus noch
gehalten ist. Nichts ist verborgen, was nicht offenbar werden
muß. Wenn Jesus auferstanden und erhöht ist, wenn die
Grenzen zu den Heiden aufgetan sind, was wird dann sein?
Wenn die Heiden zu Aposteln werden! Jesus besiegt nicht
nur die dämonischen Kräfte, die die Menschen fesseln, son-

dern macht die Entfesselten zu Verkündern des Reiches Gottes und zu Zeugen seiner Macht über die Dämonen.

c) Macht über Krankheit und Tod (8,40–56)

40 *Als Jesus aber zurückkehrte, nahm ihn das Volk auf; alle nämlich hatten ihn erwartet.* **41** *Und siehe, es kam ein Mann, dessen Name Jairus war, und dieser war Vorsteher der Synagoge; und er fiel zu Füßen Jesu und bat ihn, in sein Haus zu kommen;* **42** *denn eine Tochter, eine einziggeborene war ihm, und ungefähr von zwölf Jahren, und sie war im Sterben.*

Das Volk Israel erwartet Jesus und *nimmt ihn auf*, die Masse der Heiden hat ihn fortgeschickt. Durch die Heilsgeschichte hat Gott Israel auf den kommenden Retter vorbereitet, die Heiden hatten keinen Sinn für ihn.

Der Synagogenvorsteher Jairus steht hilflos vor der Macht des Todes. Sein tiefes Leid klingt in den Worten nach: Einziggeborene, Liebling des Vaters, *von zwölf Jahren:* reif und zur Heirat erblüht, jetzt war sie im Sterben. Menschliche Macht ist hier ohnmächtig. Die letzte Hoffnung des Vaters ist Jesus. Die Bitte ist vom demütigen Hinwerfen vor die Füße Jesu begleitet. Er bat ihn, in sein Haus zu kommen, anders als der heidnische Hauptmann. Bei Israel ist Jesus daheim.

43 *Als er aber dahin ging, bedrängten ihn die Scharen. Und eine Frau, die im Blutfluß seit zwölf Jahren war, die an die Ärzte ihren ganzen Lebensunterhalt ausgegeben hatte und von niemand geheilt werden konnte,* **44** *trat von rückwärts hinzu und faßte die Quaste seines Gewandes an, und sofort stand der Fluß ihres Blutes still.*

Wieder wird die Erzählung mit der Anhänglichkeit des Volkes an Jesus eingeleitet. Die Scharen bedrängten ihn. Das gleiche Wort wird von den Disteln gebraucht, die das Samenkorn erstickten (8,14). Das Volk hatte Jesus als den großen Helfer erwartet, jetzt besitzt es ihn; es hat ihn herzlich empfangen, jetzt erdrückt es ihn fast.

Wieder tritt ein leidtragender Mensch aus der Menge heraus, *eine Frau*. Ihre Krankheitsgeschichte ist traurig. Seit zwölf Jahren leidet sie. Sie ist *im Blutfluß*, krank, dadurch kultisch unrein, gemieden von den Menschen. Sie hat ihr ganzes Vermögen für die Ärzte ausgegeben. Niemand konnte sie heilen. Hartes Wort: unheilbar!

Die einzige Hoffnung, die geblieben war: Jesus. Sie konnte nicht wie Jairus aus der Menge hervortreten, Jesus zu Füßen fallen, von ihrem Elend sprechen. Sie war unrein und machte unrein,[61] weil sie an Blutfluß litt. Sie *trat von rückwärts zu Jesus* heran in diesem Gedränge und faßte die Quaste seines Gewandes. Die Israeliten sollten nach dem Gesetz Quasten an den Zipfeln ihrer Kleider tragen, damit sie aller Gebote des Herrn gedächten (Nm 15,38 f.). Jairus bat Jesus, daß er in das Haus komme. Wahrscheinlich meinte er, die Heilung könne nur durch Handauflegung geschehen. Die Frau sucht Kontakt mit Jesus, selbst wenn es nur das letzte Stück des Gewandes ist, was sie berührt.

Sofort stand der Fluß ihres Blutes still. So spricht der Arzt. Ohne Medikament, ohne ein Wort, durch bloßen Kontakt mit ihm erreicht sie, was jahrelange ärztliche Kunst vergeblich versucht hatte. Der Arzt Lukas hat das harte Urteil des Markus über die Ärzte gemildert; er unterdrückt, was sein Gewährsmann schrieb: Trotz der Ärzte wurde das Übel der Frau noch viel ärger (Mk 5,26). Auch er gestand, daß die ärztliche Wissenschaft in diesem Fall am Ende war. Als Arzt konstatiert er mit Sachkenntnis: Sofort stand der Fluß des Blutes still.

⁴⁵ *Und Jesus sprach: Jemand hat mich angefaßt. Da aber alle es leugneten, sprach Petrus: Meister, die Volksscharen umringen dich und bedrängen dich.* ⁴⁶ *Und Jesus sprach: Angefaßt hat mich jemand, denn ich erkannte, daß eine Kraft von mir ausgegangen ist.* ⁴⁷ *Die Frau aber sah, daß sie nicht verborgen blieb, und zitternd kam sie und stürzte sich vor ihm hin und erzählte, vor dem Angesicht des ganzen Volkes, warum sie ihn angefaßt habe und wie sie sofort geheilt wurde.* ⁴⁸ *Er aber sprach zu ihr: Tochter, dein Glaube hat dich gerettet. Geh hin in Frieden.*

Was heimlich geschehen ist, zieht Jesus an die Öffentlichkeit. Er kennt, was sich abgespielt hat. *Jemand hat mich angefaßt.* Eine *Kraft ist von mir ausgegangen.* Nicht die mechanische Berührung wirkt die Heilung, sondern die Kraft, über die er verfügt. Er allein ist der Wissende, nicht das Volk, nicht Petrus. Jesus ist in viel tieferem Sinn Meister und Gebieter, als es Petrus ahnt. Er gebot den Wogen, und jetzt gebot er dem Blutfluß. Die Wunder sind Offenbarungen der gebietenden Macht Jesu, er ist Meister mit Vollmacht.

Die geheilte Frau verläßt ihre Verborgenheit. Sie erkennt, daß in Jesus Gott nahe ist, weiß, daß sie nicht verborgen bleiben könnte, erbebt in der Furcht vor dem Göttlichen, das in Erscheinung trat, und stürzte vor Jesus nieder. Sie *verkündet als Gotteswerk,* was an ihr geschehen ist, dies vor dem Angesicht des ganzen Volkes. Selbst diese Scheue, Zurückgezogene wird unter dem Werk Gottes, das Jesus an ihr wirkt, Verkünderin der Großtaten Gottes vor dem Volk.

Die Heilung der Frau brachte nicht die Berührung des Gewandes, sondern der Glaube. *Der Glaube hat dich gerettet.*

Er ist der heilbringende Kontakt mit Jesus, dem Retter und Heiland. Durch den Glauben ist sie Tochter; er nimmt sie in sein Haus auf und in seine Gemeinschaft. Sie hat den Frieden gefunden, die Wiederherstellung ihrer Gesundheit; denn Friede ist Ordnung. Aber ihr Glaube hat ihr einen Frieden gegeben, für den die Heilung von der Krankheit nur äußeres Bild ist.

[49] *Während er noch redete, kommt einer vom Synagogen-vorsteher und sagte: Gestorben ist deine Tochter; belästige nicht mehr den Meister.* [50] *Jesus hörte es und antwortete ihm: Fürchte dich nicht. Glaube nur, und sie wird gerettet werden.* [51] *Als er aber in das Haus gekommen war, ließ er niemand mit sich eintreten außer Petrus und Johannes und Jakobus und den Vater des Kindes und die Mutter.* [52] *Es weinten aber alle und beklagten sie. Er aber sprach: Wei-net nicht; nicht gestorben ist sie, sondern sie schläft.* [53] *Und sie verlachten ihn, weil sie wußten, daß sie gestorben sei.*

Auch der Tod setzt der Macht Jesu keine Grenzen. Jesus ist bereit, das tote Mädchen zu erwecken, wenn der Vater bereit ist zu glauben. *Glaube nur, und sie wird gerettet werden.* Der Glaube ist Bedingung des Heils. „Glaube an den Herrn Jesus, und du wirst das Heil finden, du und dein Haus" (Apg 16,31).

Die Totenerweckung will Jesus nur für einen kleinen Kreis von Zeugen wirken. Zu ihm gehören drei von den Aposteln: *Petrus* als der erste der Apostel, das Brüderpaar *Johannes und Jakobus*, dazu die Eltern des Mädchens. Wie der von den Toten auferweckte Herr nicht dem ganzen Volk, sondern nur den von Gott vorherbestimmten Zeugen sichtbar geworden ist (Apg 10,41), so wollte auch Jesus als Herr des Todes nicht vor allen, sondern nur vor besonders Erwählten sichtbar werden. In dieses Geheimnis der Gottesherrschaft sind noch nicht einmal alle Apostel eingeweiht; denn es weist auf die Auferstehung und das Leiden und den Tod Jesu hin.

Auch bei der Bestattung des Ärmsten mußten wenigstens zwei Flötenspieler und ein Klageweib die *Totenklage* halten. Der Klagegesang wird als Wechselgesang gesungen, vom Zusammenschlagen der Hände und den Tönen der Handpauke und der Schlaghölzer begleitet. Die Klage begann nach dem Tod im Sterbehaus und setzte sich bis zum Begräbnis fort. Alle weinten und schlugen zum Zeichen des Schmerzes an die Brust. Jesus stellt die Totenklage ab. *Das Mädchen ist nicht gestorben, es schläft nur.* Er sieht den Tod mit den Augen Gottes und spricht als Mund Gottes. Vor der Macht Gottes hat der Tod seine Macht verloren. *Sie verlachten ihn,* weil sie wußten, daß sie gestorben sei. Daß Jesus Macht über den Tod haben könnte, kommt der Menge nicht in den Sinn. Sie wußte, daß das Mädchen tot war. Der Tod gibt nach menschlicher Erfahrung seine Beute nicht mehr wieder. Die Menge lachte, spottete auf Grund des menschlichen Wissens, der Vater aber sollte glauben gegen alle menschliche Erfahrung.

[54] *Er aber ergriff seine Hand, rief und sprach: Mädchen, steh auf!* [55] *Und sein Geist kehrte zurück, und es stand auf, und er befahl, daß ihm zu essen gegeben werde.* [56] *Und außer sich waren seine Eltern; er aber gebot ihnen, niemand zu sagen, was geschehen war.*

Die Rückkehr des Lebens durch Gestus und Wort Jesu wird dreifach umschrieben. *Der Geist* (Seele) *kehrt zurück.* Im Tod trennt sich der Geist vom Leib. Jesus betet vor seinem Tod: „In deine Hände empfehle ich meinen Geist" (23,46). Das Mädchen *steht auf;* Kraft des Lebens erfüllt seine Glieder.

Es soll essen. Das Essen überzeugt von der Wirklichkeit des Lebens. Mit Jesu Auferweckung wird es so geschehen, wie es an diesem toten Kind geschah. Sein Geist wird zurückkehren, er wird auferstehen und vor den Jüngern essen und trinken.

Das Schweigegebot trifft nur die Eltern, scheinbar nicht auch die gegenwärtigen drei Apostel. Für diese ist es natürlich, daß sie kundmachen, was verborgen war. Sie sollen die Geheimnisse des Gottesreiches, zu denen auch die Auferstehung von den Toten gehört, die ihr Vorbild in der Auferstehung Christi hat, verkünden und offenbar machen.

Jesus hat seine Macht an Mächten erwiesen, gegen die der Mensch ohnmächtig ist. Er hat die entfesselte Natur zur Stille gebracht, die Macht der Dämonen gebrochen und die Stärke des Todes und der unheilbaren Krankheit überwunden. Dies geschah, weil die Macht Gottes in ihm wirksam ist; er ist die Erscheinung Gottes auf Erden. Petrus nennt ihn zweimal Meister, die Dämonen rufen ihn als Sohn Gottes an. Er ist Retter und Heiland. Die drei Wunder tragen Jesus auf die Höhe seiner Wirksamkeit in Galiläa. Was gibt es, was die Menschen noch erschrecken könnte, wenn sie nur glauben? Jesus nimmt die Furcht vor den menschenfeindlichen Gewalten: vor der entfesselten Natur, den entfesselten Dämonen und der Macht des Todes. Die Rettung kommt durch Jesus. Seiner rettenden Macht erfreut sich, wer glaubt. Die Hoffnungen auf die Segnungen der Endzeit beginnen Wirklichkeit zu werden.

3. Das Wirken der Zwölf (9,1–17)

a) Die Aussendung (9,1–6)

¹ Er rief sich aber die Zwölf zusammen und gab ihnen Kraft und Vollmacht über alle bösen Geister und (Macht), Krankheiten zu heilen. ² Und er sandte sie aus, die Herrschaft Gottes zu verkünden, und zu heilen.

Jesus *rief sich die Zwölf zusammen.* Sie bilden zusammen eine Einheit, die um ihn gesammelt ist. Er will durch sie in die Weite wirken. Darum überträgt er ihnen Kraft und Vollmacht, die er selbst besitzt (4,36). Er *sandte sie,* wie er selbst gesandt ist, die Herrschaft Gottes auszurufen, und als Zeichen dafür, daß sie am Nahen ist, Kranke zu heilen. Die Apostel, die ihn bisher begleitet haben, sollen jetzt allein vollziehen, was er tat. Die Tätigkeit Jesu erweitert und vervielfacht sich. Die Trennung der Apostel von ihrem Meister taucht auf. Nach der Erhöhung Jesu werden die Apostel in die Welt gehen und die Botschaft Christi verkünden und seine machtvollen Heilstaten wirken.

³ Und er sprach zu ihnen: Nichts nehmt auf den Weg, weder Stab noch Tasche noch Brot noch Geld, und nicht sollt ihr je zwei Kleider haben.

Worauf kein Wanderer verzichten will, wird den Aposteln genommen: Wanderstab, Wandertasche, Reiseproviant, Geld, Gewand zum Wechseln. Gott, in dessen Dienst sie stehen, wird für sie sorgen; ihr einziger Gedanke soll ihre Sendung sein. Als sie Jesus am Ende seiner Tätigkeit aufforderte, zurückzublicken auf die Zeit der ersten Aussendung, gestehen sie, daß ihnen nichts gemangelt hat (22,35). Noch besteht keine Kluft zwischen Jesus und dem Volk. Die Apostel nehmen an der liebenden Aufnahme teil, die das Volk ihm entgegenbringt (8,40.42).

⁴ Und in welches Haus ihr immer eingetreten seid, dort bleibt und von dort geht aus. ⁵ Und wo immer sie euch nicht aufnehmen, von jener Stadt geht fort und schüttelt den Staub von euren Füßen zum Zeugnis gegen sie ab.

Jesus setzt voraus, daß die Apostel *in Häuser* gehen und dort ihre Sendung erfüllen. Ein Haus, das sie aufnimmt, soll nicht gewechselt werden. „Seine Herberge oft wechselnder Gast tut Abbruch und leidet Abbruch." Jedes selbstsüchtige genießerische Treiben will Jesus von seinen Aposteln fern wissen. Nur die Sendung soll ihr Anliegen sein. Das Haus, in dem sie bleiben, soll aber Aktionszentrum sein. Das Wort Gottes kennt kein Bleiben. Es hat Jesus zum Weiterziehen gedrängt, und es drängt auch die Apostel.

Es soll keine Zeit mit denen verloren werden, die die Apostel nicht aufnehmen. Sie sollen sich von solchen Städten abwenden und sie so behandeln, wie die Juden heidnische Länder behandeln. Alle Gemeinschaft soll abgebrochen werden. Die Juden *schütteln den Staub* von den Füßen, ehe sie heidnisches Land verlassen und das Heilige Land betreten. Die Wirksamkeit der Apostel ist Gericht. Für Städte, die sie ablehnen, werden sie zu Belastungszeugen. Ihre Tätigkeit ist Anbruch der Endzeit.

⁶ Sie zogen aber aus und durchwanderten Dorf für Dorf, verkündeten die Frohbotschaft und heilten überall.

Die Tätigkeit der Apostel ist die *Verkündigung der Frohbotschaft.* Als Zeichen, daß die Heilszeit angebrochen ist, werden die Kranken *geheilt.* Was Jesus in Nazareth programmatisch begonnen hat, was er in Galiläa gewirkt hat, wird durch die Apostel in die Weite getragen. Von diesem Wirken in die Weite will Lukas besonders sprechen. Das ist der Rahmen, in den das Heilswirken hineingestellt ist. *Sie durchwandern Dorf für Dorf.* Jesus hat in den Städten gewirkt, die Apostel erfüllen mit Botschaft und Werk Jesu alle Dörfer und die Häuser. Dorf für Dorf – das war nahezu systematische Arbeit. Am Schluß des Satzes steht das Wort „überall". Das ganze Land wird vom Anbruch der Gottesherrschaft in Verkündigung und Heilskraft erfüllt. Überallhin, das ist der Drang des Wortes von der Gottesherrschaft.

b) Herodes über Jesus (9,7–9)

7 Herodes, der Vierfürst, aber hörte alles, was geschah, und er war in Verlegenheit, weil von einigen gesagt wurde: Johannes ist auferweckt worden von den Toten, 8 von manchen aber: Elias ist erschienen, von anderen aber: ein Prophet der Alten ist auferstanden.

Der Ruf Jesu dringt bis an den Hof des *Landesfürsten Herodes* Antipas. Wer ist Jesus? Diese Frage stellt sich das Volk, die Hofleute, der Vierfürst. Herodes gerät über dieser Frage in *Verlegenheit* und Ausweglosigkeit. Jesus ist dem aufgeklärten Hellenisten ein Rätsel.

Die Umgebung des Herodes gelangt zu verschiedenen Auskünften. Gemeinsam ist den verschiedenen Auffassungen im Volk, daß Jesus der *Prophet* ist, der vor der Endzeit erwartet wird. Scheinbar aber wagte niemand zu behaupten, daß Gott in ihm einen neuen Propheten erweckt habe. Einer von denen, die da waren, ist auferweckt worden und wieder erschienen. Der Volksglaube denkt an eine wirkliche wunderbare Rückkehr mit dem Leib, den er im sterblichen Leben hatte. Genannt wird Johannes der Täufer, dessen Predigt Jesus wieder aufnahm, einer von den alten Propheten, schließlich Elias, der, wie man sagt, nicht gestorben war, sondern nur entrückt, und dessen Wiederkunft am Ende der Zeiten erwartet wurde. Wie soll die Frage gelöst werden?

⁹ Herodes aber sprach: Johannes habe ich enthaupten lassen; wer aber ist dieser, über den ich derartiges höre? Und er suchte ihn zu sehen.

Was von der Auferstehung und Auferweckung, von der Erscheinung eines Entrückten gesagt wurde, glaubte Herodes nicht. Die Philosophen Athens spotteten, als Paulus von der Auferstehung der Toten sprach: „Wir wollen dich darüber ein anderes Mal hören" (Apg 17,32), und als er sich vor dem Statthalter Festus mit der Auferstehung Jesu verteidigte, sprach dieser: „Du bist von Sinnen, Paulus! Das viele Studieren machte dich wahnsinnig!" (Apg 26,24) Herodes überlegte sehr nüchtern: Johannes habe ich enthaupten lassen. Also lebt er nicht mehr. Wer tot ist, ist tot.

Die Frage bleibt: *Wer ist Jesus?* Das Unerhörte, was er sprach und tat, ruft nach einer Erklärung. Wie sie finden? Die einzige Hoffnung: *Er suchte ihn zu sehen,* ein von ihm gewirktes Wunder zu erleben (23,8). Aus der eigenen Anschauung hofft er sich ein endgültiges Urteil bilden zu können. Er will seine Werke sehen, seine Person, mit ihm sprechen ... Führt dies alles zur Erkenntnis Jesu? Herodes will sich über Jesus ein Urteil bilden, ohne sich innerlich dem Anspruch Jesu zu stellen. Der Weg zur Erkenntnis Jesu ist nicht der Weg experimenteller Untersuchung, sondern der Weg des Glaubens. Die Geheimnisse des Gottesreiches, zu denen auch der Heilbringer gehört, zu erkennen, ist ein Geschenk Gottes.

c) Rückkehr der Apostel und wunderbare Speisung (9,10–17)

10 *Und die Apostel kehrten zurück und erzählten ihm, was
sie getan hatten. Und er nahm sie und zog sich zurück für
sich allein gegen eine Stadt hin, genannt Bethsaida.*

Wie hat die gesteigerte Wirksamkeit Jesu durch die Apostel
geendet? Die Frage über Jesus wurde aufgerissen! Sie ver-
setzte bis an den Hof in Unruhe. Die Apostel kehren zurück
und erzählen, was sie getan haben. Was hatten sie erreicht?
Wie endete die Tätigkeit in Galiläa? *Er zog sich zurück für
sich allein* mit den Aposteln. Herodes war eine Gefahr. Er
hat Johannes enthaupten lassen. Die Darstellung des Lukas
blickt auf den Prozeß Jesu vorwärts. Das Volk kam nicht zur
wahren Erkenntnis Jesu. Die angespannteste Tätigkeit
brachte nicht den Erfolg, der erwartet werden durfte. Das
Ende war der Rückzug in die Einsamkeit, an den äußersten
Rand des Landes Israel, nach Bethsaida im Nordosten des
Sees Genesareth; nur die Apostel nahm er mit: das einzige,
was als Erfolg gebucht werden konnte, waren sie.

11 *Die Volksscharen aber hatten es gemerkt, und sie folgten ihm; und er nahm sie auf, und er sprach zu ihnen über
das Reich Gottes, und die, die Heilung nötig hatten,
heilte er.*

Bisher hatte Jesus selbst oder durch Apostel das Volk aufgesucht; jetzt sucht das Volk ihn auf. Er zog sich zurück. Früher hieß es: Das Volk nahm ihn auf, jetzt aber nimmt er das
Volk auf. Seine Tätigkeit stellt er nicht ein. Er spricht wieder
über das Reich Gottes und wirkt wieder Heilungen. Doch
macht sich Zurückhaltung kund: Er heilte, *die Heilung nötig
hatten.* Alles ist aber umleuchtet von der unermüdlichen Güte
des Herrn. Er nahm das Volk gastlich auf. Er spricht und

heilt immer wieder, unermüdlich, bis der Abend hereinbricht und der Tag zur Neige ging. Was Jesus tat, war auch die erste Unterweisung der Jünger über das Verhalten zum Volk, das ihn sucht.

12 Der Tag aber begann sich zu neigen. Die Zwölf aber traten heran und sagten zu ihm: Entlaß das Volk, daß sie in die Dörfer im Umkreis und in die Gehöfte ziehen und Herberge suchen und Speise finden, weil wir hier in der Einöde sind. 13 Er aber sprach zu ihnen: Gebt ihr ihnen zu essen. Sie sprachen aber: Nicht sind uns mehr als fünf Brote und zwei Fische, es sei denn, daß wir hingehen und für dieses ganze Volk Speisen kaufen. 14 Denn es waren ungefähr fünftausend Männer. Er aber sprach zu seinen Jüngern: Lasset sie zu Tisch lagern, zu je fünfzig ungefähr. 15 Und sie taten so und machten sie alle lagern.

Das Volk sollte in der Wüste mit Herberge und Speise versorgt werden. Die Apostel schlagen als Lösung dieser Not vor: *Entlaß sie.* Sie fühlen sich für das Volk verantwortlich. Aber war das die rechte Lösung, die sie vorschlugen: weg von Jesus? Die rechte Lösung kann nur darin liegen, daß das Volk zu Jesus kommt.

Jesus zieht die Apostel zur Fürsorge für das Volk heran. *Gebt ihr ihnen zu essen.* Aber wie? Fünf Brote und zwei Fische für fünftausend Männer, die Frauen und Kinder nicht gerechnet! Eine zweite Möglichkeit bestand darin, daß die Speisen für diese Menschenmenge gekauft werden. Aber wie sollen die Mittel aufgebracht werden? Die Jünger gestehen ihre Unzulänglichkeit, um der Not abzuhelfen. Sie können nicht helfen, wenn nicht der Herr hilft, nur ihre Not können sie gestehen, aber das ist notwendig; denn nur den Armen und Hilflosen wird das Reich gegeben.

Die Jünger werden zur wunderbaren Speisung herangezogen. Sie sollen das Volk in *Tischgemeinschaften zu fünfzig Leuten* aufteilen. Jesus will ein Festmahl bereiten. Beim Auszug aus Ägypten war das israelitische Lager in Tausendschaften, Hundertschaften, Fünfzigerschaften und Zehnerschaften gegliedert. „Moses suchte tüchtige Männer aus ganz Israel und bestellte sie zu Vorstehern über das Volk als Vorsteher über tausend, über hundert, über fünfzig und über zehn" (Ex 18,25). Die Kriegsrolle vom Toten Meer enthält die gleiche Gliederung für die militärischen Verbände im heiligen Krieg der Kinder des Lichtes.[62] Das nahe bevorstehende Paschamahl verlangte Tischgemeinschaften. Erinnerungen an die große Vergangenheit des Volkes, Hoffnungen für die Zukunft wurden geweckt. Die große Menge, die auch durch die Verkündigung der Apostel in Bewegung gesetzt worden war, wird jetzt als Gemeinde des Reiches Gottes zusammengeschlossen und gegliedert. Die hohe Zeit des Auszuges wiederholt sich; die endzeitlichen Heilsereignisse sind da.

16 Er nahm aber die fünf Brote und die zwei Fische, blickte zum Himmel auf und segnete sie und brach sie und gab den Jüngern, daß sie dem Volke vorsetzen. 17 Und sie aßen und wurden satt, alle. Und aufgehoben wurden, was ihnen übriggeblieben war an Brocken, zwölf Körbe.

Jesus waltet als Hausvater der großen Mahlgemeinschaft. Als solcher nahm er das Brot und die Fische in seine Hände, segnete sie und brach das Brot. Mit dieser Speisung verbindet er die nach der alten Lagerordnung zusammengeschlossene Gemeinde zur endzeitlichen Mahlgemeinde. Er hat die Gemeinschaft im Reiche Gottes als Mahl gezeichnet (22,30). Die vier Akte, die Jesus an den Anfang des Mahles setzt, sind hervorgehoben, weil die Eucharistiefeier der alten Kirche mit ihrem

Rituale in der wunderbaren Speisung schon ihre Andeutung fand. Durch die Speisung in der Wüste wird vorausnehmend die Heilszeit dargestellt. Sie wird Wirklichkeit in der Mahlfeier, die der Herr mit seinen Aposteln vor dem Leiden feierte und vollendet in dem Reich, das erwartet wird.

Jesus segnete die Brote. Er sprach nach Lukas nicht den Lobspruch über das Brot, wie es jüdische Sitte war, sondern segnete es. Damit wird die Speisung der vielen mit den wenigen Broten in den Segen Jesu verlegt. Die Jünger teilten das Mahl aus. Er gab den Jüngern, daß sie vorsetzten. Jesus ist der Spender, die Jünger teilen aus. Alles geht von ihm aus, die Apostel sind die Mittler, die er sendet. Sie verkünden die Frohbotschaft, heilen Kranke und sättigen das Volk...

Alle wurden satt. Übriggebliebene Brocken wurden in Körben gesammelt, wie sie die römischen Soldaten für ihre Tagesration an Speise bei sich trugen. Jeder der zwölf Apostel hat noch einen solchen gefüllten Korb gesammelt. Das Mahl ist nicht karges Sättigungsmahl, sondern überreiches Festmahl. Das Überströmende der Heilszeit bricht an. Jesus hat sein Volk wie ein zweiter, größerer Moses in der Wüste gespeist. Mit Macht und Liebe hat er ein Mahl bereitet – und die Apostel dienten dabei.

Damit hat die galiläische Offenbarung ihren Höhepunkt erreicht. Jesus ist der endzeitliche Heilsbringer. Aber wurde er als solcher anerkannt?

IV. DER LEIDENSMESSIAS (9,18-50)

1. MESSIAS UND GOTTESKNECHT (9,18-27)

a) Das Bekenntnis des Petrus (9,18-20)

18 Und es geschah, während er allein betete, waren mit ihm zusammen die Jünger. Und er fragte sie und sagte: Als wen geben mich die Leute aus, daß ich sei? 19 Sie antworteten und sagten: für Johannes den Täufer, andere aber für Elias, andere aber: ein Prophet der alten Zeit ist auferstanden.

Ehe Jesus seine Jünger vor große Entscheidungen stellte, *betete* er in der Einsamkeit. So geschah es bei der Apostelwahl (6,12), so geschieht es jetzt, da er sich anschickt, sie in das Geheimnis seiner Sendung einzuführen (9,18), so wird es geschehen, ehe sie das Leiden und den Tod Jesu erleben (22,32 f.). Diese Stunden haben jeweils kirchenbildende Bedeutung. Die Kirche ist in das Beten Jesu hineingenommen.
Die Frage Jesu will das Ergebnis seiner Tätigkeit in Galiläa feststellen und das Fundament für das weitere Wirken legen. Die Lehre über das Reich konzentriert sich auf seine Sendung und seine heilsgeschichtliche Stellung. Die Meinungen des Volkes über Jesus, die an den Hof des Herodes gelangt sind, kennen auch die Jünger. Sie werden ihm vorgetragen. Jesus wird für den Propheten der Endzeit gehalten; er ist die Wiederkehr eines der Propheten, die auf die Endzeit vorbereiten sollten.

20 Er aber sprach zu ihnen: Ihr aber, als wen gebt ihr mich aus, daß ich sei? Petrus aber antwortete und sprach: Für den Gesalbten Gottes.

Die galiläische Tätigkeit hat *Volk und Jünger geschieden.*
Den Jüngern sind die Geheimnisse des Gottesreiches bekanntgemacht worden. Sie durften die Großtaten Jesu erleben, in denen sich seine Herrschaft über die entfesselte Natur, die Dämonen und Tod zeigte. Sie durften mitwirken bei der großen Speisung. Jesus darf ein anderes Urteil von ihnen erwarten, als das Volk gab.

Die Frage, die Jesus an die Apostel stellte, stand oft vor ihnen: als Frage, die ihnen selbst schon gekommen war, im Staunen und Erschrecken, in den Titeln, die sie ihm gaben: Lehrer, Meister, Prophet. Jetzt haben sie das Volk sprechen lassen. Die Frage, die an sie gerichtet ist, stellt sie vor entscheidende und klare Antwort. *Ihr aber, als wen gebt ihr mich aus?*

Im Namen der Apostel antwortet *Petrus.* Seine Berufung macht bei Lukas den Anfang der Jüngerberufungen. Er steht in der Apostelliste an erster Stelle und ist mit Johannes und Jakobus, denen er übergeordnet ist, Zeuge der Erweckung der Jairustochter gewesen.

Das Bekenntnis bezeichnet Jesus als *Gesalbten Gottes,* was auch bedeutet: Christus oder Messias. Der Titel schließt an die Weissagung des Isaias an: „Der Geist des Gebieters und Herrn ruht auf mir, da der Herr mich gesalbt hat; den Armen die frohe Botschaft zu bringen . . ." (Is 61,1). Jesus ist der mit dem Geist Gottes ausgestattete Bringer der Heilszeit, der das huldvolle Jahr des Herrn ausruft" (Is 61,2).

In der Synagoge von Nazareth hat Jesus diese Schriftstelle als erfüllt verkündet. Die Tätigkeit in Galiläa war „huldvolles Jahr des Herrn". Am Schluß dieses „Jahres" bestätigt Petrus die Verkündigung Jesu am Anfang dieser Zeit.

b) Die erste Leidensweissagung (9,21–22)

*²¹ Er aber drohte ihnen und gebot, niemand dies zu sagen,
indem er sprach: ²² Der Menschensohn muß vieles leiden
und verworfen werden von den Ältesten und Hohenpriestern und Schriftgelehrten und getötet werden und am
dritten Tage auferweckt werden.*

Erregt verbietet Jesus, das Bekenntnis des Petrus jemanden
zu sagen. Denn es bedarf einer wesentlichen Ergänzung: *Der
Menschensohn muß . . . getötet werden.* Er nimmt den Titel,
den Petrus ausgesprochen hat: Gesalbter Gottes, nicht auf,
sondern spricht vom *Menschensohn,* wie er sich selbst bezeichnet. Dieser Menschensohn muß vieles leiden, verworfen
und getötet werden. Aussagen, die der Prophet über den
Knecht Gottes gemacht hat, klingen an: „Unsere Krankheiten trug er, unsere Schmerzen lud er sich auf" (Is 53,4). „Verachtet war er von Menschen, gemieden, ein Mann der Schmerzen . . . wir verhüllten das Antlitz vor ihm, verachteten ihn
und hielten ihn wertlos" (Is 53,3). „Ohne Rückhalt und Recht
wurde er hinweggerafft – um sein Schicksal, wer kümmert
sich noch, da man ihn abschnitt aus der Lebendigen Lande,
ihn für unsere Missetaten zu Tode traf" (Is 53,8). In diesem
Leidenslos erfüllt er Gottes Ratschluß, der in der Heiligen
Schrift ausgedrückt ist; darum *muß* alles so geschehen. Der
Prophet gibt diesem Leiden und Sterben seine sinnvolle Deutung: Es ist Sühneleiden und Sühnetod; der Menschensohn
tritt ein für die vielen, für alle (vgl. Is 53,12). Am dritten Tag
wird er *auferweckt* werden. „Heraus aus mühseligem Leben
erschaut er das Licht, sättigt gar viele durch seine Erkenntnis . . . darum gab ich ihm Anteil unter den Großen, unter
den Starken teilt er seine Beute aus" (vgl. Is 53,11 f.).
Am Anfang des Wirkens in Galiläa stand die Schriftstelle

über den mit Geist gesalbten Heilbringer (Is 61,1); Petrus nimmt diese Prophezeiung über Jesus auf. Jesus aber ergänzt sie durch Is 53 über den leidenden und sühnenden Gottesknecht. Wirkung und Sendung Jesu wird aus dem Wort Gottes verstanden. Er ist als der Menschensohn beides: endzeitlicher Heilsbringer und leidender Gottesknecht.

c) Leidensnachfolge der Jünger (9,23–27)

23 Er sagte aber zu allen: Wenn einer hinter mir hergehen will, verleugne er sich selbst und nehme sein Kreuz auf sich Tag für Tag und folge mir nach. 24 Denn wer sein Leben retten will, wird es verlieren; wer aber sein Leben verlieren will um meinetwillen, der wird es retten. 25 Denn was wird es einem Menschen nützen, wenn er die ganze Welt gewinnt, sich selbst aber vernichtet oder schädigt?

Der Jünger Jesu *geht hinter Jesus* einher, er folgt ihm nach. Da Jesus in Leiden und Tod geht, muß auch der Jünger bereit sein, den Weg des Leidens und Todes um Jesu willen zu gehen. Jüngerschaft ist Leidensnachfolge.

Die Leidensnachfolge Jesu besteht darin, daß der Jünger *sich verleugnet und das Kreuz auf sich nimmt*. Da die Jünger dem Meister nachgehen, der dem Tod überliefert wird, müssen sie bereit sein, sich selbst nicht mehr zu kennen, nein zu sich und ihrem Leben zu sagen, ihr eigenes Leben zu hassen (14,26) und wie Jesus das Kreuz auf sich zu nehmen.[63] Ja, sich ans Kreuz schlagen zu lassen, was damals als die schimpflichste, grausamste und scheußlichste Art zu sterben galt. Die Leidensnachfolge verlangt Bereitschaft zum Martyrium (6,22).

Lukas fügt dem Wort über die Hinnahme des Kreuzes die Worte bei: *Tag für Tag*. Das Martyrium ist einmalige Tat, aber die Leidensnachfolge Jesu soll auch Tag für Tag übernommen werden. „Durch viele Drangsale müssen wir eingehen ins Reich Gottes" (Apg 14,22). Wer sich zu Jesus bekennt, nach seinem Wort lebt und den Willen Gottes, wie er ihn verkündet, tut, wird auf Widerstand stoßen, der ihm von außen und innen bereitet wird. Menschen werden die Jünger hassen und schmähen wegen des Sohnes des Menschen (6,22). Zum ängstlichen Sorgen, zu Reichtum und Begehren der Lüste muß nein gesagt werden, damit das Wort Gottes nicht erstickt werde (8,14).

Jesus *ermutigt* zur Selbstverleugnung und zum Kreuztragen. Durch scheinbare Selbstvernichtung kommt es zur Rettung des Lebens. Jesus geht auf dem Weg des Leidens und Kreuztragens in die Herrlichkeit der Auferstehung ein. Auch für die Jünger folgt der Leidensnachfolge die Herrlichkeit des ewigen Lebens. Ein paradoxes Wort, das Jesus prägt! Durch Bewahrung des Lebens geht das Leben verloren, durch Preisgabe wird es gewonnen! Wer verkrampft am Leben festhält und nicht lassen will, was ihm das Leben schöner und lebenswerter macht, wer alles ablehnt, was ihm unangenehm ist — der verliert das Leben in der kommenden Welt und die frohe Zuversicht auf das Heil. Nicht wer sich bewahren will, sondern wer die Hingabe vollzieht, wird gerettet; nicht wer krampfhaft am eigenen Ich und seinen Wünschen festhält, bewahrt sich, sondern wer sich verschenkt. Nicht wer das Leben und das eigene Ich ängstlich behütet, rettet es, sondern wer sich selbst preisgibt.

Durch eine sehr nüchterne, *kaufmännische Erwägung* wird für die Leidensnachfolge geworben. Wer Jesus, dem leidenden Gottesknecht, nachfolgen will, muß zum Martyrium, zu vieler Bedrängnis, zur Schädigung seiner selbst bereit sein. Solche Nachfolge stellt vor eine Entscheidung. Auf der einen Seite steht als Gewinn die Bewahrung des irdischen Lebens und die Erfüllung des Erlebnishungers, auf der anderen Seite der Gewinn des ewigen Lebens, wahre Erfüllung des Lebenshungers im Reiche Gottes. Wer dem Leidens-Christus nicht nachfolgen will, kann auch nicht in das Reich Gottes eingehen.

Wie soll die Wahl getroffen werden? Das Entscheidende ist die Rettung seiner selbst. Was hat ein Mensch davon, *wenn er die ganze Welt gewinnt,* aber sich dabei selbst vernichtet? Lukas hat zwei Ausdrücke: *sich selbst vernichtet oder schädigt.* Auch dieses Wort Jesu paßt er dem christlichen Alltag an. Nicht alles, was mit der Nachfolge Jesu und seinem Wort unvereinbar ist, vernichtet das ewige Leben; manches schädigt es nur. Selbst was schädigt, muß mit nüchterner Wertung abgetan werden.

[26] *Denn wer sich meiner und meiner Worte schämt, dessen wird sich auch der Menschensohn schämen, wenn er in seiner und des Vaters und der heiligen Engel Herrlichkeit kommt.* [27] *Ich sage euch aber in Wahrheit: Es sind einige derer, die hier stehen, die nicht den Tod kosten, bevor sie das Reich Gottes geschaut haben.*

Der Menschensohn wird *in seiner und des Vaters und der heiligen Engel Herrlichkeit kommen.* Er kommt als Weltenrichter. Er selbst ist dieser Menschensohn, der zum Gericht kommt. Das Menschensohn-Wort verbindet seine Leidensweissagung und seine Ankunft in der Herrlichkeit Gottes, seines Vaters. Alles hängt dann im Gericht davon ab, ob einer die Anerkennung des Menschensohnes findet oder nicht, ob sich der Menschensohn seiner annimmt oder ob er sich seiner schämt und ihn ablehnt.

Der Gedanke an den kommenden Menschensohn, der Richter ist, soll Kraft geben, dem Menschensohn, der das Kreuz auf sich nimmt, zu folgen. Jetzt ist Jesus ein Gekreuzigter, ein Verbrecher, ein Ausgestoßener, ein Verlassener. Ein römischer Bürger durfte in der Antike nicht gekreuzigt werden; das Kreuz war die Strafe der Ehrlosen, der Sklaven und Überläufer.[64] Wer sich zu diesem Jesus bekennt und sein Wort zu seiner Lebensordnung macht, verfällt wie Jesus der Schmähung. Der Mensch wehrt sich gegen Ehrlosigkeit und Lästerung, und darum gerät er in die Versuchung, sich Jesu und seiner Worte zu schämen, ihn aufzugeben, von ihm abzufallen. Jesus will durch sein Drohwort vor Verleugnung und Abfall bewahren. Nachfolge und Bekenntnis zum geschmähten Christus ist Rettung im Gericht.

Dem Drohwort folgt in prophetischer Rede ein Wort der *Heilsverheißung*. Jesus ist der Menschensohn und bringt das Reich Gottes. Wer sich zu Jesus und seinem Wort bekennt, wird das Reich Gottes sehen und erleben. Diese Verheißung ist so wahr, daß einige von denen, die hier stehen, *den Tod nicht kosten, bevor sie das Reich Gottes geschaut haben.* Das Reich Gottes ist bereits da (17,21). Durch Jesu Verkündigung ist das Reich gekommen. Noch ist es aber nicht sichtbar. Einige aber von den gegenwärtigen Jüngern – Petrus, Jakobus und Johannes – werden am Berg das Reich Gottes in der Herrlichkeit des verklärten Jesus sehen.[65] Diese Zeugen, die das Reich Gottes in Jesus sehen, sind für uns Bürgen, daß Jesus für alle sichtbar in Gottes Herrlichkeit kommen wird.[66]

2. Die Offenbarung des Leidensmessias (9,28–43)

a) Die Verklärung Jesu (9,28–36)

²⁸ Es geschah aber nach diesen Reden ungefähr acht Tage, und er nahm Petrus und Johannes und Jakobus zur Seite und stieg auf einen Berg, um zu beten.

Die Verklärung blickt auf das Christusbekenntnis mit der ihm nachfolgenden Leidensweissagung zurück: *acht Tage nach diesen Reden.* Die Verklärung stellt dar und bestätigt, was Jesus ausgesprochen hat. Der *Berg* ist die Stätte der Gotteserscheinungen. Moses schaute am Gottesberg Horeb Gott im brennenden Dornbusch (Ex 3). Israel sah den Berg Sinai ganz mit Rauch bedeckt, weil der Herr im Feuer auf ihn herabgekommen war (Ex 19,18).

Für Lukas ist nicht wichtig, wo der Berg der Verklärung lag und wie er hieß. Wichtig aber war es ihm zu sagen, daß Jesus hinaufstieg, *um zu beten.* Er liebt die Einsamkeit der Berge für sein Gebet. Ehe er das Messiasbekenntnis den Jüngern abgenommen und seine Offenbarung des Leidens und Todes begonnen hatte, betete er in der Einsamkeit. Jetzt, da durch Gott sichtbar erscheinen soll, wovon er sprach, betet er wieder. Hinter der Verkündigung und Offenbarung Jesu steht sein Gebet, die Gemeinschaft mit seinem Vater. Worüber er zu den Menschen spricht, das bespricht er zuerst mit dem Vater.

Die *drei Jünger,* die er mitnimmt, waren auch Zeugen der Erweckung der Tochter des Jairus. Sie werden Zeugen seiner Todesangst am Ölberg sein. Ehe sie ihn in der Todesangst sehen, gibt er ihnen das Geschenk, daß sie ihn als Sieger über die Macht des Todes schauen. Er hat Macht über den Tod des Mädchens; als Verklärter triumphiert er auch über seinen eigenen Tod. Nur drei erwählt er, weil drei Zeugen für den Erweis einer Wahrheit übergenug sind (Dt 19,15). Wahrscheinlich nimmt er nicht mehr auf den Berg mit, weil die Verherrlichung Jesu bis zu seiner herrlichen Wiederkunft Glaubensgeheimnis bleiben soll, wie ja auch der Auferstandene nur den von Gott vorherbestimmten Zeugen erschienen ist (Apg 10,41).

[29] *Und es wurde, während er betete, das Aussehen seines Angesichtes anders und sein Gewand weiß erstrahlend.*

Im Lichtglanz zeigt sich die göttliche Welt. „Du bedeckst dich mit Licht wie mit einem Mantel" (Ps 104,2; 1 Tim 6,16). Gottes Herrlichkeit strahlt auf wie ein Blitz und durchleuchtet Jesu ganzes Wesen, selbst sein Gewand. Jesus wird als Christus Gottes geoffenbart, wie er einmal kommen wird in Herrscher-Macht und Herrscher-Glanz. Was Petrus bekannte, ist jetzt sichtbar.

Gott offenbart Jesus, *während er betete*. Während des Gebetes kam der Geist bei der Taufe auf ihn herab. Betend stirbt er, und schon beginnt seine Herrlichkeit im Bekenntnis des Hauptmanns aufzustrahlen. Von der Taufe spannt sich ein Bogen über die Verklärung zur Auferstehung. Der Weg zur Herrlichkeit ist das Bekenntnis des eigenen Nichts im Gebet, was vor allem im Tod erlebt wird. Im Gebet wird die Bereitschaft zur Hingabe an den Willen Gottes ausgesprochen, für das Geschenk der Verherrlichung durch Gott der Grund gelegt.

[30] *Und siehe, zwei Männer redeten mit ihm zusammen; sie waren Moses und Elias.* [31] *Sie waren in Herrlichkeit und erschienen und redeten von seinem Ausgang, den er in Jerusalem erfüllen sollte.*

Der Lichtglanz der Herrlichkeit Gottes umstrahlt auch die *zwei Männer*, die erscheinen, und zeigt sie als himmlische Gestalten. Die Evangelisten nennen sie *Moses und Elias*. Von beiden sagte man, sie seien in den Himmel entrückt worden. Beide sind „Propheten, mächtig in Tat und Wort", beide wurden in enge Beziehung zum kommenden Messias gebracht: Elias ist Wegbereiter des Messias, Moses sein Vorbild nach dem Ausspruch der Schriftgelehrten: Wie der erste Erlöser (Moses), so der zweite (der Messias). Beide sind Leidensgestalten. Die Apostelgeschichte zeichnet Moses als unverstandenen und abgewiesenen Gottesknecht (Apg 7,17–44), Elias klagt vor Gott, daß ihm die Gegner nach dem Leben trachteten (1 Kg 19,10). Das Bild des Elias taucht schon bei der Erweckung des Jünglings von Naim auf, das Bild des Moses bei der Speisung des Volkes in der Wüste. Die beiden großen Gestalten des Alten Testamentes erstrahlen im Glanz der Gottherrlichkeit, aber zuerst mußten sie durch das Leiden gehen. In ihnen zeichnet sich der Weg Jesu ab: durch Leiden zur Gottherrlichkeit, durch das Los des Gottesknechtes zum göttlichen Glanz des Messias.

Die beiden großen Vorbilder des Messias redeten von seinem *Ausgang, den er in Jerusalem erfüllen sollte.* Sie bestätigen die Leidensweissagung über seinen Tod in Jerusalem. Leidens- und Todeslos liegen im Ratschluß Gottes, den er durch die Schrift, im Gesetz und in den Propheten längst vorgezeichnet hat. In Jerusalem[67] wird sich dies vollenden: der Tod und die Verherrlichung. Dort geht sein Weg zu Ende und beginnt seine Herrlichkeit. Der Ausgang in Jerusalem ist die Mitte der Heilsgeschichte. Auf diese Mitte schauen die großen Männer der Vorzeit, aber auch der Kirche. Der Ausgang in Jerusalem ist der Beginn der Endzeit; denn diese vollendet, was in dem Ausgang begonnen hat.

³² *Petrus aber und die mit ihm waren von Schlaf beschwert;
als sie aber aufgewacht waren, erblickten sie seine Herrlichkeit und die zwei Männer, die zusammen mit ihm da-
standen.* ³³ *Und es geschah, während sie sich von ihm trennen wollten, sprach Petrus zu Jesus: Meister, schön ist, daß
wir hier sind, und wir wollen drei Hütten bauen, eine für
dich und eine für Moses und eine für Elias, nicht wissend,
was er sage.*

Sollen Zusammenhänge zwischen dem Berg der Verklärung
und dem Ölberg, auf dem das Leiden begann, gesehen werden? Da und dort schlafen die drei auserwählten Jünger und
Zeugen, während Jesus betete. „Als er vom Gebet aufstand
und zu seinen Jüngern kam, fand er sie vor Betrübnis schla-
fend" (22,45). Auf dem Berg der Verklärung werden sie wach
und erblicken seine Herrlichkeit; auf dem Ölberg werden sie
vom Herrn geweckt, und darauf erscheint bereits der Verräter (22,47). Der Weg zur Herrlichkeit führt über das Leiden.
Nur *die Wachenden und Betenden* verstehen diesen Weg.
Petrus will die Erscheinung in *drei Hütten* festhalten. Wenn
Gott zu den Menschen kommt, wohnt er im Zelt. So geschah
es in der Wüste, als Gott im Bundeszelt bei seinem Volke
weilte, so heißt es bildhaft von der Endzeit: „Siehe das Zelt
Gottes unter den Menschen! Er wird bei ihnen wohnen, und
sie werden sein Volk sein, und Gott selbst wird bei ihnen
sein" (Apk 21,3). Petrus meint, die Herrschaft Gottes sei angebrochen, das messianische Zeitalter habe begonnen, Gott
und seine Heiligen wohnten bei seinem Volk, und darum sei
es gut, daß die drei Jünger da seien. Denn nun könnten die
Zelte von ihnen gebaut werden. Wie sich in den menschlichen
Vorstellungen die großen Heilstaten Gottes widerspiegeln!
Der Apostel *wußte nicht, was er sagte.* Die messianische Herr-

lichkeit ist mit Jesus erschienen, aber nur für wenige Augenblicke. Sie kann noch nicht festgehalten werden. Zuerst muß noch der Weg nach Jerusalem gegangen werden, wo der Tod wartet. Auch die Jünger können noch nicht die Herrlichkeit festhalten, auch für sie ist das Wandern notwendig, der Ausgang durch den Tod. Dieses Gesetz gilt nicht bloß den drei, sondern allen Jüngern durch die Zeit der Kirche. Wir können noch nicht festhalten (Jo 20,17), sondern müssen in immer neuen Entscheidungen für das Wort Gottes in Geduld wandern . . .

³⁴ *Während er aber dies sprach, entstand eine Wolke und überschattete sie. Sie aber fürchteten sich, als sie in die Wolke hineingingen.* ³⁵ *Und eine Stimme erscholl aus der Wolke, die sagte: Dieser ist mein Sohn, der auserwählte, auf ihn hört.*

Die *Wolke* ist das Zeichen der Gegenwart Gottes,[68] die begnadet oder bestraft. Sie begleitet das Gottesvolk auf seiner Wanderung durch die Wüste (Ex 14,20), hüllt den Berg Sinai ein, als Gott in der Gestalt des Feuers herabstieg, um seinen Willen zu offenbaren (Ex 19,16 ff.). Eine Wolke erfüllte den Tempel, als er geweiht wurde; in ihm läßt sich die Herrlichkeit Gottes nieder (1 Kg 8,10 ff.). Der Anbruch der Endzeit ist von Wolken begleitet.[69] Die Wolke auf dem Berg der Verklärung, die Jesus und Elias und Moses einhüllt, öffenbart die Gegenwart Gottes, die Gottesherrlichkeit Jesu, die Vorwegnahme der Endzeit. „Die Herrlichkeit des Herrn und die Wolke werden zu sehen sein, wie sie dem Moses offenbar wurden und wie auch Salomon darum gefleht hat, der Ort möge geehrt und geheiligt werden" (2 Makk 2,8). Den Jüngern ist die „Zukunft Gottes" kundgeworden.
Auf dem Berg der Verklärung steht *ein neues Heiligtum.*

Gott schlägt in neuer Weise seine Gegenwart unter den Menschen auf, errichtet einen neuen Tempel. Nicht mehr der Tempel in Jerusalem ist die Stätte der Offenbarung und des Kultes Gottes, sondern Jesus, auf den das Alte Testament hinwies. Der durch Leiden und Tod hindurchgegangene und verherrlichte Christus ist Gegenwart, Offenbarung und Mitte des neuen Gottesdienstes.

Aus diesem neuen Zelt Gottes unter den Menschen gibt Gott seine Offenbarung und erklärt durch sein Wort Jesus als seinen *Sohn, den auserwählten.* An ihm erfüllt sich, was Isaias vom Gottesknecht vorausgesagt hat: „Seht meinen Knecht, den ich holte, *meinen Erwählten,* der mir gefällt! Ich legte auf ihn meinen Geist, der bringt den Völkern die Wahrheit" (Is 42,1). Die Feinde Jesu werden ihn am Kreuz mit den Worten verspotten: „Er rette sich selbst, wenn er ist der Christus Gottes, der Auserwählte" (23,35). Die Stimme der Feinde lehnt den Messiasanspruch wegen des Leidens ab. Christus ist der Erwählte nicht nur im Leiden, auch nicht nur trotz des Leidens, sondern wegen des Leidens. Gott hat ihn erwählt, zum Sohn Gottes und Gesalbten Gottes gemacht, weil er durch Leiden und Tod zur Herrlichkeit geht.

Auf ihn hört. Die Stimme Gottes wiederholt, was Moses über den kommenden Propheten gesprochen hat: „Einen Propheten gleich mir wird der Herr, dein Gott, aus deiner Mitte heraus, aus deinen Stammesbrüdern erwecken; auf ihn sollt ihr hören. Es gilt für jede Seele: Wer auf diesen Propheten nicht hört, soll ausgerottet werden aus dem Volke" (Apg 3,22 f.; Dt 18,15.19). Das Gesetz, das Jesus auf dem Offenbarungsberg den drei Aposteln verkündet, lautet: durch Leiden und Tod zur Auferstehung und Herrlichkeit. Das ist das Gesetz Christi, das Gesetz seiner Jünger, das Gesetz der Kirche, das Gesetz der Sakramente und des christlichen Lebens.

³⁶ *Und als die Stimme geschehen war, wurde Jesus allein*
gefunden. Und sie schwiegen, und niemand erzählten sie
in jenen Tagen etwas von dem, was sie gesehen hatten.

Die Epiphanie geht rasch vorüber. Jesus wurde *allein* gefunden. „Er war in der Gestalt Gottes, betrachtete aber nicht als
Raub, daß er mit Gott gleich sei, sondern entäußerte sich
selbst, nahm Gestalt des Knechtes an und wurde in der
Gleichheit der Menschen gefunden" (Phil 2,6 f.). Er ging vom
Vater hinab nach Nazareth, begab sich nach der Tauf-Epi-
phanie in die Wüste, ging nach der großen Offenbarung in
Nazareth nach Kapharnaum ... er war allein und unverstanden ...
Die Jünger erzählten, solange Jesus bei ihnen war, *niemand*
von dem, was sie gesehen hatten. Sie sehen das Reich Gottes
und seine Geheimnisse. Das größte Geheimnis ist aber dieses: daß die Herrlichkeit des Reiches durch den Tod Jesu anbricht, daß der Heilsbringer über den Weg des Leidens das
Heil gibt. Wer war reif, dieses Geheimnis des Gottesreiches
zu ertragen?

b) Heilung des besessenen Knaben (9,37—43a)

³⁷ *Es geschah aber, als sie am folgenden Tag vom Berg*
herabgestiegen waren, kam ihm viel Volk entgegen. ³⁸ *Und*
siehe, ein Mann aus dem Volk schrie und sagte: Meister,
ich bitte dich, auf meinen Sohn zu sehen, weil er Einzig-
geborener mir ist, ³⁹ *und siehe, ein Geist nimmt ihn, und*
plötzlich schreit er, zerrt ihn hin und her mit Schäumen,
und kaum läßt er von ihm ab und reibt ihn auf. ⁴⁰ *Und ich*
habe deine Jünger gebeten, daß sie ihn austreiben, und sie
vermochten es nicht.

Der *Berg* ist die Stätte der Offenbarung Gottes. Am Fuß des Berges befindet sich die Masse des Volkes. Von Moses heißt es: „Vierzig Tage und vierzig Nächte war er dort beim Herrn; er aß kein Brot und trank kein Wasser. Der Herr schrieb auf die Tafeln die Bundesworte der zehn Gebote. Moses stieg vom Sinai herab, die beiden Zeugnistafeln waren in seiner Hand, als er vom Berg niederstieg" (Ex 34,28 f.). Unten am Berge aber trieb Israel den Götzendienst. Jesus ein zweiter Moses.

Aus der Menge ruft ein Vater Jesus an. Er nennt ihn Lehrer, Meister. Jesus soll auf seinen Sohn schauen. Er war sein einziges Kind wie der Sohn der Witwe von Naim (7,12) und die Tochter des Jairus (8,42). Der Zustand des Knaben wird von Lukas mit ärztlicher Sachkunde und Teilnahme geschildert (vgl. Mk 8,18). Die Symptome der Krankheit zeigen drei Phasen: Der böse Geist ergreift den Knaben (erste Phase), sofort schreit er durch den Knaben, zerrt ihn hin und her, Schaum kommt aus seinem Mund (zweite Phase), schließlich wirft er ihn auf die Erde, und nach dem Anfall ist der Kranke müde und matt, aufgerieben (dritte Phase). Diese Symptome verraten Epilepsie. Der Arzt ist nicht der Versuchung erlegen, in seinem Evangelium wissenschaftlich medizinische Untersuchungen anzustellen. Die Krankheit wird auf Dämonen zurückgeführt. Lukas gibt uns das Evangelium als Evangelium in die Hand, das nicht medizinische Untersuchungen anstellt, sondern das Heil verkündet.

Das Elend des Vaters und seines Sohnes ist gesteigert. Weil auch dort keine Hilfe zu finden war, wo sie erhofft wurde. Die Apostel, die zurückgeblieben waren, konnten trotz ihrer Kraft und Vollmacht keine Hilfe bieten. Warum?

41 *Jesus aber antwortete und sprach: O ungläubiges und verkehrtes Geschlecht, wie lange werde ich noch bei euch sein und euch ertragen? Bring hierher deinen Sohn.*

Die Klage Jesu wiederholt die Klage des Moses: „Der Fels (Gott), untadelig ist sein Tun, denn alle seine Werke sind gerecht! Ein treuer Gott und ohne Freveltat gerecht und redlich ist er. Arg handelten seine Söhne gegen ihn, ein verdrehtes, verschrobenes Geschlecht" (Dt 32,5). „Wie lange noch soll es mit dieser bösartigen Gemeinde dauern, da sie wider mich murren?" (Nm 14,27). Jesus steht unter dem Eindruck der Verklärung. Der Vater hat seine Messianität geoffenbart, ihn aus allen herausgehoben als erwählten Sohn Gottes, zum Glauben an sein Wort gerufen. Was aber begegnet ihm? Die Dämonen mit ihrer Verheerung, die Jünger mit ihrem schwachen Glauben, das ungläubige und verdrehte Volk (Apg 2,40). Jesus hält in der Herrlichkeit und Macht Gottes des Menschen Geschick in seiner Hand, und zugleich klagt er über die Taubheit des Volkes. Er ist Sohn und leidender Knecht Gottes. Weil sein Weg unverstanden ist, will er ihm zum „Ekel" (Mk 14,33) werden. Trotzdem ist er bereit, Barmherzigkeit zu erweisen. *Bring hierher deinen Sohn.* Als erwählter Sohn und Gesalbter Gottes will er das Heil bringen, sich für das Elend des Volkes offenhalten.

42 *Noch während er herankam, riß ihn der Dämon und zerrte ihn hin und her. Jesus aber drohte dem unreinen Geist und heilte den Knaben und gab ihn seinem Vater.* **43a** *Alle aber staunten über die Größe Gottes.*

Der Dämon wird ausgetrieben, die Krankheit geheilt, der Vater aufgerichtet. In Jesu Tat offenbart sich *die Größe Gottes.* Auf dem Berg der Verklärung hat sich die Majestät und

Herrlichkeit Gottes als blitzendes Licht gezeigt, im Elend der geplagten Menschen zeigt es sich als Allmacht. Die Menschen nennen Jesus Lehrer und gestehen, daß er Gottes Größe sichtbar macht; der Vater im Himmel hat ihn Erwählten, Messias, Sohn Gottes genannt. Auf dem Berg umgeben ihn die größten Gestalten der alten Geschichte und die drei erwählten Apostel, unten die schwachgläubigen Jünger, „das ungläubige und verdrehte Geschlecht" der Menschen, das besessene epileptische Kind. Großtat Gottes, der den Erwählten sendet, daß er sich des Elends annimmt! Der Weg zur Herrlichkeit führt Jesus über das Leiden und Elend der Menschen, das er auf sich nimmt.

3. Der Weg des Leidensmessias (9,43b–50)

a) Zweite Leidensweissagung (9,43b–45)

43b *Während sich aber alle wunderten über alles, was er tat, sprach er zu seinen Jüngern:* **44** *Setzt euch ihr in eure Ohren diese Worte: Denn der Menschensohn wird überliefert werden in die Hände der Menschen.*

Alle wunderten sich über alles, was er tat. Damit schließt die Tätigkeit in Galiläa. Zwischen allen und den Jüngern wird abermals eine scharfe Trennung vollzogen. Die Jünger dürfen sich nicht von den Hoffnungen des Volkes mitreißen lassen. Nicht noch größere Taten werden folgen, sondern die Auslieferung des Menschensohnes in die Hände der Menschen; diese werden mit ihm treiben, was sie wollen. Wer liefert ihn aus? Gott! So ist es sein Ratschluß. Durch die allgemeine Bewunderung hindurch sieht Jesus auf diesen Ratschluß Gottes.

Von der Auferweckung ist in dieser Leidensweissagung nicht die Rede.

⁴⁵ *Sie aber verstanden dieses Wort nicht, und es war verborgen vor ihnen, so daß sie es nicht begriffen, und sie fürchteten sich, ihn über dieses Wort zu fragen.*

Die Worte der Weissagung sind klar, aber was sie aussagen, ist geheimnisvoll und dunkel. Der Menschensohn wird in die Hände der Menschen ausgeliefert. Der Messias, der alle Macht hat, wird der Willkür der Menschen übergeben. Gott hat dies gefügt. „Der Herr ließ ihn (den Gottesknecht) treffen unser aller Verschuldung" (Is 53,6). Warum muß der Weg Jesu zur Herrlichkeit über das Leid führen? Warum muß dies der Weg seiner Jünger und seiner Kirche sein? Die Jünger *fürchten sich, über dieses Wort zu fragen,* weil sie sich innerlich gegen den Tod Jesu wehren, aber wußten, daß Jesus solche Gedanken verwerfe (Mk 8,32).

Lukas fügt seiner Quelle, aus der er seine Worte schöpfte, eine Erklärung ein. *Es war verborgen vor ihnen,* so daß sie es nicht begriffen. Gott hat einen Schleier über dieses Geheimnis gezogen, so daß sie es nicht spüren konnten. Er wird den Jüngern dieses Geheimnis enthüllen, wenn Jesus auferstanden ist. Am Ostermorgen werden die Boten Gottes sagen: „Er ist nicht hier, sondern auferweckt worden. Erinnert euch, wie er zu euch gesprochen hat, als er noch in Galiläa war, indem er sagte: Der Menschensohn muß ausgeliefert werden in die Hände sündiger Menschen und gekreuzigt werden, am dritten Tag wieder auferstehen ... und sie erinnerten sich seiner Worte" (24,6.19 ff.). Die Erniedrigung Jesu wird nur durch seine Verherrlichung begriffen. Der „Geschmack" am Leiden wird erst gefunden, wenn die Verherrlichung „geschmeckt" wird.

b) Jüngerschaft im Licht der Leidensweissagung (9,46–48)

[46] *Es trat aber ein Gedanke unter ihnen ein darüber, wer der Größte unter ihnen sei.* [47] *Jesus aber, wissend den Gedanken ihres Herzens, nahm ein Kind heran und stellte es neben sich* [48] *und sprach zu ihnen: Wer immer dieses Kind in meinem Namen aufnimmt, der nimmt mich auf; und wer immer mich aufnimmt, der nimmt den auf, der mich gesandt hat. Wer nämlich der Kleinste unter euch allen ist, dieser ist groß.*

Das Verlangen, unter den anderen der Größte zu sein, über sie zu herrschen, zu verfügen, sitzt tief in den *Gedanken* des Herzens der Menschen, auch der Jünger. Sie sprechen nicht aus, was sie innerlich beschäftigt; das Verlangen zu herrschen wird verborgen oder mit einer Maske verhüllt. Die Herrscher der Völker lassen sich „Wohltäter" nennen (22,25). Der Mensch will nicht in die Hände der Menschen ausgeliefert sein, nicht der Verfügung über sich übergeben werden, sondern über die anderen verfügen und herrschen. Das Los Jesu widerspricht den Gedanken des menschlichen Herzens, die Jünger des in die Hände der Menschen ausgelieferten Menschensohnes müssen ihre Denkweise ändern und nach dem Geist Christi umformen.

Das *kleine* Kind wird in die Nähe Jesu genommen, erhält an seiner Seite den Ehrenplatz, wird über die Jünger gestellt und ihnen vorgezogen. Alle Blicke wenden sich diesem Kind zu. Jesus hat dieses Kind ehrend aufgenommen und spricht größte Verheißung für den aus, der ein kleines *Kind aufnimmt* und ihm seine Dienste widmet. Wer groß sein will, muß sich in den Dienst der Kleinsten stellen. Nicht herrschen, sondern dienen macht groß, dienen an den Kleinen, Verachteten. Die Aufnahme des Kindes geschieht *im Namen Jesu*, im Hinblick auf ihn. Sie ist nicht nur Akt der Menschlichkeit, sondern Akt der Jüngerschaft Jesu. Die Selbsterniedrigung und das Dienen der Jünger Jesu geschieht in der Nachfolge dessen, der sich selbst erniedrigt hat. Der Jünger liefert sich in die Hände der Menschen aus, daß sie über ihn verfügen, weil Jesus von Gott ausgeliefert wurde und sich ausgeliefert hat.

Dem Dienen wird Großes verheißen. Der Dienst am Kind ist *Dienst an Jesus,* und der Dienst an Jesus ist *Dienst an Gott.* Die Kleinen, Jesus, Gott werden in eine Reihe gestellt; durch den Kleinen blickt man auf Jesus, durch Jesus auf Gott. Der unscheinbare Dienst, der an einem Kind geschieht, beherbergt Gott und bringt, was Gott dem erweist, der ihn beherbergt. Der Dienst an den Kleinsten der Gemeinde wird zum Gottesdienst. Dadurch, daß Jesus sich den Händen der Menschen ausliefert, vollzieht er seinen gottgewollten Gottesdienst...

Wenn Jesus in die Hände der Menschen ausgeliefert wird, geschieht dies deswegen, damit die Kleinen, Hilflosen und Unerlösten *aufgenommen* werden, bei Gott beherbergt werden. Wer Jesu Gesinnung in sich aufnimmt, liefert sich nicht nur den Händen der Menschen als Knecht aus, sondern gelangt zur Aufnahme bei Jesus und in die Herberge und Gemeinschaft mit Gott. Gemeinschaft mit Gott in Jesus aber ist die Kirche. „Er (Christus) ist es, der gab die einen als Apostel, die anderen als Propheten, andere als Evangelisten, andere als Hirten und Lehrer zur Heranbildung der Heiligen für die Ausübung des Dienstes, für den Aufbau des Leibes Christi" (Eph 4,11f.).

Wer sich durch seinen Dienst am Niedrigsten selbst zum Niedrigsten macht, der ist wahrhaft groß. *Der Kleinste unter euch allen, dieser ist groß.* Jesus, der Größte, der in die Hände der Menschen ausgeliefert ist, so daß sie über ihn verfügen, stellt alle Maßstäbe auf den Kopf. Die Kleinen werden die Größten, die Niedrigen zu Gebietern, die Herrscher zu Knechten. Diese Revolution der Herzen geschieht im Namen dessen, der von Gott als Menschensohn in die Hände der Menschen ausgeliefert wurde.

c) Der fremde Exorzist (9,49–50)

⁴⁹ Johannes aber antwortete: Meister, wir haben einen gesehen, der in deinem Namen Dämonen austreibt, und wir wehrten es ihm, weil er nicht mit uns nachfolgt. ⁵⁰ Jesus aber sprach zu ihm: Wehret es nicht; denn wer nicht gegen euch ist, der ist für euch.

Die Antwort der Jünger auf Jesu Reden vom Dienen ist die ehrgeizige Sorge um die gehobene Stellung. Einer aus dem engsten Kreis um Jesus, Johannes, der bei Lukas oft mit Petrus genannt und seinem Bruder stets übergeordnet ist, auch er versteht das Wort vom Kleinwerden nicht. Die Nachfolge Jesu, der sich in die Hände der Menschen ausliefert, um ihnen zu dienen, stellt vor immer neue Überraschungen der Gedanken des Herzens.

Bei den Juden gab es Leute, die durch Gebete die Dämonen aus den Besessenen austrieben (Exorzisten). Weil die Jünger im Namen Jesu Dämonen mit Erfolg austrieben, versuchte auch ein solcher Exorzist, im Namen Jesu die Austreibung vorzunehmen, ohne sich aber den Jüngern Jesu anzuschließen. Die Anrufung des Namens Jesu erweist sich auch außerhalb der Jüngergemeinde wirksam.

Der fremde Exorzist erregt den Unwillen der Jünger. Sie betrachten ihre Stellung als Auserwählung, die sie über alle anderen stellt. Was der Fremde tut, fühlen sie als Minderung ihrer Größe. Sie wollen herrschen, nicht dienen. Sie beklagen:

er folgt nicht nach – mit uns. Wer immer Jesus und sein Werk fördert, soll nicht daran gehindert werden, selbst wenn er nicht zum Jüngerkreis gehört. Auserwählung dient nicht dem Ehrgeiz und der Selbstsucht, sondern Jesus und dem Heil der Geplagten. Wer zur Nachfolge Jesu erwählt ist, wird erwählt, daß er diene.

Der fremde Exorzist ist nicht Gegner der Apostel; denn er ruft den *Namen Jesu* an. Darum muß er auch als Bundesgenosse angesehen werden. Nicht Ehrgeiz, sondern Sachlichkeit, nicht Sorge um die eigene Stellung, sondern Förderung des Werkes Jesu muß die Gesinnung der Apostel erfüllen. Dienen fördert das Werk, Ehrgeiz verhindert es.

Jesus gebraucht ein Sprichwort, das aus der Zeit der römischen Bürgerkriege im Umlauf war: „Dich hörten wir sagen, daß wir (die Leute des Pompeius) alle für unsere Gegner hielten, wenn sie nicht mit uns sind, daß du (Cäsar) alle, welche nicht gegen dich sind, als die Deinen·(hieltest)“. Jesus gibt dem Spruch Cäsars recht. Der fremde Exorzist handelt als einer von den Jüngern: *im Namen Jesu.* Er erweitert den Umkreis, den ihr Wirken umfaßt. „Wenn nur auf jede Weise, sei es durch Vorwand oder durch Wahrheit, Christus verkündet wird, darüber freue ich mich“ (Phil 1,18). Wo hat da Eifersucht noch Platz?

Lukas hat das Wort: *„Wer nicht gegen euch ist, der ist für euch“* anders gestaltet als Markus, bei dem es heißt: „Wer nicht gegen uns ist, der ist für uns.“ Hier schließt sich Jesus mit den Jüngern zusammen, dort ist er getrennt. Die gläubige Betrachtung über Jesus ist sich seiner Erhabenheit mehr und mehr bewußt geworden.[70] Bedürfen wir nicht beider Gestalten des Wortes? Der Verbundenheit mit Jesus und der ehrfürchtigen Trennung? Der vertrauenden Nähe und der ehrfurchtsvollen Distanz?

Die Tätigkeit Jesu in Galiläa ist zu Ende. Der kurze Bericht über den fremden Exorzisten ließ vieles dieser Periode noch einmal aufleuchten. Jesus ist beim Volk, auch beim jüdischen Exorzisten, der Jesus nicht nachfolgt, als Retter vor den dämonischen Mächten anerkannt. Der Exorzismus, der unter Anrufung Gottes vollzogen wird, geschieht jetzt im Namen Jesu. Jesus wirkt als Prophet Gottes. Er ist mehr als dieser. Jesus ist der Sohn Gottes und der leidende Gottesknecht, der sich in den Dienst der Menschen stellt, ohne auf seine Ehre bedacht zu sein. Wer glaubt dieses? Die Apostel haben ihn als Gesalbten Gottes bekannt, aber können sie erfassen, daß er auch der leidende Gottesknecht ist? Alle Abschnitte der galiläischen Tätigkeit haben mit der apostolischen Sendung geschlossen. Auch dieser Abschnitt schließt nicht anders. Das Werk der Apostel wird von einem vollzogen, der nicht zu Jesus gehört, aber in seinem Namen handelt. Die Botschaft und das Werk Jesu wollen alle Grenzen sprengen und alle in ihren Dienst nehmen.

III. TEIL

JESUS AUF DER WANDERUNG
NACH JERUSALEM
(9,51 – 19,27)

Jesus verläßt Galiläa und begibt sich auf den Weg nach Jerusalem, wo er leidet und verherrlicht wird. Auf diesem Weg zeigt sich Jesus als prophetischer Lehrer, der angesichts des Todes seine Botschaft verkündet, die durch die Auferweckung von Gott bestätigt wird.
An drei markanten Stellen wird von der Wanderung mit dem Ziel nach Jerusalem gesprochen. Jesus richtet sein Antlitz fest auf Jerusalem (9,51). Und er wanderte von Stadt zu Stadt und von Dorf zu Dorf, lehrend und seinen Weg machend nach Jerusalem (13,22). Während er nach Jerusalem wanderte, zog er mitten durch Samaria und Galiläa (17,11). In Jerusalem spielt sich die entscheidende Phase des Heilsgeschehens ab; Passion und Auferstehung sind miteinander verbunden. Lukas gebraucht für die Verbindung der beiden das Wort „Aufnahme" (9,51). Mit den Wanderberichten (9,51 – 10,42; 13,22–35; 17,11–19) werden Lehren Jesu verbunden (11,1 – 13,21; 14,1 – 17,10; 17,20 – 19,27), die durch ort- und zeitlose allgemeine Rahmung bleibende Bedeutung zeigen. Auf dem Weg zu seinem Ziel zeigt Jesus seinen Jüngern die „Wege des Lebens" (Apg 2,28).

I. DER BEGINN (9,51 – 13,21)

1. DER WANDERNDE MEISTER SEINER JÜNGER (9,51 – 10,42)

a) Verweigerte Herberge (9,51–56)

⁵¹ Es geschah aber, als sich die Tage seiner Aufnahme erfüllten, richtete er das Antlitz fest darauf, zu wandern nach Jerusalem.

Gott hat Jesus ein bestimmtes Maß der irdischen Lebenstage zugemessen. Dieses Maß geht seiner Erfüllung durch den

Fluß der Zeit entgegen. Sein Leben endet mit der *Auf-nahme*.[71] Das Wort bezeichnet Himmelfahrt und Tod; gerade diese Zweideutigkeit drückt geeignet aus, was Jesus in Jerusalem erwartet: Passion und Verherrlichung, Leiden und Tod, Auferweckung und Himmelfahrt. Jerusalem bereitet Jesus den Tod, durch Gottes Ratschluß aber auch die Herrlichkeit.

Jesus *richtete sein Antlitz fest auf Jerusalem*. Er weiß, was ihn in Jerusalem erwartet. Nichts kann ihn von diesem Todesweg abbringen. „Der Gebieter und Herr hilft mir, darum werde ich nicht beschämt. Wie Kieselstein verhärtete ich mein Antlitz; ich weiß, ich werde nicht zuschanden" (Is 50,7). Jesus geht nach Jerusalem mit der Kraft Gottes gestärkt, wie der Prophet gestärkt war, als ihm Gott die Drohweissagung gegen Jerusalem aufgetragen hatte: „Du aber, Menschensohn, fürchte dich nicht vor ihnen und erschrick nicht vor ihren Drohworten, wenn auch Disteln und Dornen um dich herum sind und du bei Skorpionen wohnen mußt! Vor ihnen rede, habe keine Angst, und vor ihrem Antlitz erschauere nicht, denn ein Haus der Widerspenstigkeit sind sie" (Ez 2,6). Jesus kennt auch die Verherrlichung, die ihn dort erwartet. Er geht seinen Weg mit froher Zuversicht.

[52] *Und er sandte Boten vor seinem Antlitz her, und wandernd kamen sie in ein Dorf der Samariter, um ihm Herberge zu bereiten.* [53] *Und sie nahmen ihn nicht auf, weil sein Antlitz wandernd war nach Jerusalem hin.*

Jesus geht als Prophet und Messias, durch den Gott sein Volk gnadenvoll heimsucht, nach Jerusalem. Darum heißt es in feierlicher Sprache: *Er sandte Boten vor seinem Antlitz her*, hinter denen er nachkommt. Seine Wanderung ist Weg zur Herrlichkeit, königlicher Weg des Kreuzes.

Der kürzeste Weg von Galiläa nach Jerusalem führt über Samaria. Jesus wählt ihn, sein Antlitz auf Jerusalem gerichtet. Die Boten sollen *Quartier* bereiten. Jesus ist von einer größeren Schar begleitet: die Zwölf waren mit ihm, viele Frauen, eine Jüngerschaft, aus der er die siebzig wählt.

Zwischen Samaritern und Juden herrschen religiöse und nationale Spannungen. Die Samariter sind Nachkommen asiatischer Stämme, die angesiedelt wurden, als das Nordreich Israel von den Assyrern erobert wurde (722), und der einheimischen Bevölkerung, die zurückgeblieben war. Sie haben wohl die israelitische Jahwe-Religion übernommen, aber einen eigenen Tempel auf dem Berg Garizim gebaut und sich in vielen anderen Dingen von den Juden religiös unterschieden (vgl. 4 Kg 17,24–41). Die Juden verachteten die Samariter als halbheidnisches Volk und mieden den Verkehr mit ihnen (Jo 4,9). Zwischen beiden Völkern kam es wiederholte Male zu gehässigen Anschlägen. Als die Samariter hörten, daß Jesus nach Jerusalem ziehe, flammte der Gegensatz auf, und sie verweigern Jesus das Quartier.

Am Beginn seines Weges in dieser Welt, am Beginn der galiläischen Wirksamkeit in Nazareth, am Beginn des Weges nach Jerusalem „war kein Platz in der *Herberge*". Die Wege Jesu auf dieser Welt werden enden, wenn er aus der Stadt Jerusalem ziehen muß, damit er gekreuzigt werde, aber dieser Ausgang ist zugleich der Anfang seiner Herrlichkeit.

[54] *Als aber die Jünger Jakobus und Johannes das sahen, sprachen sie: Herr, willst du, wir sollen sagen, daß Feuer vom Himmel falle und sie vernichte?* [55] *Er wandte sich aber um und schalt sie.* [56] *Und sie zogen in ein anderes Dorf.*

Jakobus und Johannes sind über die Abweisung Jesu empört. Sie erinnern sich, daß Elias auf seine Verächter Feuer vom Himmel rief und daß Feuer vom Himmel fiel und diese verzehrte (2 Kg 1,10–14). Jesus ist mehr als Elias (9,19.30). Sollte die Verachtung Jesu durch das samaritanische Dorf nicht bestraft werden? Sie sind überzeugt, daß ihr Fluch sofort erhört werde, denn Jesus hat ihnen Macht verliehen (9,5). Kann Gott dulden, daß der Messias, der Heilige Gottes, der Ablehnung und Willkür der Menschen ausgesetzt ist? Die Jünger zeigen, wie schwer ihnen das Verständnis für den Leidensmessias fällt. Immerhin fragen sie Jesus, ob sie den Fluch aussprechen dürften. Der menschliche Widerstand gegen das Leiden des Messias wird durch das Wort Jesu überwunden. Nur dieses vermag das Geheimnis des von den Menschen abgelehnten Heiligen Gottes zu erhellen und erträglich zu machen.

Jesus schalt die Jünger. Der Tadel wird durch das in manchen Handschriften beigefügte Wort erklärt: *„Wißt ihr nicht, welches* Geistes ihr seid?"* Die Jünger müßten die Gesinnung Jesu haben. Er ist gesalbt, daß er den Armen die frohe Botschaft bringe, den Blinden das Augenlicht ... (4,18). Der Menschensohn ist nicht gekommen, Menschenleben zu vernichten, sondern zu retten (19,10). Die Apostel sind gesandt, daß sie retten, nicht vernichten, verzeihen, nicht strafen, im Geist Jesu für die Feinde beten, sie nicht verfluchen (23,34).

Sie wanderten in ein anderes Dorf. Ob es ein samaritanisches oder galiläisches war, wird nicht gesagt. Nicht der Weg ist das entscheidende, sondern das Ziel, nicht die Abweisung der Menschen, sondern die Aufnahme durch Gott, nicht die Herberge dieser Welt, sondern die Heimat bei Gott.

b) Jüngerberufungen (9,57–62)

[57] *Während sie wanderten, sagte auf dem Weg einer zu ihm: Ich will dir nachfolgen, wohin immer du gehst.* [58] *Und zu ihm sagte Jesus: Die Füchse haben Höhlen und die Vögel des Himmels Nester, der Menschensohn aber hat nicht, wohin er sein Haupt lege.*

Dieser Unbekannte wählt wie die Rabbinenschüler seinen Lehrer selbst. Sein Entschluß zur Jüngerschaft im Augenblick der Abweisung Jesu auf dem Weg nach Jerusalem ist unbedingt und großherzig. *Ich will dir nachfolgen, wohin du immer gehst.* Er hat das Grundelement der von Jesus geforderten Nachfolge geahnt: die zu allem bereite Fügsamkeit.

Jesus wandert seiner Aufnahme entgegen: dem gewaltsamen Tod. Er ist ein Abgewiesener, ein von den Menschen Ausgestoßener, ein Heimatloser, der Wandernde, rastlos Wirkende. *Der Menschensohn hat nicht, wohin er sein Haupt lege.* Jüngerschaft bedeutet Schicksalsgemeinschaft mit Jesus. Das will bedacht sein. Für den Menschen ist es hart, ohne Heimat zu sein, sich nicht unter einem schützenden Dach bergen zu können, nicht Rast machen zu dürfen auf dem bergenden Lager. Selbst die unruhigsten Tiere, *Füchse und Vögel*, haben ein Heim und verlangen danach. „Kein Fuchs endet am Rand seiner Grube", lautet ein jüdisches Sprichwort. Der Jünger Jesu muß bereit sein, zu wandern, ausgewiesen zu werden, auf die Geborgenheit des Heimes zu verzichten.

[59] *Er aber sagte zu einem anderen: Folge mir. Er aber sagte: Erlaube mir, zuerst hinzugehen, um meinen Vater zu begraben.* [60] *Er sprach aber zu ihm: Laß die Toten ihre Toten begraben, du aber gehe hin und verkünde das Reich Gottes.*

Der Ruf zur Jüngerschaft geht jetzt von Jesus aus. Das ist das gewöhnliche. „Er rief, die er wollte" (Mk 3,14). „Nicht ihr habt mich erwählt, sondern ich habe euch erwählt" (Jo 15,16). Der Gerufene ist bereit, aber nicht sofort. Er will nur noch erfüllen, wozu er bereits auf dem Weg ist: *seinen Vater bestatten.* Totenbestattung ist in Israel strenge Pflicht. Selbst Priestern und Leviten ist sie für die Blutsverwandten aufgetragen, obwohl es ihnen streng verboten war, sich an einer Leiche zu verunreinigen. Diese Pflicht entbindet von allen Pflichtgeboten, die das Gesetz auferlegt. Die Bitte um Aufschub scheint also völlig gerecht.

Jesus gestattet aber den Aufschub nicht. Er will unbedingte Folgsamkeit. Die Antwort scheint pietätlos, dem Empfinden völlig fremd, für jüdische Frömmigkeit nahezu frevelhaft. In einem herben, prägnanten Wort begründet Jesus die Ablehnung. *Laß die Toten ihre Toten begraben.* Der Ruf zur Jüngerschaft führt vom Tod zum Leben. Wer nicht Jünger Jesu ist, seine Botschaft vom Reich und ewigen Leben nicht angenommen hat, ist im Tod. Wer sich Jesus angeschlossen hat, ist durch die Kraft seines Wortes vom Gottesreich zum Leben übergegangen. Zwei Welten, die nichts mehr miteinander zu tun haben!

Der Jünger hat nur mehr eines zu tun: *Verkünde das Reich Gottes.* Dieses ist die alles überragende Größe. Die Verkündigung des Reiches geht allem voran und duldet keinen Aufschub. Jesus ist auf der Wanderung, seine Sendung, das Reich Gottes zu verkünden, duldet nicht, zurückgestellt zu werden. Er hält sein Antlitz fest auf die Aufnahme gerichtet. Die Herrlichkeit, die ihn erwartet, löst ihn los von allen Bindungen der Pietät. Wichtiger ist es, den geistig Toten das Leben zu verkünden und sie zu erwecken, als die dem Leibe nach Toten zu begraben.

⁶¹ Es sprach aber auch ein anderer: Ich will dir folgen,
Herr; zuerst aber erlaube mir, mich zu verabschieden von
denen, die zu Hause bei mir sind. ⁶² Es sprach aber zu ihm
Jesus: Niemand, der seine Hand an den Pflug legt und
nach rückwärts schaut, ist tauglich für das Reich Gottes.

Wie der erste bietet sich auch dieser dritte zur Jüngerschaft
selbst an. Er nennt Jesus *Herr* und zeigt sich bereit, das volle
Verfügungsrecht Jesu über sich anzuerkennen, unbedingte
Folgsamkeit zu leisten. Der erste Jünger will Jesus nachgehen, wohin immer er will, der zweite hört den Ruf der er-
weckenden, belebenden Kraft, der dritte anerkennt Jesus als
Herrn. Wer Jünger sein will, muß hinter Jesus einhergehen,
von Gottes schaffendem Ruf erfaßt sein und sich Jesus völlig
zur Verfügung stellen.

Auch dieser zur Nachfolge Bereite äußert eine Bitte um ein
Zugeständnis. Er will *von seinen Hausgenossen Abschied
nehmen.* Er bittet, worum auch Elisäus Elias bat: „Ich möchte
doch meinem Vater und meiner Mutter den Abschiedskuß
geben, dann will ich dir folgen. Jener antwortete ihm: Kehre
um; denn was soll ich mit dir? Da wandte er sich von ihm
weg, nahm das Rindergespann und schlachtete es. Mit dem
Geschirr der Rinder kochte er das Fleich und gab es den Leuten zu essen. Dann machte er sich auf, folgte dem Elias nach
und wurde sein Diener" (3 Kg 19,20 f.). Jesus verlangt nicht
mehr, als was der Prophet von dem Prophetenschüler verlangte. Er gestattet nicht, daß er Abschied nehme. Die Verkündigung Gottes duldet kein Wenn und Aber, verlangt Ge-
löstheit von den Seinen, Lösung von dem auch, was das Herz
verlangt.

Dem Jünger wird nicht nur gezeigt, wovon er sich abwenden
muß, sondern auch, wohin er sich wenden soll. Jüngerschaft

verlangt die Ganzhingabe an das Wirken Jesu ohne jeden Vorbehalt für sich. Ein Sprichwort macht diese volle Fügsamkeit ohne jeden Abstrich deutlich. Der palästinensische Pflug ist schwer zu führen, noch dazu auf dem Ackerland in der Umgegend des Sees Genesareth. Pflügen verlangt ganze Hingabe an das Werk. Die Verkündigung des Reiches Gottes kann nur dem anvertraut werden, der sich wegen der Lebensgemeinschaft mit Jesus von der eigenen Familie trennt, der sich von allem loslöst, woran bisher das Herz hing, der dem Werk, das er übernommen hat, ungeteilt lebt. Die Herrschaft Gottes stellt an den Menschen den Anspruch der ungeteilten Ganzheit des Denkens und Wollens.

Die völlige Unterwerfung unter den Herrn ist Unterwerfung unter das Wort vom Reich Gottes. Diesem Wort dient der Herr, ihm dient der Jünger des Herrn. Das Wort vom Reich birgt auch den Tod und die Herrlichkeit Jesu. Wer diesem Wort dient, muß es auch darstellen und durch sein Leben von ihm Zeugnis geben. In den drei Sprüchen wird immer wieder die Heimatlosigkeit auf dieser Welt verlangt. Heimat bietet, wohin man das Haupt legen kann, Heimat wird geprägt von der Pietät gegen Vater und Mutter, Heimat ist Geborgenheit bei denen, die zu Hause sind. Der Jünger Christi muß wie Jesus *Abschied nehmen*, wandern, ohne Aufschub und Unterbrechung; denn Jesus hält sein Angesicht auf Jerusalem gerichtet, wo ihn der Tod, aber auch die Herrlichkeit Gottes erwartet, das wahre Daheim.

Die unbedingte fügsame Folgsamkeit ist das Grundelement der von Jesus geforderten Nachfolge. Sie wird nicht mehr aus dem Meister–Schülerverhältnis der Schriftgelehrten verständlich. Hier ruft der Herr mit allgewaltiger Autorität, die nicht ihresgleichen hat, die nicht einer der Propheten hatte, sondern nur der, dem Gott alle Macht gegeben hat. Durch die

Jünger soll dieser Herr sichtbar werden; sie geben durch ihre Nachfolge mit ihrem unbedingten Gehorsam und ihrer Ganzhingabe Zeugnis, daß Jesus der endzeitliche Verkünder der Herrschaft Gottes ist; denn die Herrschaft Gottes kommt mit Jesus, und Jesus mit der Herrschaft Gottes. Was im einzelnen die unbedingte Folgsamkeit verlangt, bestimmt wie in den drei Berufungen die besondere Lage und der Anruf Gottes.

2. Die Siebzig (10,1–24)

a) Bestellung und Sendung (10,1–16)

[1] *Hernach aber bestimmte der Herr andere siebzig und sandte sie ab zu zweien vor seinem Angesichte in jede Stadt und Ortschaft, wohin er selbst kommen wollte.* [2] *Er sagte aber zu ihnen: Die Ernte ist viel, die Arbeiter aber sind wenige; bittet also den Herrn der Ernte, daß er Arbeiter in seine Ernte schicke.*

Die Aussendung der Zwölf gilt Israel; dazu machte Jesus noch siebzig[72] öffentlich bekannt, die er aussandte. Für die alte Kirche war es äußerst wichtig zu wissen, daß neben den Zwölf noch ein anderer Kreis missionarische Sendung hatte. Außer den Zwölf haben noch andere den Apostelnamen und vollziehen die Sendung Jesu.

Die Wahl der Zahl *siebzig* knüpft an die siebzig Völker an, aus denen nach der biblischen Völkertafel (Gn 10) die Menschheit besteht. Jesus und seine Botschaft erheben den Anspruch auf die Menschheit. Die Schriftgelehrten waren überzeugt, daß das Gesetz zunächst allen Völkern angeboten war, aber Israel allein nahm es an. Die Endzeit verwirklicht den ursprünglichen Plan Gottes und vollendet ihn.

Der Herr *bestimmte und bestellte* die Boten und gab ihnen damit amtlichen Auftrag und ihrer Sendung rechtlichen Charakter. Sie werden *paarweise* ausgeschickt; denn sie sollen als Zeugen wirken. Stimmen zwei Zeugen in einer Sache überein, so ist ihr Zeugnis vollwertig und rechtsgültig (Dt 19,15; Mt 18,16). Die Jünger gehen *vor dem Antlitz des Herrn* einher; sie sind seine Herolde und haben sein Kommen zu bereiten. Sie gehen vor ihm *in jede Stadt und Ortschaft*. Die Grenzen Galiläas werden überschritten, aber noch ist die Wirksamkeit auf Palästina beschränkt. Aber diese Grenzen werden fallen, wenn er in den Himmel aufgenommen ist.

Die Ernte ist viel. Die Menschen werden mit einer Ernte verglichen, die ins Gottesreich eingebracht werden soll. Das Missionsfeld, das sich vor Jesus in Palästina ausbreitet, ist der Anfang für ein viel größeres Erntefeld, das die Welt umfaßt. Jesus kennt die vielen Bereitwilligen. Für die große und dringende Arbeit gibt es nur wenige Erntearbeiter. Die Jüngerberufungen haben gezeigt, wie selbst eifrige und bereite Männer die letzte Hingabe vermissen lassen.

Gott ist *Herr der Ernte.* Er verfügt über alles, was sie betrifft. Die Aufnahme ins Gottesreich ist sein Werk und seine Gnade. Er schenkt auch die Jüngerberufe. Jesus ruft darum zum Gebet, daß Gott im Menschen den Geist der Jünger erweckt, die mit ungeteilter Hingabe dem Einbringen der Menschen ins Gottesreich dienen. Gott will, daß wir um seine Gaben bitten. Das *Gebet um die Erntearbeiter* hält in den Aposteln und Jüngern immerfort das Bewußtsein wach, daß sie durch die Gnade Gottes berufen und gesandt sind. „Durch die Gnade Gottes bin ich, was ich bin" (1 Kor 15,10). „Nicht wer pflanzt, ist etwas, und nicht wer begießt, sondern der, der das Gedeihen gibt, Gott... denn Gottes Mitarbeiter sind wir; Gottes Ackerfeld, Gottes Bau seid ihr. Nach der von Gott mir geschenkten Gnade ... habe ich den Grund gelegt" (vgl. 1 Kor 3,7–10).

³ *Geht hin, seht, ich sende euch wie Schafe mitten unter Wölfe.* ⁴ *Traget nicht Geldbeutel, nicht Sack, nicht Schuhe; und niemand auf dem Wege grüßt.*

Geht hin. Darin liegt die Sendung ausgedrückt; sie ist Sendung zum Aufbruch, Wandern und Handeln. Die Ausrüstung ist überraschend: geht. Das erste und wichtigste dieser Ausrüstung ist die Sendung durch Jesus selbst. Das *Ich* beherrscht den Satz mit seinem Auftrag.

Die Macht Gottes steht hinter diesem Ich und wird sie auch begleiten und ausrüsten.

Menschliche Ausrüstung wird den Jüngern entzogen. Sie werden wehrlos *wie Schafe unter Wölfe* geschickt. Israel weiß sich als „Schaf unter siebzig Wölfen", aber es hat auch das Vertrauen, daß sein großer Hirt es errettet und bewacht. Die von Jesus gesandten Siebzig sind Kern des neuen Israel. Den Sanftmütigen und Wehrlosen ist die Herrschaft Gottes verheißen (Mt 5,3ff.). Jesus schickt die Jünger *arm* aus. Wenn Geldbeutel, Wandersack und Sandalen fehlen, ist die Armut vollständig. Armut ist Bedingung für den Einlaß ins Gottesreich (6,20) und Kennzeichen derer, die es verkünden. Die Jünger müssen ihre Sendung fest im Auge behalten und dürfen sich durch nichts ablenken lassen. *Niemand auf dem Wege grüßt.* Ungeteilte Hingabe an die Sendung verträgt nicht umständliche und lange Höflichkeitsformen des Orients. Alle Boten eilen bei Lukas: Maria, die Hirten, Philippus (Apg 8,30).

Jesus selbst und die drei Jüngerberufungen am Anfang des Reiseberichtes haben bereits gezeigt, was die Jünger kennzeichnet: Wehrlosigkeit und Sanftmut gegen Feindseligkeit,

Hauslosigkeit und Armut, Ganzhingabe an die Sendung, das Reich Gottes zu verkünden. Die Urgestalten der Verkündigung sind Jesus, die Zwölf, die siebzig Jünger.

⁵ In welches Haus ihr immer eintretet, zuerst sagt: Friede diesem Hause. ⁶ Und wenn dort ein Sohn des Friedens ist, wird ruhen auf ihm der Friede; wenn nicht, wird er auf euch zurückkommen. ⁷ In demselben Haus bleibt essend und trinkend, was sie haben: denn wert ist der Arbeiter seines Lohnes. Nicht sollt ihr übergehen von Haus zu Haus.

Die Missionsmethode ist schlicht und einfach. Die Sendboten gehen in die Häuser. Die christliche Mission breitet sich von der Hausgemeinde auf die Stadt aus. *Friede diesem Hause,* ist Gruß und Gabe. Zuvorkommend und höflich beginnt die Verkündigung. Ein rabbinischer Rat lautet: „Komme jedermann mit dem Gruß zuvor." Der *Friede,* den der Sendbote des Heils bringt, gibt nicht bloß Wohlbefinden, was im Alltagsgruß „Friede" mitgemeint ist, sondern die endzeitliche Heilsgabe. Die Sendboten vollziehen die Sendung Jesu, von der es heißt: „Gott hat sein Wort zu den Kindern Israels gesandt, indem er Frieden verkündete durch Jesus Christus" (Apg 10,36).

Die Grußworte wirken, was sie aussprechen, wenn sie auf jemand treffen, der für das Heil von Gott bestimmt, ein Sohn des Friedens ist. Die Geburt Jesu bringt Frieden den Menschen des göttlichen Wohlgefallens. Der Friede *ruht* auf dem, der ihn empfängt, wie der Geist auf den siebzig Ältesten ruht, denen ihn Moses mitgeteilt hatte. „Der Herr fuhr in der Wolke herab und redete zu Moses. Dann nahm er etwas von dem Geist, der auf ihm war, weg und ließ ihn über die siebzig Ältesten kommen. Als der Geist auf ihnen ruhte, fingen sie an, prophetisch zu reden" (Nm 11,25). „Die Prophetenjünger aus Jericho erblickten ihn (Elisäus) und sagten: Der Geist des Elias ruht auf Elisäus" (4 Kg 2,15). Friede und Geist sind die großen endzeitlichen Heilsgaben. Selbst wenn sich niemand findet, der sich dem Heil erschließt und sich seiner würdig erweist, bleibt das Grußwort nicht unwirksam; der Friede kehrt zu den Boten zurück. „Ich schwur einen Eid bei mir selbst: Aus meinem Mund ging Heil hervor, ein Wort, das nicht ohne Wirkung zurückkehrt" (Is 45,23). Der Friedensgruß ist keine leere Formel.

Die Gabe, welche die Verkünder bringen, erwidern die Söhne des Friedens mit Gastfreundschaft. Das erste Haus, in dem die Jünger aufgenommen werden, soll auch ihr Zuhause sein. *In demselben Hause bleibt. Ihr sollt nicht übergehen von einem Haus zum andern.* Das große Anliegen der Sendboten ist die Botschaft vom Reich Gottes; persönliches Wohl, gastliche Behandlung und Versorgung dürfen nicht das Bestimmende sein. Wer die Herberge wechselt, zeigt, daß er nicht das Wort Gottes, sondern sich selbst zum höchsten Wert macht. „Er tut Abbruch und erleidet Abbruch", er bringt seinen Wirt und sich selbst in Verruf. Das heilige Gastrecht darf nicht verletzt werden.

Was angeboten wird, sollen die Jünger *essen und trinken.* Sie dürfen ohne Sorge sein darüber, daß sie die Gastgeber ungebührlich belasten. Die Aufgabe der Sendboten soll nicht durch irdische Sorge behindert werden. Was sie empfangen, ist gerechtes Entgelt für das Größere, das sie bringen. „Der Arbeiter ist seines Lohnes wert" (1 Tim 5,18). „Wenn wir euch Geistiges gesät haben, ist es dann groß, wenn wir eure fleischlichen (irdischen) Gaben ernten?" (1 Kor 9,11) Die Jünger sollen aber auch mit dem zufrieden sein, was ihnen gegeben wird.

*8 Und wenn ihr in eine Stadt eintretet und sie euch auf-
nehmen, esset, was euch vorgesetzt wird, 9 und heilt die
Kranken, und sprechet zu ihnen: Nahe gekommen ist zu
euch das Reich Gottes. 10 Wenn ihr aber in eine Stadt eintretet und sie euch nicht aufnehmen, geht hinaus auf ihre
Straßen und sagt: 11 Auch den Staub, der sich uns aus eurer
Stadt auf unsere Füße klebte, schütteln wir euch ab. Aber
dies sollt ihr erkennen, daß das Reich Gottes nahe gekommen ist. 12 Ich sage euch: Sodoma wird es an jenem Tag
erträglicher sein als jener Stadt.*

Die Tätigkeit der Jünger ist Haus- und Stadtmission. Eine
Stadt, die sie aufnimmt, zeigt Bereitschaft. Die Jünger sollen
verwirklichen, wozu sie gesandt sind. *Esset, was euch vorgesetzt wird.* Die Jünger brauchen keine Bedenken darüber
haben, ob die Speisen kultisch rein oder unrein sind. So
scheint Lukas dieses Wort verstanden zu haben, wenn es auch
von Jesus kaum so gemeint war. Für die Heidenmission war
diese Gewissensfreiheit von tiefgreifender Bedeutung.[73] Die
Krankenheilung, die den Jüngern aufgetragen ist, soll auf die
heilsgeschichtliche Stunde, die sie verkündigen, vorbereiten,
ihren machtvollen Anbruch in der Tat erweisen. Worauf die
Taten vorbereiten, sollen sie durch das Wort ausrufen: *Nahe
gekommen ist das Reich Gottes.* Das Nahen Jesu ist das Nahen der Gottesherrschaft. Darum sagt Jesus: „Wenn ich mit
dem Finger Gottes die Dämonen austreibe, ist bereits die
Gottesherrschaft zu euch gekommen" (11,20). „Das Reich Gottes ist unter euch" (17,21). Jesus selbst ist die Herrschaft
Gottes.
Was dann, wenn eine Stadt die Jünger nicht aufnimmt? Dann
sollen sie öffentlich (auf den Straßen) und feierlich ihre Trennung und ihren Bannfluch aussprechen. Die Juden *schütteln*

den Staub von ihren Füßen, wenn sie aus heidnischem Land gekommen sind und das Heilige Land Palästina betreten wollen. Damit soll ausgedrückt werden, daß zwischen Israel und den Heiden keine Gemeinschaft besteht. Eine Stadt, welche die Sendboten Christi nicht aufnimmt, löst die Gemeinschaft mit dem Gottesvolk, verkennt die große Stunde, die angebrochen ist: Ihr sollt erkennen, daß das Reich Gottes sich genaht hat und damit das Gericht droht. Die Sendboten verkünden noch nicht, daß das Reich Gottes da ist, sondern: es ist nahe gekommen. Die Umkehr ist noch möglich, aber es ist letzte Möglichkeit.

Wer die Verkündigung des Reiches Gottes ablehnt und sich dadurch Jesus selbst verschließt, zieht sich das Verdammungsgericht zu. Der Ausgang dieses Gerichtes ist schrecklicher als die Verurteilung, die über Sodoma ergangen ist. Das Gericht über diese sittenlose Stadt ist sprichwörtlich. Die Schuld dessen, der Jesus und die Güter des Gottesreiches ablehnt, ist größer als die Schuld Sodomas. Die Verkündigung der Sendboten bietet größte Gnade an und stellt vor eine Gewissensentscheidung, deren letzte Folge Heil oder Verdammungsgericht ist.

[13] *Weh dir, Chorazin, weh dir, Bethsaida; denn wenn in Tyrus und Sidon die Macht-Taten geschehen wären, die unter euch geschehen sind, längst hätten sie in Sack und Asche sitzend Buße getan.* [14] *Aber Tyrus und Sidon wird es erträglicher ergehen beim Gericht als euch.* [15] *Und du, Kapharnaum, bist du nicht bis zum Himmel erhöht worden? Bis ins Totenreich wirst du hinabgestoßen werden.*

Die Städte Chorazin, Bethsaida und Kapharnaum legten im Nordosten des Sees Genesareth ein Dreieck fest, in dem sich die Wirksamkeit Jesu am stärksten entfaltet hatte. Aus ihr werden die Wunder herausgehoben, in denen sich die göttliche Kraft Jesu offenbarte. Das Schwergewicht des Wirkens lag in Kapharnaum. An dieser Stadt wiederholt sich, was über den babylonischen König gesagt wurde: „In deinem Sinn sprachst du: Zum Himmel steige ich empor, über die Sterne Gottes hinauf stelle ich meinen Thron, setze mich auf den Götterberg in den äußersten Norden, steige empor über Wolkenhöhen, stelle dem Höchsten mich gleich. Wie stürzest du in die Hölle hinab, in das unterste Loch" (Is 14,13–15). Jesus hat Kapharnaum zu „seiner Stadt" (Mt 9,1) erhöht. Ihr wie den anderen beiden Städten hat Jesus Heil, Macht und Herrlichkeit geboten. Er hat sie erhöht und wollte ihnen Anteil an der Gottesherrschaft geben. Die Wunder, die in ihnen geschehen sind, waren dazu bestimmt, nachdenklich zu machen, Gottes Willen zu erkennen, ihn in die Mitte ihres Lebens zu rücken, ihre Herzen für die Umkehr aufzuschließen. Die drei Städte aber haben nicht erfüllt, was das Gnadenangebot Gottes verlangte. Jesus droht ihnen das Gericht an. Je größer die Gnade war, die ihnen erwiesen wurde, desto mehr wird von ihnen im Gericht verlangt.

Tyrus und Sidon, die beiden heidnischen Städte, die als ganz aufs Irdische eingestellt galten,[74] haben diese Gnaden der galiläischen Städte nicht empfangen. Jesus weiß, daß sie in Sack und Asche Buße getan hätten, wenn sie Gottes Gnadenangebot heimgesucht hätte. Zum Zeichen der Trauer und Buße zog man ein härenes Gewand an und setzte sich in Asche oder streute sie auf das Haupt. Gerade weil Gott weiß, wie andere ganz anders die Gnade genützt hätten, wird er mit unerbittlich gerechtem Maß richten, jene mild, diese streng.

An diesem Strafgericht, das über die galiläischen Städte geweissagt wird, kann auch *jede Stadt* ermessen, was ihr widerfährt, wenn sie die Sendboten abweist. Die Worte hat Jesus gesprochen, als er Galiläa verließ, wo er vergeblich gearbeitet hatte. Was Heil sein wollte, wird zum Gericht, weil der Ruf zur Umkehr nicht gehört wurde. Die Gerichtsdrohung Jesu und seiner Boten ist ein letzter Appell Gottes an das harte menschliche Herz.

[16] *Wer euch hört, mich hört er, und wer euch verachtet, mich verachtet er; wer aber mich verachtet, verachtet den, der mich gesandt hat.*

Der Gesandte ist wie der Sendende. In den Sendboten kommt Jesus, und in Jesus kommt Gott. Das Wort, das die Sendboten aussprechen, spricht Jesus aus, und das Wort Jesu spricht Gott. Aufnahme oder Ablehnung des Wortes der Sendboten ist Aufnahme oder Ablehnung des Wortes Jesu, Aufnahme oder Ablehnung des Wortes Gottes. „Wer euch aufnimmt, nimmt mich auf, und wer mich aufnimmt, nimmt den auf, der mich gesandt hat" (Mt 10,40). „Wer den Sohn nicht ehrt, ehrt nicht den Vater, der ihn gesandt hat" (Jo 5,23).

Eine unzertrennliche Kette existiert zwischen den *Sendboten, Jesus und Gott.* Jesus ist der Mittler, für seine Vermittlung zum Volk bedient er sich der Sendboten. Der Mensch wird durch Menschen zum Heil geführt. Christus hat sich Saulus geoffenbart, und doch hört dieser den Auftrag: „Steh auf und geh in die Stadt, und gesagt wird dir werden, was du tun mußt" (Apg 9,6). Auch er wird zum menschlichen Vermittler gesandt, wenngleich dieser nicht mit Namen genannt ist; denn entscheidend ist nicht der Bote, sondern das Wort, das er verkündet. Die Boten sind „Knechte des Wortes" (1,2). Zwischen dem Gegensatz *hören und verachten* gibt es nichts mittleres. Niemand kann gegenüber dem Wort Gottes unentschieden bleiben. Wer nicht für Jesus ist, ist gegen ihn.

Wer das Wort nicht hört, annimmt und ihm gehorcht, verachtet es.

b) Rückkehr der Siebzig (10,17–20)

[17] *Zurückkehrten aber die Siebzig mit Freude und sagten: Herr, auch die Dämonen sind uns untertan in deinem Namen.* [18] *Er sprach aber zu ihnen: Ich sah den Satan wie einen Blitz vom Himmel fallen.*

Von all dem, was die Siebzig auf ihrer Missionsreise erlebt haben, heben sie nur eines hervor: die *Macht über die dämonischen Mächte.* Auch die Dämonen gehorchen uns. Nicht bloß die Krankheiten fügten sich, nicht bloß die Menschen sind dem Wort Gottes gehorsam gewesen, das Größte war die Unterwerfung der satanischen Kräfte. Sie kehrten *mit Freude* zurück; denn sie hatten die Herrschaft Gottes erlebt, die in Jesus angebrochen ist. Sie sprechen ihn als *Herrn* an; durch das Aussprechen seines Namens war ihnen Herrschaft über die Dämonen gegeben. Durch den Herrn reicht die Macht der Sendboten selbst in das Reich der Mächte und Gewalten hinein, die unsichtbar ihren verderblichen Einfluß auf diese Welt ausüben. Die Macht Jesu und seiner Jünger gebietet nicht bloß über das Irdische, sondern auch über die Sphäre, die den Ablauf des Irdischen mitbestimmt.

In den machtvollen Dämonenaustreibungen der Jünger wird der Sieg der Gottesherrschaft über die satanischen Mächte sichtbar. *Ich sah den Satan wie einen Blitz vom Himmel fallen.* In den Dämonenaustreibungen sah Jesus immer wieder, daß die Macht Satans gebrochen ist. Wann geschah dies? Darüber spricht das Wort nicht. Aber darüber spricht es, daß der Sieg über den Satan überwältigend war. Die Darstellung erinnert an die Worte des Isaias über den Sturz des mächtigen

Königs von Babylon Nebukadnezar. „Nieder wardst du gestreckt, du Völkerbezwinger! Wie stürzest du zur Hölle hinab, in das unterste Loch" (Is 14,13 ff.). Dieser Sieg über Satan ist Frucht des Kreuzestodes Christi und seiner Verherrlichung: „Jetzt ergeht das Gericht über die Welt, jetzt wird der Fürst dieser Welt hinausgestoßen" (Jo 12,31). Lukas mag an die Versuchungen denken, in denen Satan geschlagen wurde. Durch diesen Sieg Jesu wurde Satans Macht für immer, wenngleich auch noch nicht endgültig, erschüttert. Die endgültige Entmächtigung wird die Endzeit bringen; aber begonnen ist, was die große Hoffnung der Endzeit war: „Dann wird sein Reich in seiner ganzen Schöpfung erscheinen, und dann wird Satan ein Ende nehmen und die Trauer hinweggenommen werden."[75]

[19] *Siehe, gegeben habe ich euch Zwölf die Macht, über Schlangen und Skorpionen zu gehen und über jede Kraft des Feindes, und nichts wird euch schaden.* [20] *Indes, darüber sollt ihr euch nicht zu sehr freuen, daß euch die Geister untertan sind, als darüber freuet euch vielmehr, daß eure Namen eingeschrieben sind in den Himmeln.*

An dem Sieg Satans durch Jesus nehmen auch die Zwölf teil; was den Zwölf gilt, will Lukas auch auf die Siebzig ausdehnen, auf alle, die am Werk Jesu mitarbeiten. Sie haben *Macht über Schlangen und Skorpione.* Gerade diese Tiere mit ihrer Heimtücke und Bedrohung des Lebens werden in der biblischen und von der Bibel beeinflußten Sprache als Werkzeuge des Satans gesehen. Der Retter, der erwartet wird, befreit von Schlangen und Skorpionen und bösen Geistern. Der Messias geht unter dem Schutz der Engel Gottes über Vipern und Ottern und zertritt Löwen und Drachen (Ps 91,13). An dieser Macht gab Jesus bei der Aussendung auch den Zwölf Anteil;

als bleibende Ausrüstung ist ihnen geschenkt, daß sie der Macht Satans nicht mehr preisgegeben sind, sondern unter der Herrschaft Gottes stehen.

Das Wort von der Macht, auf Schlangen und Skorpione zu treten, wird erklärend erweitert: Die Zwölf haben *Macht über jede Kraft des Feindes*. Satan benützt seine Kraft, um die Menschen zu schädigen; seine Feindschaft kann durch den Anbruch der Gottesherrschaft nicht mehr schaden. Eine größere und stärkere Macht ist da. Was kann dann noch schaden? Das triumphierende Siegeslied des Paulus hat hier seinen Ausgang: „Aber in all dem bleiben wir Sieger durch den, der uns geliebt hat. Denn ich bin sicher: weder Tod noch Leben, weder Engel noch Mächte, weder Gegenwärtiges noch Zukünftiges, noch Kräfte, weder Höhe noch Tiefe noch irgendein anderes Geschöpf wird uns zu trennen vermögen von der Liebe Gottes, die da ist in Christus unserem Herrn" (Röm 8,37–39).

Der Anbruch der Gottesherrschaft gibt noch tieferen Grund zur Freude als es die Macht über die bösen Geister und der Zusammenbruch der Satansherrschaft ist. Der höchste Grund der Freude für die Jünger ist die Auserwählung und Vorherbestimmung zum *ewigen Leben*. Die antiken Städte haben Bürgerlisten. Wer in sie eingetragen ist, genießt alle Vorteile, welche die Stadt bietet. Auch im Himmel, wo Gottes Wohnung gedacht ist, stellt man sich solche Bürgerlisten vor, in die Gottes Auserwählte eingeschrieben sind; sie sind wohl gleich mit dem, was das Lebensbuch ist.[76] Der alles überragende Grund der Freude ist es, am Reich Gottes teilnehmen zu dürfen, das ewige Leben zu erhalten und in der Gemeinschaft Gottes zu sein.

c) Jubelruf Jesu (10,21–24)

21 In derselben Stunde frohlockte er im Heiligen Geist und sprach: Ich preise dich, Vater, Herr des Himmels und der Erde, weil du dies verborgen hast vor Weisen und Verständigen und es geoffenbart hast den Kleinen. Ja, Vater, denn so ist es Wohlgefallen vor dir.

Mit der Rückkehr der Jünger und ihrem Bericht ist Danksagung (10,21), Offenbarungswort (10,22) und Seligpreisung verbunden (10,23 f.). In derselben Stunde, in der die Jünger zurückkehrten, *frohlockte* Jesus. Er war vom Jubel der Endzeit und Heilszeit erfüllt, die sich im Sieg über Satan und in der Mitteilung des ewigen Lebens ankündete. Der Heilbringer Jesus ist vom Geist gesalbt, und darum frohlockt und betet er *im Heiligen Geist.* Sein Beten steht unter dem Wirken des Geistes; so betet Zacharias (1,67), Elisabeth (1,41), Maria (1,47). Jesu Leben ist vom Geist getragen. „Alle, die vom Geist Gottes geleitet werden, die sind Söhne Gottes" (Röm 8,14). Jesus spricht als Sohn Gottes Dankgebet, Offenbarungsrede und Seligpreisung.

Das Dankgebet beginnt mit einer Anrede und schließt mit einer Beteuerung, in der Mitte beider steht der Grund der Danksagung.

Die Anrede enthält Lobpreis Gottes und Dank. Jesus preist Gott und dankt dadurch. Er stimmt innerlich Gottes Fügungen zu und spricht die Einheit seines Willens mit dem göttlichen lobpreisend aus. *Ich preise dich* – ich stimme dir von Herzen zu. Dank und Lob Gottes vollzieht sich am vollkommensten in der Hingabe an den Willen Gottes.

Alle Gebete Jesu, die uns in der Schrift überliefert sind, beginnen mit dem Anruf: *Vater.* Hinter diesem Wort steht das aramäische „abba" (Mk 14,36), ein Lallwort, mit dem die

292

kleinen Kinder ihren irdischen Vater ansprachen. Jesus spricht in einzigartiger Intimität mit Gott, seinem Vater; denn sonst wagte es niemand zu Gott „abba" zu sagen, wenngleich man auch zu ihm Vater („ab") rief. Neben dem Anruf der Vertraulichkeit steht das ehrfurchtgebietende *Herr des Himmels und der Erde.* Gott hat das All geschaffen und verfügt über das All. Vertrauen und Ehrfurcht sind die Pfeiler des Gebetes.

Gott hat verborgen und geoffenbart. Nicht das Verbergen steht im Vordergrund des Lobpreises, sondern das Offenbaren. Indem aber Gott nicht allen seine Offenbarung gibt, verbirgt er auch. Was hat er geoffenbart und verborgen? *Dies:* die Geheimnisse des Reiches Gottes (8,10), den Anbruch der Gottesherrschaft in Jesus, den Sieg über Satan, die Erwählung ins Gottesreich ... Gott hat dies den Weisen und Verständigen verborgen, den Unmündigen, Unverständigen, Kleinen, denen, die nichts gelten, geoffenbart. Zur Zeit Jesu waren die Weisen und Verständigen die Schriftgelehrten, die sich als Wissende und Weise bezeichneten; die *Unmündigen* aber waren die, die dem „verfluchten Volk" vom Land angehörten, die keine Gesetzeskenntnis hatten, ungebildet waren und darum auch die Sünde nicht scheuten. Ein Schriftgelehrter zur Zeit Jesu sagte darum: „Ein Ungebildeter ist nicht sündenscheu und ein *am ha arez* (einer, der das Gesetz nicht in der Weise der Schriftgelehrten kannte) ist nicht fromm." Die alte Kirche hat die Erfahrung gemacht, daß die Wahl Gottes im Offenbaren und Verbergen so blieb. Nicht viele Reiche und Weise und Hochgeborene gehörten der Kirche in Korinth an, sondern die Armen, Törichten und Namenlosen, die Nichtse dieser Welt (1 Kor 1,26 ff.). Jesus preist den Vater für den Heilsplan, der gerade den Armen die Offenbarung des Reiches Gottes gibt. Darin, daß diese Jesu Botschaft aufnehmen, erfüllt sich, was ihm als Programm seines Lebens vorgezeichnet war und zu dem er sich am Anfang seines Lebens bekannt hat: „Den Armen wird die Frohbotschaft verkündet" (4,18).

Das Dankgebet kehrt beteuernd an den Anfang zurück: Ja, Vater, faßt freudig zusammen, was schon ausgesprochen war. Jesus nimmt nichts zurück, sondern ergreift den Ratschluß Gottes mit seinem Willen, Lobpreis und Dank. *So ist es Wohlgefallen vor dir.* Gottes Ratschluß, der in seinem Wohlgefallen begründet ist, entscheidet das Wollen Jesu. Wahres Gebet endet mit dem Ja zum Willen Gottes, im Sieg des göttlichen Willens über den Willen des Beters, in der Hingabe an das Wohlgefallen Gottes. Wenn Jesus zu dem Heilsratschluß Gottes ja sagt, der nicht die Weisen und Verständigen, die Starken und Mächtigen, sondern nur die Unverständigen, Schwachen und Kleinen auserwählt, dann sagt er auch ja zum Kreuz. Sein Antlitz ist nach Jerusalem gerichtet, wo er aufgenommen wird. Er sucht nichts als das Wohlgefallen Gottes.

[22] *Alles ist mir von meinem Vater übergeben worden. Und niemand erkennt, wer der Sohn ist, außer der Vater, und wer der Vater ist, außer der Sohn und wem es der Sohn offenbaren will.*

Das Gebet geht in Offenbarungsrede über. Jesus spricht über sein Verhältnis zu Gott. *Alles ist* ihm vom Vater *übergeben* worden. Übergeben worden ist ihm, was er verkündet. Was Gott Jesus übergeben hat, ist nicht nur das Wort; denn mit dem Wort ist die Tat und die Vollmacht verbunden. Gott hat ihm als dem Menschensohn alles übergeben: alle Gewalt, alle Reiche dieser Welt, alle Menschen. „Mir ist alle Gewalt gegeben im Himmel und auf Erden" (Mt 28,18). Was Satan

Jesus in der Versuchung angeboten hat, übergibt ihm der Vater, weil er zu seinem Willen ja sagt. Der Vater liebt den Sohn und hat ihm alles in seine Hand (zur Verfügung) gegeben (Jo 3,35). Jesu Verhältnis zum Vater ist das *Sohn-Vater-Verhältnis*. Wie der Sohn vom Vater alles empfangen hat, so Jesus von Gott.

Jesus und der Vater stehen in innigster Gemeinschaft. *Niemand erkennt, wer der Sohn ist, außer der Vater, und niemand erkennt, wer der Vater ist, außer der Sohn.* Wenn wir jemand erkennen, beschäftigen wir uns mit ihm, werden von ihm beeinflußt und beeinflussen ihn, gewinnen von ihm und beschenken ihn, haben mit ihm Gemeinschaft, die das Dasein gegenseitig bestimmt. Daß der Vater den Sohn erkennt und der Sohn den Vater, kommt daher, daß Vater und Sohn in innigster Gemeinschaft leben. Jesus und Gott erkennen sich wechselseitig: der Vater erkennt, wer der Sohn ist, der Sohn, wer der Vater ist. Das bewußte Leben des Sohnes wird von der Gemeinschaft mit dem Vater, das Leben des Vaters von der Gemeinschaft mit dem Sohn bestimmt. Da niemand erkennt, wer der Sohn ist, außer der Vater, und niemand erkennt, wer der Vater ist, außer der Sohn, ist die Gemeinschaft zwischen Vater und Sohn ausschließlich. Es ist eine einzigartige Gemeinschaft, an der niemand Anteil hat als der Vater und der Sohn. Was über diese einzigartige wechselseitige Gemeinschaft zwischen Jesus und Gott ausgesagt ist, wird durch das Sohn-Vater-Verhältnis wiedergegeben. Auch dieses besteht zwischen Jesus und Gott in einer Art, wie es zwischen einem anderen Menschen und Gott nicht wiederkehrt. Was diese „Perle" aller Christusaussagen über das Verhältnis Jesu zu Gott wiedergibt, findet sich oft im Johannes-Evangelium ausgesprochen: „Ich bin der gute Hirt, und ich kenne die Meinen, und die Meinen kennen mich, so wie

mich der Vater kennt und ich den Vater kenne" (Jo 10,14 f.).
Der Vater kennt den Sohn und der Sohn den Vater, weil
alles, was Christus sein nennt, auch des Vaters ist, und was
des Vaters ist, auch sein ist: „Das Meine ist alles dein, und
das Deine ist mein, und dadurch bin ich verherrlicht" (Jo
17,10). Jesus und der Vater sind „eins" (Jo 10,30).

Wer der Vater ist, erkennt auch der, *dem es der Sohn offenbaren will.* Jesus hat auch die Vollmacht, daß er an seiner
eigenen Erkenntnis des Vaters Anteil gibt. Der Sohn kann
sie dem offenbaren, dem er sie offenbaren will. Aus sich heraus kann der Mensch diese Erkenntnis nicht haben. Wenn
Jesus einem Menschen offenbart, daß Gott der Vater Jesu ist,
und dies in einzigartiger Weise und innigster Gemeinschaft,
dann gibt er auch an der Gemeinschaft Anteil, in der er selbst
mit dem Vater lebt, dann gibt er Anteil am ewigen Leben.
„Das ist das ewige Leben, daß sie dich erkennen und den du
gesandt hast" (Jo 17,3). Die Macht, die Jesus gegeben ist, benützt er, um die Erkenntnis des Vaters zu schenken und dadurch ewiges Leben zu geben (Jo 17,2). Das Gebet Jesu ist
Blüte aus dem gegenseitigen Erkennen des Vaters und des
Sohnes, Gespräch, das aus diesem Erkennen kommt, Jubeln
der Seele über diese erkennende gegenseitige Gemeinschaft.
Wem Jesus offenbart, wer der Vater ist, der gelangt zu ähn-
lichem Beten, das abba-Rufen ist (Röm 8,15; Gal 4,6), das
Überströmen aus der Glaubenserkenntnis ist und das aus dem
Grund der Geschenk-Gemeinschaft mit Vater und Sohn
kommt. Der Urgrund, aus dem das Gespräch der Seele mit
Gott kommt, ist die Einigung mit ihm nach dem Urbild der
Einigung Jesu mit Gott, des Sohnes mit dem Vater.

²³ Und zu den Jüngern allein gewendet, sprach er: Selig die Augen, die sehen, was ihr seht. ²⁴ Denn ich sage euch: Viele Propheten und Könige wollten sehen, was ihr seht, und saben es nicht, und hören, was ihr hört, und hörten es nicht.

Den Jüngern allein hat der Sohn geoffenbart, wer der Vater ist; er hat sie in sein einzigartiges Verhältnis zum Vater eingeweiht. Die ganze Heilsgeschichte wartete auf die Erfüllung dieses Verlangens. Die Propheten schauten und forschten nur aus weiter Ferne, was das Heil bringt und wer der Heilbringer ist. Die Herrschaft der *Könige* war hinfällig und vergänglich, unvollkommen und begrenzt; sie schauten nach dem König aus, dessen Herrschen ohne Grenzen ist. Die Propheten waren Träger des göttlichen Wortes, die Könige die Verwalter der göttlichen Macht. Jesus vereinigt beide Gewalten in sich, das Wort und die Macht, das Wort voll der Macht.
Selig die Augen, die sehen, was ihr seht. Die Jünger müssen sich der Gnade bewußt sein und bleiben, daß ihnen Gott die Erkenntnis des Messias und den Anbruch der Heilszeit geoffenbart hat. Aus den Worten klingt auch der Jubel der Urkirche auf, die diese Worte überliefert hat, weil sie von der Freude des Glaubens-Geschenkes erfüllt war. Den Kleinen und Unmündigen wurde geoffenbart, was den Weisen und Verständigen versagt blieb. Die Jünger sind selig, weil sie klein und arm sind.
Hören, was ihr hört. Das Sehen allein genügt nicht. Zum Sehen muß das Hören kommen. Richtig kann Jesus nur dann gesehen werden, wenn gehört wird, was die Offenbarung über ihn sagt. Die geschichtlichen Ereignisse sehen und hören, was Gottes Offenbarung über sie sagt – das gibt dem Christen die richtige frohmachende Erkenntnis.

3. Tat und Wort (10,25–42)

Jesus geht Wohltaten spendend durch das Land und verkündet das Wort Gottes. Die Ausrüstung der Jünger besteht in der weltweiten Nächstenliebe (10,25–37) und im Wort, das von Jesus hörend empfangen wird (10,38–42).

a) Nächstenliebe (10,25–37)

[25] Und siehe, ein Gesetzeslehrer trat auf, ihn zu versuchen, und sprach: Meister, was tuend werde ich das ewige Leben erben? [26] Er aber sprach zu ihm: In dem Gesetz, was steht geschrieben? Wie liesest du? [27] Er aber antwortete und sprach: Du sollst den Herrn, deinen Gott, lieben aus deinem ganzen Herzen und deiner ganzen Seele und in deiner ganzen Kraft und in deinem ganzen Geist und deinen Nächsten wie dich selbst. [28] Er aber sprach zu ihm: Richtig hast du geantwortet. Dies tu, und du wirst leben.

Jesus hat vom Sieg über Satan gesprochen, die Jünger haben die Herrschaft Gottes selbst erfahren, ihre Namen sind in die Bürgerlisten des Himmels eingetragen, sie werden seliggepriesen, weil sie die Heilszeit erleben – was lag näher als die Frage, was zu tun ist, um *in das ewige Leben einzugehen*. Ein ernstes Anliegen, eine brennende Frage, die der Reiche an Jesus gestellt hat (Mk 10,17) und die die Schüler an die Schriftgelehrten richteten. „Rabbi, lehre uns die Wege des Lebens, daß wir auf ihnen das Leben der zukünftigen Welt erlangen."[77]

Der Schriftgelehrte fragte Jesus, *um ihn zu versuchen*. Er spricht ihn als Lehrer an und wollte ausprobieren, was er für eine Antwort auf seine brennende Frage gibt. Er stellt die Frage, wie sie die Juden stellen, und fragt nach den Werken. Werke, die das Gesetz verlangt, retten; die Taten, nicht die

Gesinnung werden berücksichtigt. Auf welche Werke und auf welche Gebote kommt es an? Die Schriftgelehrten sprachen von sechshundertdreizehn Geboten (zweihundertachtundvierzig Geboten und dreihundertfünfundsechzig Verboten).

Die Antwort auf die Frage des Schriftgelehrten gibt *das Gesetz*, das geschriebene Gesetz der Heiligen Schrift. Jesus holt die Antwort aus dem Gesetz, in dem sich der Wille Gottes kundgibt; das Gesetz zeigt den Weg zum ewigen Leben. Die Schriftgelehrten haben die vielen Gebote und Verbote auf einige Gesetze zurückzuführen und zusammenzufassen versucht. Ein Weg dazu war die „Goldene Regel": Was dir unlieb ist, tu nicht deinem Nächsten; das ist das ganze Gesetz, alles andere ist Erläuterung (Rabbi Hillel, um 20 v. Chr.). Ein anderer Gesetzeslehrer gab das Gebot der Nächstenliebe an (Lv 19,18). Der Schriftgelehrte, der Jesus die Frage stellte, faßte das ganze Gesetz in die Gebote der Gottesliebe (Dt 6,5) und der Nächstenliebe (Lv 19,18) zusammen, wie Jesus selbst (Mk 12,28). Dem Judentum zur Zeit Jesu mußte diese Zusammenfassung nicht unbekannt gewesen sein.[78] Jesus gibt dem Schriftgelehrten recht, weil er in diesen zwei Geboten die Zusammenfassung des ganzen Gesetzes findet. Die Öffenbarungswahrheiten verlangen danach, daß sie zusammengefaßt und systematisch dargestellt werden, damit sie dem religiösen Leben dienen.

Das Gebot der Gottesliebe (Dt 6,5) mit der Hingabe aller Seelenkräfte an Gott, mit dem rückhaltlosen Dasein für ihn, wurde von den Juden zur Zeit Jesu täglich früh und abends im Bekenntnis zum Monotheismus ausgesprochen. Es bindet den Menschen bis ins Innerste an Gott. Mit diesem Gebot wird das Gebot der Nächstenliebe (Lv 19,18) verbunden. Als Maß der Nächstenliebe wird die Selbstliebe aufgestellt. Damit ist vieles gesagt. Die Grundhaltung des Menschen muß die *Liebe* sein. Nicht der Mensch, der um sich kreist, erfüllt den Willen Gottes und entspricht seinem Bild, sondern der für Gott und den Nächsten da ist. Gott ist die Mitte des Menschen; denn ihn liebt er mit ganzer Seele und mit ganzer Kraft. Die Selbstliebe und Nächstenliebe ist in diese Ganzhingabe an Gott hineingenommen. In der Nächstenliebe soll sich die Selbstliebe und die Hingabe an Gott ausdrücken.

Alle Gesetze, die Gott gibt, haben in diesem Liebesgebot ihren Ausgang und ihr Ziel. Die Liebe ist das wichtigste, das allumfassende und alles beseelende Gebot. Die Liebe ist der Sinn des Gesetzes. Wenn ein Gesetz so ausgelegt wird, daß die Liebe verletzt wird oder sich nicht mehr entfalten kann, wird geirrt. Jedes Gesetz, das auch in der Kirche aufgestellt wird, muß der Liebe dienen. Das Wissen um das wichtigste und entscheidende Gebot führt noch nicht zum Leben, sondern das Tun. *Tu das, und du wirst leben.*

[29] *Er aber wollte sich rechtfertigen und fragte Jesus: Und wer ist mein Nächster?*

Die Pharisäer waren sehr besorgt um ihre Geltung. Sie *rechtfertigen* sich. „Der Pharisäer stellte sich hin und betete so bei sich: O Gott, ich danke dir, daß ich nicht bin wie die übrigen Menschen . . ." (18,11). Jesus wirft ihnen vor, daß sie sich vor den Menschen rechtfertigen (16,15). Verdient der Schriftgelehrte einen Vorwurf, wenn er fragte, obwohl er wußte, was getan werden müsse, um zum ewigen Leben zu gelangen? Gab es nicht noch genug Fragen, die nach einer Lösung verlangten, wenngleich die wichtigsten Gebote klar waren? Der Schriftgelehrte stellte eine Frage, die keine eindeutige Lösung gefunden hatte. Wer ist mein Nächster? Wo ist die Grenze der Liebespflicht? Das Gesetz dehnt die Liebe auf die Volksgenossen und die Fremden aus, die im Volk Israel wohnen

(Lv 19,34). Die Liebe zu den Fremden wurde im Spätjudentum eingeengt auf die Vollproselythen (Heiden, die den
Glauben an den einen Gott annahmen, sich beschneiden ließen und das Gesetz hielten). Die Pharisäer schlossen von der
Liebe auch das gesetzesunkundige Volk aus. Den Partei-
gegnern wurde die Liebe versagt. Das Gesetz Gottes läßt
also Fragen offen. Der Geist Jesu kann diese allein in der
rechten Weise lösen.

³⁰ *Jesus nahm das Wort und sprach: Ein Mann zog hinunter von Jerusalem nach Jericho und fiel unter die Räuber; sie zogen ihn aus und schlugen ihn wund, gingen davon und ließen ihn halbtot liegen.*

Jesus erzählt eine Geschichte. Das Lukas-Evangelium erzählt
noch vier der gleichen Art. Die Gleichnisse vergleichen das
göttliche Handeln mit dem menschlichen. Gottes Wirken
wird mit dem verständlich gemacht, was der Mensch tut. In
diesen Geschichten aber wird der Mensch den Menschen vor-
gestellt, damit er sein Verhalten an dem Menschen prüfe, den
ihm Jesus zeigt, und sein sittliches Urteil kläre.
Jericho (— dreihundertfünfzig Meter) liegt tausend Meter
tiefer als *Jerusalem* (+ siebenhundertvierzig Meter). Der
einsame und felsige Weg (etwa siebenundzwanzig Kilometer), führt durch schluchtenreiches Gebiet. Überfälle von Räu-
bern werden vom Altertum bis in die Neuzeit berichtet. Irgendein Mensch *zieht hinab.* Nationalität und Religion werden nicht genannt. Ein Mensch ist er. Das genügt für die
Liebe. Die *Räuber* mögen Partisanen gewesen sein, fanati-
sche Zeloten, die sich in den Höhlen und Schlupfwinkeln dieser Gegend verborgen hielten und vom Raub lebten, die
aber von den eigenen Volksgenossen nicht mehr nahmen, als
sie nötig hatten, vor allem sich am Leben nicht vergriffen,

wenn sie nicht selbst angegriffen wurden. Das Opfer der Räuber ist erbärmlich zugerichtet: ausgezogen, verwundet, verlassen, *halbtot*. Der Mann hat sich offenbar gewehrt, als er beraubt wurde.

[31] *Wie sich's nun trifft, kam aber ein Priester auf jenem Weg, und als er ihn sah, ging er vorüber.* [32] *Desgleichen aber auch ein Levit, der an den Ort kam, und als er ihn sah, ging er vorüber.* [33] *Ein Samariter aber, der des Weges zog, kam hinab zu ihm, und als er ihn sah, wurde er von Mitleid ergriffen.* [34] *Und er trat zu ihm hin und verband seine Wunden, goß Öl und Wein darauf, hob ihn aber auf sein Lasttier und brachte ihn in die Herberge und sorgte für ihn.* [35] *Und am nächsten Morgen nahm er zwei Denare heraus und gab sie dem Wirt und sagte: Trage Sorge um ihn, und was immer du noch darüber aufwendest, will ich dir, wenn ich wieder heraufkomme, abstatten.*

Jericho war eine Priesterstadt. Priester und Levit (Tempeldiener, Tempelsänger) hatten ihren Dienst im Tempel zu Jerusalem getan und kehrten nach Hause zurück. Wirkungsvoll wird wiederholt: *Und als er ihn sah, ging er vorüber* – an der anderen Straßenseite. Warum Priester und Levit vorübergingen, wird nicht gesagt. Vielleicht, weil sie den Halbtoten für einen Toten hielten, den sie nicht berühren wollten, weil der Leichnam kultisch unrein machte (Lv 21,1). Vielleicht, weil sie sich fürchteten, selbst unter die Räuber zu fallen? Weil sie nicht aufgehalten werden wollten? Jedenfalls war der Gedanke an das eigene Wohl stärker als das Erbarmen mit dem Elenden, wenn es sie überhaupt rührte. Als Priester und Levit dienten sie Gott, stellten sie Menschen dar, die das Gebot der Gottesliebe verkörpern sollten. Aber die Nächstenliebe? Kult und Erbarmen waren getrennt!

Die Samariter sind Volksfeinde der Juden. Beide haben miteinander keine Gemeinschaft. Haß steht gegen Haß. Wieder heißt es: Als er ihn sah; dann aber kommt der Umschwung: *wurde er von Mitleid ergriffen.* Dieses Mitgefühl bleibt nicht tatenlos. Der Samariter handelt, wie in dieser Lage gehandelt werden muß: Mit Sorgfalt werden die sechs Akte der Liebestaten verzeichnet, die mit nüchterner Selbstverständlichkeit helfen, nicht allein für den Augenblick, sondern bis zur Genesung. Zwei Denare, die dem Wirt der Herberge gegeben werden, zahlte man dem Taglöhner für zwei Tage Arbeit. Das ist nicht viel; denn in Italien zahlte man um 140 v. Chr. für Wohnung und Verpflegung pro Tag 1,32 Denar. Was der Samariter tut, ist nicht gerade Heroismus, aber alles, was zur Rettung nötig ist.

³⁶ *Wer von diesen dreien scheint dir der Nächste dessen zu sein, der unter die Räuber fiel?* ³⁷ *Er aber sprach: Der Erbarmen getan hat mit ihm. Jesus aber sagte ihm: Geh, und auch du tu desgleichen.*

Die Frage Jesu klingt unerwartet. Der Schriftgelehrte hat gefragt: Wer ist mein Nächster? Jesus fragt ihn: *Wer von diesen dreien scheint dir der Nächste dessen zu sein, der unter die Räuber fiel?* In der Frage des Schriftgelehrten steht der Fragende in der Mitte, in der Frage Jesu aber der Hilfsbedürftige. Nächster ist nach dem Gebot der Liebe, wie es Jesus deutet, jeder, der der Hilfe bedarf. Nation, Religion, Partei spielen keine Rolle. Nächster ist jeder Mensch. Wo die Not um Erbarmen ruft, ruft auch das Gebot der Nächstenliebe zum Wirken.

Jesus gab keine theoretische Antwort! Er sagt nicht: Der Nächste ist jeder Mensch, der in Not ist und der Hilfe bedarf. Er gibt vielmehr eine praktische Anweisung. Die Frage

Jesu geht auf das Handeln, und das Handeln richtet sich nach den konkreten Umständen. Die Antwort des Schriftgelehrten muß gestehen: wer Erbarmen getan hat mit ihm. Jesus ruft zum Handeln auf: *Tu desgleichen.* Nächstenliebe ist Liebe der Tat. „Kindlein, lieben wir nicht (nur) im Wort und mit der Zunge, sondern in Werken und in der Wahrheit" (1 Jo 3,18). „Wenn ein Bruder oder eine Schwester nackt sind und der täglichen Nahrung entbehren müssen, einer von euch zu ihnen aber sagt: Geht hin in Frieden, wärmt euch und sättigt euch, ihnen aber nicht gibt, was sie für ihren Leib nötig haben, was nützt das?" (Jak 2,15 f.)

Die beiden Diener der feierlichen kultischen Gottesverehrung haben zwar Gott gedient, aber sie dienen nicht dem notleidenden Nächsten. Der Samariter übertrifft sie in der Erfüllung des Gesetzes! Jesus greift auf die Prophetenlehre zurück: „Erbarmen will ich, nicht Opfer" (Os 6,6).

Die beste Vorbereitung für die Erfüllung des Gebotes der Nächstenliebe ist das für die Not aufgeschlossene Herz, die Regung des *Erbarmens,* oder wie die schlichte Psychologie der Bibel es sagt: die „Beunruhigung der Eingeweide" beim Anblick menschlichen Elends. Wenn einem Menschen „schlecht" wird, da er das Elend sieht, ist er bereitet für die Liebe. „Selig die Barmherzigen; denn sie werden Barmherzigkeit erlangen" (Mt 5,7).

Das größte Hindernis ist das verhärtete Herz. Das Erbarmen muß zur Liebe der Tat werden, wie sie der Augenblick fordert. Das Liebesgebot läßt sich nicht in Paragraphen zergliedern. Was die Wirklichkeit zeigt, verlangt und ermöglicht, muß getan werden. So hat der Samariter in seiner Lage gehandelt. Darin wird die Hingabe an den Willen Gottes vollzogen; denn wer praktisch liebt und sich von jeder Not des Menschen ansprechen läßt, ist Gott gehorsam.

b) Das Hören des Wortes (10,38–42)

38 *Während sie aber auf der Reise waren, kam er in einen Flecken; eine Frau aber mit Namen Martha nahm ihn in ihr Haus auf.*

Der Beginn dieser Erzählung hat Ähnlichkeit mit der ersten des Reiseberichtes. Die Wanderung Jesu wird hervorgehoben. Was Jesus in Samarias Dorf nicht gefunden hat, findet er jetzt: Herberge. Wo dieses Dorf liegt und wie es hieß, wird nicht gesagt. Nach der johanneischen Überlieferung ist es Bethanien gewesen (Jo 11,1), das in der Nähe von Jerusalem lag. Dies durfte von Lukas nicht gesagt werden, selbst wenn er es wußte; denn Jerusalem ist das Ziel der Reise, das erst erreicht werden durfte, wenn die Zeit seines Todes und seiner Himmelfahrt gekommen war.

Eine Frau mit Namen Martha nahm ihn in ihr Haus auf. Jesus kehrte in das Haus ein, damit sein Wort gehört werde. Wie Martha haben andere Frauen die Boten des Evangeliums aufgenommen und beherbergt: „Eine gottesfürchtige Frau mit Namen Lydia, eine Purpurhändlerin aus der Stadt Thyatira, hörte zu. Der Herr öffnete ihr das Herz, so daß sie aufmerksam den Worten des Paulus lauschte. Als sie und ihr Haus getauft wurden, bat sie: Wenn ihr mich für zuverlässig vor dem Herrn haltet, so kommt in mein Haus und bleibt da, und sie drängte uns" (Apg 16,14 f.).

39 *Und sie hatte eine Schwester, genannt Maria, welche sich auch zu den Füßen des Herrn setzte und seine Worte hörte.* **40** *Martha aber wurde hin und her gezogen bei vielem Tischdienst; sie stellte sich aber hin und sagte: Herr, kümmert es dich nicht, daß meine Schwester mich allein bedienen läßt? Sag ihr also, daß sie sich mit mir zusammen annehme.*

Maria, Marthas Schwester, setzte sich *zu den Füßen Jesu*. Sie saß wie Paulus zu Füßen Gamaliels, seines Lehrers (Apg 22,3). Jesus ist Lehrer, Maria seine Jüngerin. Die jüdischen Schriftgelehrten legten der Frau nicht das Gesetz aus. Der Lehrer, der Herr ist, verkündet aber auch der Frau seine Lehre (8,2). Lukas stellt den Vorgang mit den Worten dar, die aus der Urgemeinde kamen: Jesus ist der Herr, Maria hört das Wort. Die Kirche ist die Gemeinschaft derer, die das Wort des erhöhten Herrn immer und immer hören (8,21). Jesus wird bei seiner Einkehr auf zweierlei Weise geehrt. Maria sitzt tatenlos zu Füßen des Herrn und hört unentwegt sein Wort. *Martha wird hin und her gezogen,* voll Sorge um das Decken des Tisches. Jesus wird durch die Tat der dienenden Liebe und durch das Hören seines Wortes geehrt, wie die Väter der Kirche gesagt haben: durch das tätige und das beschauliche Leben. Martha dient Jesus hin und her gezogen, Maria dient nicht hin und her gezogen, wie es Paulus in der Empfehlung der Jungfräulichkeit sagt: „Dies sage ich zu eurem eigenen Nutzen, nicht damit ich euch eine Schlinge lege, sondern zum Wohlverhalten und Verharren beim Herrn, ohne hin und her gezogen zu werden" (1 Kor 7,35).

Martha begreift das untätige Hören Marias nicht, da der Tisch für die Gäste besorgt werden muß. Der *Tischdienst* geht ihr über den Dienst am Wort, der zunächst und zuerst das Hören ist. Sie begreift nicht, daß Jesus zuerst der Gebende sein will, und nicht der Empfangende, daß er gesandt ist, das Heil zu verkünden, und daß ihm am meisten gedient wird, wenn sein Heilswort gehört und getan wird. Sie spricht zu Jesus in leicht vorwurfsvollem Ton und will Maria vom Hören des Wortes zum Tischdienst führen. Sie überschätzt ihren Dienst und unterschätzt das Hören des Wortes Jesu, die Werke gegenüber dem Hören.

⁴¹ Der Herr aber antwortete ihr: Martha, Martha, du sorgst dich und beunruhigst dich um vieles, ⁴² eines aber ist notwendig, denn Maria hat den guten Teil erwählt, welcher nicht genommen werden wird von ihr.

Die doppelte Anrede *Martha, Martha* kommt aus Mitgefühl, Sorge und Liebe. Jesus anerkennt, was sie tut; in den Worten, durch die er ihre Tätigkeit ausspricht, zeigt er auch, wie er sie beurteilt. Ihr Tun ist unruhiges Sorgen und sorgende Unruhe, die am Entscheidenden vorüberläuft. „Vielmehr suchet das Reich Gottes, und dies wird euch hinzugegeben werden" (12,31). Das Wort Gottes kann nicht Frucht bringen, wenn unruhige Sorge den Hörenden festhält (8,14).

Eines (nur) ist notwendig;[79] denn Maria hat den guten Teil erwählt. Jesus stellt das Hören des Wortes als das eine Notwendige auf. Er spricht nicht davon, daß Martha nur eine Speise (oder wenige) hätte auftragen sollen, um eher das Wort Gottes hören zu können; sie hätte überhaupt nichts bereiten sollen; denn nur eines ist notwendig: das Hören des Wortes, das Jesus verkündet. Dem Göttlichen gebührt die erste Stelle. „Du sollst deinen Gott lieben aus ganzem Herzen, aus aller Kraft..." Auch der Kampf Jesu gegen den Mammon kommt aus der Sorge, daß Gott nicht die einzige beherrschende Größe im Menschen ist. Um den Menschen zu zeigen, daß nur eines wichtig ist, hat er seine Boten ohne Beutel, Wandersack und Schuhe ausgeschickt. Er selbst hat nur eine Speise: den Willen dessen zu tun, der ihn gesandt hat (vgl. Jo 4,31–34).

Das Hören des Wortes ist *der gute Teil.* Das Wort nimmt und gibt das Heil, das ewige Leben. Der gute Teil wird nicht als solcher genommen werden. Das Heil bleibt immer. Hinter dem Wort Jesu an Maria steht wohl das Psalmwort: „Der Herr ist mein Besitz und Becheranteil; du hältst das Los für mich fest! Mir fiel die Maßschnur auf freundliches Land; mein Erbbesitz gefällt mir gar sehr" (Ps 15,5 f.). Jesus preist sie selig, die Gottes Wort hören und befolgen (11,28).

Wenngleich auch der Tischdienst und alle Werke der Nächstenliebe groß sind, weil sie nach dem Wort Christi Dienst an ihm sind (Mt 25,40), so dürfen sie doch das Hören des Wortes nicht unterschätzen und unterdrücken. Nach diesem Wort zogen sich die Apostel vom Tischdienst an den Armen zurück, um für die Verkündigung des Wortes frei zu sein, und überließen den Dienst an den Armen den Diakonen (Apg 6,1 f.). Die Erzählung vom barmherzigen Samariter findet ihre notwendige Ergänzung in der Erzählung des Besuchs bei Martha und Maria.

4. Das neue Gebet (11,1–13)

Bis 13,22 wird nicht mehr von der Reise gesprochen. In den Reisebericht sind Lehren Jesu eingeschlossen. Jesus bringt die neue Botschaft vom Vater und dem Heiligen Geist und damit ein neues Gebet (11,1–13); er verkündet sich als neuen Heilbringer, der freilich ein anderer ist und anders lehrt, als die Führenden in Israel gedacht haben (11,14–54); Jüngerschaft dieses Messias erhält eigene Art, über die in einer Komposition von Worten Jesu gesprochen wird (12,1–53). Die neue Zeit, die Jesus bringt, verlangt von allen die Buße (12,54 – 13,21).

a) Das Gebet der Jünger Jesu (11,1–4)

¹ *Und es geschah, während er an einem Ort betete; als er aufgehört hatte, sagte einer von seinen Jüngern zu ihm: Herr, lehre uns beten, wie auch Johannes seine Jünger gelehrt hat.*

Gewöhnlich betet Jesus in der Einsamkeit,[80] auf einem Berg (6,12; 9,28.29), getrennt von seinen Jüngern (9,18). Wann und wo Jesus hier gebetet hat, wird nicht gesagt; der Blick soll vom Wesentlichen, der Lehre über das Gebet, nicht abgelenkt werden.

Johannes der Täufer hat seine Jünger beten gelehrt. Das Gebet sollte dem Neuen seiner Verkündigung entsprechen, ein Kennzeichen sein, das seine Jünger miteinander verbindet und von den anderen scheidet. Auch die Jünger Jesu wollen ein Gebet besitzen, das aus der Verkündigung des Gottesreiches fließt und von dem Heilsereignis geprägt ist, dessen Zeugen sie geworden waren. Das Wort Jesu öffnete neue Sicht, baute neue Erwartungen auf, verkündigte ein neues Gesetz. Muß es nicht auch das Gebet wandeln? Gebet ist Ausdruck des Glaubens und der Hoffnung, des religiösen Lebens.

² *Er sagte aber zu ihnen: Wenn ihr betet, sprecht: Vater, geheiligt werde dein Name; es komme dein Reich.*

Das Gebet[81] beginnt mit der Anrede: *Vater, abba.* So sprach Jesus im Gebet zu Gott (Mk 14,36), so durften auch seine Jünger zu Gott sagen (Gal 4,6; Röm 8,15). Jesus nimmt seine Jünger in sein Gottesverhältnis hinein. Vielleicht knüpft die Anrede abba, lieber Vater, an jüdische Kindergebete an. Nie hat ein frommer Jude es gewagt, das Wort abba zu sagen; wenn er schon Gott als Vater ansprach, dann gebrauchte er das Wort *ab* oder *abi* (mein Vater), das nicht der aramäischen Umgangssprache, sondern der feierlichen Gebetssprache des Gottesdienstes entnommen war. Das Wort abba beleuchtet das einzigartige Gottesverhältnis Jesu. Die Heilszeit bringt auch dies: „Ich dachte: Wie will ich dich unter die Söhne versetzen und dir geben ein herrliches Land unter den Völkern, gar köstlichen Erbbesitz. Ich dachte: Mein Vater wirst du zu mir sagen und nicht abkehren von mir" (Jer 3,19). „Selig die

Friedensstifter; denn sie werden Söhne Gottes genannt werden" (Mt 5,9).

Geheiligt werde dein Name. Die Worte sind nicht Wunsch, sondern Bitte. Gott wird angerufen, daß er seinen Namen heilige. Durch die unpersönliche Ausdrucksformel wird die Aufmerksamkeit mehr auf das Handeln Gottes als auf die Person des Beters gelenkt. Die Bitte ist Ausdruck grenzenloser Sehnsucht nach der endgültigen Heiligung des göttlichen Namens. Der *Name* ist Gott, insofern er sich offenbart, Gott in seinem Heilshandeln, Gott für uns. Gott *heiligt* sich, wenn er sich durch Offenbarung seiner Macht als der ganz andere erweist. „Nun will ich meinen großen Namen zu Ehren bringen, der unter den Völkern entweiht ward, den ihr in deren Mitte entweihtet. Dann werden die Völker einsehen, daß ich der Herr bin, wenn ich mich euch gegenüber vor ihrem Antlitz als heilig erzeige" (Ez 36,23). Gott heiligt sich, wenn er sich durch die Offenbarung seines Erbarmens als Vater erweist, wenn er sich den Kleinen offenbart und sie zu seinen Kindern macht, wenn das Reich Gottes anbricht.

Es komme dein Reich. Die Bitte um Heiligung des Namens bereitet diese Bitte vor. Die Reichsbitte ist *die* Bitte des Vaterunsers, wie die Lehre vom Reich Gottes in der Mitte der Verkündigung Jesu steht. Das Reich Gottes ist die Herrschaft Gottes. Wenn Gott die Herrschaft ergreift, ist Satan überwunden und die Heilszeit angebrochen. In Jesus ist das Heil bereits erschienen. „Das willkommene Jahr des Herrn" ist da (4,19). Die Jünger werden seliggepriesen, weil sie sehen, was Propheten und Könige mit Sehnsucht erwartet haben (10,23 f.). Trotzdem lehrt Jesus beten, daß die Herrschaft Gottes komme. Was Jesus gebracht hat, ist Heilszeit, aber doch wieder nur ein Anfang des Kommenden. Was das Reich ist, kann an dem gesehen werden, was Jesus in seinem Leben gebracht hat; denn das Leben Jesu ist die Darstellung des Heils an einer bestimmten Stelle im Laufe der Heilsgeschichte. Die Herrlichkeit dessen, was sich enthüllt hat, läßt die Bitte um so inständiger werden, daß das Reich Gottes komme. Es kommt, wenn er selbst kommt. Die Bitte um das Reich fällt zusammen mit der Bitte, daß Jesus komme. „Unser Herr komme – Maranatha" (1 Kor 16,22).

3 Unser Brot, das tägliche, gib uns Tag für Tag; 4 und vergib uns unsere Sünden; denn auch wir selbst vergeben jedem, der uns schuldet; und führe uns nicht in Versuchung.

Die Jünger leben in der Zeit zwischen Heilszeit Jesu und seiner zweiten Ankunft. In dieser Zwischenzeit sind sie noch bedrängt von der Not des Daseins, von der Schuld und von der Versuchung. Wenn die Heilszeit mit dem Kommen Jesu vollends anbricht, wird alle Not vorüber sein. So sind auch diese Bitten „der zweiten Strophe" des Vaterunsers letztlich Bitten um das Reich Gottes.

Unser Brot, das tägliche, gib uns Tag für Tag. Brot ist alles, was für das irdische Leben notwendig ist. Wir beten um das Brot, weil es Geschenk Gottes ist. „In Gnade, Liebe und Erbarmen gibt er (Gott) Brot allem Fleische, denn seine Gnade währt ewig ... er speist und versorgt alle und erweist Gutes allen und richtet Speise zu für alle seine Geschöpfe. Gepriesen seist du, Herr, der du uns speist" (Jüdisches Tischgebet). Der Jünger bittet um *unser Brot*, um das Brot, dessen man dringend bedarf, er und die Gemeinschaft; nicht in der Enge des Ichs betet er, sondern in der Weite der Kinder des Vaters. Das *tägliche* Brot ist das Brot, das für jeden Tag nötig ist. Der Jünger betet nur um das Nötige. „Gib mir nicht Armut noch Reichtum, sondern gewähre mir nur die Nahrung, die ich brauche" (Spr 30,8). *Tag für Tag:* Der Jünger soll Tag für

Tag seine Not vor dem Vater eingestehen und ihn Tag für Tag um sein tägliches Brot bitten. Er soll unablässig beten (18,1).

Vergib uns unsere Sünden. Der Jünger weiß sich als sündig. Selbst wenn er alles getan hat, ist er nur ein unnützer Knecht (17,10). Er muß gestehen: Gott sei mir Sünder gnädig (18,13). Die Sünde ist in der Bibel Ungehorsam gegen Gott: „Gegen dich allein hab' ich gesündigt" (Ps 51,6); darum kann sie auch nur von Gott verziehen werden. Weil die Heilszeit, die Jesus verkündet, Zeit der Vergebung und des Erbarmens ist, darum darf diese Bitte mit Zuversicht ausgesprochen werden. Gerade im Lukas-Evangelium ist die Freude Gottes am Verzeihen unvergleichlicher und ureigener Zug der Reich-Gottes-Botschaft Jesu.

Jesus hat verkündet: Vergebt, und vergeben wird euch werden (6,37). Wer seinem Bruder vergibt, darf hoffen, daß ihm Gott vergeben wird. Die Bereitschaft, dem Bruder zu vergeben, ist Bedingung für das Erbarmen Gottes im Gericht. Die Jünger sind Jünger, wenn sie vom Erbarmen des Vaters erfüllt sind. „Seid barmherzig, wie euer Vater barmherzig ist" (6,36). Wenn der Jünger um Vergebung der Sünden bittet, setzt er darum hinzu: *denn auch wir vergeben jedem, der uns schuldet.* Wer sich gegen den anderen vergeht, ladet eine Schuld auf sich, die er abstatten muß. Er muß gutmachen, rückerstatten. Dies geschieht dadurch, daß er denen vergibt, die gegen ihn schuldig geworden sind.

Führe uns nicht in Versuchung. In der Deutung des Gleichnisses vom Sämann spricht Lukas von solchen, die eine Zeitlang glauben und zur Zeit der Versuchung abfallen, wenn Drangsal und Verfolgung um des Wortes Gottes willen hereinbrechen (8,13). Versuchung ist Gefährdung des Glaubens, Gefahr des Abfalls. Die Bitte erwächst aus dem Wissen um die eigene Schwäche und um die Übermacht des Bösen. Die drei Bitten um Rettung aus der menschlichen Not sind zugleich Geständnis dieser Not. Der Mensch, der seine Not vor Gott gesteht, hat die Verheißung, daß Gottes Herrschaft ihn ergreift. Selig die Armen, Hungernden, Weinenden ... Das Vaterunser ist das Gebet derer, in denen die Herrschaft Gottes angebrochen ist und anbricht.

Die ganze menschliche Existenz wird als Dasein in Not vor Gott hingetragen. Die Gegenwart: gib uns Tag für Tag – die Vergangenheit: vergib uns – die Zukunft: führe uns nicht in Versuchung. Die Herrschaft Gottes schafft den großen Wandel, und dieser ist verbürgt in Gott, der sich heiligt und groß macht, der Gott für uns ist als „abba".

b) Der unverschämte Freund (11,5–8)

5 Und er sagte zu ihnen: Wer von euch wird einen Freund haben, und er wird zu ihm in der Mitternacht kommen und sagen zu ihm: Freund, leih mir drei Brote, 6 weil mein Freund des Weges zu mir gekommen ist, und ich habe nicht, was ich ihm vorsetzen werde. 7 Und jener drinnen antwortete und sprach: Nicht sollst du mir Mühe machen; schon ist die Tür verschlossen, und meine Kinder sind mit mir auf dem Lager; ich kann nicht aufstehen und dir geben. 8 Ich sage euch: Wenn er auch nicht aufsteht und ihm geben wird, weil er sein Freund ist, so wird er doch wegen seiner Unverschämtheit aufstehen und ihm geben, so viel er immer nötig hat.

In Palästina reist man gern in der Nacht, weil es kühl ist. Die Frau bäckt jeden Tag vor Sonnenaufgang die Brotfladen; darum gibt es keinen Bäckerladen. *Drei Brote* sind Mahlzeit für eine Person. In dem kleinen Dorf weiß man, wer Brot vorrätig hat. Die Bewirtung des Gastes ist heilige Pflicht. Der Mann, der um die Gefälligkeit gebeten wird, ist verärgert. Die Anrede mit „Freund" erwidert er ohne Anrede. Das Haus hat nur einen Raum. Die Tür ist mit einem großen Balken, der als Riegel dient, verschlossen. Das Nachtlager ist eine Matte, die ausgebreitet wird. Die Kinder schlafen bei den Eltern. Das Öffnen macht viel Mühe und Lärm; alle müssen aufstehen. Nicht ohne Grund ist das *Aufstehen* ein paar Mal erwähnt. Ich kann nicht heißt soviel wie: ich mag nicht.

Wer von euch wird . . . wie soll der Satz zu Ende gehen? Doch nicht anders als: Er wird schließlich dem Freund doch das Verlangte geben. Jesus deckt den Grund auf: Wenn schon nicht wegen der Freundschaft, so doch wegen der unverschämten Belästigung. Nicht aus Liebe zum Nachbarn, sondern aus Liebe zur Nachtruhe. So sind wir Menschen – und wie ist Gott! Wenn der Jünger sein eigenes Verhalten erwägt, kann ihm aufgehen, wie sich Gott zu ihm verhält. Wie der Freund den unnachgiebigen und unverschämt bittenden Freund schließlich doch erhört, so erhört auch Gott den, der unentwegt, „unverschämt" Gott bittet. Ein Schriftgelehrter sagt: „Der Unverschämte besiegt den Bösen, um wieviel mehr den allgütigen Gott."[82] Dem ausdauernden und vertrauenden Gebet, das nicht aufgibt, wenngleich es nicht sofort erhört wird, ist Erhörung verheißen. Gott ist gütig, er übertrifft jeden Menschen. Er gibt nicht nur, worum gebeten wurde, sondern *soviel immer nötig ist*. Ähnlich hat Jesus an der Syrophönizierin gehandelt (Mt 15,21 ff.) und an dem Blinden von Jericho (18,35 ff.).

c) Gewißheit der Erhörung (11,9–13)

⁹ Und ich sage euch: Bittet, und gegeben wird euch werden; suchet, und ihr werdet finden; klopfet an, und geöffnet wird euch werden. ¹⁰ Denn jeder, der bittet, empfängt, und wer sucht, der findet, und dem Klopfenden wird geöffnet werden.

Jesus versichert, daß Gott das Gebet erhört. Dem Bitten entspricht das Empfangen, dem Suchen das Finden, dem Anklopfen das Geöffnetwerden. Gott ist nicht taub für Menschen, er verbirgt sich nicht vor ihm. Gott ist menschenfreundlich.

Wer betet, der bittet, sucht, klopft an. Der Mensch kommt als Armer zu Gott, als Irrender, als Heimatloser. Wer sich arm, irrend, heimatlos weiß und fühlt, findet einen Weg zum Gebet und zu Gott. Das Gut, das nach der Verkündigung Jesu alles Verlangen des Menschen zu sättigen vermag, das in der Mitte aller Verheißungen steht, ist das Reich Gottes. Die erste Einlaßbedingung ins Reich Gottes ist das Geständnis der Armut. Im Gebet öffnet sich das Reich Gottes.

Es steht nicht da, worum gebeten wird, was gesucht wird, warum und wo angeklopft wird. Die *Haltung des Bittens,* des Suchens und des Anklopfens ist das Entscheidende. Jeder, der diese Haltung hat, findet, worum er bittet, was er sucht und was er begehrt, wenn er anklopft. Das Gebet bringt in die Haltung der Umkehr, zum Bewußtsein der eigenen Unzulänglichkeit, zur Hoffnung auf Gott. Das Gebet macht den Menschen zum Menschen, der wegen seines bewußten Kleinseins Hoffnung hat, mit Größtem beschenkt zu werden.

¹¹ Wen von euch, der Vater ist, wird der Sohn um Brot bitten – wird er ihm etwa einen Stein geben? Oder einen

Fisch? Wird er ihm etwa statt eines Fisches eine Schlange geben? [12] *Oder auch, wird er ihn um ein Ei bitten, wird er ihm etwa einen Skorpion geben?* [13] *Wenn also ihr, die ihr schlecht seid, gute Gaben euren Kindern zu geben wißt, wieviel mehr wird der Vater im Himmel Heiligen Geist geben denen, die ihn bitten.*

Es ist undenkbar, daß ein *Vater* die Bitten seines Kindes nicht mit guten Gaben erfüllt. Um so mehr muß dies von Gott gesagt werden. Die Menschen sind böse, Gott ist gut. Wenn ein menschlicher Vater gegen sein bittendes Kind gut ist, wieviel mehr muß es Gott sein!

Der Vater treibt doch nicht mit seinem bedürftigen Kind Spott, ein böses Spiel, tödliches Vergehen. Stein statt Brot ist Spott, Schlange statt Fisch ist böses Spiel, Skorpion statt Ei ist tödliches Vergehen. Ein Vater mißbraucht nicht die Hilflosigkeit des Kindes; denn es kann noch nicht unterscheiden zwischen Stein und Brot (im Anblick), zwischen einem schlangenähnlichen Fisch (z. B. Aal) und einer Schlange, zwischen dem zusammengezogenen Skorpion und dem Ei. Gerade weil das Kind klein und hilflos ist, schenkt der Vater ihm alle Sorge und Liebe.

Die gute Gabe, die der Vater dem Bittenden schenkt, ist der *Heilige Geist*. Diese Gabe schenkt der Vater aus dem Himmel. Der Heilige Geist ist das himmlische Geschenk. Durch ihn wirkt Jesus. Er macht die Jünger zu dem, was sie sein sollen. Er nimmt ihr Denken und Handeln unter seine Leitung. Durch ihn erfüllen sie den Willen Gottes. Nach Matthäus gibt Gott Gutes (Mt 7,11), die Heilsgüter, nach Lukas Heiligen Geist. Die Gabe, welche den Jüngern, die zwischen der Heilszeit Jesu und seiner Ankunft am Ende der Zeiten leben, gegeben wird, ist der Heilige Geist. Er ist die Heilsgabe in der Zeit der Kirche. Um unter seinem Einfluß stehen und wirken zu können, bedarf es des Gebetes.

Gebet, Vater (abba) *und Heiliger Geist* stehen eng zusammen. Das Neue, was Jesus über das Gebet lehrt, hängt mit seiner Verkündigung über Gott zusammen. Er ist Vater aller Menschen – *jedem,* der bittet. Es hängt aber auch mit dem Charakter der Heilszeit zusammen; sie ist Zeit, die vom Heiligen Geist geprägt ist. Der Heilbringer ist mit dem Geist gesalbt, sein machtvolles Werk ist vom Geist gewirkt, seine Gabe, die alle anderen Gaben enthält, ist der Heilige Geist. Das Gebet ist vom Heiligen Geist getragen, und als solches geistgewirktes Gebet ist es vom Vertrauen auf den Vater bestimmt. „Der Geist nimmt sich unserer Schwachheit an; denn wir wissen nicht, worum wir bitten sollen, wie es notwendig ist, sondern der Geist selbst tritt für uns mit unaussprechlichen Seufzern ein" (Röm 8,26).

5. DER MESSIAS UND SEINE GEGNER (11,14–54)

a) Der Stärkere (11,14–28)

[14] *Und er war austreibend einen Dämon, und dieser war stumm. Es geschah aber, als der Dämon ausgefahren war, redete der Stumme. Und die Scharen wunderten sich.* [15] *Einige aber von ihnen sagten: Durch Beelzebul, den Obersten der Dämonen, treibt er die Dämonen aus.* [16] *Andere aber verlangten, ihn versuchend, ein Zeichen vom Himmel von ihm.*

Die bloße Tatsache der Heilung eines Besessenen steht da. Der Dämon ist ausgefahren, der Besessene, der *stumm* war, redet. Jesus hat den Dämon ausgetrieben; dieser wird stumm genannt, weil man meinte, daß die Krankheit des Besessenen dem Wesen des Dämons entspräche, der die Krankheit verursacht. Die Heilung durch Jesus wirkt die *Verwunderung* des Volkes. Wie ist dies möglich, fragt man. Wer ist Jesus, daß er die Dämonen austreiben kann?

Die Tatsache der Heilung steht fest. Wie soll sie erklärt werden? Die Verwunderung des Volkes öffnet einen Weg zum Glauben: Jesus handelt in der Macht Gottes, er ist der Messias. Bei Lukas bleibt dies unausgesprochen, aber gegen das Aufkeimen solcher Äußerungen meldet sich bereits die Kritik. Jesus handle nicht in der Macht Gottes, sondern durch die Macht des Obersten der Teufel, der *Beelzebul* genannt wurde. Das Volk sollte von Jesus weggetrieben werden. Gegen den aufkeimenden Messiasglauben wird eingewendet: Er wirkt das erwartete *Zeichen* nicht, das ihn als Messias ausweisen müßte, das Zeichen vom Himmel, wie Stillstand der Sonne oder des Mondes oder ein Zeichen an den Sternen. Dämonenaustreibungen und Heilungswunder wurden nicht als solche Zeichen gewertet. Jesus wird nach menschlich vorgefaßten Maßstäben gemessen, Gott wird vorgeschrieben, was er zu tun hat, wie er den Menschen überzeugen muß.

[17] *Er aber kannte ihre Gedanken und sprach zu ihnen: Jedes Reich, das wider sich selbst geteilt ist, wird verwüstet, und Haus stürzt auf Haus.* [18] *Wenn aber auch Satan wider sich geteilt ist, wie wird sein Reich bestehen? Denn ihr sagt, daß ich durch Beelzebul die Dämonen austreibe.* [19] *Wenn ich aber durch Beelzebul die Dämonen austreibe, durch wen treiben eure Söhne aus? Deswegen werden sie eure Richter sein.*

Jesus besitzt die Gabe der Herzenserkenntnis, und darum kennt er die Gedanken seiner Kritiker. Lukas legt offenbar keinen Wert darauf, die Überlieferungen, die er zusammenstellt, auszugleichen; denn die Kritiker sprechen ihre Meinung aus, Jesus *kennt ihre Gedanken!* Lukas benützt die überlieferten Stücke, um wesentliche Aussagen zu machen, nicht um die Rahmungen auszugleichen.

Die Kritik an den Dämonenaustreibungen, die den Kern aller Krankenheilungen bilden, wird widerlegt. Sie sind wie alle Wunder Jesu nicht Magie, nicht Kunst, die mit Hilfe des Teufels ausgeübt wird. Den ersten Grund für diese Wahrheit entnimmt Jesus einer nüchternen Überlegung. Die Dämonen bilden ein Reich, das Gegenstück zum Reich Gottes. Es wird doch nicht der Oberste der Teufel gegen sein eigenes Reich kämpfen! Das wäre Bürgerkrieg, und Bürgerkrieg vernichtet die Reiche, rottet die Menschen aus und vernichtet die Städte.

Einen zweiten Grund nimmt Jesus aus der Praxis des jüdischen Exorzismus. *Eure Söhne,* Männer aus der Mitte des Volkes, *treiben Dämonen aus.* Sie versuchten es durch Gebete, Sprüche und Beschwörungsformeln, die auf Salomon zurückgeführt wurden. Es gibt also auch andere Wege der Dämonenaustreibung als mit Hilfe des Beelzebul. Jesus verteidigt die Offenbarung, die er bringt, mit Überlegungen, die aus der menschlichen und religiösen Erfahrung genommen sind. – Auch für uns ist es Pflicht, daß wir die Kritik an den Offenbarungstatsachen mit allen Überlegungen, die uns menschliche Erfahrung, Wissenschaft und religiöses Leben schenken, zu widerlegen suchen. Die Offenbarung widerspricht nicht der Vernunft und den Gesetzen des menschlichen Lebens und der Welt.

²⁰ *Wenn ich aber durch den Finger Gottes die Dämonen
austreibe, ist doch bei euch das Reich Gottes angelangt.*

Jesus treibt durch die Kraft Gottes die Dämonen aus. Der
Finger Gottes ist Bild der Kraft Gottes. Als Moses die Plagen
über Ägypten hervorbrachte, sagten die Wahrsager der Ägypter: Gottes Finger ist dies (Ex 8,15). Gott braucht nur seinen
Finger zu rühren, und gewaltige Werke entstehen. Der Himmel ist das Werk der Finger Gottes (Ps 8,4). Die Überwindung der Herrschaft Satans durch die Macht Gottes, die in
Jesus wirksam ist, zeigt, daß die *Herrschaft Gottes* angebrochen ist. Diese ist angelangt, wenn sie auch noch nicht voll
entfaltet ist. Die Heilszeit ist angebrochen, die Herrschaft
Gottes hat den Sieg über die Herrschaft Satans gebracht. Die
Dämonenaustreibungen sind Zeichen dafür.

²¹ *Solange der Starke vollbewaffnet seinen Hof bewacht,
ist in Frieden seine Habe.* ²² *Wenn aber ein Stärkerer als
er über ihn kommt und ihn besiegt, nimmt er ihm seine
ganze Waffenausrüstung weg, auf die er vertraute, und
die Beute verteilt er.* ²³ *Wer nicht mit mir ist, der ist gegen
mich, und wer nicht mit mir sammelt, zerstreut.*

Das Wirken des Messias ist als Krieg gedacht. Der Kampf
wird zwischen Satan und dem Messias ausgefochten. Ein Bild
des Kriegsgeschehens wird aufgegriffen. Eine Burg ist da,
ein Starker bewacht sie. Dieser ist vollbewaffnet mit Panzer,
Helm, Schild und Speer. Alles ist in Sicherheit. Ein *Stärkerer*
greift an. Der Starke wird besiegt. Die Waffenrüstung wird
ihm abgenommen; alles, was an Vermögen da ist, wird zur
Beute gemacht und verteilt. Der sichere Besitz ist vorüber.
Die Grundidee des Gleichnisses liegt in dem Gegensatz: In
Frieden ist der Besitz – er verteilt die Beute. Dies ereignet

sich auch in den Dämonenaustreibungen. Satans Herrschaft war in Frieden; er hat die Menschen beherrscht, und niemand konnte ihn verdrängen. Jetzt hat sich alles gewendet. Die Dämonenaustreibungen zeigen, daß Satan seine Beute, die Menschen, die er beherrscht, hergeben muß. Er ist also besiegt. Jesus konnte triumphierend sagen: „Ich sah Satan wie einen Blitz vom Himmel fallen" (10,18). Nach Lukas geschah dieser Sieg schon im Kampf der Versuchung in der Wüste (4,13). Die Worte: *Die Beute verteilt er,* erinnern an Isaias' Wort: „Viele befreit mein Knecht von der Schuld, unsere Frevel ladet er auf sich. Darum gebe ich ihm seinen Anteil unter den Großen, unter den Starken teilt er seine Beute aus. Dafür leerte er sein Leben im Tod aus und ließ sich unter die Frevler zählen" (Is 53,11 f.). Sollte diese Beziehung gesehen worden sein, dann würde auf den Tod hingewiesen, der Satan seine Beute noch mehr entreißt. Die Herrschaft Gottes brach an, als Jesus zu wirken anfing, vertiefte sich, als er am Kreuz starb und auferstand, wird vollends aufgerichtet, wenn er in Herrlichkeit kommt. In dem Maß aber, in dem Gottes Herrschaft aufgerichtet wird, bricht die Satansherrschaft zusammen.

Der Messiaskampf fordert jeden zur Entscheidung *für oder gegen* Christus auf. Er duldet keine Neutralität. Die Notwendigkeit der Stellungnahme wird in einem Sprichwort ausgesprochen, das aus dem römischen Bürgerkrieg stammt. Wer nicht für Jesus Partei ergreift, ist sein Gegner. Dazu wird ein Wort aus dem Hirtenleben gefügt. Der Hirte, der die Herde nicht gesammelt hält, *zerstreut* sie. „Da zerstreuten sich meine Schafe, weil ihnen der Hirte fehlte; sie dienten allen wilden Tieren zum Fraß" (Ez 34,5 f.).

²⁴*Wenn der unreine Geist ausgefahren ist von einem Menschen, wandert er durch wasserlose Orte, Ruhe suchend, und wenn er sie nicht findet, sagt er: Ich will in mein Haus zurückkehren, aus dem ich ausgezogen bin.* ²⁵ *Und wenn er kommt, findet er es ausgekehrt und geschmückt.* ²⁶ *Dann geht er hin und nimmt sich andere Geister mit, schlechter als er, sieben – und wenn sie eingezogen sind, wohnen sie darinnen, und die letzten Dinge jenes Menschen werden schlechter als die ersten.*

Der ausgetriebene Dämon treibt es wie ein Mensch, der von seinem Haus vertrieben worden ist. Jesus bietet keine Psychologie Satans, auch keine Darstellung der Volksanschauung über das Treiben der Dämonen, ausgenommen die Überzeugung, daß die Wüste Heimstätte der Dämonen ist. Die Erzählung hat gleichnishaften Charakter. Wer der Satansherrschaft entronnen ist, darf sich nicht für unangreifbar und völlig sicher halten. Der *Endzustand eines Menschen,* der sich bekehrte, kann, wenn er nicht als solcher durchhält, schlechter sein als der Zustand vor der Bekehrung. Die alte Kirche hat diese Wahrheit sehr ernst genommen. Der Hebräerbrief spricht die Warnung vor dem Abfall in einer Art aus, die mißverstanden werden könnte, die er aber wagt, um den furchtbaren Ernst zu zeichnen: „Es ist unmöglich, solche, die einmal erleuchtet (getauft) waren, die himmlische Gabe gekostet haben, die teilhaftig wurden des Heiligen Geistes, die das kostbare Wort Gottes und die Kräfte der kommenden Welt gekostet haben und dennoch abgefallen sind, noch einmal aufs neue zur Umkehr zu bringen" (Hebr 6,4–6).

²⁷ *Es geschah aber, während er dies sprach, daß jemand eine Stimme erhob, eine Frau aus dem Volk, und zu ihm sagte: Selig der Leib, der dich getragen hat, und die Brüste,*

die du gesogen hast. [28] *Er aber sprach: Jawohl, selig, die das Wort Gottes hören und es bewahren.*

Was rettet vor dem Rückfall? Was bewahrt vor neuer Satansherrschaft? *Selig der Leib, der dich getragen hat.* Das Lob der Mutter gilt dem Sohn. Glück und Ehre einer Frau besteht in den Söhnen, die sie geboren und ernährt hat. Die Frau aus dem Volk – nicht von der Kritik wie einige andere erfaßt – ist von der Größe Jesu überwältigt. Er überwindet die Satansherrschaft und bringt das Heil! Der Ruhm des Sohnes überstrahlt auch seine Mutter.

Jawohl, selig. Die Mutter Jesu ist seligzupreisen. Die Größe Jesu macht auch die Mutter groß. Dieses Lob, das die Frau ausspricht, könnte aber auch mißverstanden werden. Die leibliche Mutterschaft allein ist noch nicht der Grund der Seligpreisung. Vielmehr ist seligzupreisen, *wer das Wort Gottes hört und bewahrt.* Das Hören, Bewahren und Befolgen des Wortes, das Jesus verkündet, ist Schutz vor dem Rückfall unter die dämonische Herrschaft.

Maria hat das Wort Gottes gehört, geglaubt und bewahrt. Sie ist seligzupreisen, weil sie die Mutter Jesu, des Siegers über die Dämonen und des Heilbringers, ist, aber noch mehr, weil sie das Wort Gottes hörte und bewahrte.

b) Das Zeichen (11,29–36)

Die Zeichenforderung wird abgewiesen (11,29–30), zur Umkehr aufgerufen (11,31–32), die Notwendigkeit der Erleuchtung durch Glauben dargelegt (11,33–36). Jesus wird nicht durch Zeichen vom Himmel kundgetan, sondern er selbst ist das Zeichen, das zu erkennen innere Erleuchtung voraussetzt.

[29] *Als sich aber die Scharen anhäuften, begann er zu sprechen: Dieses Geschlecht, ein böses Geschlecht ist es; ein*

Zeichen sucht es, und Zeichen wird ihm nicht gegeben wer-
den, es sei denn das Zeichen des Jonas. [30] *Denn wie Jonas*
den Niniviten ein Zeichen wurde, so wird es sein auch der
Menschensohn für dieses Geschlecht.

Jesus nimmt zur Zeichenforderung Stellung. Die Menschenmenge, die Jesus umdrängt, ist noch größer geworden. Der
tiefste Grund der Zeichenforderung, die sich mit dem nicht
zufrieden gibt, was Christus mit Macht und zum Staunen des
Volkes getan hat, ist der Ungehorsam gegen das Wort Gottes,
das Jesus verkündet. Was zuerst geschehen muß, ist Umkehr,
Sinnesänderung. Nur wer willig das Wort Jesu hört und annimmt, ist fähig und bereit, die Zeichen, die Gott durch Jesus
wirkt, als die Zeichen dafür zu erfassen, daß die Heilszeit
durch Jesus angebrochen ist. Als Jesus vor den Johannesjüngern die Heilungen als Zeichen für die Heilszeit erklärt hatte,
sprach er warnend: Selig, wer an mir nicht Anstoß nimmt
(7,22f.). In Nazareth wirkt Jesus die verlangten Zeichen nicht,
weil seine Landsleute nicht glauben (4,23ff.). Jesus muß der
zeichenfordernden Menge sagen: Dieses Geschlecht ist ein
böses Geschlecht, weil es nicht glauben will.
Diesem ungläubigen Geschlecht wird Gott ein Zeichen geben:
das *Zeichen des Jonas.* Jonas wurde vom Fisch verschlungen,
der ihn am dritten Tage wieder ausspie. Als solcher, dem
Leben Wiedergegebener wird er von Gott für die Niniviten
als Zeichen gegeben, daß sie sich bekehren. Wie Jonas für
die Niniviten, wird auch der Menschensohn für dieses böse
und ungläubige Geschlecht ein Zeichen sein. Er wird auferstehen und als Menschensohn wiederkommen, um Gericht
zu halten. Wenn er in Macht und Herrlichkeit erscheint, kann
sich niemand der Erkenntnis entziehen, daß Gott ihm alle
Macht gegeben hat. Allerdings ist er dann nicht mehr Zeichen,

das zum Glauben und zum Heil führt, sondern Zeichen, das den Unglauben verurteilt. Mit diesem Zeichen hat Jesus beim Gericht vor dem Synedrium seine Gegner gewarnt: „Ich bin es (der Messias, der Sohn des Gebenedeiten), und ihr werdet den Menschensohn zur Rechten der Macht sitzen sehen und kommen mit den Wolken des Himmels" (Mk 14,62). Der Menschensohn ist das Zeichen, das am Himmel erscheinen wird, bei dessen Anblick alle Stämme der Erde wehklagen werden (Mt 24,30).

31 Die Königin des Südens wird aufstehen im Gericht mit den Männern dieses Geschlechtes und sie verurteilen; denn sie kam von den Enden der Erde, um die Weisheit Salomons zu hören, und siehe, mehr als Salomon ist hier. 32 Die Männer von Ninive werden aufstehen beim Gericht mit den Männern dieses Geschlechtes und sie verurteilen; denn sie taten auf die Predigt des Jonas hin Buße, und siehe, mehr als Jonas ist hier.

Die Zeitgenossen Jesu sind verstockt gegen Weisheit und Bußruf Gottes. Darum wird ihnen nur das Zeichen gegeben, das sie beim Endgericht verurteilt: der Menschensohn, der als Richter kommt. Jesus selbst, der mit Macht Gottes wirkt, wäre Zeichen genug, das sie zum Glauben führen könnte; aber an ihn wollen sie nicht glauben. Die Heiden, die Königin des Südens, die Männer von Ninive, klagen die Zeit- und Volksgenossen Jesu an, wenn sie mit diesen zu Gericht erscheinen. *Die Königin von Saba* hat die Weisheit Salomons gesucht und mit Verlangen angenommen (3 Kg 10,1), die *Niniviten* haben die Bußpredigt des Jonas beherzigt (Jon 3,5). Israel machte sich mit seiner Ablehnung Jesu und seiner Zeichenforderung schuldig vor Gott. Die Heilstaten, die Gott wirkt, verlangen Bereitschaft, Glauben, Annahme. Ablehnung ist Schuld. Was das Volk nötig hat, ist die Umkehr, die Nachahmung der Königin des Südens und der Niniviten, die bereitwillig die Weisheit und Bußpredigt angenommen haben.

Die Worte Jesu sind auch Selbstoffenbarung. Jesus ist *mehr als der weise Salomon*, mehr als der prophetische Bußprediger Jonas. Er ist Weisheitslehrer und Prophet, der die größten Weisheitslehrer und Propheten übertrifft, der endzeitliche Weisheitslehrer und Prophet. Die Lebensweisheit, die er verkündet, ist letzte Weisheit Gottes; der Wille Gottes, den er ausruft, ist entscheidender Wille Gottes, von dessen Annahme Endheil und Endunheil abhängen.

[33] *Niemand, der eine Leuchte anzündet, stellt sie in einen verborgenen Winkel oder unter einen Scheffel, sondern auf den Leuchterstock, damit die Eintretenden den Lichtglanz sehen.*

Jesus ist das Zeichen, das Gott der Welt gegeben hat. Er ist das Licht der Welt (Jo 8,12), das Gott nicht in die Verborgenheit gestellt hat, sondern in alle Öffentlichkeit, das er so ausgestattet hat, daß es die Menschen erleuchte. Wort und Werk Jesu wurden im ganzen Judenland verkündet, haben durch Weisheit und Macht alle in Staunen versetzt. Gott hat durch die Sendung Jesu und seine Ausstattung alles getan, daß sein Lichtglanz, seine göttliche Sendung als Weisheitslehrer und Prophet der Endzeit anerkannt werden konnte. Die Offenbarung Jesu ist dem Menschen so angepaßt, daß er zur Erkenntnis der Weisheit Gottes und zur Umkehr durch sie kommen kann.

³⁴ *Die Leuchte des Leibes ist dein Auge. Wenn dein Auge einfach ist, so ist auch dein ganzer Leib Licht; wenn es aber schlecht ist. so ist auch dein Leib finster. ³⁵ Sieh also zu, daß das Licht, das in dir ist, nicht Finsternis sei.*

Woher kommt es, daß die Zeitgenossen dieses Licht, das Jesus ist, nicht erkennen und an ihn glauben, sein Wort annehmen und es befolgen? Das kommt nicht daher, daß das Licht nichts taugt, sondern daher, daß die Zeitgenossen schlecht sind. Die Schuld liegt beim Menschen, nicht bei Gott oder Jesus.

Der Leib des Menschen ist als Haus gedacht. Die Augen sind die Fenster, die das Licht in das Haus einlassen, so daß der ganze Leib erleuchtet wird. Wenn *das Auge* krank ist, nicht einfach, sondern doppelt sieht, ist alles finster. Von der Beschaffenheit des Menschen hängt es ab, ob das Licht als solches anerkannt wird oder nicht. Jesus wird als der endgültige Weisheitslehrer und Bußprediger nur anerkannt, wenn das Innere des Menschen, sein Herz, einfach, mit seinem ganzen Wesen an Gott hingegeben ist; dann kann er das Licht, das Gott in Jesus angezündet hat, aufnehmen. Wer sich selbst aber zum Mittelpunkt macht, sich, aber nicht Gott recht gibt, sich als Maß für alles bestimmt, hat kein Organ für den Willen Gottes, der sich in Jesus offenbart.

Sieh zu, daß das Licht, das in dir ist, nicht Finsternis sei. Der Mensch ist für die Wahrheit Gottes geschaffen. Er hat Licht in sich, die Kraft, die Offenbarung Gottes als solche zu erkennen. „Der Herr bewacht des Menschen Geist" (Spr 20,27). Es bedarf der Sorge des Menschen, daß dieses Licht nicht zur Finsternis wird. Der Mensch empfängt nicht schon dadurch Licht, daß Jesus als Bringer des Lichtes erschienen ist, sondern der Mensch selbst muß auch für das Licht empfänglich sein. Jesus hat in den Seligpreisungen gezeigt, wie die Empfänglichkeit bewahrt werden kann. „Selig ihr Armen . . .", „Wehe euch Reichen . . ."

[36] *Wenn also dein ganzer Leib Licht ist und nicht ein bißchen Finsternis hat, so wird er ganz Licht sein, wie wenn die Leuchte mit dem blitzenden Strahl dich erleuchtet.*

Wer in seinem Inneren dem Licht, das Gott durch Jesus schenkt, kein Hindernis setzt, wessen Leib ganz Licht ist, der wird von Jesus wie von einem Blitz erleuchtet, der wird durchstrahlt von der Fülle seiner Offenbarung.

Jesus ist Licht, strahlendes Licht, er gibt die Fülle der göttlichen Weisheit, er bringt die Endzeit-Offenbarung, welche die Fülle aller Offenbarungen der Propheten ist. Er gibt nicht allein die Offenbarung, sondern auch die Erkenntnis, daß sich Gott durch ihn offenbart. „Niemand erkennt den Vater als der Sohn und wem es der Sohn offenbaren will." Jesus ist Zeichen, das sich selbst als Zeichen ausweist, wie sich der Blitz durch sein Strahlen als Blitz kundgibt. Die Rede endet voll von Verheißung. Wenn das Licht Jesu den Menschen erfaßt, dann wird er ganz vom Licht durchflutet!

c) Der wahre Gesetzeslehrer (11,37–54)

Die Pharisäer und Schriftgelehrten übten stärksten Einfluß auf das Volk aus. Sie dünkten sich als die wahren Nachfolger der Propheten und Weisheitslehrer. Aber nicht sie sind es, sondern Jesus; denn sie stellen als Wille Gottes hin, was er nicht ist – so in der Reinheitsfrage (11,37–41). Über Pharisäer (11,42–44) und Schriftgelehrte (11,45–52) spricht Jesus der Prophet je drei warnende Wehrufe. Die Verschwörung der Schriftgelehrten und Pharisäer gegen Jesus zeigt, wie sehr ihnen göttliche Weisheit und Sinn für den Willen Gottes abgehen (11,53 f.). Ähnliche Worte, wie sie Lukas aufzeichnet, finden sich auch bei Matthäus. Beide schöpfen aus gemeinsamer Überlieferung. Bei Matthäus ist die Rede Gerichtsrede und Verurteilung, bei Lukas ist der Bruch noch nicht vollzogen und endgültig, und die Worte sind eindringliche Mahnrede zur Umkehr. Matthäus hat die Rede an den Schluß der öffentlichen Wirksamkeit Jesu gestellt, Lukas sie als Tischrede gestaltet.

[37] *Während er aber redete, bat ihn ein Pharisäer, daß er bei ihm das Frühmahl nehme; er ging aber hin und legte sich zu Tisch.* [38] *Der Pharisäer aber sah es und wunderte sich, daß er sich nicht zuerst wasche vor dem Frühmahl.* [39] *Der Herr aber sprach zu ihm: Nun, ihr Pharisäer, das Äußere des Bechers und der Schüssel reinigt ihr, euer Inneres aber strotzt von Raub und Schlechtigkeit.* [40] *Toren, hat nicht der, der das Äußere geschaffen hat, auch das Innere geschaffen?* [41] *Nun aber: Was drinnen ist, gebt als Almosen, und siehe, alles ist für euch rein.*

Jesus wird auf der Wanderung zu Gast geladen. Das Frühmahl war das Mittagessen, das aus römischem Brauch stammte. Wichtige Lehren werden als Tischgespräche aufgezeichnet. Die Pharisäer legten der Erfüllung der Reinheitsvorschriften größte Bedeutung zu. Vor Tisch mußten die Hände gewaschen werden (Mk 7,2). Mit peinlicher Sorgfalt wurden Eß- und Trinkgeschirre gereinigt. Jesus hält sich an die Vorschrift der Händewaschung nicht, worüber sich sein pharisäischer Gastgeber *wunderte.* Wer wahrhaft als fromm gelten wollte, mußte vor allem die pharisäischen Reinheitsvorschriften erfüllen. Aus der Kritik am Handeln Jesu erwächst sein Wort über die Reinheit vor Gott.

Wer ist vor Gott rein? Die Pharisäer halten den für rein vor Gott, der die kultischen Reinheitsvorschriften hält, der das Äußere des Bechers und der Schüssel reinigt. Gott kommt es aber auf die sittliche Reinheit an, um die sich die Pharisäer zuwenig kümmern. *Euer Inneres strotzt von Raub und Schlechtigkeit.* Wenn das Gewissen von Unrecht und unsittlichem Verhalten gereinigt ist, dann ist der Mensch rein vor Gott. Gott will ein reines Gewissen.

Weil sich die Pharisäer um das Äußere, nicht aber um das Innere kümmern, das Gewissen vernachlässigen, handeln sie wie *Toren*, wie Menschen, die nicht die wahre Weisheit haben, die Gott nicht anerkennen und ihn vernachlässigen. Die Pharisäer verlegen die wahre Frömmigkeit in äußere Übungen, aber nicht in das Gewissen des Menschen. Gott ist nicht bloß der Schöpfer *des Äußeren,* der sichtbaren Dinge, sondern *auch des Inneren,* des menschlichen Herzens, des Gewissens, durch dessen Beschaffenheit erst alles gut oder schlecht wird.[83] Darum ist es Irrtum und Verkennung der rechten Haltung zu Gott, auf die äußere Reinheit der Geschirre solchen Wert zu legen, statt auf die sittliche Reinheit des eigenen Inneren bedacht zu sein.[84] Als Schöpfer des Gewissens verfügt Gott auch über dieses. Er verlangt Hingabe des ganzen Menschen an sich.

Die Reinheit des Inneren wird durch *Almosen,* durch werktätige Liebe hergestellt. Was in den Bechern und Schüsseln ist, das soll als Almosen gegeben werden; dann ist alles für euch rein. Was Gott vom Menschen will, ist das reine Herz; das Herz wird durch die Bruderliebe rein. Das Gewissen ist rein, wenn die Bruderliebe gelebt wird. Der Satz: Dann ist *alles für euch rein* ist Vorläufer des kühnen Satzes: Liebe, und tu, was du willst. Die Liebe erfüllt das ganze Gesetz.

[42] Aber wehe euch, den Pharisäern, weil ihr die Minze und die Raute und jedes Gemüse verzehntet, und ihr übergeht das Recht und die Liebe Gottes; es ist aber notwendig, dies zu tun und jenes nicht außer acht zu lassen. [43] Wehe euch, den Pharisäern, weil ihr den ersten Sitz in den Synagogen liebt und die Begrüßungen auf den Marktplätzen. [44] Wehe

euch, weil ihr seid wie Grabmäler, die unkenntlichen, und
die Menschen, die darüber hingehen, wissen es nicht.

Gegen die Pharisäer werden in plastischer Sprache und aus
der Erfahrung des Lebens *drei* Vorwürfe durch mahnende
Wehrufe erhoben: sie erfüllen das Gesetz skrupelhaft genau
in kleinen Dingen, in wesentlichen Ansprüchen übertreten sie
es. Sie sind ehrgeizig. Nach außen geben sie sich untadelig,
innerlich aber sind sie von wahrer Gesetzeserfüllung weit
entfernt. Die Vorwürfe sind sehr allgemein gehalten, mögen
auch einzelne Pharisäer sich gegen jene Haltungen gewehrt
haben. Wenn Großes und Schweres von einem Menschen verlangt ist, wie es die Beobachtung des mosaischen Gesetzes
ohne Zweifel dem Menschen abforderte, und der Mensch auf
andere einwirken will, gerät er in Gefahr, den Schein der
Untadeligkeit zu erwecken, ohne aber das Letzte der Forderungen zu erfüllen.
Jesus will, daß das Gesetz ganz, auch im kleinsten erfüllt
werde. Es ist *notwendig, dies zu tun.* Seine Erfüllung des Gesetzes verlangt Dreifaches: Was im Gesetz das Wichtigste ist,
muß auch im Leben als Wichtigstes erfüllt werden; das ist
das Gebot der Liebe (10,27): *das Recht des Menschen und die
Liebe zu Gott.* Das sind die beiden Gebote und Forderungen,
auf die alle übrigen abzielen. Nicht der Ehrgeiz darf der Be-
weggrund in der Erfüllung des Gesetzes sein, sondern der
Wille des Vaters im Himmel. „Seht zu, daß ihr eure Gerechtigkeit nicht vor den Menschen tut, um von ihnen gesehen zu
werden; wenn anders aber, so habt ihr keinen Lohn bei eurem
Vater, der im Himmel ist" (Mt 6,1). Nicht die äußere untade-
lige Erfüllung des Gesetzes genügt, sondern die innere Wandlung des Herzens nach dem Willen Gottes wird verlangt. Der
Wille Gottes verlangt ein gewandeltes Herz. Das Gesetz

muß ins Herz geschrieben sein, so daß der Mensch bis ins Innerste vom Willen Gottes durchdrungen und umgeformt ist. Jesus bringt die neue Gesetzeserfüllung, von der die Propheten sprachen (Jer 31,33 f.; Ez 36,26 ff.).

Die Pharisäer suchen ihre Sicherheit darin, daß sie ihre Gesetzesauslegung äußerst genau halten; daß sie auf die Anerkennung der Frommen achten und äußerlich jeden Skandal peinlichst vermeiden. Von ihnen gilt, was Jesus als Warnung für die Jünger ausspricht: „Wehe, wenn euch die Menschen schönreden; so haben den Lügenpropheten getan ihre Väter" (6,26). Die Rettung für die Pharisäer ist das Wort Gottes, das durch Jesus, den Propheten der Endzeit, ergeht. Wollten sie ihn anerkennen, würden sie geheilt. Das aber ist ihr Verhängnis, daß sie sich vor sich und den Menschen rechtfertigen, aber nicht annehmen, was ihnen Jesus sagt. Das Gesetz nützt nichts, wenn nicht die Herrschaft Gottes durch das Wort Jesu in einem Menschen anbricht. Weil die Pharisäer Jesus nicht als den wahren Gesetzgeber und Weisheitslehrer anerkennen, erfüllen sie auch nicht das Gesetz. Was sie gerade als ihren Lebensinhalt betrachten, daran gehen sie vorüber. Das wahre Gottesverhältnis und die ganze Erfüllung des Willens Gottes kann nie anders als durch Jesus geschehen.

[45] *Einer aber von den Gesetzeskundigen antwortete und sagte zu ihm: Meister, wenn du dies sagst, schmähst du auch uns.* [46] *Er aber sagte: Auch euch, den Gesetzeskundigen, wehe, weil ihr den Menschen Lasten aufladet, die untragbar sind, und selbst rührt ihr nicht mit einem einzigen von euren Fingern an die Lasten.* [47] *Wehe euch, weil ihr Grabdenkmäler der Propheten baut, eure Väter aber ermordeten sie.* [48] *Nun seid ihr Zeugen und stimmt den Werken eurer Väter zu, daß sie gemordet haben, aber ihr baut.*

*⁴⁹ Deswegen sagt auch die Weisheit Gottes: Ich werde zu
ihnen Propheten und Apostel senden, und aus ihnen werdet ihr morden und verfolgen, ⁵⁰ damit gefordert werde das
Blut aller Propheten, das vergossen wurde von der Grundlegung der Welt an von diesem Geschlecht, ⁵¹ vom Blut des
Abel bis zum Blut des Zacharias, der hingerichtet wurde
zwischen dem Altar und dem heiligen Haus. Ja, ich sage
euch, gefordert wird es werden von diesem Geschlecht.
⁵² Wehe euch, den Gesetzeslehrern, weil ihr den Schlüssel
der Erkenntnis hinweggenommen habt; ihr selbst seid
nicht eingetreten, und die eintreten wollten, habt ihr gehindert.*[85]

Die Pharisäer sind die gelehrigen und gläubigen Schüler der
Schriftgelehrten. Was diese lehren, führen jene im Leben
durch. Die Vorwürfe gegen die Pharisäer fallen auf die
Schriftgelehrten zurück. Die Schriftgelehrten stellen sich mit
den Propheten gleich und verlangen, daß sie wie diese, wie
Moses, wie das Gesetz selbst gehört werden. „Sie sitzen auf
dem Lehrstuhl des Moses" (Mt 23,2). Der Gesetzeskundige
nennt Jesus *Lehrer*, zugleich wirft er ihm vor, daß er die
Schriftgelehrten schmähe, gotteslästerlich rede, wenn er an
ihnen Kritik übt. Die unantastbare Heiligkeit des Gesetzes
macht es für ihn völlig undenkbar, daß sich Jesus gegen ihn
wenden könnte.

Wie gegen die Pharisäer werden auch gegen die Schriftgelehrten *drei Wehrufe* erhoben. Sie machen aus dem Gesetz,
das Gott zum Wohl und Heil der Menschen gegeben hat,
eine unerträgliche Last durch ihre Gesetzeslehre und Auslegung und den Zaun, den sie um das Gesetz legen, wissen
sich selbst aber durch spitzfindige Deutungen den Verpflichtungen zu entziehen. Sie setzen den Propheten, die um des

Wortes Gottes willen von ihren Ahnen ermordet worden sind, Denkmäler, durch die sie ausdrücken wollen, daß sie mit diesen Taten nichts zu tun haben wollen, töten aber den größten Lehrer und Propheten, Jesus. Sie schreiben sich das alleinige Recht zu, die Schrift und den Willen Gottes zu erklären und dadurch zur Erkenntnis Gottes und damit zum ewigen Leben zu führen, lehnen aber Jesus ab und verhindern, daß andere ihn anerkennen und durch seine Botschaft und sein Werk zur Erkenntnis und zum ewigen Leben kommen.

Die Wehrufe, welche die Schriftgelehrten treffen, haben ihren tiefsten Grund in der Ablehnung Jesu. Er kann von sich sagen: „Mein Joch ist süß, und meine Bürde ist leicht" (Mt 11,29). Er ist der Prophet Gottes, der das Wort aller Propheten zusammenfaßt und überbietet. Er hat den Schlüssel der Erkenntnis, weil er die Erkenntnis gibt. „Niemand erkennt, wer der Vater ist, außer der Sohn und wem es der Sohn offenbaren will" (10,22). Das ist die schwerste Schuld, welche die Schriftgelehrten trifft, daß sie selbst Jesus nicht anerkennen und auch das Volk daran hindern, ihn anzuerkennen. Die Verantwortung derer, die in der Autorität Gottes auftreten, ist groß.

Der mittlere der drei Wehrufe bietet eine kurze Geschichte des Schicksals derer, die das Gotteswort verkündet haben. Die Propheten verkündeten es und wurden ermordet. Zur Zeit Jesu bauen die Schriftgelehrten den ermordeten Propheten Denkmäler. Die Gräber des Amos und Habakuk sind in den Tagen Jesu Stätten der Wallfahrt gewesen. Scheinbar ein Zeichen, wie sehr in diesen Tagen das Wort Gottes und ihre Verkünder geschätzt werden! Aber was geschah? Jesus ist mehr als Prophet – und gerade die, die den Propheten Denkmäler bauen, trachten Jesus nach dem Leben. Nun seid ihr

Zeugen und stimmt den Werken eurer Väter zu, *aber ihr baut.*
Die Schriftgelehrten sind Zeugen, wie Gottes Prophet jetzt
auftritt, lehnen ihn aber ab und zeigen sich dadurch mit den
Prophetenmördern verbunden. Trotzdem bauen sie Denk-
mäler! Wer Jesus nicht als Messias anerkennt, kann Gottes
Offenbarung und Heilsgeschichte nicht erfassen.

Wie ist es möglich, daß die Verkünder des Wortes Gottes,
daß Jesus, der größte aller Propheten, abgelehnt wird? Die
Schrift geht nicht psychologischen menschlichen Gründen
nach, sondern begnügt sich damit, den tiefsten theologischen
Grund anzugeben: die weise Zulassung Gottes. Gottes Weisheit hat dies vorausgesagt: die Heilige Schrift. Wie es den
Propheten der Vergangenheit ergangen ist, so ergeht es Jesus,
und so wird es den Aposteln ergehen, die Jesus sendet. Der
Mensch wehrt sich gegen den Anspruch Gottes. Die Geschichte der Offenbarungen Gottes von Anfang bis zum Ende
gibt Zeugnis dafür, daß die Männer Gottes gemordet werden. Am Anfang der Bibel (Gn 4,1) steht die Gestalt des
gerechten *Abel,* der von seinem Bruder ermordet wird, am
Ende der Bibel, die nach dem alttestamentlichen Kanon mit
den Büchern der Chronik schließt, steht die Ermordung des
Zacharias (2 Chr 24,20 f.). Das Treiben der Mörder der Gottesmänner wird gottloser und brutaler. Abel wurde auf dem
freien Feld erschlagen, Zacharias zwischen Brandopferaltar
und Tempelhaus, an der Stätte des Asyls. Der Höhepunkt
dieser Geschichte des Widerstandes gegen Gottes Wort wird
der gewaltsame Tod Jesu sein, der ihn am Ende seiner Wanderung nach Jerusalem erwartet.

Die Geschichte Israels endet mit der Zerstörung Jerusalems.
Diese Katastrophe wird als Strafgericht für die gewaltsame
Ablehnung des Gotteswortes gedeutet. *Gefordert wird das
Blut aller Propheten.* Die Weltgeschichte ist die Geschichte

des Gotteswortes unter den Menschen. Alle Vergehen der Schriftgelehrten haben darin ihre Wurzel, daß sie nicht das Wort Gottes, sondern ihre eigene Weisheit zur Mitte machten.

6. Die Jünger in der Welt (12,1–53)

Jesus ist der Stärkere, das Zeichen, der den Willen Gottes verkündende Prophet. Er sammelt Jünger, die das gleiche Los erleiden, das ihn in Jerusalem erwartet. Lukas schafft aus Überlieferungsstücken einen Jüngerunterricht. Jesus verlangt furchtloses Bekenntnis (12,1–12), Freiheit gegenüber dem irdischen Besitz und der ängstlichen Lebenssorge (12,13–34), Wachsamkeit und Treue im Hinblick auf den kommenden Herrn, der zur Entscheidung zwingt (12,35–53).

a) Furchtloses Bekenntnis (12,1–12)

Durch kleine Zwischenbemerkungen gliedert Lukas die Rede in drei Stücke: die Jünger müssen bis ins Innerste von dem Wort Gottes durchdrungen sein (12,1–3); sie legen ohne Furcht vor den Menschen ihr Bekenntnis ab, denn Gott kümmert sich um sie (12,4–7); Jesus versichert den mutigen Bekennern die höchsten Güter (12,8–12).

[1] *Währenddessen hatten sich Zehntausende des Volkes angesammelt, so daß sie einander traten, und er begann zuerst zu seinen Jüngern zu sprechen: Hütet euch vor dem Sauerteig der Pharisäer, der die Heuchelei ist.* [2] *Nichts aber gibt es, das verborgen ist, was nicht offenbar werden wird, und nichts verhüllt, was nicht bekannt werden wird.* [3] *Deshalb wird alles, was ihr in der Finsternis gesagt habt, im Licht gehört werden, und was ihr zum Ohr hineingesprochen habt in den dunklen Kammern, wird ausgerufen werden auf den Dächern.*

Die Zahl derer, die sich für Jesus und sein Wort interessieren, steigert sich. Zehntausende haben sich angesammelt. Ein großes Gedränge entsteht. Zuerst spricht Jesus zu den Jüngern, ehe er an die Massen sein Wort richtet (12,54). Die Jünger sollen Mittler zwischen Jesus und dem Volk sein. Wenn die Jünger vom Wort Gottes erfüllt sind, werden sie seine Botschaft auch in die Massen hineintragen können.

Sauerteig galt als verborgene Macht, die verderblich ist und verderblich wirkt, etwa wie „der böse Trieb". Diese Macht ist in den Pharisäern die Heuchelei,[86] sie geben sich äußerlich anders, als sie innerlich sind. Die Jünger müssen sich vor dieser Verstellung hüten. Sie müssen innerlich sein, was sie äußerlich lehren und verkünden. Was nützt ihnen auch die Verstellung? *Das Verborgene wird offenbar* und das Verhüllte bekannt. Die verborgene Gesinnung drängt in die Öffentlichkeit. Das Erste und Grundlegende, was Jesus von seinen Jüngern verlangt, ist die innere Wandlung.

Wenn der Jünger innerlich vom Wort Gottes umgewandelt ist, wird sich seine Überzeugung und Gesinnung einen Weg in die Öffentlichkeit bahnen. Was dem kleinen Kreis in der Verborgenheit gesagt wurde, drängt an das Licht, in die große Öffentlichkeit. Wenn auch die Jünger ein scheinbar nur kleines und begrenztes Wirkungsfeld erfassen, dürfen sie doch keine Sorge haben, daß sie nicht *in die Weite wirkten*. Wenn sie etwa in Zeiten der Verfolgung ihre Botschaft auch nur in der Nachtstunde und in dunklen Kammern flüsternd sagen können, so dürfen sie doch alle Zuversicht haben, daß Gottes Wort Macht besitzt und ans Licht drängt und daß es keine Gewalt der Welt niederzuhalten vermag. Das Wort Gottes ist kraftgeladene Macht.

[4] *Ich aber sage euch, meinen Freunden: Fürchtet euch nicht vor denen, die den Leib töten und nachher nicht haben, was sie darüber hinaus noch tun könnten.* [5] *Ich will euch aber zeigen, wen ihr fürchten sollt: Fürchtet den, der nach dem Töten die Macht hat, in die Hölle zu stürzen. Ja, ich sage euch, diesen fürchtet.* [6] *Werden nicht fünf Sperlinge um zwei As gekauft? Und ein einziger von ihnen, nicht ist er vergessen vor Gott.* [7] *Aber auch die Haare eures Hauptes, alle sind sie gezählt. Fürchtet euch nicht! Mehr als viele Sperlinge geltet ihr.*

Die Jünger Jesu sind seine *Freunde.* Ihnen hat er seine Liebe zugewendet, sie in die Geheimnisse seiner Botschaft eingeweiht, sie werden auch sein Los teilen. „Ihr seid meine Freunde, wenn ihr tut, was ich euch auftrage. Nicht mehr nenne ich euch Knechte, weil der Knecht nicht weiß, was sein Herr tut. Euch aber habe ich Freunde genannt, weil ich alles, was ich von meinem Vater gehört habe, euch kundmachte" (Jo 15,14 f.). Jesus will den Seinen ernste Wahrheiten sagen. Darum erinnert er sie zuerst an seine Freundschaft. Er wandert nach Jerusalem, wo er aufgenommen wird. Auch die Jünger werden Gegner haben, und diese werden sie mit dem Tod bedrohen.

Durch nüchterne Überlegung soll die Todesfurcht von ihnen genommen werden. Nicht die sind zu fürchten, die wohl den Leib töten können, aber auf das jenseitige Leben keinen Einfluß haben. *Gott ist zu fürchten,* der in die Hölle stürzen kann, der über Heil und Unheil nach diesem irdischen Leben entscheidet. Jesus stellt Furcht gegen Furcht. Mehr gefürchtet muß Gott werden als die Menschen.

Die Furcht vor Gott ist nicht das letzte Wort, das in der Todesangst stärken will. Gott sieht auf die Jünger und vergißt sie nicht. *Er kümmert sich um das Unscheinbarste und Kleinste:* um die Spatzen in der Natur draußen, um die Haare des Hauptes. Alles liegt ihm am Herzen. Wenn er sich um diese Kleinigkeiten kümmert, um wieviel mehr um die Jünger Jesu. Das Vertrauen auf die liebende Vorsehung Gottes macht bereit, auch Schwerstes zu ertragen, weil auch dieses im Plan der liebenden Bedachtnahme Gottes seinen Platz hat.

8 Ich sage euch aber: Jeder, der sich zu mir vor den Menschen bekennt, zu dem wird sich auch der Menschensohn vor den Engeln Gottes bekennen; 9 wer mich aber vor den Menschen verleugnet, der wird auch verleugnet werden vor den Engeln Gottes. 10 Und jeder, der ein Wort gegen den Menschensohn sagen wird, vergeben wird ihm werden; dem aber, der gegen den Heiligen Geist lästert, dem wird nicht vergeben werden. 11 Wenn sie euch aber vor die Synagogen und vor die Behörden und Machthaber führen, sorgt euch nicht, wie oder womit ihr euch verteidigen werdet oder was ihr sagen sollt; 12 denn der Heilige Geist wird euch lehren in dieser Stunde, was notwendig ist zu sagen.

Von den Jüngern ist das Bekenntnis zu Jesus verlangt, das aber von Verfolgung bedroht ist. Um seinen Jüngern die Furcht vor Menschen zu nehmen, erinnert sie Jesus an das kommende Gericht. Als Richter ist Gott gedacht, er selbst wird aber nicht genannt, sondern nur sein Hofstaat, die *Engel.* Der Gottesname wird nicht ausgesprochen. Die Engel verkünden die Gegenwart des unnennbaren und unnahbaren Gottes. Der Menschensohn ist bei diesem Gericht Anwalt der Frommen beim göttlichen Richter. Zu wem er sich bekennt, der wird gerettet, zu wem er sich nicht bekennt, der geht verloren. Ob der Menschensohn für jemand eintritt oder nicht, hängt von dem Bekenntnis zu Jesus vor den Menschen auf Erden ab. Bekenntnis oder Verleugnung Jesu auf Erden wirkt sich im Endgericht aus.

Gott, der Menschensohn und Jesus stehen in innigster Beziehung. *Jeder, der sich zu mir bekennt, zu dem wird sich auch der Menschensohn bekennen.* Jesus scheint zwischen sich und dem kommenden Menschensohn zu unterscheiden. Müssen sie aber nicht auf das engste verbunden sein, wenn gesagt werden kann: Jeder, der sich zu mir (Jesus) bekennt vor den Menschen, zu dem wird sich auch der Menschensohn vor den Engeln Gottes bekennen? Diesen Worten wird am meisten der gerecht, der heraushört, daß Jesus sich als den weiß, der von Gott dazu bestimmt ist, als Menschensohn beim Gericht mitzuwirken. Aber auch Gott und der Menschensohn sind miteinander verbunden. Jeder, für den der Menschensohn vor Gott beim Gericht eintritt, wird gerettet, jeder, den er nicht anerkennt, wird von Gott verurteilt. Gott hat also dem Menschensohn Macht gegeben, entscheidende Macht über die Menschen vor sich. Gott, der Menschensohn, Jesus: in welcher Beziehung stehen sie zueinander?

Das Heilswirken Jesu ist so sehr Sache Jesu, daß Lukas wohl schreibt: Zu dem wird sich auch der Menschensohn vor den Engeln Gottes bekennen, aber nicht sagt, daß der Menschensohn den verleugnen wird, der sich nicht zu Jesus bekannt hat. Unpersönlich heißt es: Der wird auch verleugnet werden. Der verurteilende Richterspruch wird nicht unmittelbar Jesus zugeschrieben; denn Jesus ist zuerst Retter.

Noch einmal will ein erschreckendes und ein aufrichtendes Wort Jesu die Jünger stärken. Der Jünger, für den Jesus Freund und Anwalt ist, steht unter dem Wirken des Heiligen Geistes, den Jesus senden wird, wenn er erhöht ist. Das Bekenntnis, das der Jünger für Jesus durch Wort und Nachfolge ablegt, wird vom Heiligen Geist verpflichtend auferlegt, aber auch gestützt und getragen. Wie Lukas das Wort wiedergibt, spricht es von der Zukunft der Jünger. Wenn und weil sie den Geist empfangen, ist von ihnen ein anderes Christusverhältnis und Christusbekenntnis verlangt als von denen, die nicht den Heiligen Geist haben. Ein jeder, *der ein Wort gegen den Menschensohn sagen* wird, vergeben wird ihm werden. Jesus lebt als Mensch unter Menschen, er ist Menschensohn in Niedrigkeit. Wer ihn nur mit seinen rein menschlichen Kräften beurteilt und ihn nur als Menschen sieht, der mag sich des Vergehens nicht bewußt sein, wenn er Jesus, den Menschensohn, schmäht. Gott wird ihm vergeben. Jesus betet auf seinem Todesgang: „Vater, vergib ihnen, denn sie wissen nicht, was sie tun" (23,34).

Dem aber, der *gegen den Heiligen Geist lästert,* dem wird nicht vergeben werden. Ein Jünger, der Jesus als (erhöhten) Menschensohn erkannt hat, lästert den Geist, wenn er Jesus verleugnet oder von ihm abfällt; denn der Heilige Geist hat in ihm das Bekenntnis bewirkt, daß Jesus der Menschensohn ist, dem Gott alle Macht gibt. Wer so mit dem Geist ausgerüstet, ein Wort gegen Jesus sagt, schmäht den Heiligen Geist. Diese Sünde wird nicht vergeben. Vergebung der Sünden und Heil können nur durch den Glauben an Christus erlangt werden.

Auch ein aufrichtendes Wort wird über den Heiligen Geist gesprochen. Wenn der Jünger wegen seines Glaubens *vor jüdische und heidnische* Gerichte geschleppt wird, ist es seine Sorge, wie er sich verteidigen soll. Er will kein Unrecht gegen Jesus sagen, sondern vielmehr Zeugnis ablegen, das die Herrlichkeit Christi aufstrahlen läßt. Jesus verheißt für diese Stunden den Beistand des Heiligen Geistes. Er wird die Jünger lehren, was notwendig ist zu sagen.[87]

Der Jünger bekennt seinen Glauben angesichts des dreifaltigen Gottes: des Vater-Gottes, des Menschensohnes und des Heiligen Geistes. Der Ernst dieses dreifaltigen Gottes steht vor ihm, aber auch seine helfende Kraft. Die Würde des Jüngers wird sichtbar in dem Ernst der Verantwortung, die auf ihm liegt, aber auch in der Sorge, die Gott um ihn aufwendet.

b) Frei von Bindung an Besitz (12,13–21)

Der Mensch bleibt auch in der Nachfolge Jesu Mensch und als solcher von der Sorge um irdischen Besitz bedroht. Diese liegt tief im Menschen verwurzelt. Der Jünger Jesu muß daher die rechte Einstellung zum Besitz haben. Jesus lehnt den Schiedsspruch im Erbstreit ab (12,13–14), warnt vor Habsucht (12,15) und zeigt in einem Gleichnis, wodurch das Leben wahrhaft gesichert ist (12,16–21).

[13] *Es sprach aber einer aus dem Volk zu ihm: Meister, sag meinem Bruder, daß er mit mir das Erbe teile.* [14] *Er aber sagte zu ihm: Mensch, wer hat mich zum Richter oder Erbteiler bei euch aufgestellt?*

Das jüdische Erbrecht wurde auf Grund des mosaischen Gesetzes geregelt. Bäuerliche Verhältnisse vorausgesetzt, erbt der ältere Bruder Grund und Boden und zwei Drittel des beweglichen Vermögens (Dt 21,17). In diesem Fall, der Jesus vorgetragen wird, scheint der ältere Bruder überhaupt nichts herausgeben zu wollen. Weil das Erbrecht durch das Gesetz geregelt ist, ließen sich die Gesetzeslehrer gern für Gutachten und Entscheidungen in Anspruch nehmen. Der Mann aus dem Volk kommt zu Jesus, den er als Gesetzeslehrer anspricht, daß er in seiner Erbschaftssache eine Entscheidung treffe und wegen seiner Autorität auf seinen ungerechten Bruder Einfluß nehme. Jesus gilt als angesehener Gesetzeslehrer, der mit Macht auftritt und handelt.

Wenn das Volk mit seinen Nöten des Leibes und der Seele zu Jesus kommt, findet es seine Hilfsbereitschaft; der Mann aber mit seiner Erbschaftsangelegenheit erfährt Ablehnung. *Mensch* – das klingt schroff und hart. Jesus will nicht Richter und Erbteiler sein in den menschlichen Angelegenheiten. Die Worte, mit denen er dies ausspricht, klingen an die Worte an, die man Moses entgegenhielt, als er Streit zwischen zwei Volksgenossen schlichten wollte: „Wer hat dich zum Führer und Richter über uns gesetzt"? (Ex 2,14) Jesus empfängt die Entscheidungen für sein Handeln aus dem Wort Gottes in der Heiligen Schrift. Es fehlt ihm der Auftrag und die Sendung, als Erbteiler aufzutreten. Das Wort der Schrift zeigt ihm auch, wie undankbar es ist, Schiedsrichter in solchen Fällen zu sein.

Jesus lehnt es durch sein Wort ab, in das gestörte Getriebe dieser Welt ordnend einzugreifen und durch seine Autorität für diese oder jene gesellschaftliche Ordnung und Sozialordnung eine Entscheidung zu treffen. Seine Sendung und sein Berufsbewußtsein, das ihm der Wille des Vaters gibt, hat er am Anfang seiner Tätigkeit in Nazareth und vorher schon in der Versuchung festgelegt und wiederholt ausgesprochen. Er ist gesandt, den Armen die Frohbotschaft vom Heil zu verkünden, die Sünder zu berufen (5,32), die Verlorenen zu retten (19,10), sein Leben als Lösepreis für die vielen hinzugeben (Mk 10,45), der Welt das göttliche Leben zu bringen (Jo 10,10).

¹⁵ *Er sprach aber zu ihnen: Seht zu und hütet euch vor jeder Habsucht, weil nicht im Überfließen für jemand sein Leben besteht aus dem, was ihm gehört.*

Jedes Verlangen, den Besitz zu mehren, wird als Gefahr beurteilt, vor der sich der Jünger zu hüten hat. Die *Habsucht* verrät den Wahn, als ob das Leben durch Besitz oder Überfluß gesichert sei. Das Leben ist ein Geschenk Gottes, nicht Frucht des Besitzes und des Überflusses an irdischen Gütern und Reichtum. Tatsächlich verfügt nicht der Mensch über das Leben, sondern Gott.

[16] *Er sprach aber ein Gleichnis zu ihnen, indem er sagte: Eines reichen Mannes Land hat gut getragen.* [17] *Und er überlegte bei sich und sagte: Was soll ich tun, weil ich nicht habe, wohin ich meine Früchte sammeln werde?* [18] *Und er sprach: Das werde ich tun: Abreißen werde ich meine Scheunen, und größere werde ich bauen, und dort werde ich sammeln all mein Korn und meine Güter.* [19] *Und ich werde meiner Seele sagen: Seele, du hast viele Güter daliegen für viele Jahre; mach es dir bequem, iß, trink, sei fröhlich.* [20] *Gott aber sagte zu ihm: Tor, in dieser Nacht werden sie deine Seele von dir fordern.* [21] *Was du aber bereitet hast, wem wird es gehören? So, wer sich Schätze anhäuft, und nicht auf Gott hin reich ist.*

Die Beispielerzählung macht anschaulich, was der Spruch gesagt hat: Das Leben ist nicht durch Besitz gesichert. Der Kornbauer verrät in seinem Selbstgespräch sein Lebensideal: Leben ist genossenes Leben: *Essen, Trinken, Fröhlichkeit.* Leben ist langes Leben: *für viele Jahre.* Leben ist gesichertes Leben: *Mach es dir bequem.* Wohlfahrtsethik! Wie kann dieses Lebensideal erreicht werden? *Ich werde sammeln,* die Zukunft soll gesichert werden. Die Formen dieser Sicherung ändern sich. Der Kornbauer baut Scheunen. Der moderne Wirtschaftsmann . . .? Die Wirtschaft des Kornbauers hat keinen anderen Sinn als die Sicherung des eigenen Lebens.

Die ganze menschliche Planung krankt. Der Mensch hat das Leben nicht selbstherrlich in seiner Hand. Er kann sein Gespräch nicht nur mit sich führen, sondern Gott spricht hinein. Er müßte es auch mit anderen Menschen führen; aber die sind ihm ebenso gleichgültig wie Gott. Der Mensch ist ein *Tor*, wenn er so denkt, als ob die Sicherung seines Lebens in seiner Hand oder im Besitztum läge. Wer nicht mit Gott rechnet, ihn praktisch verleugnet, ist ein Tor (Ps 14,1). Daß unser Leben durch Besitz und Vermögen nicht gesichert ist, deckt der Tod auf. *Sie werden deine Seele von dir fordern:* die Todesengel, Satan im Auftrag Gottes. Noch in dieser Nacht! Der Reiche hat mit vielen Jahren gerechnet!

Der Reichtum, den der Mensch für sich aufhäuft, durch den er sich selbst das irdische Leben sichern will, nützt ihm nichts. Er muß ihn zurücklassen, anderen abtreten. „Fürwahr als ein Schattenbild wandelt der Mann umher, nur für ein Nichts häuft er Schätze auf und weiß nicht, wer sie erhält" (Ps 39,7). Nur wer *Schätze auf Gott hin sammelt,* Schätze, die Gott als Reichtum für den Menschen anerkennt, hat Nutzen. Die krampfhafte Sicherung des irdischen Lebens durch den Menschen bringt den Verlust des Lebens, die Hingabe an Gott und seinen Willen bewahrt es. Was sind die Schätze, die auf Gott hin gesammelt werden?

c) Frei von ängstlicher Sorge (12,22–34)

22 Er sprach aber zu seinen Jüngern: Deswegen sage ich euch, sorgt nicht ängstlich für euer Leben, was ihr eßt, noch für euren Leib, was ihr anzieht; 23 denn euer Leben ist mehr als die Nahrung, und der Leib mehr als die Kleidung. 24 Betrachtet die Raben, weil sie nicht säen und nicht ernten, nicht Vorratskammern und nicht Scheunen haben, und Gott nährt sie. Wie sehr unterscheidet ihr euch von den Vögeln. 25 Wer aber aus euch kann, sich ängstlich sorgend,

zu seiner Lebenslänge eine Elle hinzufügen? [26] *Wenn ihr
also nicht einmal das Geringste vermögt, warum sorgt ihr
euch ängstlich um das übrige?* [27] *Betrachtet die Lilien, wie
sie wachsen, sie arbeiten nicht und spinnen nicht; ich sage
euch aber, nicht einmal Salomon in all seiner Herrlichkeit
war gekleidet wie eine von ihnen.* [28] *Wenn aber Gott auf
dem Feld Gras, das heute ist und morgen in den Ofen geworfen wird, so kleidet, wieviel mehr euch, ihr Kleingläu-
bigen.* [29] *Auch ihr sollt nicht suchen, was ihr esset und trinket, und euch nicht ängstigen;* [30] *denn dies alles suchen die
Heiden der Welt: euer Vater weiß, daß ihr dies nötig habt.*
[31] *Vielmehr sucht sein Reich, und dies wird euch hinzugegeben werden.*

Der Mensch bewahrt sein Leben nicht durch seinen Besitz,
sondern durch Gott. Wie sehr dieser Satz befreit und be-
glückt, wird durch ein Lehrgedicht ausgesprochen. Es hat drei
Strophen: die erste und zweite will von der *ängstlichen Sorge*
befreien, die dritte das begehrliche Suchen des Menschen auf
das rechte Ziel hinlenken. In dieses Grundgerüst werden Beweggründe eingebaut, die von der ängstlichen Sorge erretten
und dem unruhigen Suchen Ruhe bringen sollen. Jesus wird
zum Dichter. Er spricht von den Raben und von den leuch-
tenden Anemonen. Jesu „einfaches" und gesundes Auge (vgl.
11,34) entdeckt Gott hinter Vögeln und Blumen und findet in
allem seine Fürsorge und Liebe. In der letzten Strophe wird
nicht mehr von Gott gesprochen, sondern vom Vater, der
weiß, was ihr nötig habt.
Für den Reichen ist der Besitz die große Gefahr, daß er auf
Gott vergißt und nur der Erhaltung und Vermehrung des
Reichtums lebt, in den er seine Sicherheit verlagert hat. Aber
auch der Arme ist bedroht. Seine Sorge ist der tägliche Le-

bensunterhalt. Beide, reich und arm, sind der Gefahr ausgesetzt, in der Sorge um das Irdische völlig aufzugehen und die wichtigste Sorge, das Trachten nach dem Reich Gottes, zurückzustellen. Jesus spricht in diesen Worten von einer Sorge, die beunruhigt, den Menschen ganz in seinen Bann zieht, die aus dem Wahn entsteht, daß der Mensch mit dem irdischen Besitz sein Leben sichern könne. Der entscheidende Satz, aus dem das ganze Lehrgedicht verstanden werden muß, steht im Vers 31: *Vielmehr sucht sein Reich, und dies wird euch hinzugegeben werden.* Bei Matthäus heißt es: Suchet zuerst das Reich. Das ist die Fassung für das Volk, Lukas läßt das *Zuerst* weg; denn er schreibt für die Jünger, die in der Nachfolge Jesu auf allen Besitz verzichten müssen, damit sie ganz frei seien, um auf das Wort Jesu zu hören und seine Botschaft zu verkünden (10,4).

Die Sorge um das Irdische darf das Trachten nach dem Gottesreich nicht auslöschen. Darum sorgt Gott selbst dafür, daß der Mensch von der Sorge um das Auskommen nicht überwältigt werden muß. Jesus verkündet die väterliche Vorsehung Gottes. Was Jesus sagt, leuchtet ein, aber gelebt können diese Worte nur werden, wenn sie geglaubt werden. *Kleingläubige* erfassen und wagen es nicht. In der ersten Strophe stehen zwei Gründe, die von der ängstlichen Sorge um Essen und Trinken und Kleidung befreien möchten. Wir sorgen für Nahrung und Kleidung, haben aber das Leben, dem diese dienen, nicht in der Hand. Die Raben, die für die Juden als unreine Vögel (Lv 11,15; Dt 14,14) galten und von denen man sagte, daß sie die verlassensten Tiere seien, weil sie selbst von den eigenen Eltern vernachlässigt würden (Ps 147,9; Job 38,41), werden von Gott genährt, ohne daß sie selbst Vorsorge treffen. Wird Gott dann nicht um so mehr für den Menschen sorgen, der doch mehr wert ist als ein Rabe?

Auch die zweite Strophe, die zweimal von der ängstlichen Sorge spricht, will zur Freiheit von der Sorge und zum Vertrauen auf *Gottes fürsorgliches Walten* durch die Betrachtung des eigenen Lebens und der Natur führen. Mit aller Sorge vermag der Mensch nicht sein Leben zu verlängern (oder den Leib größer zu machen). Vielleicht ist der Satz bewußt doppeldeutig, in jedem Fall eine nüchterne Wahrheit, die jeder zugeben muß. Wenn wir die Länge unseres Lebens oder unseres Wuchses nicht um eine Kleinigkeit ändern können, warum machen wir uns um das übrige, um Kleidung und Essen, soviel Sorge, die viel weniger sind als Leib- und Lebenslänge? Die prachtvollen Anemonen auf den Wiesen Galiläas sind strahlende Zeugen für die großmütige Fürsorge Gottes. Die Pracht des israelitischen Sonnenkönigs muß hinter dieser Pracht der Blumen zurückstehen, und doch sind die Blumen nur wertloses Gras. Wer sich ängstlich um sein Fortkommen sorgt, hat keinen Glauben; er glaubt zwar an die Vorsehung Gottes, lebt aber so, als ob das irdische Dasein von Gott unabhängig sei und einzig und allein von den Menschen besorgt werden müsse.

Die dritte Strophe spricht nicht mehr von der ängstlichen Sorge, sondern vom *Suchen,* vom unruhigen Streben, vom Schweben zwischen Fürchten und Hoffen. Das Suchen des Jüngers Christi darf nicht Essen und Trinken sein. *Heiden* haben diese Sorge; für sie ist es begreiflich; denn sie glauben nicht an den Vater, der für die Jünger, die seine Kinder sind, sorgt. Heiden kennen die Verheißungen Gottes nicht und haben darum Sorge um ihr irdisches Leben. Der Jünger kennt eine größere Sorge, das Reich Gottes, die sein einziges Suchen ist.

Jesus will Gott und seinem Reich den Vorrang vor allem geben und den Menschen von der drückenden Sorge befreien, die den quält, der meint, er könne und müsse allein sein menschliches Dasein sichern. Die Jünger Jesu, die aus dem Evangelium leben, wissen, daß ihnen nicht ein müheloses Schlaraffen-Dasein garantiert ist, wenn sie allein das Reich Gottes suchen. Auch die Heiligen haben Hunger, Mühsal und Not gelitten (2 Kor 11,23 ff.). Was immer Gott über den Jünger verfügt, alles kommt vom Vater, der ihm das Größte geben will, das Reich, das die Fülle des Segens enthält.

32 Fürchte dich nicht, kleine Herde; denn eurem Vater hat es gefallen, euch das Reich zu geben.

Die Jüngerschar ist *kleine Herde.* Das Gottesvolk der Endzeit wird mit einer Herde verglichen. Trotz ihrer kleinen Zahl, ihrer Bedeutungslosigkeit, Machtlosigkeit und Armut wird sie Reich, Macht und Herrschaft über alle Reiche von Gott empfangen. Denn sie ist das heilige Volk des Allerhöchsten (Dn 7,27). Diese kleine Herde lebt in der Liebe Gottes, der ihr *Vater* ist. Durch den Ratschluß Gottes, der seinen tiefsten und einzigen Grund im *Wohlgefallen* Gottes hat, ist diese kleine Herde zum Größten bestimmt. Jesus hat davon gesprochen, daß des Jüngers einzige Sorge das Reich sein muß; aber diese Sorge soll nicht ängstlich sein. Fürchte dich nicht. Die ewige Liebe des Vaters sichert den Jüngern das Reich. „Was kann mich trennen von der Liebe Gottes, die da ist in Christus Jesus" (Röm 8,39). Die Sicherung des Lebens liegt im Wohlgefallen des Vaters: Friede den Menschen des göttlichen Wohlgefallens.

33 Verkauft eure Habe und gebt Almosen, macht euch Beutel, die nicht alt werden, einen Schatz im Himmel, der nicht abnimmt, wo ein Dieb nicht naht und eine Motte nicht vernichtet; 34 denn wo euer Schatz ist, dort wird auch euer Herz sein.

Die Frage blieb offen, wie Schätze auf Gott hin gesammelt werden können (12,21). *Verkauft eure Habe* und gebt mit dem Erlös *Almosen*, damit wird ein Schatz im Himmel gesammelt. Dieser Schatz geht nicht verloren. Von ihm muß nicht gesagt werden: Was du dir bereitet, wem wird es gehören? Der Schatzbehälter wird nicht schlissig und löcherig, der Schatz selbst nimmt nicht ab, er ist Dieben und zerstörenden Mächten nicht ausgesetzt. Was irdische Schätze, Geld, kostbare Kleider und Ähnliches, gefährdet, vermag den Himmelsschatz nicht zu schädigen. Was der Mensch auf Gott hin getan hat, geht nicht unter; ein Leben, das auf Gott hin gelebt war, wird ewiges Leben.

Wofür der Mensch vieles gewagt hat, daran hängt er mit seinem Herzen. Wer auf Gott hin gelebt hat, hängt an Gott, wer auf das Reich Gottes hin vieles darangegeben hat, hat das Reich Gottes im Sinn. Wer seinen Schatz und Reichtum im Himmel hat, der ist dort mit seinem Herzen und seiner Sehnsucht. Wer sich durch Almosen einen Schatz im Himmel schafft, für den wird das Reich Gottes Mitte seines Lebens.

d) Wachsamkeit und Treue (12,35–53)

Der Jünger Jesu schaut nach dem Kommen seines Herrn aus. Zur Zeit, als Lukas sein Evangelium schrieb, haben die Christen nicht mehr das Kommen Jesu in nächster Zeit erwartet, sondern schon mit längeren Zeiträumen gerechnet. Zwischen der Zeit des Heilswirkens Jesu und seiner Ankunft in Herrlichkeit verläuft die Zeit der Kirche. Die Christen, die in dieser Zeit der Kirche leben, schauen auf Jesu irdisches Wirken zurück und auf sein Kommen voraus. Die *endzeitlichen Grundhaltungen* des Christen, der das Kommen Christi in großer Nähe erwartet, dürfen auch dem Christen in der Zeit der Kirche nicht fehlen; denn niemand weiß, wann der Herr kommt. Lukas spricht von einigen dieser Grundhaltungen: der Christ muß wachsam sein (12,35–40); besonders die Vorsteher der Kirche werden zur Treue gemahnt (12,41–48). Wie die Zeit des ersten Kommens Jesu Entscheidungszeit war, so muß auch der Christ sein Leben als Entscheidung für den Willen Gottes auffassen (12,49–53).

³⁵ *Eure Lenden sollen umgürtet sein und die Fackeln brennend;* ³⁶ *und ihr sollt Menschen gleichen, die ihren Herrn erwarten, wenn er zurückkommt von der Hochzeit, damit sie, sobald er kommt und klopft, sofort ihm öffnen.* ³⁷ *Selig jene Knechte, die der Herr, wenn er kommt, wachend findet. Wahrlich, ich sage euch: Umgürten wird er sich und wird sie zu Tisch lagern lassen, und hinzutretend wird er ihnen dienen.* ³⁸ *Und wenn er in der zweiten, und wenn er in der dritten Nachtwache kommt und sie so findet, selig sind jene.* ³⁹ *Dies aber erkennt: Wenn der Hausherr wüßte, zu welcher Stunde der Dieb kommt, würde er es nicht zulassen, daß er sein Haus untergräbt.* ⁴⁰ *Auch ihr sollt bereit sein, weil ihr nicht wißt, zu welcher Stunde der Menschensohn kommt.*

Die Jünger müssen für Jesu Kommen, dessen Stunde niemand kennt, wach und gerüstet sein. Ein Bild solcher Bereitschaft finden sie in einem *Knecht,* der seinen Herrn erwartet, wenn er von der Hochzeit in einer Nachtstunde zurückkommt. Wenn der Herr klopft, muß der Knecht schon an der Tür sein, öffnen, einlassen, in das Haus führen. Darum steht der Knecht da und hat das lange Obergewand wie bei Wanderung, Arbeit und Kampf geschürzt und *um die Lenden gegürtet,* in den Händen trägt er die *brennende Fackel.* Würde das Gewand nicht geschürzt sein, könnte er nicht eilig an der Tür sein, müßte er die Fackel erst nehmen und anzünden, würde er den Unwillen des Herrn erregen. Für den Jünger heißt dies, er muß sittlich in jedem Augenblick so gerüstet sein, daß er dem Ruf des Herrn, der zum Gericht kommt, sofort folgen kann, daß er sonnenklar und ohne sittlichen Anstoß sei, beladen mit Früchten der Gerechtigkeit, durch Jesus Christus zur Herrlichkeit und zum Lobe Gottes (Phil 1,10 f.).

Dem bereiten Jünger wird von Jesus „Heil" zugerufen. Zwischen zwei Seligpreisungen sind die Güter ausgesprochen, die den immer und unverdrossen und treu wachenden Knecht erwarten. Der Herr wird ihm *bei Tisch dienen* (22,27). Völlige Umkehr der Verhältnisse! Der Knecht ist Herr, und der Herr ist Knecht. Gott läßt die Wachsamen an seiner Herrlichkeit teilnehmen. Die Herrlichkeit des Reiches Gottes wird oft mit einem Festmahl verglichen, das Gott denen bereitet, die er in sein Reich aufnimmt. Er ehrt die Geladenen, indem er ihnen dient, er läßt sie an seiner Herrlichkeit teilnehmen.

Ein drittes Spruchpaar mahnt zur steten Bereitschaft. Der Einbrecher gräbt einen Gang unter die Hausmauer, die ohne Fundament auf die Erde aufgesetzt ist. Wenn der Hausherr wüßte, wann der Dieb kommt, würde er das Graben verhindern. Wenn der Jünger Christi genau wüßte, wann der Herr kommt, würde er sich bereitmachen, ihm entgegenzutreten. Wir wissen sicher, daß der Herr kommt, wissen aber nicht, wann er kommt. Was folgt daraus?

[41] *Es sagte aber Petrus: Herr, sagst du zu uns dieses Gleichnis oder auch zu allen?* [42] *Und der Herr sprach: Wer ist nun der treue Verwalter, der kluge, den der Herr über seine Dienerschaft einsetzt, daß er zur rechten Zeit das bestimmte Maß an Nahrung gebe?* [43] *Selig jener Knecht, den sein Herr, wenn er kommt, so tun finden wird.* [44] *Wahrlich, ich sage euch: Über all seinen Besitz wird er ihn setzen.* [45] *Wenn aber jener Knecht sagt in seinem Herzen: Zeit läßt sich mein Herr zu kommen, und anfangen wird, die Knechte und die Mägde zu schlagen, zu essen und zu trinken und sich zu berauschen,* [46] *kommen wird der Herr jenes Knech-*

tes an einem Tag, an dem er es nicht erwartet, und zu einer
Stunde, die er nicht kennt, und ihn in Stücke hauen; und
seinen Anteil wird er ihm geben mit den Ungläubigen.
[47] *Jener Knecht aber, der den Willen seines Herrn kennt*
und sich nicht gerüstet und getan hat nach seinem Willen,
der wird viele Schläge erhalten; [48] *der aber, der nicht ge-*
wußt, aber getan hat, was Schläge verdient, der wird wenig
Schläge erhalten. Von jedem aber, dem viel gegeben wurde,
von dem wird viel gefordert werden, und wem viel anver-
traut wurde, um so mehr werden sie von ihm fordern.

Petrus ist Sprecher des Apostelkreises. Er trägt auch als solcher seinen Amtsnamen Fels. Durch seine Frage hebt er die
Jünger vom Volk ab. Die Apostel haben besondere Stellung
im Haus Jesu, in seiner Gemeinde, aber auch besondere Verantwortung. Gerade die verantwortliche Stellung der Vorsteher in der Kirche wird durch das Kommen des Herrn zum
Gericht gesehen. „Die Ältesten also bei euch ermahne ich, als
Mitältester und Zeuge des Leidens Christi und als Teilhaber
der Herrlichkeit, die sich offenbaren will: weidet die Herde
Gottes unter euch ... Und wenn der oberste Hirte erscheint,
werdet ihr den unverwelklichen Kranz der Herrlichkeit empfangen" (vgl. 1 Petr 5,1–4).
Was von den Aposteln verlangt ist, wird durch ein Gleichnis
ausgesprochen. Der Herr eines Hauses weilt in der Ferne. Für
die Zeit seiner Abwesenheit überträgt er einem Oberknecht
die gerechte und pünktliche Versorgung des Gesindes. Für
dieses Amt ist Treue und Klugheit notwendig: *Treue,* weil
der Oberknecht nur Verwalter ist, und nicht Herr, darum
nach dem Willen des Herrn handeln muß; *Klugheit,* weil er
vor Augen haben muß, daß sein Herr plötzlich kommt und
Rechenschaft verlangt. Wenn dieser Oberknecht gewissen-

haft handelt, ist er seligzupreisen; denn der Herr wird ihn über den ganzen Besitz als Verwalter bestellen. Wenn er aber gewissenlos und schlecht handelt, das Gesinde mißhandelt und seine Stellung ichsüchtig für ein Schlemmerleben ausnützt, wird ihn strenge Strafe treffen. Nach persischer Art wird sein Leib mit einem Schwert aufgespalten.

Die Deutung des Gleichnisses, wie sie Lukas geben wollte, klingt schon in der Schilderung des Bildes durch. Der Knecht ist Verwalter. Die Apostel sind über das Haus des Herrn gestellt und tragen die Schlüssel (11,52). „So betrachte man uns als Knechte Christi und Verwalter der Geheimnisse Gottes" (1 Kor 4,1). Vom Verwalter ist verlangt, „daß einer treu sei" (1 Kor 4,2). Treue und Klugheit werden die Apostel bewahren, wenn sie das Kommen des Herrn im Sinn haben, wenn sie damit rechnen, daß der Herr jeden Augenblick kommt, wenn sie daran denken, daß sie vor dem Herrn Rechenschaft ablegen müssen.

Die Versuchung für den Verwalter besteht darin, daß er denkt: *der Herr läßt sich Zeit,* er kommt noch nicht. Die ichsüchtigen Triebe und die Mächte der Willkür verführen ihn zur Untreue. Lukas scheint diesem Wort von der Verzögerung des Kommens eine größere Bedeutung beigemessen zu haben, als es die ursprüngliche Auffassung des Gleichnisses tat. Treue, Wachsamkeit und Klugheit ließen vielleicht auch bei manchen Vorstehern der Kirche zur Zeit, da Lukas schrieb, nach, weil man dachte: der Herr läßt sich Zeit. Das Kommen Jesu in nächster Zeit hat sich nicht erfüllt. Man dachte: Vielleicht kommt er überhaupt nicht? Die Tatsache, daß Jesus kommt, ist sicher. Wann er kommt, ist unbestimmt. Mit dem Kommen Jesu ist das Gericht verbunden, vor dem jeder Rechenschaft über seine Verwaltung geben muß. Gegenüber dem Wissen, daß er kommt und was dieses Kommen mit sich bringt, tritt das Wissen um den genauen Zeitpunkt des Kommens zurück. Nicht die Beschreibung der endzeitlichen Ereignisse liegt dem Evangelium am Herzen, sondern die Tatsache, daß sie eintreten. Die Leiter der Gemeinde dürfen sich nicht durch das Ausbleiben der Parusie in Versuchung führen lassen.

Der treue und kluge Knecht wird über allen Besitz des Herrn gesetzt. Die endzeitliche Herrlichkeit besteht in gesteigerter Tätigkeit, im Mitherrschen mit dem Herrn. Der schlechte Knecht aber wird bestraft; sein Anteil wird ihm mit den Ungläubigen gegeben; er wird der Höllenstrafe übergeben.

Sagst du zu uns dieses Gleichnis, oder auch zu allen? So hatte Petrus gefragt, weil er dachte, den Aposteln sei die Verheißung sicher und nicht mehr gefährdet. Hatte er doch das Wort von der kleinen Herde gehört, der das Reich zu geben Gottes Gefallen ist. Auch der Apostel muß sich durch Treue und Klugheit bewähren, damit er am Reich Anteil erhalte. Auch für ihn besteht die Möglichkeit der Strafe. Das Gericht hängt vom Maß der Verschuldung, des Wissens der Verpflichtung und der Verantwortlichkeit ab. Die Apostel sind reicher mit Wissen beschenkt als die anderen, darum wird auch von ihnen mehr verlangt, und darum ist die Strafe größer, wenn sie sich schuldig machen. Wer den *Willen des Herrn nicht gewußt hat,* und getan hat, was Schläge verdient, der wird wenig geschlagen werden. Er ist nicht in die Pläne und Gedanken des Herrn eingeweiht, darum wird auch das Strafgericht nicht so streng sein. Aber auch er wird geschlagen, wenn auch wenig, weil er manches doch erkannt hat, was er zu tun gehabt hätte, es aber nicht getan hat. Jeder Mensch wird als Straffälliger betrachtet, weil keiner vollends nach seinem Wissen und Gewissen handelt. Das Maß der Forderungen Gottes an den Menschen richtet sich nach dem Maß der Gaben, mit denen er von Gott ausgestattet wurde. Alles, was der Mensch empfängt, ist anvertrautes Gut, mit dem er wirken muß.

[49] *Feuer zu werfen auf die Erde, bin ich gekommen, und was will ich doch, daß es schon entzündet wäre.* [50] *Aber mit einer Taufe habe ich getauft zu werden, und wie bin ich bedrängt, bis es vollendet ist.* [51] *Meint ihr, daß ich da bin, Frieden zu geben auf der Erde? Nein, sage ich euch, vielmehr Zertrennung.* [52] *Denn von jetzt an werden fünf in einem Haus getrennt sein, drei gegen zwei und zwei gegen drei* [53] *werden sie getrennt sein, der Vater gegen den Sohn und der Sohn gegen den Vater, die Mutter gegen die Tochter und die Tochter gegen die Mutter, die Schwiegermutter gegen ihre Schwiegertochter und die Schwiegertochter gegen die Schwiegermutter.*

Jesus hat die Heilszeit gebracht. Was ist davon zu spüren? Die Heilszeit wird als Zeit des Friedens verkündet; der Messias ist Friedensbringer. Was ist tatsächlich eingetreten? Unfriede, Zwist bis in die Familien hinein. Die Jünger dürfen sich aber nicht verwirren lassen. Die Zeit, die mit Jesus angebrochen ist, ist zunächst Zeit der Entscheidung. Jesus hat eine Sendung zu erfüllen, die ihm Gott aufgetragen hat. Die Sendung lautet: *Feuer auf die Erde zu werfen,* den Heiligen Geist mit seiner reinigenden und erneuernden Kraft zu bringen.[88] Jesus hat glühendes Verlangen, daß diese Geistsendung schon eintrete. Vorher muß er aber mit einer *Taufe getauft werden,* durch Leiden hindurchgehen, die wie Wasserfluten über ihm zusammenschlagen. Bangigkeit bedrängt ihn, ehe das Todesleiden erfüllt ist. Die Todesangst von Gethsemane schickt ihre Boten voraus. Das endzeitliche Heil kommt nicht ohne Anstrengung des Leidens. Die Sehnsucht nach dem

Heil muß den Mut haben, die Bedrängnis des Leidens zu ertragen. Die Aufnahme in den Himmel vollzieht sich über das Kreuz. Jesus ist auf dem Weg nach Jerusalem, wo ihn die Herrlichkeit aus dem Tod erwartet.

Der Messias ist als Friedensbringer verkündet und erwartet. Er ist Friedensfürst, seine Geburt bringt Frieden den Menschen auf Erden.[89] *Friede* ist Heil, Ordnung, Einheit. Bevor aber die Friedens- und Heilszeit anbricht, tritt Unfriede, *Trennung* und Entzweiung ein, selbst dort, wo der Friede am ehesten daheim sein müßte. Der Prophet Michäas hat von dieser friedlosen Unheilszeit, welche der Heilszeit vorangeht, die Worte gesprochen: „Denn den Vater verachtet der Sohn, die Tochter steht gegen die Mutter, wider die Schwiegermutter die Schwiegertochter, die eigenen Hausgenossen sind verfeindet. Ich aber spähe aus nach dem Herrn, ich harre auf Gott, der mir hilft, es erhört mich mein Gott" (Mich 7,6 f.). Die Zertrennung tritt jetzt ein. An Jesus trennen sich die Familien, an ihm müssen sich die Menschen entscheiden (2,34). Diese Trennung und Entzweiung ist Zeichen, daß die Endereignisse begonnen haben, die von jedem Entscheidung verlangen.

7. Ruf zur Busse (12,54 – 13,21)

Die Rede richtet sich jetzt an die Volksscharen, nicht mehr an die Jünger. Waren schon die Jünger in Gefahr, die Bedeutung der Zeit zu verkennen (12,52), so erst recht das Volk. Die Zeichen, unter denen die Zeit Jesu steht, wollen richtig beurteilt werden (12,54–59). Was sich in dieser Zeit ereignet, fordert Buße aller (13,1–9). Diese Zeit ist Heilszeit, die klein und verborgen anfängt, aber in der Zukunft umfassende Größe haben wird (13,10–21).

a) Die Zeichen der Zeit (12,54–59)

54 Er pflegte aber zu den Volksscharen zu sagen: Wenn ihr eine Wolke aufsteigen seht gegen Sonnenuntergang, sofort sagt ihr: Regen kommt, und es geschieht so. 55 Und wenn ihr Südwind wehen spürt, sagt ihr: Hitze wird kommen, und es geschieht. 56 Heuchler, das Angesicht der Erde und des Himmels wißt ihr zu prüfen, diese Zeit aber – wieso prüft ihr sie nicht?

Das Volk weiß in der Wetterbeobachtung die Zeichen sehr wohl zu deuten. Wenn eine Wolke im Westen auftaucht, wo das Meer liegt, wird richtig auf Regen geschlossen, wenn Wind von Süden weht, wo die Wüste liegt, wird Hitze vorausgesagt. Die Zeitperiode, die Gott jetzt im Laufe der Zeiten anbietet, hat ihre Zeichen: das Volk strömt um Jesus zusammen, er spricht mit prophetischer Vollmacht, Dämonen werden ausgetrieben, wunderbare Heilungen vollzogen ... Das Volk, das beim Wetter und bei allem, was auf der Oberfläche der Erde und des Firmamentes sich abspielt, eine scharfe Beobachtungsgabe hat und sich über die Bedeutung der Ereignisse ein richtiges Urteil bildet, läßt dieses Urteil vermissen, wo es um die Ereignisse geht, die Jesus und das Heil betreffen. Es gibt sich nicht einmal Mühe, die Zeit auf ihre Bedeutung hin zu prüfen. Die Menschen sind *Heuchler:*

Sie wissen auch diese Zeichen zu deuten, aber sie tun nur so, als ob sie es nicht verstünden. Sie wollen sie nicht deuten als Zeit, die Gott zur Entscheidung bestimmt hat, denn sie wollen die Entscheidung nicht treffen, nicht umkehren, sondern ihr altes Leben fortführen. Der Wille hemmt ihr Urteil.

[57] *Warum aber beurteilt ihr nicht von euch selbst aus, was recht ist?* [58] *Denn wie du mit einem Prozeßgegner zum Vorsteher gehst, gib dir noch auf dem Weg Mühe, loszukommen von ihm, damit er dich nicht zum Richter schleppt und der Richter dich dem Gerichtsvollzieher übergibt und der Gerichtsvollzieher dich in den Kerker wirft.* [59] *Ich sage dir, nicht wirst du von dort herauskommen, bis du auch den letzten Groschen bezahlt hast.*

Die Prüfung und richtige Beurteilung der Zeit ist notwendig; denn sie ist Entscheidungszeit, von der die Zukunft abhängt. Wer nicht die richtige Entscheidung trifft, setzt sich dem ewigen Verderben aus. Es ist verwunderlich, wenn die Leute nicht von selbst zu ihrem eigenen Wohl der rechten Beurteilung der jetzigen Stunde allen Wert beimessen. Warum beurteilt ihr nicht? – Und handelt nicht nach dem rechten Urteil? Jetzt ist es noch möglich, alles zum Rechten zu bringen. Eine Gleichniserzählung soll dazu führen, die Zeit richtig zu beurteilen und das Rechte zu tun. Du bist mit deinem Prozeßgegner auf dem Weg zum Gericht. Noch besteht die Möglichkeit, mit ihm zu verhandeln, an seine Güte zu appellieren, ihn zu gewinnen und so von ihm loszukommen. Wenn der Streit einmal zum Gericht gekommen ist, geht er seinen unbarmherzigen Weg. Alles vollzieht sich dann automatisch. Du hast keinen Einfluß mehr. Lukas hat das römische Gerichtsverfahren vor Augen; er schreibt für die Heiden. Die Härte der Rechtsordnung war als unerbittlich bekannt. Vom Vorsteher kommt der Angeklagte zum Richter, vom Richter zum Gerichtsvollzieher und von diesem in den Kerker, vom Kerker nicht mehr heraus, bis alles bis zur kleinsten Münze (1 As sind 4 Pfennig) bezahlt ist. Das einzig richtige ist es bei dieser Sachlage: noch auf dem Weg zum Prozeßgegner loszukommen.

Mit dem Kommen Jesu ist die Entscheidung für die Endzeit angebrochen. Die Endzeit ist Gerichtszeit. Wenn das Gericht hereingebrochen ist, geht alles seinen unerbittlichen Gang der Gerechtigkeit. Jeder ist schuldig vor Gott. Was ist also zu tun? Die Zeit bis zum Gericht noch ausnützen! Sich von dem unbarmherzigen Gang des Gerichtes durch Buße und Umkehr losmachen, solange es noch möglich ist.

b) Zeitereignisse als Bußruf (13,1–9)

1 Es waren aber einige in derselben Zeit zugegen, die ihm über die Galiläer meldeten, deren Blut Pilatus mit ihren Opfern mischte. 2 Und er antwortete und sagte ihnen: Meint ihr, daß diese Galiläer Sünder über alle Galiläer hinaus waren, weil sie dies erlitten haben? 3 Nein, sage ich euch, aber wenn ihr nicht Buße tut, werdet ihr alle ebenso zugrunde gehen.

Als Jesus über die Bedeutung der Gegenwart als von Gott gesetzter Entscheidungszeit sprach, kamen einige, wahrscheinlich Galiläer, die ihm berichteten, daß Pilatus, der römische Prokurator, Galiläer im Tempelvorhof niedermetzelte, während sie opferten. Über das erzählte Ereignis gibt es keinen außerbiblischen Bericht. In der Geschichte der Statthalterschaft des Pilatus ist ein solches Ereignis nicht unmöglich. Die Galiläer waren kampfgeneigt, zumal wenn es sich um Vertreter der Zelotenpartei handelte, die mit Gewalt eine politische Änderung erzwingen wollten. Pilatus war hart und grausam. Die Tat war um so schrecklicher, als das Blut der Opfernden mit dem Blut der Opfertiere „vermischt" wurde. Die grausame Unterdrückung der Galiläer ist an einem Paschafest geschehen; denn wegen der vielen Opfer schlachteten die Männer selbst die Lämmer, die sie opferten, die Priester aber gossen das Blut auf den Altar aus. Die Leute waren entsetzt, daß Blut von Menschen vergossen, daß Opfer entweiht wurden, daß die Römer sich selbst an dem vergriffen, was Gott geweiht war.

Die Leute erzählten Jesus offenbar von diesem Ereignis, weil sie meinten, auch er müsse erschüttert werden und vielleicht etwas tun. Sie machten sich Gedanken, warum Gott diese Galiläer, während sie opferten, töten ließ, und sie meinten, darin eine Erklärung zu finden, daß diese Galiläer Sünder waren und für ihre Schlechtigkeit die Strafe empfingen. Die Juden sagten: Keine Züchtigung ohne Schuld; große Katastrophen setzen schwere Sünden voraus. Jesus stellt das berichtete Zeitereignis in das Licht seiner Verkündigung über den Sinn der gegenwärtigen Zeit. Er leugnet hier nicht den Zusammenhang zwischen Sünde und Strafe. Unrichtig ist es aber, aus diesem Ereignis abzuleiten, daß diese Galiläer, die getroffen worden sind, schlechter gewesen seien als die übrigen Galiläer. *Alle sind Sünder,* alle dem Strafgericht Gottes verfallen. Für alle ist darum Buße notwendig, wollen sie dem drohenden Verdammungsgericht entgehen.

⁴ Oder jene achtzehn, auf die der Turm am Siloe fiel und sie tötete – meint ihr, daß sie Schuldner waren über alle Menschen hinaus, die in Jerusalem wohnen? ⁵ Nein, ich sage euch aber, wenn ihr nicht Buße tut, alle werdet ihr auf die gleiche Weise zugrunde gehen.

Auch von diesem Unglück gibt es keine außerbiblische Nachricht. Die südliche Stadtmauer Jerusalems zog sich ostwärts bis an die Siloe-Quelle hin. Wahrscheinlich stand dort ein *Mauerturm*. Es wurde vermutet, daß dieser beim Bau der Wasserleitung durch Pilatus eingestürzt sei. Die Katastrophe ist noch in Erinnerung. In diesem Ereignis handelt es sich um eine Katastrophe, an deren Auslösung nicht unmittelbar Menschen beteiligt waren. Anzunehmen, daß Gott strafend eingegriffen habe, lag in diesem Fall noch näher. Jesus leugnet nicht den Strafcharakter des Unglücks. Was aber geschah, ist für alle Warnung und Ruf zur Umkehr. Die achtzehn Einwohner von Jerusalem, die das Unglück getroffen hat, waren nicht schlimmere Sünder als alle Bewohner Jerusalems.

Die Zeitereignisse werden von Jesus nicht politisch, sondern religiös gedeutet. Gott spricht durch die Zeitereignisse zu uns. Da Jesus von dem Gedanken erfüllt ist, daß die Endzeit angebrochen ist, beurteilt er die Zeit im endzeitlichen Gedanken. Was in der Zeit geschieht, ist Erinnerung an die Endzeit, die hereinbrechenden Katastrophen politischer und kosmischer Natur sind Zeichen der endzeitlichen Katastrophe. Die Endzeit verlangt von den Menschen Entscheidung, Umkehr, Buße. Auch alle Katastrophen, die in der Zeit geschehen, wollen uns zur Besinnung rufen, die Notwendigkeit der Hinkehr zu Gott verkünden. Es ist Verstockung, wenn die Menschen trotz der Heimsuchungen sich nicht bekehren: „Die Überlebenden aber, die nicht durch diese Plagen umkamen, bekehrten sich trotzdem nicht von den Werken ihrer Hände und hörten nicht auf, die Dämonen anzubeten und die Götzenbilder von Gold, Silber, Erz, Stein und Holz, die weder sehen noch hören noch gehen können, sie bekehrten sich auch nicht von ihren Mordtaten noch von ihren Zauberkün-

sten noch von ihrer Unzucht noch von ihren Diebstählen"
(Apk 9,20 f.).

⁶ *Er sprach aber dieses Gleichnis: Einen Feigenbaum hatte
jemand gepflanzt in seinen Weinberg, und er kam und
suchte Frucht an ihm, und nichts fand er. ⁷ Er sprach aber
zum Weingärtner: Siehe, drei Jahre, seit ich komme und
Frucht suche an diesem Feigenbaum, fand ich nichts. Haue
ihn aus. Wozu verbraucht er auch die Erde? ⁸ Er aber antwortete und sagte zu ihm: Herr, laß ihn noch dieses Jahr,
bis ich rings um ihn herum grabe und Dünger hineinwerfe;
⁹ und wenn er vielleicht doch Frucht brächte? Wenn aber
nicht, magst du ihn in der Zukunft aushauen.*

In den palästinensischen Weingärten werden gern Obstbäume
gepflanzt. Ihre Pflege ist wie die der Weinstöcke dem Weingärtner anvertraut, der im Dienst des Weinbergbesitzers
steht. Für den *Feigenbaum* waren die Weingärten günstigster
und bevorzugter Platz; darum ist die Erwartung des Weinbergbesitzers berechtigt, daß er Frucht trage. Doch drei Jahre
lang war das Suchen vergeblich. Seine Geduld ist nun am
Ende. Der Baum soll ausgehauen werden, weil er vergeblich
das Land aussaugt. Doch der Gärtner will noch einen letzten
liebenden Versuch machen, den Bevorzugten bevorzugt behandeln. Wenn auch diese letzte Geduldsprobe vergeblich ist,
dann mag der unfruchtbare Baum ausgehauen werden.
Auch dieses Gleichnis will die Zeit Jesu deuten. Sie ist letzte
Gnadenfrist, die Gott seinem Volk anbietet. Die Wahl des
Bildes ruft Gottes Wirken in der Heilsgeschichte wach.
Israel ist schon von den Propheten mit einem Weinberg verglichen worden. „Der Weinberg des Herrn der Heerscharen
stellt das Haus Israel dar, und der Mann von Juda ist seine
Pflanzung" (Is 5,7). Die Heilsgeschichte hat jetzt ihr Ziel er-

reicht. Die Endzeit ist angebrochen, das Gericht droht, letzte Möglichkeit der Umkehr ist bereitgestellt, Jesu Wirken ist letzte Bitte an Gott, noch Geduld zu haben, letzter, mühevoller Versuch der Rettung. Die Zeit Jesu ist letzte Entscheidungsmöglichkeit, von der Liebe Jesu gewirkt. Sein Werk ist Fürbitte für Israel und damit vereint unermüdliches Wirken, durch das Israel zur Umkehr geführt werden soll.

Alles, was sich in der Zeit Jesu ereignet, wird von dem Heilsereignis durchleuchtet, das mit Jesus eingetreten ist: die politischen Ereignisse, die geschichtlichen Katastrophen, das Wirken Jesu. Es ist die Endzeit da. Sie ist Gottes Angebot zur Entscheidung, Ruf zur Umkehr und Buße. Wie Johannes verkündet auch Jesus, daß Buße getan werden muß, nicht aufgeschoben werden darf, daß sie Frucht in der Lebensänderung und in Werken bringen muß. Jesus geht über Johannes hinaus. Obwohl er weiß, daß das Gericht kommt und das Vernichtungsgericht über Jerusalem hereinbrechen wird, tritt er für sein Volk ein, bietet er Liebe, Opfer und Leben für Israel an, damit es noch gerettet werde. Jesus ist Fürsprecher für Petrus (22,32) und für Israel (23,34).

c) Anbruch der Heilszeit (13,10–21)

[10] *Er aber lehrte in einer der Synagogen am Sabbat.* [11] *Und siehe, eine Frau, die einen Geist einer Krankheit hatte, achtzehn Jahre, und sie war gekrümmt und konnte sich nicht ganz aufrichten.* [12] *Es sah sie aber Jesus und rief sie heran und sagte ihr: Weib, losgelöst bist du von deiner Krankheit.* [13] *Und er legte ihr die Hände auf, und sofort wurde sie aufgerichtet, und sie verherrlichte Gott.* [14] *Es antwortete aber der Synagogenvorsteher, unwillig darüber, daß Jesus am Sabbat heilte, und sagte zum Volk: Sechs*

Tage sind's, an denen gearbeitet werden darf; an ihnen,
also kommt und laßt euch heilen, und nicht am Sabbattag.
Ihm antwortete aber der Herr und sagte: [15] *Heuchler! Löst*
nicht jeder von euch am Sabbat sein Rind oder seinen Esel
von der Krippe und führt ihn weg zum Trinken? [16] *Diese*
aber da, die eine Tochter Abrahams ist, die Satan gebun-
den hat – seht doch – durch achtzehn Jahre, die darf nicht
losgelöst werden von dieser Fessel am Sabbattag? [17] *Und*
da er dies sagte, schämten sich alle, die ihm feind waren,
und alles Volk freute sich über alles Herrliche, das von ihm
geschah.

Die Zeit Jesu ist von Gott geschenkte Entscheidungszeit: Anbruch des ewigen Verderbens, Anbruch des ewigen Heils. Die
Heilung der gekrümmten Frau ist Zeichen für den Anbruch
der Heilszeit. In wenigen Strichen, aber tiefsinnig ist an dieser
Frau dargestellt, was die *Zeit Jesu* bedeutet. Vor Jesus das
große Elend: unter der Herrschaft eines bösen Geistes, durch
achtzehn Jahre krank, gekrümmt, ohne die Möglichkeit sich
aufzurichten, völlig der Erde zugekehrt, ohne den Blick nach
oben. Jesus begegnet diesem Elend: Er sieht sie erbarmungs-
voll an, ruft sie zu sich heran, spricht zu ihr sein Wort, legt ihr
die Hände auf. Damit ist alles skizziert, was Jesus immer getan hat. Das Heil bricht in dieser Frau auf: sie wird losgelöst
von den Fesseln Satans und der Krankheit, aufgerichtet, frei
für die Verherrlichung Gottes. Was das erste Auftreten in der
Synagoge programmatisch gezeigt hatte, erfüllte sich auch
jetzt: „Zu verkünden Gefangenen Erlösung und den Blinden
Aufblick" (4,18). Das Heil ist da.
Der Synagogenvorsteher kennt aber nicht die *Zeichen der*
Zeit. Er ist einer jener Heuchler, der die Zeichen auf der
Erde und am Firmament richtig zu deuten weiß, aber sich

gegen den Anbruch der Heilszeit verschließt und darum auch
die Zeichen, die geschehen, nicht richtig einschätzt. Seine Ge-
setzesaus.egung, sein hartnäckiges Festhalten an der menschlichen Überlieferung, sein Mangel an Verständnis für Liebe
und Erbarmen mit einem geplagten Menschen gibt ihm nicht
die Möglichkeit, das rechte Verstehen für die Zeit zu gewinnen. Das Ende der Gegner Jesu ist Beschämung: vor dem
Volk und noch mehr beim Gericht Gottes.

Der neue Sinn, den Jesus dem Sabbat gibt, beleuchtet auch
die Heilszeit, die er verkündet und bringt. Das Gesetz der
Sabbatruhe wird in den Dienst der Menschen gestellt, Gott
verherrlicht sich an ihm, in dem er Menschen Barmherzigkeit
erweist. Der Mensch erhält wieder Würde; er darf nicht dem
Tier (Ochs und Esel) nachgestellt werden. Die großen Verheißungen, die Gott am Anfang der Heilsgeschichte dem
Abraham gegeben hat, werden erfüllt. Die Frau wird als
Tochter Abrahams behandelt. Die Beherrschung durch Satan
wird gebrochen, der Mensch wird von den Fesseln, die ihm
Satan und in seinem Gefolge Sünde, Krankheit und Tod angelegt haben, erlöst. Jesus erlöst von der drückenden Last,
welche die Gesetzesauslegung den Menschen auferlegt hat.
Darum sagt er auch: Ihr werdet Ruhe finden für eure Seelen;
denn mein Joch ist gütig, und meine Last ist leicht (Mt 11,28).
Der Sabbat wird zum Tag der Freude für das ganze Volk. Er
ist das Fest der Vollendung des Schöpfungswerkes, die Verherrlichung Gottes in der Betrachtung dessen, was geschehen
war. „Gott sah, daß es sehr gut war" (Gn 1,31). Das Schöpfungswerk findet im Heilswerk der Endzeit Vollendung, im
Heilswirken Jesu hat der Sabbat seine tiefste Sinngebung erfahren. *Alles Volk freute sich über alles Herrliche,* das an
ihm geschehen war. „Nun bleibt noch eine Sabbatruhe Gottes
zu erwarten; denn er, der eingegangen ist in die Ruhe Gottes,

auch er·ruhte von seinen Werken, wie von den seinen Gott"
(Hebr 4,9–11). Am Ende steht nicht das Gericht, sondern die
endgültige Erlösung und Rettung des Menschen, wenn er sich
nur der Liebe Gottes erschließen will.

[18] *Er sprach also: Wem ist das Reich Gottes gleich, und
womit soll ich es vergleichen?* [19] *Gleich ist es einem Senfkorn, das ein Mann nahm und in seinen Garten warf, und
es wuchs und wurde zu einem großen Baum, und die Vögel
des Himmels zelteten in seinen Zweigen.* [20] *Und wieder
sagte er: womit soll ich das Reich Gottes vergleichen?* [21] *Es
ist gleich einem Sauerteig, den eine Frau nahm und in drei
Maß Mehl hineinbarg, bis das Ganze durchsäuert war.*

Die Einleitungsformel, das Gottesreich *ist gleich einem Senfkorn . . . Sauerteig* bedeutet: mit dem Gottesreich verhält es
sich so wie mit . . . Was verglichen wird, ist der Kontrast
zwischen dem kleinen Anfang und dem gewaltigen Ende.
Das Senfkorn ist das allerwinzigste Saatkörnlein auf der ganzen Welt (Mk 4,31), groß wie der Kopf einer Stecknadel.
Wenn es in den Garten geworfen wird und wächst, wird es
ein Baum, so groß, daß die Vögel in seinen Zweigen nisten
können. Am See Genesareth erreicht die Senfstaude eine
Höhe von zweieinhalb bis drei Meter. Ähnlich ist es mit dem
Sauerteig. Die Frau buk jeden Morgen das Brot für die Familie. Am Abend vorher mengte sie den Sauerteig unter das
Mehl. Ein wenig, nicht mehr als eine Handvoll, genügt für
eine große Menge Mehl (3 Maß = 3 Sea = 36,44 Liter). Über
Nacht ist die ganze Masse von dem wenigen Sauerteig durchsäuert. Der winzige und verborgene Beginn ist dem großen
Ergebnis gegenübergestellt.
Das *Reich Gottes* ist mit dem Wirken Jesu angebrochen. Je-
sus verkündet und bringt es, er spricht es den Jüngern zu,

auch die Jünger verkünden es. Jesu Wirken zeigt, daß es da ist: seine Heilungen, seine Dämonenaustreibungen sind Zeichen für den Anbruch des Gottesreiches. Aber es ist nicht so, daß jeder sagen muß: Das Gottesreich ist da. Nur wer die Weisheit Gottes hat, kommt dahinter. Nur der Glaube ist ein Weg zu dieser Erkenntnis. Das Gottesreich ist noch ein Geheimnis, in das nicht alle, sondern nur die Jünger eingeführt sind. Die Jünger müssen noch um das Kommen des Reiches beten (11,2). Die Jüngerschaft, die daran teilnimmt, ist noch eine kleine Herde (12,32). Wie beim Senfkorn und Sauerteig ist der kleine Anfang aber die Zusicherung, daß das Gottesreich in Herrlichkeit und Größe kommen wird. Es wächst aus dem kleinen Anfang. Jetzt hat es nur wenige erfaßt, aber es wird alles durchdringen.

Jesus hat in seiner Predigt und in seinem Wirken das Reich Gottes gebracht, seine Zeit ist Heilszeit, wenn auch in unscheinbarem kleinem Anfang. Einmal wird das Gottesreich in der großen Entfaltung dasein. Das Gleichnis sieht nicht nur auf den Anfang und das Ende, sondern auch auf die Zwischenzeit. Das Senfkorn wächst und wird zum großen Baum, der Sauerteig ist im Mehl verborgen, bis das Ganze durchsäuert ist; er ist nicht untätig. Die Zeit von der Aufnahme Jesu in den Himmel bis zum Kommen in Herrlichkeit ist von der Wirksamkeit der Herrschaft Gottes nicht verlassen. Es ist gekommen und kommt doch noch erst, es ist in dem Wirken Jesu sichtbar und ist doch noch unterwegs, es ist wirklich und verwirklicht sich erst ... Gewiß ist das Handeln Jesu Gegenwart des Reiches Gottes, und gewiß steht die Vollendung noch aus, aber für die Zeit zwischen diesem Anfang und dem Ende ist nichts Klares zugesagt, weil Jesus vor allem den Anfang und das Ende ins Auge faßt – *aber es wächst*. Keine Macht kann es aufhalten.

ANMERKUNGEN

[1] Vgl. das Vorwort des Arztes *Dioskorides* (zur Zeit des Nero) zu seinem Buch über die Medizin: „Da nicht allein viele Alte, sondern auch Neue über die Bereitung und Kraft der Medizinen geschrieben haben . . ., liebster Areios, will auch ich versuchen . . .“

[2] *H. L. Strack – P. Billerbeck*, Kommentar zum NT aus Talmud und Midrasch II, München [2]1956, S. 69 f.

[3] Billerbeck II, S. 79.

[4] Textkritisch sind die Worte „Gesegnete unter den Frauen“ nicht sicher; sie könnten aus 1,42 hier eingedrungen sein. Stilistische Gründe sprechen für die Echtheit; die beiden Grußformeln sind parallel gebaut.

[5] Seit Augustinus wird im Abendland bis heute vielfach die Ansicht vertreten, Maria habe einen Vorsatz (Gelübde) gemacht, sie wolle immer Jungfrau bleiben, habe sich aber verlobt, damit sie einen Schützer ihrer Jungfräulichkeit habe; darum habe sie zum Engel gesagt: „Wie wird dies sein, da ich einen Mann nicht erkenne.“ Dagegen wird eingewendet: Ein solches Jungfräulichkeitsgelübde (Vorsatz) sei im AT weder bekannt noch ein Ideal gewesen; wenn manche Essener ehelos lebten, dann geschah dies nicht aus Ehrfurcht vor der Jungfräulichkeit oder Ehelosigkeit aus religiösen Gründen, sondern deswegen, weil man Ehe und Frau geringschätzte und in der Ehe eine Gefährdung des vollkommenen Gesetzesstudiums und der Gesetzeserfüllung sah. Daß die Verlobung mit Joseph die angeführte Bedeutung gehabt habe, kann aus dem Text nicht ersehen werden. Wegen dieser Bedenken erklären heute nicht wenige: Maria habe mit ihrer Frage der Überraschung und Verwunderung Ausdruck gegeben: Wie sollte es möglich sein, *jetzt* Mutter zu werden, da sie doch noch nicht von ihrem Verlobten heimgeführt sei; denn der eheliche Verkehr zwischen Verlobten war nicht gestattet. Auch diese Annahme arbeitet mit Voraussetzungen, die ungesichert sind. Der Engel sagt nicht: Die Empfängnis wird sofort eintreten; Maria sagt einfach: „da ich einen Mann nicht erkenne“, aber nicht: „da ich *noch* nicht einen Mann erkenne“. – Auch folgender Weg wurde versucht: Maria gehört zu den Frommen des Landes und wird wie Zacharias und Elisabeth, Simeon und Anna die Erfüllung der messianischen Weissagungen erwartet haben. Sie wird als Jungfrau an die gedacht haben, die Mutter des Messias sein wird. Dabei wird sie auch Is 7,14 erwogen haben, eine Prophezeiung, die von der

jungfräulichen Mutter des Messias spricht. Da hört sie die Engelsbotschaft und sagt als Antwort: Wie wird das sein, da ich dann (in
diesem Fall, das heißt in dem Fall der Erfüllung der Prophezie)
keinen Mann erkenne (= erkennen darf)? Auch diese Ansicht muß
Voraussetzungen machen, die im Text nicht begründet sind, und
sprachliche Erklärungen geben, zu denen der Wortlaut nicht berechtigt.

[6] Nach einer alten Lesart lautet Jo 1,13: „Allen, die ihn aufnahmen,
gab er Macht, Kinder Gottes zu werden, denen, die glauben an den
Namen dessen, *der* nicht aus dem Geblüt ... sondern aus Gott gezeugt wurde." Trotz der guten Bezeugung dürfte diese Lesart nicht
echt sein; denn sie ist die leichtere, und es ist schwer zu erklären,
warum sie sich trotz ihres hohen apologetischen Wertes gegen die
andere Lesart nicht behauptet hat. Wenn auch für die ausdrückliche
Bezeugung der jungfräulichen Geburt Jesu das Johannes-Evangelium deswegen nicht herangezogen werden kann, so zeigt doch die
komplizierte Formulierung von Jo 1,13, daß die gnadenhafte Gottes-
kindschaft der Gläubigen ihr Vorbild in der jungfräulichen Geburt
Jesu hat.

[7] Die Verbindung von Königtum und Priestertum in einer Person gehört der Urzeit an. Sie wurde auch für die Zukunft erwartet. Nach
Ex 19,6 ist Israel ein „*Königreich* von *Priestern* und ein heiliges
Volk". Der Prophet Zacharias soll den Hohenpriester Josua krönen
(Zach 6,9–14). Die Krönung des Hohenpriesters bedeutet Betrau-
ung mit der zivilen Gewalt. In der Makkabäerzeit ist diese Vereinigung verwirklicht: „Nun haben die Juden und die Priester ein-
gewilligt, daß Simon ihr Vorsteher und Hoherpriester für immer sei,
bis ein zuverlässiger Prophet sich erhebe" (1 Makk 14,41). Unter
makkabäischem Einfluß findet sich diese Verbindung vor allem in
den Testamenten der zwölf Patriarchen. Im Spätjudentum haben
außerdem die Qumrantexte und die Damaskusschrift zwischen einem
priesterlichen und einem königlichen Messias, einem Messias aus
dem Stamm Levi und einem aus dem Stamm Juda unterschieden,
wobei der priesterliche Messias dem königlichen übergeordnet ist.

[8] 40,14; 71,18; vgl. 88,53; 106,48.

[9] Test. Seb. 8,2.

[10] Vgl. Mt 24,26; Apg 21,38.

[11] Vgl. *G. Kittel*, Theol. Wörterbuch zum NT II, S. 721 f.

[12] Nach dem Monumentum Ancyranum ließ Augustus dreimal die römischen Bürger zählen (vgl. *C. K. Barrett*, Die Umwelt des NT.
Ausgewählte Quellen, Tübingen 1959, S. 12 ff.). Aus Andeutungen

verschiedener Geschichtsquellen kann ersehen werden, daß in verschiedenen Teilen des Römischen Reiches um 8 v. Chr. Volkszählungen stattfanden, z. B. in Gallien 9 v. Chr. Eine Aufschreibung des ganzen Römischen Reiches ist, abgesehen von Lk 2,1, durch die Geschichtsquellen mehr als wahrscheinlich gemacht.

Der Statthalter von Syrien war dem Statthalter (Procurator) von Judäa übergeordnet. P. Sulpicius Quirinius hat als Statthalter von Syrien eine Volkszählung um 6 n. Chr. durchgeführt, bei der es zum Volksaufstand kam. Außer Lk 2,2 berichtet niemand über eine Volkszählung in Palästina durch Quirinius in der Zeit v. Chr. Daß Quirinius bereits 12 v. Chr. schon in Syrien tätig war, ist erwiesen; ob er Statthalter war, bleibt unklar. Er hat von dort aus eine Volkszählung in Apamea geleitet. Es scheint, daß er die Stellung eines leitenden Mannes in allen Angelegenheiten des Vorderen Orients in Zusammenarbeit mit den provinzialen römischen Behörden innegehabt hat. Ist in den Worten des Lk (2,2) eine „chronologische Ungenauigkeit eines den Ereignissen fernstehenden Schriftstellers" zu sehen? Wenngleich auch Einwendungen gemacht werden können, scheint die Lösung des Problems darin zu liegen: Die Volkszählung, die Quirinius 6 n. Chr. durchgeführt hat, scheint bereits v. Chr. (8 v. Chr.) begonnen zu haben. Die Durchführung dauerte längere Zeit. In Ägypten, wo die Volkszählungen schon alter Brauch waren, dauert sie um die Zeit Christi noch vier Jahre. In Palästina wurde sie zum ersten Mal durchgeführt und vollzog sich daher schleppender. Die erste Etappe bestand in der Einschreibung des Grund- und Hauseigentums, die zweite in der Einschätzung, welche die tatsächlich zu zahlenden Beträge festsetzte. Die erste Etappe der Aufschreibung fand z. Z. der Geburt Jesu statt; von ihr spricht Lk 2,1 f., die zweite Etappe, die für das Volk viel verletzender war, brachte die Einschätzung und rief den Aufstand (6 n. Chr.) hervor. Vgl. E. Stauffer, Jesus. Gestalt und Geschichte, Bern 1957, S. 26–34; H. U. Instinsky, Das Jahr der Geburt Christi, Graz 1957.

13 Der Papyrus stammt aus dem Jahre 104 n. Chr. und wurde in Fajjum gefunden; er zeigt ähnliche Verhältnisse, wie sie Lk voraussetzt, und die gleichen Fachausdrücke. In ihm heißt es: „Gajus Vibius Maximus, Statthalter von Ägypten, sagt: Da die Haushaltungsschätzung bevorsteht, ist es notwendig, allen, die aus irgendeiner Ursache außerhalb ihres Bezirkes sind, zu gebieten, daß sie zurückkehren zu ihrem heimatlichen Herd, damit sie das übliche Schätzungsgeschäft erledigen und dem ihnen obliegenden Feldbau sich ergeben." A. Deißmann, Licht vom Osten, Tübingen ²⁻³1909, S. 201f.

14 Vgl. J.-B. Frey, La signification du terme πρωτότοκος d'apres un

inscription Juive: Biblica 11 (1930), S. 373–390, wo Text mit Kommentar zu finden sind.

[15] Nach alter Überlieferung (Justin † 165; Origines † 254) wurde Christus in einer Höhle geboren: „Gezeigt wird die Höhle in Bethlehem; dort wurde er geboren; und die Futterkrippe in der Höhle, dort wurde er gewickelt." Diese Grotte wurde durch Tammuz-Adoniskult entweiht, was offenbar deswegen geschah, weil die Stätte den Christen heilig war. Unter Konstantin wurde über der Grotte die Geburtskirche gebaut. *Origines*, Contra Celsum 1, 51 (PG 11, 756); *Justin*, Dialog mit Tryphon 78, 5 (PG 6, 657).

[16] *Billerbeck* II, S. 113 f.

[17] *Billerbeck* II, S. 114 ff.

[18] 1 QH II, 8 ff.

[19] Die Textüberlieferung hat: „Im Himmel", aber vielleicht sollte es heißen: „auf Erden"; wahrscheinlich beruht der Fehler in falscher Auflösung von Abkürzungen.

[20] Vgl. Apg 10,40–43.

[21] Lk 5,25 f.; 7,16; 9,43; 13,13; 17,15; 18,42 f.

[22] Vgl. 2,21.22–24.27.39.

[23] Nm 3,47; 18,16. Schekel ist eine jüdische Münze, die ihren Namen aus dem Gewichtssystem nahm. Nach dem phönizischen Münzsystem, das in Israel wahrscheinlich zur Zeit Salomons eingeführt wurde, wog ein Silberschekel $1/15$ des Goldschekels ($^{109}/_{15}$ g); für die Abgaben an das Heiligtum war dieser Silberschekel maßgebend (vgl. Ex 30,13).

[24] Vgl. Lv 12,6–8.

[25] Vgl. zu V. 30: Is 40,5; 52,10; zu V. 32: Is 42,6; 46,13; 49,6.

[26] Vgl. Lk 4,22; 7,23; 23,35.

[27] *Billerbeck* II, S. 140.

[28] Vgl. Jdt 8,4 ff.; 16,22 f.

[29] *Billerbeck* II, S. 144.

[30] Aboth VI, 5 f.

[31] Vgl. Röm 8,15; Gal 4,6.

[32] Vgl. *Tacitus*, Annalen VI, 51 (*Barrett* Nr. 7).

[33] *Josephus Flavius*, Bellum Judaicum II, 169–177 (*Barrett* Nr. 114); *Philo*, Leg. ad Gaium 299–305.

[34] 1 QS III, 3.

[35] Aboth IV, 11.

[36] Vgl. Jo 1,6–8.15.19 ff.

[37] Vgl. Mk 1,1; Apg 10,36 f.

[38] Die Textüberlieferung der Himmelsstimme bei Lk ist zweifach: 1. wie bei Mk und Mt: „Du bist mein Sohn, der Geliebte, an dem ich Wohlgefallen habe", bzw.: „Dieser ist mein Sohn, der Geliebte, an dem

ich Wohlgefallen habe" (Mt 3,17; vgl. Is 42,1). 2. wie oben nach Ps 2,7. Es scheint, daß man den Lukastext an Mt–Mk angeglichen hat.

39 Vgl. Röm 5,14–21; 1 Kor 15,22.45–49.

40 Seit dem 2. vorchristlichen Jahrhundert hat man in gewissen Kreisen versucht, das „Ende", d. h. den Anfangstermin der messianischen Zeit, zu berechnen. Zu diesem Zweck wurde von manchen der Geschichtsverlauf in Perioden eingeteilt. Das 4. Buch Esdras (nach der Zerstörung Jerusalems im Jahre 70 n. Chr. geschrieben) 12 (14), 10–12 hat die Worte: „Die Welt hat ihre Jugend ja verloren; die Zeiten nähern sich dem Alter. Die Weltgeschichte ist ja in zwölf Teile eingeteilt, gekommen ist sie bis zum zehnten und bis zur Hälfte dieses zehnten. Es bleiben nur noch zwei nach dieses zehnten Teiles Hälfte" (Übersetzung aus *P. Rießler*, Altjüdisches Schrifttum außerhalb der Bibel, Augsburg 1928, S. 306 f.). Vgl. *Billerbeck* IV/2, S. 986 f.

41 Lk 24,49; Apg 2,33.

42 Lk 4,30; Jo 7,30.45; 8,59.

43 Vgl. 1 Kor 2,6; Jo 12,31.

44 Lv 25,10. Wiederherstellung der Gottesordnung!

45 Vgl. Lk 2,11; 19,5.9; 23,43; 2 Kor 3,14; Hebr 4,7.

46 Nach 3 Kg 18,1 überdauerte die Dürre nicht das dritte Jahr; von dreieinhalb Jahren spricht auch Jak 5,7. Die Zahlen sind wie in der jüdischen Literatur abgerundet.

47 Röm 4,18–21: Gn 15,5.

48 In der Epiphanie wird Gott in der Welt plötzlich sichtbar oder hörbar, so daß der Mensch, der sie erlebt, Antwort geben muß. Lk wählt aus dem überlieferten Stoff, den er für sein Evangelium und die Apg verwendet, Epiphanie-Schilderungen (z. B. Lk 3,21 ff.; Apg 5,19; 12,7), weil für sie seine heidenchristlichen Leser besonders empfänglich waren.

49 Is 35,5 (vgl. 61,1).

50 Vgl. Dn 7,13; Lk 10,22.

51 Lk 7,36 ff.; 13,38 ff.; 14,1 ff.; 19,1 ff.; 24,29 ff.

52 Mt 10,2–4; Mk 3,16–19; Apg 1,13.

53 Mt zeigt im Aufbau seiner Bergpredigt (Mt 5,17–48), daß „die größere Gerechtigkeit", die von den Jüngern verlangt ist, wesentlich in der Liebe besteht, die in der Feindesliebe vollendetste Ausprägung erfährt. In sechs Antithesen wird die neue Verkündigung Jesu gegen das alttestamentliche Gesetz abgehoben. Lk spricht nicht mehr vom Unterschied zwischen der vom Gesetz und der von Christus geschaffenen Gerechtigkeit; dem Jünger wird nicht mehr gesagt, daß er zu überschreiten hat, was den Alten gesagt worden ist, und daß seine Erfüllung des Willens Gottes höher sein muß als die Gerechtigkeit

der Pharisäer. In der vom jüdischen Gesetz freigewordenen Kirche steht das Liebesgebot Jesu als das Gesetz der Jünger da, frei von jeder Polemik gegen das alttestamentliche Gesetz. Das Hauptstück der Bergpredigt des Lk spricht nur von der Liebe. Das Liebesgebot aber ist als Feindesliebe dargestellt. In dieser zeichnet sich das Wesen der Liebe ab, wie sie Jesus versteht. Darin mag aber auch noch ein Rest der Auseinandersetzung übriggeblieben sein; denn bei Mt ist die Forderung der Feindesliebe als Antithese gegen den Satz formuliert: „Ihr habt gehört, daß gesagt worden ist: Du sollst deinen Nächsten lieben und hassen deinen Feind" (Mt 5,43).

54 Vgl. Is 30,9 ff.; Jer 23,17 ff.

55 Vgl. Lk 15,4–10; 7,36–47; 18,10–14; 19,1–10. In Jesu Einladung an die Sünder und seinem Umgang mit ihnen spricht sich Jesu Sendung grundlegend aus.

56 *Billerbeck* I, S. 372.

57 Vgl. Apg 26,18; 10,36.42; 1,8.

58 Vers 28 wird verschieden erklärt. Die oben gegebene Erklärung findet sich schon bei Kirchenvätern und wird auch heute wieder gehalten. Die andere Erklärung sagt: Der Kleinere ist ein Jünger Jesu, der an der Gottesherrschaft Anteil hat. Dieser ist größer als Johannes, weil er bereits in der Zeit des Anbruchs der Gottesherrschaft lebt, während Johannes noch der Zeit der Erwartung angehört.

59 „Sünderin" kann auch eine Frau sein, die selbst oder deren Mann einen unehrenhaften Beruf ausübte wie den Beruf eines Zöllners, Hausierers, Gerbers, oder der das Gesetz mißachtete. Die Äußerungen ihres Schmerzes lassen doch eher auf eine sehr persönliche Schuld schließen.

60 2 Kor 5,19; Apg 13,26; Apg 14,3; 20,32; Phil 2,16; 2 Kor 6,7.

61 Vgl. Lv 12,1 ff.; 15,19 ff.

62 1 QS 2,21; CD 13,1.

63 Lk hat das Wort vom „Kreuztragen" (Mk: „Das Kreuz auf sich nehmen") sicher so verstanden, daß der Jünger Jesu bereit sein muß, wie Jesus Schmach, Leiden und Tod auf sich zu nehmen, die mit dem Kreuz verbunden sind. Wie ist dieses Wort vom „Kreuz auf sich nehmen" im Munde Jesu möglich? In der Leidensweissagung hat er nur davon gesprochen, daß er getötet wird. Wollte Jesus diesen gewaltsamen Tod durch sein Wort an die Jünger näher als Kreuzestod bestimmen? Oder hat er noch nicht vom Kreuz gesprochen, sondern etwa vom „Joch" (Mt 11,29) oder von einem Eigentumszeichen (vgl. Ez 9,4–6:T), während nach dem Tod Jesu in richtiger Erkenntnis dafür „Kreuz" gesetzt wurde? Jedenfalls kennt die ältere jüdische Literatur keine Redensart, die dem Wort Jesu entspricht.

[64] Ciceros Urteil über die Kreuzesstrafe: „Die grausamste und schimpflichste Strafe" (Verres V, 64,165); „die äußerste und niedrigste Bestrafung des Sklaventums" (Verres V, 66, 169).

[65] Diese alte, besonders von den Kirchenvätern vertretene Auffassung ist wohl auch das Verständnis der Evangelisten gewesen, für den ursprünglichen Sinn aber wenig wahrscheinlich. Was Jesus mit dem Wort sagen wollte, wissen wir nicht (vgl. R. *Schnackenburg*, Gottes Herrschaft und Reich, Freiburg i. Br. [2]1961, S. 142–144).

[66] Vgl. 23,42; 2 Petr 1,16 ff.

[67] Lk 9,51; 13,22; 17,11; 18,31; 19,11; 24,36–53; Apg 1,4–13; 2.

[68] Vgl. 1,35; Ex 16,10; 19,9.

[69] Soph 1,15; Ez 30,18; 34,12; Joel 2,2.

[70] Man spricht von einen „pädagogischen Zug" im Lk-Evangelium. Lk übergeht fast alle Stellen des Mk, welche die Würde Jesu zu beeinträchtigen scheinen: Mk 3,20 f. (Jesus von Sinnen), Mk 13,32 (Jesus kennt nicht den Tag der Parusie). Wenn Jesus nach Mk Fragen stellt oder Mitteilungen empfängt, wird dies übergangen oder geändert (vgl. Mk 1,30 mit Lk 4,38; Mk 3,3 mit Lk 6,8; Mk 5,30–32 mit Lk 8,45 f.; Mk 6,38 mit Lk 9,13; Mk 9,33 mit Lk 9,47). Auch von starken menschlichen Affektäußerungen spricht Lk nicht: vgl. Mk 1,41.43 mit Lk 5,13; Darstellung des Ölbergleidens Mk 14,32–42 mit Lk 22,40–46 u. ö. *J. Schmid*, Das Evangelium nach Lukas, Regensburg [3]1955, S. 19 f.

[71] Das entsprechende griechische Wort bedeutet „Aufnahme in den Himmel", entsprechend dem Tätigkeitswort „aufnehmen" (Apg 1,2.11. 22; Mk 16,19; 1 Tim 3,16; Sir 48,9; 49,14) und auch Tod (Ps Sal 4,18); es ist ähnlich zweideutig wie „Verherrlichung" bei Jo (vgl. z. B. 13,31).

[72] Die Textüberlieferung schwankt zwischen 70 und 72; die Beziehung auf die Völkertafel besteht in jedem Fall zu Recht; denn auch in Gn 10 besteht die gleiche Unsicherheit: der hebräische Text liest 70 Völker und der Septuaginta-Text 72.

[73] Vgl. 1 Kor 10,27; Apg 15.

[74] Lies Is 23,1–11; Ez 26–28.

[75] Assumptio Moysis 10,1.

[76] Ps 69,29: „Sie seien gelöscht aus dem Buch des Lebens, nicht aufgezeichnet bei den Gerechten"; vgl. Ex 32,32 f.; Is 4,3; 56,5; Dn 12,1; Apk 3,5; 13,8 u. ö.

[77] *Billerbeck* I, S. 808.

[78] Im „Testament der zwölf Patriarchen" (einer jüdischen Schrift, die nicht von christlichen Zusätzen frei ist): Testament des Issachar 5,2 heißt es: „Liebt nur den Herrn und euren Nächsten."

[79] An Vers 42 ist in der Überlieferung viel korrigiert worden: 1. Wenig (nur) ist notwendig = du sollst dir nicht Sorge machen um viele

Gerichte; 2. wenig oder eines nur ist notwendig = wir brauchen nur wenig; du machst dir zu viel Mühe; 3. die Stelle wird ganz weggelassen; 4. die obengegebene Übersetzung entspricht wohl dem ursprünglichen Text; vgl. Mt 6,33.

[80] Mk 1,35; Lk 5,16; Mt 14,23; Mk 16,46.

[81] Das Gebet, das Jesus seine Jünger lehrt, ist in zwei Gestalten überliefert, in der Gestalt des Mt 6,9–13 und in der Gestalt des Lk 11,2–4. Jeder der beiden Evangelisten gibt es so wieder, wie es zu seiner Zeit in dieser oder jener der ihnen bekannten christlichen Gemeinden gesprochen wurde. Beide Gestalten sind treues, wenn auch nicht wortgetreues Abbild des Gebetes Jesu. Die Mt-Gestalt ist feierlicher, formal ausgeglichener, „liturgischer", die Lk-Gestalt ist kürzer und persönlicher. Diese dürfte der älteren und ursprünglichen Form näherkommen; denn eher hat man den ehrwürdigen Text entfaltet als verkürzt. Eine eingehende Erklärung des Vaterunsers geben u. a. *H. Schürmann*, Das Gebet des Herrn, Leipzig [4]1961 = Freiburg i. Br. [2]1962; *H. van Bussche*, Das Vaterunser, Mainz 1963.

[82] *Billerbeck* I, S. 456.

[83] Mt 23,25 f. stellt das Äußere der Gefäße und das Innere der Gefäße gegenüber. Lk dagegen das Äußere der Gefäße und das Innere des Menschen; Mt hat offenbar die ursprüngliche Gestalt des Textes.

[84] Vers 40 ist dunkel. Andere legen so aus: Nicht hat ein Mensch, der das Äußere zurüstet, auch sein Inneres zugerüstet. Gott will die Zurüstung des Inneren, des Gewissens; dieses geschieht nicht durch die äußere Reinigung der Gefäße, Hände . . .

[85] Die Verse 53 und 54 sind textlich nicht sicher.

[86] Die Heuchelei wird besonders bei Mt den Pharisäern vorgeworfen; vgl. Mt 23,13.15.23.27.29.

[87] Apg 4,8 ff.; 5,29 ff.; 7,55 ff.; vgl. 2 Tim 4,16 f.: „In meiner ersten Verteidigung ist mir niemand beigestanden, sondern alle haben mich verlassen. Es möge ihnen nicht angerechnet werden. Der Herr aber ist mir beigestanden und hat mich bestärkt, daß durch mich die Botschaft erfüllt und alle Heiden sie hörten, und ich wurde dem Rachen des Löwen entrissen."

[88] Die Erklärung des Verses 49 wird sehr verschieden gegeben.

[89] Is 9,5 f.; Zach 9,10; Lk 2,14; Eph 2,14 ff.

Die akustische Überschwemmung unseres Zeitalters mit all ihren negativen Folgen hat vielleicht doch auch eine gute Seite: Viele Menschen haben die Scheu vor dem technischen Medium verloren und sich daran gewöhnt, hinter der Radiostimme die Person zu hören, die da spricht, vorausgesetzt, daß es eine Persönlichkeit ist, die wirklich etwas zu sagen hat. Sollte nicht diese Bereitschaft, sich über den Weg des technischen Hilfsmittels ansprechen zu lassen, eine besondere Chance für die Seelsorge, insbesondere für die Verkündigung des Gotteswortes, in sich bergen, eine Chance, die vielleicht für manche Menschen größer ist als die des gedruckten Wortes, weil sie der ursprünglichen Wort-Verkündigung näher ist?

Der Patmos-Verlag hat namhafte Exegeten und Bibelpraktiker für ein Werk gewinnen können, das auf diesen Überlegungen aufbaut und den Priestern und Laien in der persönlichen Meditation und in der Predigtvorbereitung, für die Arbeit am Gotteswort in der Schule, in der Gemeinde, in Bibelkreisen, Jugendgruppen, bei Einführungen in die Sonntagsliturgie und nicht zuletzt für Altersheime, Krankenhäuser usw. auf vielfältige Weise hilfreich zur Seite sein will. Es handelt sich um Schallplatten, die unter dem Titel *Geistliche Lesung* biblische Betrachtungen zu den Evangelien der Sonn- und Festtage bringen.

Jede Seite dieser Langspielplatten bezieht sich auf einen Festtag. Störender Seitenwechsel ist also vermieden. Zur Einstimmung auf das jeweilige Fest erklingt zunächst eine *Einleitungsmusik,* die aus den reichen Schätzen der kirchenmusikalischen Tradition sorgfältig ausgewählt wurde.

Dann wird der *Evangelientext* gesprochen, und zwar in einer neuen, von dem Tübinger Bibelwissenschaftler *Prof. Dr. Fridolin Stier* verfaßten Übersetzung. Diese Übertragung faßt die Sprache der Evangelisten aus deren hebräischer Umwelt, wodurch ganz neue Ausdrucksebenen zum Vorschein kommen. Sie rauht den meist allzu glatten und gewohnten Text auf und lädt so zu bedachtsamem Hören ein.

Daran schließt sich nun die eigentliche, von namhaften, in der Seelsorge erfahrenen Biblikern verfaßte *Betrachtung* an. Ähnlich wie in der Buchreihe „Geistliche Schriftlesung" werden auch hier nicht wissenschaftliche Fragen erörtert; vielmehr geht es darum, im Hörer die Bereitschaft zu wecken, den „An-Spruch" der Heilsbotschaft Gottes anzunehmen.

In der Reihe „Geistliche Lesung – Biblische Betrachtungen zu den Evangelien der Sonn- und Festtage" sind bisher folgende Schallplatten erschienen:

PAT 482–04, 25 cm, 33 M
4. Adventssonntag / 1. Weihnachtstag
Betrachtungen von Engelbert Neuhäusler.

PAT 482–01, 25 cm, 33 M
Karfreitag / Ostersonntag
Betrachtungen von Ingo Hermann.

PAT 482–02, 25 cm, 33 M
Christi Himmelfahrt / Pfingstsonntag
Betrachtungen von Paul Goedeke.

PAT 482–03, 25 cm, 33 M
Allerheiligen / Allerseelen
Betrachtungen von Heinrich Spaemann.